수능특강

사회탐구영역 **동아시아사**

기획 및 개발

박　민(EBS 교과위원)
신슬기(개발총괄위원)
김은미(EBS 교과위원)
박빛나리(EBS 교과위원)

감수

한국교육과정평가원

책임 편집

임지연

정답과 해설은 EBS*i* 사이트(www.ebs*i*.co.kr)에서 다운로드 받으실 수 있습니다.

교재 내용 문의
교재 및 강의 내용 문의는
EBS*i* 사이트(www.ebs*i*.co.kr)의 학습 Q&A 서비스를
활용하시기 바랍니다.

교재 정오표 공지
발행 이후 발견된 정오 사항을
EBS*i* 사이트 정오표 코너에서 알려 드립니다.
교재 → 교재 자료실 → 교재 정오표

교재 정정 신청
공지된 정오 내용 외에 발견된 정오 사항이 있다면
EBS*i* 사이트를 통해 알려 주세요.
교재 → 교재 정정 신청

항공·보건·조리 특성화대학
초당대학교

수능특강

사회탐구영역 **동아시아사**

이 책의 **차례** Contents

Ⅰ 동아시아 역사의 시작

Ⅱ 동아시아 세계의 성립과 변화

Ⅲ 동아시아의 사회 변동과 문화 교류

IV 동아시아의 근대화 운동과 반제국주의 민족 운동

V 오늘날의 동아시아

부록

이 책의 **구성과 특징** Structure

핵심 내용 정리

교과서의 핵심 내용을 쉽게 이해할 수 있도록 체계적이고 일목요연하게 정리하였습니다.

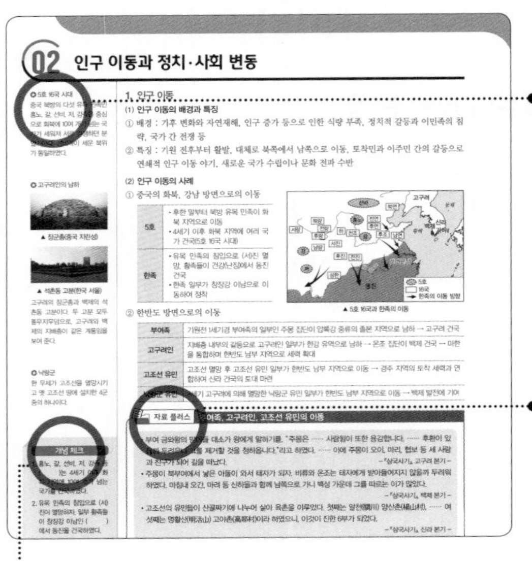

보조단 개념 설명
핵심 내용과 관련된 보충 설명이나 자료를 제시하여 개념 이해를 도울 수 있도록 하였습니다.

자료 플러스
주요 자료와 그에 대한 설명을 상세하게 제시하였습니다.

개념 체크
개념 체크 문항을 통해 학습한 내용을 바로 확인하고 넘어갈 수 있도록 하였습니다.

대표 기출 확인하기

대표 기출 문제 분석을 통해 수능 경향을 확인해 볼 수 있도록 하였습니다.

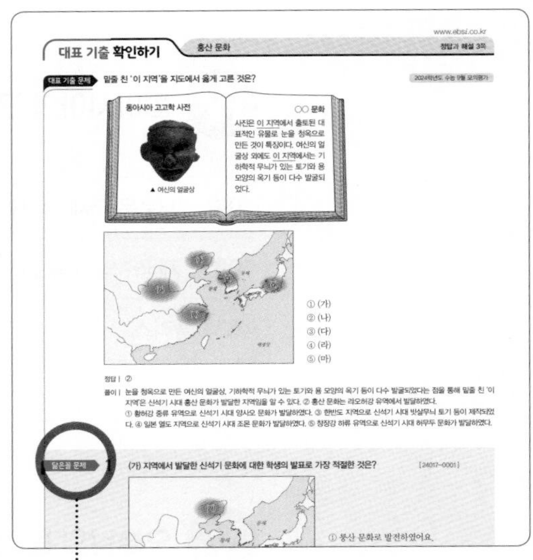

닮은꼴 문제
기출 문항을 변형한 문제를 제시하여 다양한 유형의 문제에 대비할 수 있게 하였습니다.

수능 기본 문제

기본 개념 및 원리나 간단한 분석 수준의 문항들로 구성하여 교과 내용에 대한 기본 이해 능력을 향상시킬 수 있도록 하였습니다.

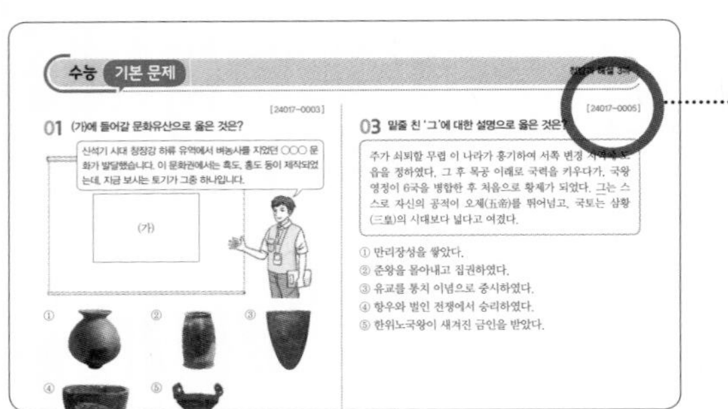

문항 코드
문항 코드로 문제를 검색하면 해설 영상이 바로 재생될 수 있도록 하였습니다.

수능 실전 문제

보다 세밀한 분석 및 해석력을 요구하는 다양한 유형의 문항들을 수록하여 응용력과 탐구력 및 문제 해결 능력을 향상시킬 수 있도록 하였습니다.

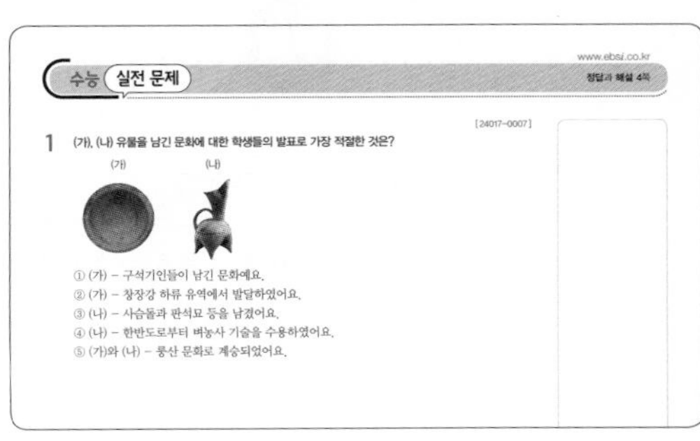

실력 플러스

대단원별로 참신한 유형, 단원 통합 문항 등을 제시하여 실전 대비 능력을 한 단계 높일 수 있도록 하였습니다.

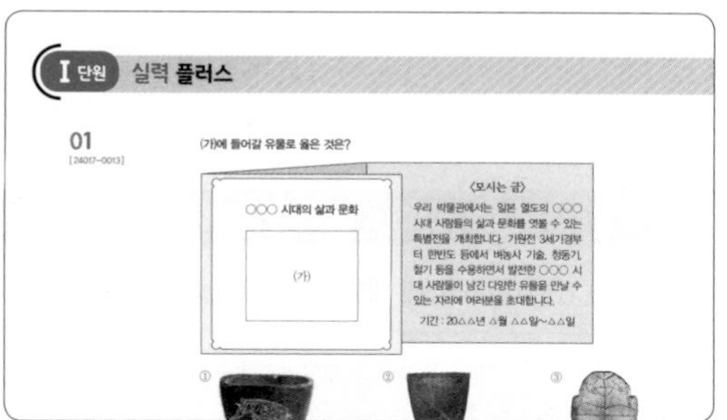

Mini Test

학습 내용을 최종 점검할 수 있는 통합 문항을 제공함으로써 수능 실전 감각을 키울 수 있도록 하였습니다.

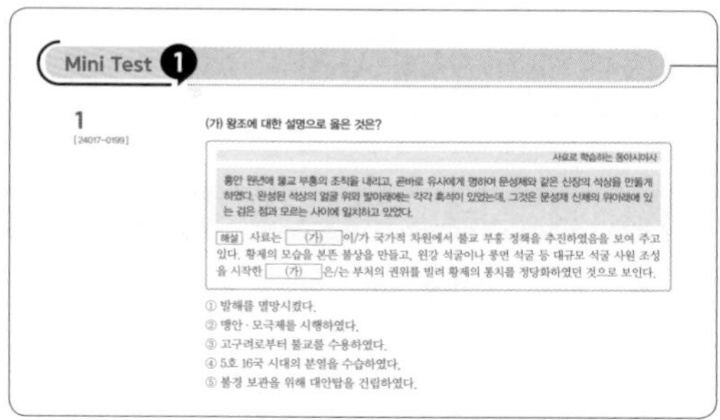

연표로 이해하는 동아시아사

각국의 주요 사건을 시대순으로 일괄 정리하여 동아시아사의 흐름을 한눈에 파악할 수 있도록 하였습니다. 여기에 주요 사건의 이해를 돕는 지도와 사진을 제공하였습니다.

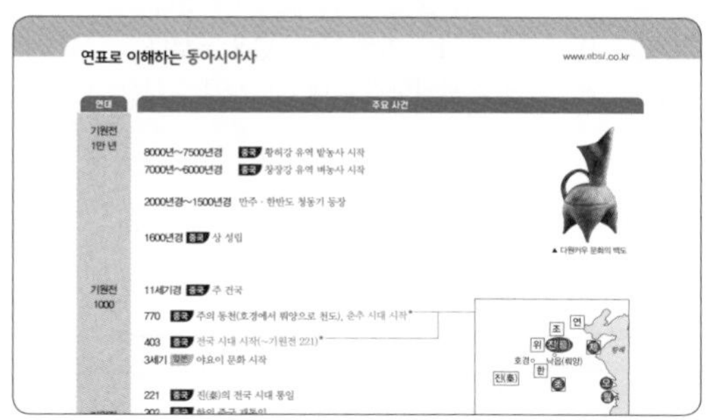

정답과 해설

정답과 오답에 대한 자세한 설명으로 문제에 대한 이해를 높이고, 유사 문제 및 응용 문제에 대한 대비가 가능하도록 하였습니다.

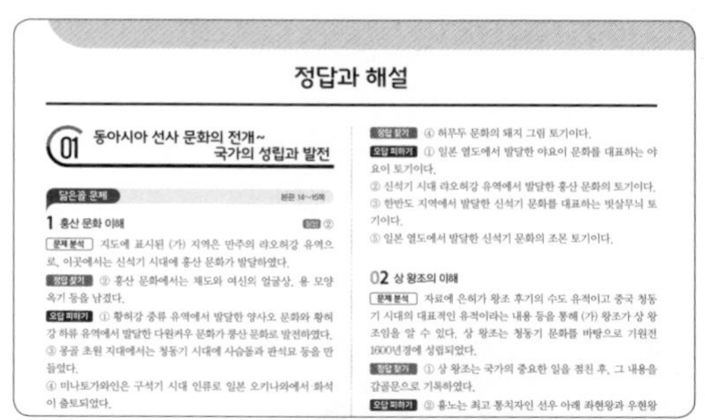

학생
인공지능 DANCHOQ
푸리봇 문|제|검|색
EBSi 사이트와 EBSi 고교강의 APP 하단의 AI 학습도우미 푸리봇을 통해 문항 코드를 검색하면 푸리봇이 해당 문제의 해설과 해설 강의를 찾아 줍니다. 사진 촬영으로도 검색할 수 있습니다.
문제별 문항 코드 확인
문항 코드 검색
[24017-0001]
1. 아래 그래프를 이해한 내용으로 가장 적절한 것은?
24017-0001
사진 촬영 검색

선생님

EBS 교사지원센터

교재 관련 자|료|제|공

교재의 문항 한글(HWP) 파일과 교재 이미지, 강의 자료를 무료로 제공합니다.

한글 다운로드 | 교재 이미지 | 강의 자료

- 교사지원센터(teacher.ebsi.co.kr)에서 '교사인증' 이후 이용하실 수 있습니다.
- 교사지원센터에서 제공하는 자료는 교재별로 다를 수 있습니다.

수능 고득점을 위한 EBS 교재 활용법

EBS 교재 연계 사례

2024학년도 대학수학능력시험 동아시아사 4번 문항

4 ㉠~㉢ 국가에 대한 설명으로 옳은 것은?

> 중대성이 문서를 보냅니다. ㉠귀국은 ㉡이 나라에서 귀환하지 못한 사신을 데려오기 위해 사절 99명을 ㉢본국에 파견하였습니다. 하지만 절도사의 반란으로 ㉡이 나라의 수도 장안이 혼란한 상황이라 99명의 사절은 이러지도 저러지도 못하는 상황입니다. 그러므로 ㉠귀국의 대사 고원도를 비롯한 11명은 그대로 보내 귀환하지 못한 민부성 관원을 데려오도록 하고, 판관 이하는 모두 배에 태워 돌려보내고자 합니다.

① ㉠은 낙랑군을 축출하였다.
② ㉠과 ㉡은 백강 전투에서 승리하였다.
③ ㉡은 ㉢에 문성 공주를 보냈다.
④ ㉢은 ㉠에 적산 법화원을 건립하였다.
⑤ ㉢은 ㉡의 영향을 받아 상경성을 세웠다.

2024학년도 EBS 수능완성 동아시아사 33쪽 2번 문항

02 (가), (나) 국가에 대한 설명으로 옳은 것은?

> 귀국에 가서 알현할 사신과 그 일행 105명을 파견합니다.
> 사두(使頭) 1명, 정당성 좌윤 하복연
> 사사(嗣使) 1명, 왕보장 ……
> 양국 사이 바닷길은 예측하기 어렵고 …… 사신 파견의 연한은 12년으로 제약이 있으나, 그동안에도 성초(星軺)*는 여전히 통하여 편지를 주어 사신을 보낸 것이 지금까지 이르렀습니다. 마땅히 옛 원칙에 따라 사절단을 보내 귀국과 관계를 두터이 하고자 합니다. 이에 [(가)] 중대성이 [(나)] 태정관에 외교 문서를 보냅니다.
>
> * 성초(星軺) : 사신이 타는 수레

① (가) – 문하성에서 정책을 심의하였다.
② (가) – 좌사정과 우사정이 행정을 분담하였다.
③ (나) – 교육 기관으로 주자감을 설치하였다.
④ (나) – 질서 유지를 위해 8조의 법을 두었다.
⑤ (나) – 무역을 관리하기 위해 시박사를 설치하였다.

연계 분석 및 학습 대책

2024학년도 대학수학능력시험 동아시아사 4번 문항은 2024학년도 EBS 수능완성 동아시아사 33쪽 2번 문항과 연계되어 출제되었다. 수능완성에서는 발해가 일본에 보낸 외교 문서를 활용하여 발해와 일본의 통치 체제를 파악하는 문항으로 출제되었는데, 대학수학능력시험에서는 발해가 일본에 보낸 또 다른 외교 문서를 활용하고 발해와 일본, 그리고 당의 관계를 묻는 문항으로 변형하여 출제되었다.

율령의 동아시아 전파와 관련해 당과 발해, 일본의 통치 체제를 비교하고, 나아가 세 나라의 관계를 묻는 것은 수능에 자주 출제되는 주제이다. 이번 수능에서는 EBS 수능완성 문항의 형식이 그대로 유지되었지만, 제시된 자료가 완전히 바뀌었고 묻는 국가도 발해와 일본 두 나라에서 발해, 일본, 당 세 나라로 확대되었다. 또한 정답을 비롯한 선지 구성도 완전 달라졌기 때문에 학생들이 느끼는 체감 연계도는 그리 높지 않았을 것이다.

수능에서 EBS 교재와의 연계 문항을 구성하는 방식은 다양하다. 문항 형식을 그대로 유지하거나 자료와 정답 선지를 부분적으로 변형하여 출제하는 것이 일반적이지만, 이번 수능 사례에서 알 수 있듯이 자료와 선지들을 완전히 바꿔 전혀 다른 문항처럼 보이게 출제될 수도 있다. 따라서 EBS 교재를 이용해 학습할 때는 단순히 문제를 풀고 정답만 맞혀 봐서는 안 된다. 문항과 관련된 내용 정리부터 문항에 제시된 자료, 그리고 오답 피하기 내용까지 꼼꼼히 학습해야만 완전히 변형된 문항에도 충분히 대비할 수 있을 것이다.

2024학년도 대학수학능력시험 동아시아사 5번 문항

5 (가) 유학 사상에 대한 설명으로 옳은 것은?

자료로 읽는 동아시아 사상사

> 양지 두 글자는 본디 맹자의 말인데, 상산이 끄집어내어 화두로 삼았다. 왕수인에 이르러서는 비로소 『대학』의 격물치지와 거짓으로 짜 맞추어 주장을 펼쳤으니, 그는 정호·정이 형제와 주희의 격물치지에 대한 해석을 뒤집고자 하였던 것이다. 그러나 그의 주장은 속임수와 엉성함으로 그 천박함과 남루함을 가리려 한 것일 뿐, 사리에 맞지 않는다.

해설 이 자료는 조선의 한 유학자가 (가) 을/를 비판하는 내용입니다. 특히 유교 경전인 『대학』의 격물치지에 대한 해석을 비판의 중점으로 삼았습니다.

① 윤회와 해탈을 중시하였다.
② 명대 관학으로 채택되었다.
③ 다이호 율령 제정에 영향을 끼쳤다.
④ 마음이 곧 원리라는 심즉리를 내세웠다.
⑤ 고려 말 신진 사대부의 사상적 기반이 되었다.

2024학년도 EBS 수능특강 동아시아사 61쪽 8번 문항

08 (가) 유학 사상에 대한 설명으로 옳은 것은?

자료로 보는 동아시아의 사상

> 마음 밖에는 사물도 없고 사건도 없으며 이(理)도 없고 의도 없으며, 선도 없다. 내 마음이 순수한 천리의 상태일 뿐 인위적인 잡스러움이 없는 상태에서 사물을 처리하는 것을 선이라 한다. 선이란 사물에 정해져 있는 어떤 것을 추구하는 게 아니다. 사물을 처리함이 의롭다는 말은 내 마음이 그 적절함을 얻은 것이다. 의는 밖에서 받아들여 취할 수 있는 것이 아니다.

해설 자료는 심즉리를 강조한 왕수인의 주장으로 그가 확립한 (가) 의 특징을 보여 준다. 왕수인이 '마음 바깥에 이가 없다.'라고 주장한 것은 마음 밖에는 '선'이 없음을 강조한 것이다. 따라서 선은 오직 주체로부터 나오는 것일 뿐, 외부 사물에서 나오는 것이 아니라고 이야기하고 있다.

① 치양지와 지행합일을 강조하였다.
② 다이호 율령 반포에 영향을 끼쳤다.
③ 사서집주의 편찬으로 집대성되었다.
④ 일본에는 가마쿠라 막부 시기에 전래되었다.
⑤ 고려 말 신진 사대부의 사상적 기반이 되었다.

연계 분석 및 학습 대책

2024학년도 대학수학능력시험 동아시아사 5번 문항은 2024학년도 EBS 수능특강 동아시아사 61쪽 8번 문항과 연계되어 출제되었다. 성리학의 성립 및 발전과 함께 양명학은 수능에 자주 출제되는 주제이다. 수능특강에서는 자료를 제시하고 이를 해설하는 형태로 문항을 구성하여, 심즉리를 강조한 왕수인이 확립한 학문의 특징을 묻고 있다. 대학수학능력시험에서는 수능특강의 문항을 응용하여, 양지 등에 대한 왕수인의 주장을 비판하는 조선의 한 유학자의 자료를 제시하고 이를 해설하는 형태로 문항을 구성하여 양명학의 특징을 묻고 있다.

수능에서 EBS 교재와의 연계 문항은 자료를 직접 연계하는 방식도 있지만, 자료를 응용하여 문항 형태를 변경하는 방식 등으로 재구성하여 출제될 수 있다. 따라서 EBS 교재의 문항뿐만 아니라 EBS 교재의 개념 정리와 자료 플러스도 꼼꼼히 학습하여, 다양한 형태로 응용된 문항이 출제되더라도 막힘없이 문항을 풀 수 있도록 정확한 개념을 파악하려는 태도가 무엇보다 필요하다.

동아시아 선사 문화의 전개~국가의 성립과 발전

✪ 일본 열도
규슈, 혼슈, 시코쿠, 홋카이도 네 개의 큰 섬과 오키나와 등 여러 개의 부속 섬으로 이루어져 있다.

✪ 이기작
같은 경작지에서 한 해에 같은 곡물을 두 번 재배하는 방법이다.

1. 동아시아의 과거와 현재

(1) 동아시아의 범위

① 범위 : 동서로는 일본 열도에서 티베트고원, 남북으로는 베트남에서 몽골고원에 이르는 지역

② 국가 : 한국, 중국, 일본, 몽골, 베트남 등

(2) 동아시아사 학습의 의의

① 필요성 : 동아시아 세계의 당면한 과제를 이해하고 해결 방안을 모색

② 유의점 : 객관적이고 균형 잡힌 시각으로 과거와 현재를 성찰

2. 자연환경과 생업

(1) 지형과 기후

① 지형 : 서쪽에 평균 해발 고도 4,500m 이상의 티베트고원이 있으며, 동쪽에 평균 해발 고도 1,000m 이하의 구릉과 평원 지대 및 섬 분포

② 기후 : 계절풍의 영향으로 겨울에는 춥고 건조한 날씨, 여름에는 덥고 습한 날씨

기후	지역
냉대 기후	한반도 북부, 만주, 일본 홋카이도 등
건조 기후	중국 화북 일부, 몽골고원 등
온대 기후	베트남 북부, 중국 화중과 화남, 한반도 남부 및 일본 혼슈 등
열대 기후	중국 하이난섬, 베트남 중·남부 등

(2) 지역과 생업

지역	주요 생업	기온 및 강수량
만주 일부, 몽골고원, 티베트고원 등	유목	기온의 연교차가 큰 대륙성 기후, 연평균 강수량이 적음(400mm 이하)
한반도 북부, 중국 화북 지역, 만주 남부, 일본 홋카이도 등	밭농사, 목축	벼농사 지역보다 기온이 낮고 연평균 강수량이 적음(400~600mm)
한반도 중·남부, 중국 화중 지역, 일본 혼슈 등	벼농사	연평균 기온이 높고 연평균 강수량이 풍부(600mm 이상)
중국 화남 지역, 일본 규슈 남부, 베트남 등	벼농사(벼의 이기작)	

(3) 밭농사와 벼농사

① 밭농사 : 잡곡을 주로 재배, 토양 유실과 지력 감소가 심하여 생산력이 낮음

② 벼농사 : 다양한 농기구 필요, 벼농사 기술을 가진 집단의 이동으로 동아시아 전역에 전파

3. 농경 사회와 유목 사회

(1) 농경과 농경민의 생활

① 농경의 발전

- 밭농사 : 기원전 8000년~기원전 7500년경 황허강 유역에서 시작, 조·수수·기장·콩 등을 재배
- 벼농사 : 기원전 7000년~기원전 6000년경 창장강 유역에서 실시

② 농경민의 생활 : 정착 생활, 수리 시설 축조, 개간과 간척 실시, 공동 노동을 위한 조직 결성

개념 체크

1. 동아시아의 서쪽에는 평균 해발 고도 4,500m 이상의 (　　)고원이 있다.
2. 한반도 북부, 만주 남부 등에서는 벼농사 지역보다 기온이 낮고 연평균 강수량이 적어 주로 (　　)와 목축이 이루어진다.
3. 중국에서는 기원전 7000년~기원전 6000년경 (　　) 유역에서 벼농사가 실시되었다.

정답
1. 티베트 2. 밭농사 3. 창장강

(2) 유목과 유목민의 생활

① 유목의 발전 : 몽골고원 등 내륙의 초원 지대에서 발전

② 유목민의 생활 : 계절에 따라 이동 생활, 주로 이동식 가옥(게르 등)에서 거주, 대부분의 생필품을 가축에 의존, 부족 단위의 사회 구조

4. 선사 문화의 전개

(1) 인류의 등장과 구석기 시대의 생활

① 주요 구석기인 : 베이징인, 산딩둥인(산정동인), 덕천인, 미나토가와인 등

② 생활 : 채집 · 수렵 · 어로 활동, 뗀석기 사용, 이동 생활, 동굴이나 막집에 거주, 불 · 언어 사용

(2) 신석기 시대의 사회 변화와 신석기 문화

① 농경(조 · 피 · 수수 · 밀 · 보리 등)과 목축의 시작

② 간석기 · 토기 · 뼈바늘 등 사용, 정착 생활, 움집 거주

③ 중국 대륙과 만주 지역의 신석기 문화

황허강	중류	양사오 문화(채도 등)	룽산 문화(흑도 등)로 발전
	하류	다원커우 문화(홍도 · 회도 · 흑도 · 백도 등)	
창장강 하류		허무두 문화(흑도 · 홍도 등)	량주 문화(옥기 등)로 발전
랴오허강		훙산 문화(채도, 여신의 얼굴상, 용 모양 옥기 등)	

④ 한반도의 신석기 문화 : 이른 민무늬 토기, 덧무늬 토기, 빗살무늬 토기(대표적) 등 제작

⑤ 일본 열도의 조몬 문화 : 조몬 토기 및 토우 제작

자료 플러스 동아시아 각 지역의 신석기 문화

✪ 뗀석기
구석기인들이 만들어 사용한 도구이다. 대표적인 뗀석기인 주먹도끼는 찍는 날과 자르는 날이 모두 있어 여러 가지 용도로 사용되었다.

✪ 채도
토기의 표면에 물감 등을 이용해 그림 등을 그려 넣은 토기이다.

✪ 조몬 문화의 토우

여성을 표현한 토우로, 일본 아오모리에서 출토되었다.

개념 체크

1. (　　) 시대 사람들은 이동 생활을 하며 주로 동굴이나 막집에 거주하였다.
2. 신석기 시대 황허강 중류 유역에서는 (　　) 문화가 발달하였다.
3. 신석기 시대 일본 열도에서는 표면에 새끼줄 무늬 등이 있는 (　　) 토기가 제작되었다.

정답
1. 구석기 **2.** 양사오 **3.** 조몬

5. 동아시아의 청동기 문화

(1) 청동기 시대의 발전

① 사회 변화 : 신석기 시대 말부터 농경 기술과 도구 발달 → 농업 생산력과 인구 증가 → 잉여 생산물 축적, 사유 재산 출현 → 계급 분화

② 청동기 : 주로 지배층의 무기와 제사용 도구(제기)로 활용

③ 부족 통합 : 청동기를 사용한 집단이 전쟁을 통해 이웃 부족을 통합

✪ 얼리터우 문화
황허강 유역에서 발달한 청동기 문화이다. 이곳에서 확인된 궁전 유적은 문헌 기록에 나오는 하 왕조와 관련된 것으로 추정되고 있다.

✪ 야요이 문화
일본 열도에서 기원전 3세기경~기원후 3세기경에 농경에 기반을 둔 새로운 문화가 발달하였는데, 이를 야요이 문화라고 한다.

(2) 동아시아의 청동기 문화

① 중국 대륙

- 얼리터우 문화 : 황허강 중류 유역에서 발달, 청동 술잔 등 제작 → 초기 국가 단계로 발전한 것으로 추정
- 상 왕조 : 청동제 무기와 제기 제작

② 몽골 초원

- 유라시아 초원 및 삼림 지대에서 발달
- 청동 무기, 마구, 사슴돌, 판석묘 등을 남김

③ 만주 · 한반도

- 기원전 2000년경~기원전 1500년경 청동기 등장
- 비파형 동검, 청동 거울, 반달 돌칼, 고인돌 등을 남김

④ 일본 열도

- 기원전 3세기경부터 한반도로부터 벼농사 기술, 청동기, 철기 수용 → 야요이 문화 시작
- 종 모양 청동기(동탁) 등 청동 제기 및 장신구, 철제 농기구와 무기 제작

자료 플러스 동아시아 각 지역의 청동기 문화

▲ 사슴돌 ▲ 판석묘
몽골 초원의 사슴돌과 판석묘이다. 사슴돌은 초원 지대에 세워진 거석 기념물로, 표면에 사슴 등이 새겨져 있다. 판석묘는 시신을 안치하고, 주변에 여러 장의 판석을 세운 것이다.

▲ 청동 술잔 ▲ 상의 네발 솥
얼리터우 문화의 유물인 청동 술잔과 상의 네발 솥은 주로 제사 의식에 사용된 것으로 추정된다.

▲ 야요이 토기 ▲ 동탁
야요이 문화의 대표적 유물인 야요이 토기와 종 모양 청동기(동탁)이다. 종 모양 청동기는 주술적 용도로 사용하였을 것으로 추정된다.

▲ 비파형 동검 ▲ 고인돌
청동으로 제작된 비파형 동검과 지배층의 무덤인 고인돌이다. 고조선 관련 문화 범위를 알려 주는 문화유산으로 만주와 한반도에서 주로 발견된다.

개념 체크

1. 황허강 중류 유역에서 발달한 (　　　) 문화에서는 청동 술잔 등이 제작되었다.
2. 만주와 한반도에서는 청동기 시대에 제작된 (　　　) 동검 등이 출토되었다.
3. 일본 열도에서는 한반도로부터 벼농사와 금속 제작 기술이 전파되어 기원전 3세기경 (　　　) 문화가 시작되었다.

정답
1. 얼리터우 2. 비파형 3. 야요이

6. 국가의 등장

(1) 중국 초기 왕조의 성립

① 하(夏) : 문헌 기록상 최초의 왕조

② 상(商) : 기원전 1600년경 성립, 신정 정치, 갑골문 사용, 은허 유적

③ 주(周)

- 건국 : 기원전 11세기경 상을 멸망시키고 호경을 수도로 삼음
- 통치 방식 : 혈연에 따른 종법적 봉건제(왕이 수도와 직할지 통치, 제후가 지방 통치)
- 정치사상 : 천명사상과 덕치를 강조
- 쇠퇴 : 왕과 제후 사이의 혈연관계가 희미해지면서 왕실 권위 약화

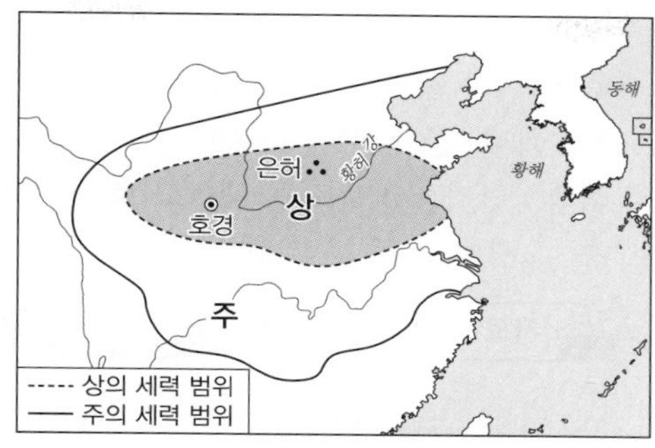

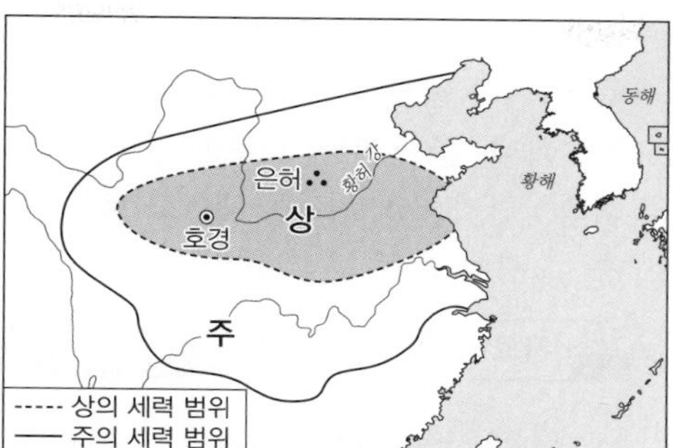

▲ 상과 주의 세력 범위

(2) 춘추 전국 시대

① 성립

- 춘추 시대 : 기원전 8세기 왕위 계승을 둘러싼 내분, 서북방 유목 세력인 견융의 침입으로 주가 호경에서 낙읍(뤄양)으로 천도 → 주 왕실의 통제력 약화 → 춘추 5패가 정국 주도(존왕양이)
- 전국 시대 : 기원전 5세기 주를 중심으로 한 봉건 질서 붕괴 → 전국 7웅 대두(약육강식) → 상앙 등 법가 사상가를 등용하여 부국강병책을 추진한 진(秦)에 의해 통일

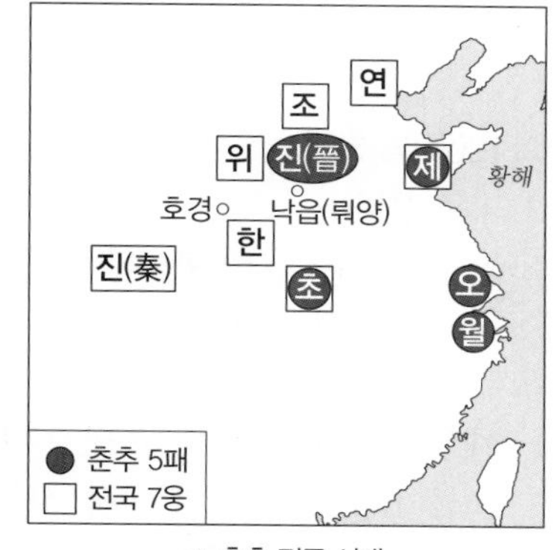

▲ 춘추 전국 시대

② 변화

구분	내용
정치	• 군현제 도입 : 지방을 군과 현으로 나누고 중앙에서 각각 군수와 현령 등의 관리를 파견하여 통치 • 국가 간의 경쟁에서 살아남기 위해 부국강병책 실시
경제	• 우경과 철제 농기구의 보급으로 농업 생산력 발전 • 상공업의 발달로 화폐 유통 활발, 도시 발달
사회	• 능력 중시 풍조에 따라 제자백가 등장 • 철제 무기가 보급되면서 전쟁의 규모 확대, 전쟁의 양상 변화

자료 플러스 춘추 시대

제후들은 신후와 함께 유왕의 태자였던 의구를 추대하였는데, 이 사람이 평왕으로 주나라의 제사를 받들게 되었다. 평왕은 즉위한 후 수도를 동쪽 낙읍(뤄양)으로 옮겨 견융의 침략을 피하였다. 평왕 때, 주나라 왕실은 쇠약해졌고 강한 제후국이 약한 제후국을 겸병하기 시작하였는데, 제나라, 초나라, 진(秦)나라, 진(晉)나라가 강대해졌다. 정치는 방백(제후국 가운데 우두머리)에 의해 좌지우지되었다. －『사기』－

기원전 8세기에 주는 견융의 침입을 받아 수도를 호경에서 낙읍(뤄양)으로 옮겼다(주의 동천). 이후 주 왕실이 지방의 제후들을 제대로 통제하지 못할 정도로 힘이 약화되면서 춘추 시대가 시작되었다. 춘추 시대에는 세력이 강한 제후가 정국을 주도하였는데, 그중 춘추 5패의 활동이 두드러졌다.

✪ 갑골문

거북의 배딱지나 동물의 뼈 등에 전쟁, 농사 및 제사 등에 대한 점괘를 기록한 것으로, 상 왕조의 유적지에서 대량으로 출토되었다.

✪ 은허

상의 수도 유적으로 왕궁터, 왕릉, 갑골문과 다양한 청동기, 옥기 등이 발견되었다.

✪ 봉건제

왕이 제후에게 토지와 백성을 하사하고 그 대신 제후에게 군역과 공납 의무를 부과한 제도이다. 주는 수도와 직할지를 제외한 지역에 왕족과 공신 등을 제후로 삼아 대대로 다스리게 하였다.

개념 체크

1. 상 왕조는 거북의 배딱지나 동물의 뼈 등에 전쟁, 농사 및 제사 등에 대한 점괘를 기록한 (　　)을 남겼다.
2. 주는 견융의 침입으로 호경에서 (　　)으로 수도를 옮겼다.
3. 춘추 전국 시대에는 지방을 군과 현으로 나누고 중앙에서 관리를 파견하여 통치하는 (　　)가 도입되었다.

정답
1. 갑골문 2. 낙읍(뤄양) 3. 군현제

7. 중국의 통일과 여러 나라의 성장

(1) 진(秦)의 전국 통일

① 진시황제
- 법가 사상을 바탕으로 부국강병을 이루어 전국 통일(기원전 221)
- 중앙 집권 체제 강화 : 최초로 황제 칭호 사용, 군현제 실시, 3공 9경의 관료제 시행, 도량형 · 화폐 · 문자 통일, 도로망 정비, 사상 통제(분서갱유)

② 쇠퇴 : 만리장성 축조 등 대규모 토목 공사와 가혹한 법치에 대한 불만으로 진시황제 사후 진승 · 오광의 난 등 농민 봉기 발생

자료 플러스 진시황제의 중앙 집권 체제 강화

이사가 다음과 같이 아뢰었다. "…… 시, 서 및 제자백가의 서적을 가지고 있는 자에게 이것을 거두어들여 불태워야 합니다. …… 가져도 좋은 것은 의약과 점복, 농사에 관한 서적에 국한해야 합니다. ……" 시황제는 이사의 상소를 허락하였다.
－『사기』－

전국 시대를 통일한 진시황제는 중앙 집권 체제를 강화하기 위해 여러 정책을 폈다. 이 자료는 진시황제가 사상을 통제하기 위해 분서를 단행하여 법가 이외의 사상을 탄압한 사실을 보여 주고 있다.

(2) 한(漢)의 발전

① 고조(유방)
- 진 멸망 이후 초의 항우와 벌인 전쟁에서 승리 → 중국 재통일(기원전 202)
- 군국제 실시(군현제와 봉건제의 절충)

② 무제
- 제후의 세력을 억제하고 군현 확대, 흉노 원정
- 소금 · 철 등의 전매제 실시, 상공업 통제
- 동중서의 건의를 수용하여 유교를 통치 이념으로 중시

③ 왕망의 찬탈 : 외척 출신으로 (전)한을 무너뜨리고 신(新) 건국 → 토지 국유화 등 급진적 개혁 실시 → 실패

④ 후한
- 신이 멸망한 후 호족의 지원을 받은 광무제가 후한 건국(25)
- 외척과 환관의 대립으로 쇠퇴하다가 멸망 → 위 · 촉 · 오가 대립하는 삼국 시대 전개

(3) 흉노의 성장

① 성장 : 기원전 4세기 무렵 유라시아 북부의 초원 지대에서 성장

② 발전 : 묵특 선우가 동호를 정복하고 월지를 중앙아시아 방면으로 몰아냄으로써 만리장성 이북의 초원 지대를 통합, 한과의 전쟁에서 고조를 굴복시킴

③ 정치 : 여러 부족을 통합한 연맹체 국가 형성 → 선우 아래 좌현왕과 우현왕 등을 둠

(4) 고조선의 성장

① 성립 : 청동기 문화를 토대로 만주와 한반도 지역에서 성립, 제정일치

② 발전 : 상 · 경 · 대부 · 장군 등의 관직 설치, 8조의 법 제정, 전국 7웅 중 하나였던 연과 대립

③ 위만의 집권 : 한 초기에 위만이 고조선으로 망명 → 준왕을 몰아내고 집권(기원전 194) → 철기 문화의 본격적 수용, 한과 한반도 남부 지역 간의 중계 무역으로 번영

✪ 군국제
군현에는 지방관을 파견하여 황제가 직접 다스리고, 나머지 지역은 황족이나 공신을 제후로 봉하여 다스리게 한 방식이다.

✪ 흉노의 통치 조직
흉노의 중앙은 선우가 직접 통치하였고, 좌방에는 좌현왕 등이, 우방에는 우현왕 등이 배치되었다.

✪ 흉노의 금관

중국 네이멍구 자치구 남쪽의 오르도스 지방에서 발견된 흉노의 금관이다.

개념 체크

1. 전국 시대를 통일한 진시황제는 도량형과 화폐, 문자 등을 통일하였으며 (　　　) 로 지방을 통치하였다.
2. 한 무제는 동중서의 건의를 수용하여 (　　　)를 통치 이념으로 중시하였다.
3. 흉노의 (　　　) 선우는 동호를 정복하고 월지를 중앙아시아 방면으로 몰아냈다.

정답
1. 군현제 2. 유교 3. 묵특

(5) 만주와 한반도의 여러 나라

① 부여 : 만주의 쑹화강 유역에서 성립

② 고구려 : 부여의 일부 세력이 남하하여 압록강 유역에서 건국

③ 삼한 : 마한 · 진한 · 변한 성립, 농경 발달, 제정 분리

(6) 일본 열도의 국가 성립

① 기원 전후 야요이 문화를 바탕으로 여러 정치체 등장

② 3세기경 30여 개의 소국이 히미코 여왕의 야마타이국을 중심으로 연맹체 형성

8. 중원 왕조와 주변 국가와의 관계

(1) 흉노와의 관계

① 진시황제 : 흉노를 초원 지대로 몰아내고 오르도스 지방 차지 → 흉노의 재침을 막기 위해 만리장성 축조

② 한 고조 : 평성 백등산 전투에서 묵특 선우에게 패배(기원전 200) → 흉노에 공물과 공주를 보내 화친

③ 한 무제 : 흉노에 대항할 동맹 세력을 확보하기 위해 장건을 대월지에 파견, 대대적인 원정으로 흉노를 고비 사막 이북으로 몰아냄

자료 플러스 | 한 고조와 흉노의 관계

- 한나라가 중국을 평정한 지 얼마 되지 않아 …… 고조가 먼저 평성(平城)에 도착하였는데, 보병들이 아직 모두 도착하지 못하였다. 이에 묵특이 정예 기병을 풀어 고조를 백등(白登)에서 에워쌌고, 7일 동안 한나라 군대는 포위망의 안팎에서 서로 구원하거나 식량을 보급할 수가 없었다. …… 이에 고조는 …… 포위가 풀린 쪽으로 바로 도망쳐 나가 마침내 자신의 대군(大軍)과 만나게 되었다. 그러자 묵특도 바로 군대를 이끌고 돌아가 버렸다.
- 이 무렵 한나라 장수 여럿이 백성을 이끌고 흉노에 투항하였고, 그래서 교만해진 묵특이 늘 대군(代郡)의 땅을 마음대로 넘나들면서 약탈을 자행하였다. 이에 고조가 유경에게 종실의 딸을 공주라 하여 모셔 가게 해 선우의 연지로 삼게 했고, 해마다 흉노에게 견직물, 술, 식품 등을 일정량 주고 형제가 되기를 약속하여 화친을 맺었다.

– 『사기』 –

첫 번째 자료는 백등산 전투, 두 번째 자료는 한과 흉노의 화친 관계에 대한 것이다. 한 고조는 백등산에서 흉노에게 포위되었다가 간신히 탈출한 이후 흉노에 한의 공주와 공물을 보내 화친 관계를 맺었다.

(2) 베트남과의 관계

① 광둥 · 광시 지역을 중심으로 남비엣(남월) 건국

② 한 무제 : 남비엣 정복(기원전 111), 9군 설치

(3) 만주 · 한반도 국가와의 관계

① 고조선이 한과 한반도 남부 간의 중계 무역으로 번성

② 한 무제 : 고조선과 흉노의 연합을 막기 위해 고조선 정복(기원전 108), 4군 설치

(4) 일본 열도 국가와의 관계

① 1세기 왜의 노국왕이 후한 광무제에게 조공하고 '한위노국왕'이라고 새겨진 금인을 받음

② 3세기 야마타이국의 히미코 여왕이 위에 조공하고 '친위왜왕'이라는 칭호를 받음

✪ 장건

한 무제가 흉노를 견제하기 위해 대월지에 파견한 인물이다. 장건은 흉노의 포로로 잡혀 억류되었다가 탈출하여 한으로 귀국하였다. 10여 년 동안 온갖 고초를 겪었으나 대월지와 동맹을 맺는 데는 실패하였다. 하지만 그는 서역에 대한 많은 정보를 가지고 귀국하여 한과 서역의 교류에 기여하였다.

✪ 남비엣(남월)

찌에우다가 광둥에서 북부 베트남에 이르는 지역에 세운 나라이다.

✪ 한위노국왕 금인

일본에서 1784년 한 농부가 우연히 발견하였다고 전해진다. 중국 역사서 『후한서』에는 57년 왜의 노국왕이 후한에 물품을 바치고 금인을 받았다는 기록이 있다.

개념 체크

1. 진시황제는 흉노를 북쪽으로 몰아내고 흉노의 재침을 막기 위해 (　　　)을 쌓았다.
2. 한의 (　　　)는 흉노와의 연합을 막기 위해 고조선을 정복하고 4군을 설치하였다.
3. 3세기 (　　　)의 히미코 여왕은 위에 조공하고 '친위왜왕'의 칭호를 받았다.

정답

1. 만리장성 2. 무제
3. 야마타이국

대표 기출 문제 밑줄 친 '이 지역'을 지도에서 옳게 고른 것은? 2024학년도 수능 9월 모의평가

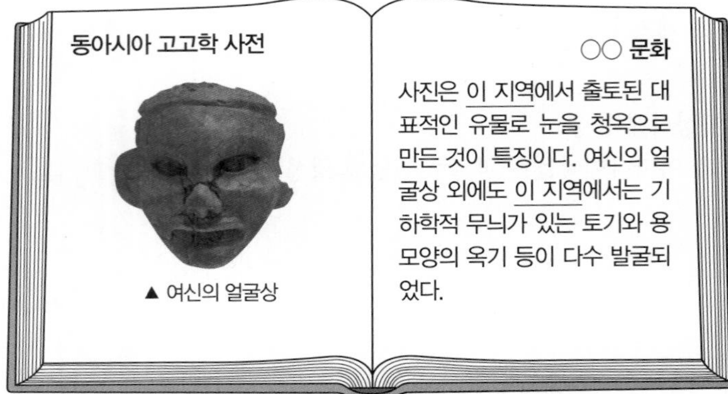

동아시아 고고학 사전
▲ 여신의 얼굴상
○○ 문화
사진은 이 지역에서 출토된 대표적인 유물로 눈을 청옥으로 만든 것이 특징이다. 여신의 얼굴상 외에도 이 지역에서는 기하학적 무늬가 있는 토기와 용 모양의 옥기 등이 다수 발굴되었다.

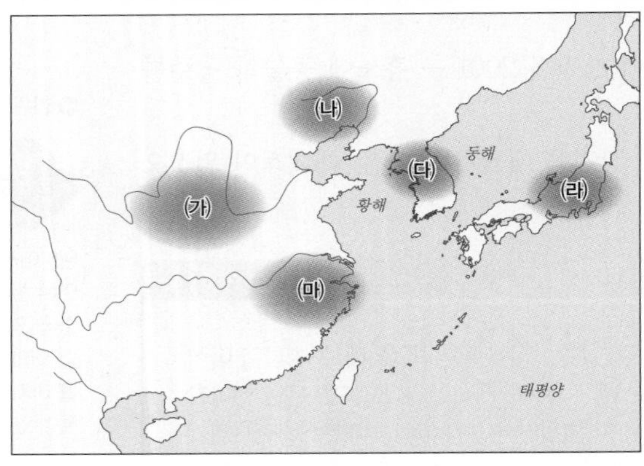

① (가)
② (나)
③ (다)
④ (라)
⑤ (마)

정답 | ②

풀이 | 눈을 청옥으로 만든 여신의 얼굴상, 기하학적 무늬가 있는 토기와 용 모양의 옥기 등이 다수 발굴되었다는 점을 통해 밑줄 친 '이 지역'은 신석기 시대 홍산 문화가 발달한 지역임을 알 수 있다. ② 홍산 문화는 랴오허강 유역에서 발달하였다.
① 황허강 중류 유역으로 신석기 시대 양사오 문화가 발달하였다. ③ 한반도 지역으로 신석기 시대 빗살무늬 토기 등이 제작되었다. ④ 일본 열도 지역으로 신석기 시대 조몬 문화가 발달하였다. ⑤ 창장강 하류 유역으로 신석기 시대 허무두 문화가 발달하였다.

닮은꼴 문제 1 (가) 지역에서 발달한 신석기 문화에 대한 학생의 발표로 가장 적절한 것은? [24017-0001]

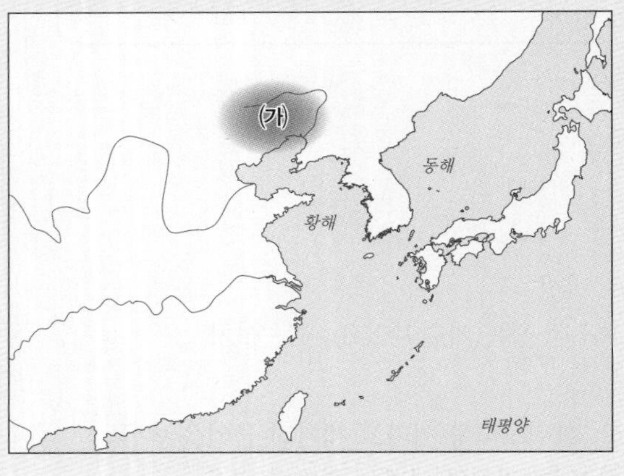

① 룽산 문화로 발전하였어요.
② 용 모양의 옥기 등을 남겼어요.
③ 사슴돌과 판석묘를 만들었어요.
④ 미나토가와인이 주로 활동하였어요.
⑤ 한반도로부터 벼농사 기술을 수용하였어요.

대표 기출 확인하기 진시황제의 활동

정답과 해설 3쪽

대표 기출 문제 (가) 군주에 대한 설명으로 옳은 것은? 2024학년도 수능 9월 모의평가

> 신(臣)은 변변치 못한 재능이지만 힘을 다하여 법령을 받들고 몰래 사신을 보내 제후들을 설득했습니다. 조용히 군비를 갖추고 정치와 교육을 정비하였으며 전사에게 벼슬을 주고 공신을 존중하여 그들의 작위와 봉록을 높였습니다. 이렇게 한 결과 신은 (가) 을/를 도와 한을 위협하고 위를 약화시켰으며 연과 조를 격파하고 제와 초를 평정하였습니다. 마침내 여섯 나라를 병합하여 통일하는 데 공을 세웠습니다.

① 분서갱유를 단행하였다.
② 다이카 개신을 일으켰다.
③ 장건을 서역에 파견하였다.
④ 준왕을 몰아내고 집권하였다.
⑤ 항우와의 전쟁에서 승리하였다.

정답 | ①

풀이 | 한을 위협하고 위를 약화시켰으며 연과 조를 격파하고 제와 초를 평정하였다는 점, 여섯 나라를 병합하여 통일하였다는 점을 통해 (가) 군주는 진시황제임을 알 수 있다. ① 진시황제는 사상을 통제하고자 분서갱유를 단행하였다.
② 일본 열도에서는 7세기 중엽에 소가씨 세력을 제거한 후 당의 율령 체제를 도입하여 중앙 집권 국가를 수립하려는 다이카 개신이 단행되었다. ③ 한 무제는 대월지와 동맹을 체결하기 위해 장건을 서역에 파견하였다. ④ 위만은 고조선의 준왕을 몰아내고 정권을 장악하였다. ⑤ 한 고조 유방은 초의 항우와의 전쟁에서 승리하여 전국을 다시 통일하였다.

닮은꼴 문제 **2** (가)에 들어갈 내용으로 가장 적절한 것은? [24017-0002]

3공 9경의 관료제를 시행하였어요.

법가 사상을 바탕으로 부국강병을 이루어 전국 시대를 통일한 황제에 대해 발표해 볼까요?

사상 통제를 위해 분서갱유를 단행하였어요.

(가)

① 후한에 조공하였어요.
② 군국제를 실시하였어요.
③ 남비엣을 멸망시켰어요.
④ 만리장성을 축조하였어요.
⑤ 좌현왕과 우현왕을 두었어요.

[24017-0003]

01 (가)에 들어갈 문화유산으로 옳은 것은?

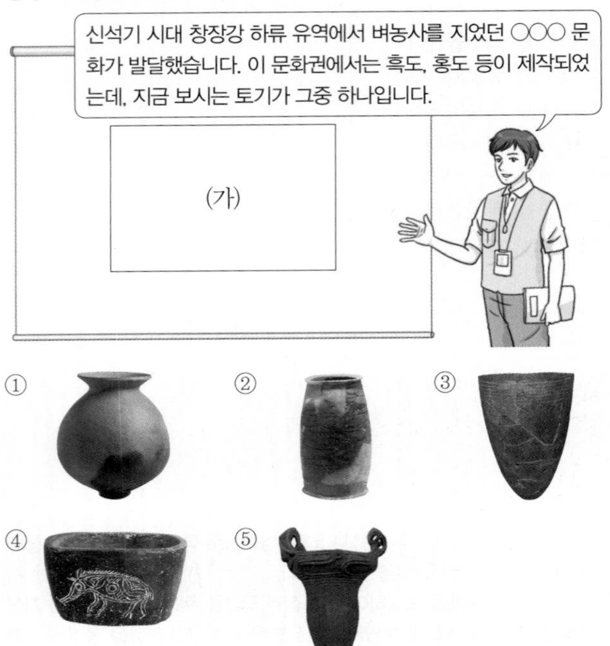

신석기 시대 창장강 하류 유역에서 벼농사를 지었던 ○○○ 문화가 발달했습니다. 이 문화권에서는 흑도, 홍도 등이 제작되었는데, 지금 보시는 토기가 그중 하나입니다.
(가)

① ② ③ ④ ⑤

[24017-0004]

02 (가) 왕조에 대한 설명으로 옳은 것은?

> [유네스코 세계유산 이야기]
>
> **은허**
>
> 〈상세 정보〉
> • 국가 : 중국
> • 위치 : 허난성
> • 등재 연도 : 2006년
>
> 베이징에서 남쪽으로 500㎞쯤 떨어져 있는 은허는 중국 (가) 왕조 후기의 수도 유적이다. 이곳은 중국 청동기 시대의 대표적인 유적이다. 이 유적지에서는 80채 이상 규모의 궁전 주춧돌과 제단을 포함하여 수많은 무덤 등이 발견되었다.

① 갑골문을 사용하였다.
② 좌현왕과 우현왕을 두었다.
③ 법가 사상가를 중용하였다.
④ 히미코 여왕의 조공을 받았다.
⑤ 춘추 5패가 정국을 주도하였다.

[24017-0005]

03 밑줄 친 '그'에 대한 설명으로 옳은 것은?

> 주가 쇠퇴할 무렵 이 나라가 흥기하여 서쪽 변경 지역에 도읍을 정하였다. 그 후 목공 이래로 국력을 키우다가, 국왕 영정이 6국을 병합한 후 처음으로 황제가 되었다. 그는 스스로 자신의 공적이 오제(五帝)를 뛰어넘고, 국토는 삼황(三皇)의 시대보다 넓다고 여겼다.

① 만리장성을 쌓았다.
② 준왕을 몰아내고 집권하였다.
③ 유교를 통치 이념으로 중시하였다.
④ 항우와 벌인 전쟁에서 승리하였다.
⑤ 한위노국왕이 새겨진 금인을 받았다.

[24017-0006]

04 (가) 국가에서 볼 수 있는 모습으로 가장 적절한 것은?

> 한 무제는 동으로 고조선을 정복해 군으로 삼고 서로는 주천군을 설치해 (가) 와/과 강(羌)이 통하는 길을 막았다. 또한 서로 대월지, 대하와 교류하고 공주를 오손왕에게 시집보냄으로써 (가) 의 서쪽에서 그 나라를 지원하던 여러 나라를 떼어 놓았다. 그래서 북으로 영토를 더욱 확장해 성채를 구축해도 (가) 의 선우는 끝내 한마디도 하지 못하였다.

① 분서를 명령하는 황제
② 8조의 법 내용을 홍보하는 관리
③ 위에 조공 사절을 파견하는 여왕
④ 낙읍(뤄양)으로의 천도를 단행하는 국왕
⑤ 백등산에서 한 고조의 군대와 대치하는 군사

[24017-0007]

1 (가), (나) 유물을 남긴 문화에 대한 학생들의 발표로 가장 적절한 것은?

(가) (나)

① (가) – 구석기인들이 남긴 문화예요.
② (가) – 창장강 하류 유역에서 발달하였어요.
③ (나) – 사슴돌과 판석묘 등을 남겼어요.
④ (나) – 한반도로부터 벼농사 기술을 수용하였어요.
⑤ (가)와 (나) – 룽산 문화로 계승되었어요.

[24017-0008]

2 (가)에 들어갈 문화유산으로 옳은 것은?

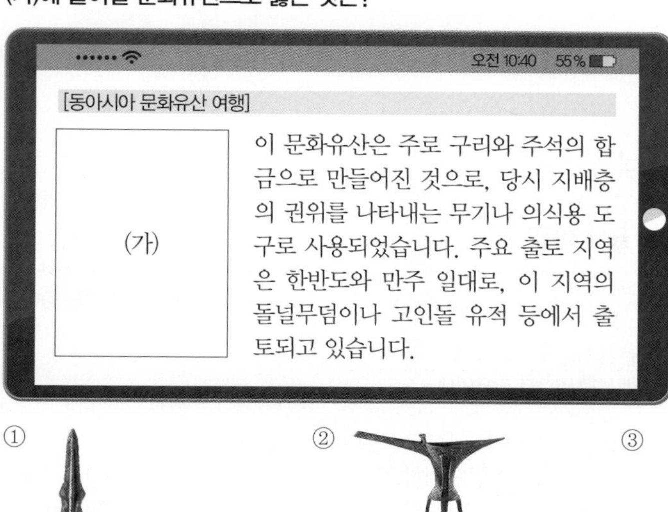

오전 10:40 55%
[동아시아 문화유산 여행]
(가)
이 문화유산은 주로 구리와 주석의 합금으로 만들어진 것으로, 당시 지배층의 권위를 나타내는 무기나 의식용 도구로 사용되었습니다. 주요 출토 지역은 한반도와 만주 일대로, 이 지역의 돌널무덤이나 고인돌 유적 등에서 출토되고 있습니다.

① ② ③

④ ⑤

[24017-0009]

3 (가) 왕조에 대한 설명으로 옳은 것은?

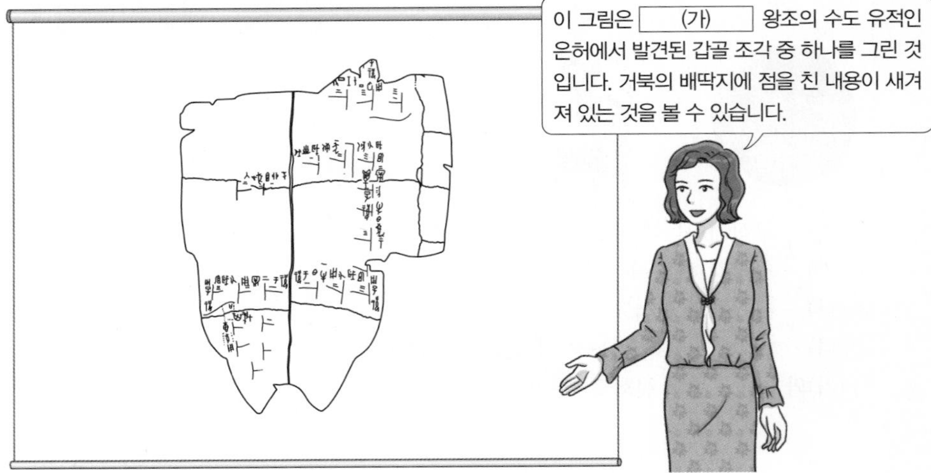

이 그림은 (가) 왕조의 수도 유적인 은허에서 발견된 갑골 조각 중 하나를 그린 것입니다. 거북의 배딱지에 점을 친 내용이 새겨져 있는 것을 볼 수 있습니다.

① 연과 대립하였다.
② 주에 의해 멸망하였다.
③ 낙읍(뤄양)으로 천도하였다.
④ 야마타이국의 조공을 받았다.
⑤ 황제 칭호를 처음 사용하였다.

[24017-0010]

4 (가) 황제에 대한 설명으로 옳은 것은?

사료로 학습하는 동아시아사

(가) 이/가 범처럼 노려봄에 만국(萬國)이 패주하니,
옛 도(道)를 없애 버리고 백성을 바보로 만들었네.

해설 이 시는 고려 시대의 문인 이곡의 「애왕손(哀王孫)」이란 시의 일부이다. 첫 번째 행은 (가) 이/가 6국을 병합하고 천하를 통일한 것을 가리키고, 두 번째 행은 이사의 건의를 받아들여 옛 도(道)가 담긴 책들을 불태우고 옛 도를 가르칠 지식인들을 죽인 것을 비판한 것이다.

① 동호를 정복하였다.
② 군국제를 실시하였다.
③ 장건을 서역에 파견하였다.
④ 문자와 도량형을 통일하였다.
⑤ 후한 광무제에게 조공하였다.

[24017-0011]

5 **다음 사건이 있었던 시기를 연표에서 옳게 고른 것은?**

> 고조가 먼저 평성에 도착하였는데, 보병들이 아직 모두 도착하지 못하였다. 이에 묵특이 정예 기병을 풀어 고조를 백등산에서 에워쌌고, 7일 동안 한나라 군대는 포위망의 안팎에서 서로 구원하거나 식량을 보급할 수가 없었다. …… 마침 묵특이 왕황(王黃), 조리(趙利)와 함께 공격하기로 미리 약속하였는데, 기일이 되어도 그들의 군대가 오지 않자 그들이 한나라와 음모를 획책하였을까 의심하여, 연지의 말대로 포위망의 한쪽을 풀어 주었다. 이에 고조는 병사들에게 명하여 모두 활시위를 한껏 당긴 채 화살을 바깥으로 향하도록 하여 포위가 풀린 쪽으로 바로 도망쳐 나가 마침내 자신의 대군과 만나게 되었다. 그러자 묵특도 바로 군대를 이끌고 돌아가 버렸다.

	(가)	(나)	(다)	(라)	(마)	
주 건국	춘추 시대 시작	진의 전국 시대 통일	남비엣 멸망	고조선 멸망	후한 건국	

① (가)　② (나)　③ (다)　④ (라)　⑤ (마)

[24017-0012]

6 **(가) 국가에 대한 설명으로 옳은 것은?**

> 한나라 때 노관(盧綰)이 연나라 왕이 되었다. (가) 은/는 연나라와 패수를 경계로 하였다. 노관이 배반하고 흉노로 들어가자 연나라 사람인 위만도 망명하였다. 위만은 오랑캐 복장을 하고 동쪽으로 패수를 건너 준왕에게 가서 항복하였다. 그리고 서쪽 경계에 거주하도록 해 주면 중국 망명자들을 거두어 (가) 의 울타리가 되겠다고 준왕을 설득하였다. 준왕은 그를 믿고 총애하여 박사에 임명하고 규(圭)*를 하사하며 백 리의 땅을 주어 서쪽 변경을 지키게 하였다.
> – 『삼국지』 –
>
> * 규(圭) : 천자가 제후를 임명할 때 주는 옥으로 만든 징표

① 호경을 수도로 삼았다.
② 8조의 법을 제정하였다.
③ 만리장성을 축조하였다.
④ 좌현왕과 우현왕 등을 두었다.
⑤ 히미코 여왕을 친위왜왕으로 삼았다.

01

[24017-0013]

(가)에 들어갈 유물로 옳은 것은?

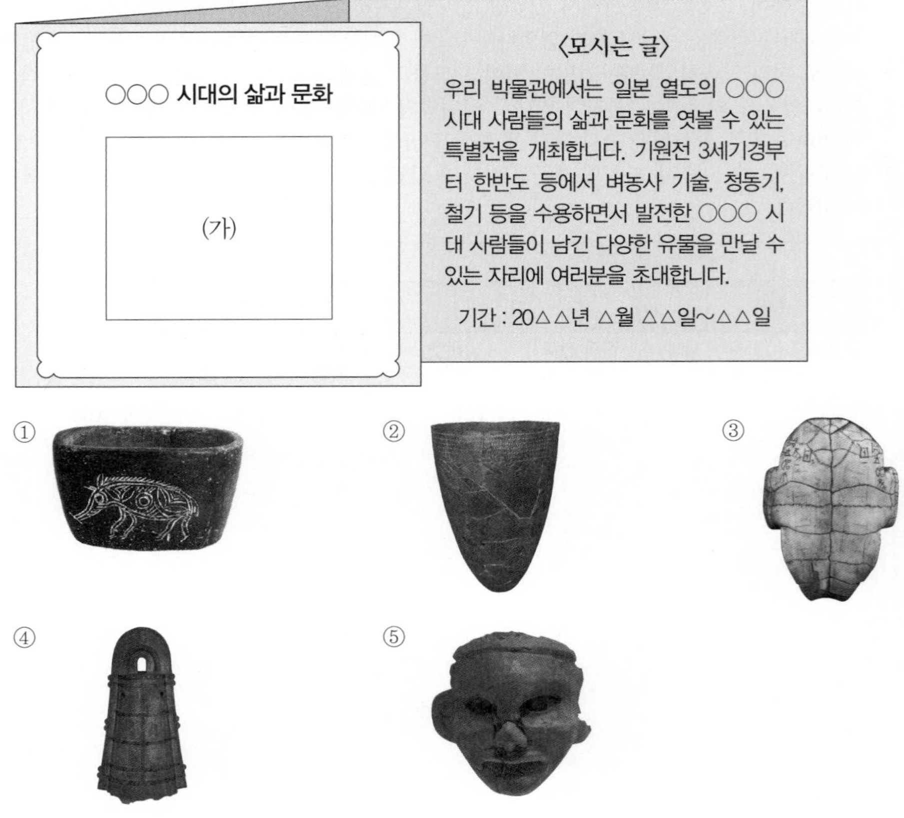

○○○ 시대의 삶과 문화
(가)
〈모시는 글〉
우리 박물관에서는 일본 열도의 ○○○ 시대 사람들의 삶과 문화를 엿볼 수 있는 특별전을 개최합니다. 기원전 3세기경부터 한반도 등에서 벼농사 기술, 청동기, 철기 등을 수용하면서 발전한 ○○○ 시대 사람들이 남긴 다양한 유물을 만날 수 있는 자리에 여러분을 초대합니다.
기간 : 20△△년 △월 △△일~△△일
①
②
③
④
⑤

02

[24017-0014]

(가) 왕조에 대한 설명으로 옳은 것은?

> (가) 은/는 나라가 강할 때는 포악함을 금하고 난을 주벌하니 천하 사람들이 복종하였고, 나라가 약할 때는 오패(五覇)가 토벌해 주므로 제후들이 순종하였으며, 영토가 줄어들 때에는 안으로는 수비를 갖추고 밖으로는 남에게 의지하니 사직이 보존되었다. 그런데 진(秦)이 강성해져 법을 빈번하게 사용하고 형벌을 엄혹하게 하니 천하 사람들이 두려워 떨었다.

① 왜의 노국왕에게 금인을 보냈다.
② 상앙을 등용해 개혁을 추진하였다.
③ 혈연에 기초한 종법적 봉건제를 실시하였다.
④ 부여에서 남하한 일부 세력에 의해 건국되었다.
⑤ 동중서의 건의를 받아들여 유교를 통치 이념으로 중시하였다.

03
[24017-0015]

(가), (나) 시기 사이에 동아시아에서 있었던 사실로 옳은 것은?

(가) 고조(유방)가 제후의 병사와 함께 초의 군대를 공격하여 해하에서 항우와 승부를 지었다. …… 크게 패한 항우가 달아나자 장군 관영에게 항우를 추격하게 하여 동성에서 물리치니 마침내 초의 땅을 평정할 수 있었다.

(나) 니계상 참(參)이 고조선왕 우거를 죽이고 항복하여 왔으나, 왕검성은 함락되지 않았다. …… 좌장군은 우거의 아들 장항과 상(相) 노인(路人)의 아들 최(最)로 하여금 그 백성을 달래고 성기를 죽이도록 하였다. 이로써 마침내 고조선을 평정하고 4군을 설치하였다.

① 왕망이 급진적 개혁을 추진하였다.
② 압록강 유역에서 고구려가 건국되었다.
③ 흉노와 한이 평성 백등산에서 전투를 벌였다.
④ 야마타이국을 중심으로 연맹체가 형성되었다.
⑤ 견융의 침입으로 주가 낙읍(뤄양)으로 천도하였다.

04
[24017-0016]

(가) 국가에 대한 설명으로 옳은 것은?

한 무제께서 중국이 편안한 날이 없는 것을 근심하여 대장군, 표기장군, 복파장군, 누선장군의 군사들을 보내 남쪽으로 백월(남비엣)을 멸하여 여러 군을 두었고 북쪽으로는 (가) 을/를 물리쳐 혼야왕의 무리를 항복시켜 5개의 속국을 설치하고 삭방군을 두어 그곳의 기름진 땅을 빼앗았습니다. …… 서쪽으로는 대완을 정벌하여 36국을 병합하였으며 오손과 결탁하였고 돈황군, 주천군, 장액군을 두어 이로써 야강(婼羌)과 떨어뜨려 놓아 (가) 의 오른쪽 팔을 찢어 놓았습니다. 선우는 세력이 고립되어 고비 사막 이북으로 멀리 달아났습니다.

① 군국제를 실시하였다.
② 8조의 법을 제정하였다.
③ 장건을 서역에 파견하였다.
④ 좌현왕과 우현왕을 두었다.
⑤ 3공 9경의 관료제를 시행하였다.

02 인구 이동과 정치·사회 변동

1. 인구 이동

(1) 인구 이동의 배경과 특징

① 배경 : 기후 변화와 자연재해, 인구 증가 등으로 인한 식량 부족, 정치적 갈등과 이민족의 침략, 국가 간 전쟁 등

② 특징 : 기원 전후부터 활발, 대체로 북쪽에서 남쪽으로 이동, 토착민과 이주민 간의 갈등으로 연쇄적 인구 이동 야기, 새로운 국가 수립이나 문화 전파 수반

(2) 인구 이동의 사례

① 중국의 화북, 강남 방면으로의 이동

5호	• 후한 말부터 북방 유목 민족이 화북 지역으로 이동 • 4세기 이후 화북 지역에 여러 국가 건국(5호 16국 시대)
한족	• 유목 민족의 침입으로 (서)진 멸망, 황족들이 건강(난징)에서 동진 건국 • 한족 일부가 창장강 이남으로 이동하여 정착

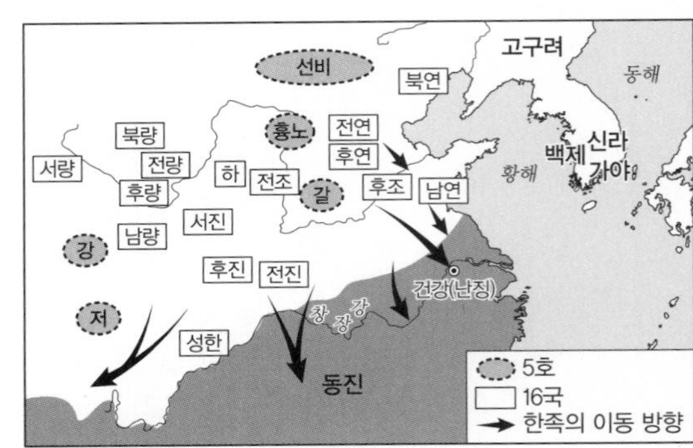

▲ 5호 16국과 한족의 이동

② 한반도 방면으로의 이동

부여족	기원전 1세기경 부여족의 일부인 주몽 집단이 압록강 중류의 졸본 지역으로 남하 → 고구려 건국
고구려인	지배층 내부의 갈등으로 고구려인 일부가 한강 유역으로 남하 → 온조 집단이 백제 건국 → 마한을 통합하며 한반도 남부 지역으로 세력 확대
고조선 유민	고조선 멸망 후 고조선 유민 일부가 한반도 남부 지역으로 이동 → 경주 지역의 토착 세력과 연합하여 신라 건국의 토대 마련
낙랑군 유민	4세기 고구려에 의해 멸망한 낙랑군 유민 일부가 한반도 남부 지역으로 이동 → 백제 발전에 기여

자료 플러스 부여족, 고구려인, 고조선 유민의 이동

• 부여 금와왕의 맏아들 대소가 왕에게 말하기를, "주몽은 …… 사람됨이 또한 용감합니다. …… 후환이 있을까 두려우니 그를 제거할 것을 청하옵니다."라고 하였다. …… 이에 주몽이 오이, 마리, 협보 등 세 사람과 친구가 되어 길을 떠났다.
– 『삼국사기』, 고구려 본기 –

• 주몽이 북부여에서 낳은 아들이 와서 태자가 되자, 비류와 온조는 태자에게 받아들여지지 않을까 두려워하였다. 마침내 오간, 마려 등 신하들과 함께 남쪽으로 가니 백성 가운데 그를 따르는 이가 많았다.
– 『삼국사기』, 백제 본기 –

• 고조선의 유민들이 산골짜기에 나누어 살아 육촌을 이루었다. 첫째는 알천(閼川) 양산촌(楊山村), …… 여섯째는 명활산(明活山) 고야촌(高耶村)이라 하였으니, 이것이 진한 6부가 되었다.
– 『삼국사기』, 신라 본기 –

첫 번째 자료는 부여족의 이동, 두 번째 자료는 고구려인의 이동, 세 번째 자료는 고조선 유민의 이동을 보여 준다. 기원전 1세기 무렵 부여족 내부에 분열이 일어나 주몽 집단이 부여를 떠나 압록강 중류 졸본 지역에서 고구려를 건국하였다. 이후 고구려도 성장 과정에서 내부의 정치적 갈등으로 지배층 일부가 한강 유역으로 내려와 백제를 건국하였다. 한편, 고조선이 멸망하자 그 유민의 일부가 한반도 남부 지역으로 남하해 신라 건국의 토대를 마련하였다.

✪ 5호 16국 시대
중국 북방의 다섯 유목 민족인 흉노, 갈, 선비, 저, 강족을 중심으로 화북에 10여 개가 넘는 국가가 세워져 서로 경쟁하던 분열기이다. 선비족이 세운 북위가 통일하였다.

✪ 고구려인의 남하

▲ 장군총(중국 지린성)

▲ 석촌동 고분(한국 서울)

고구려의 장군총과 백제의 석촌동 고분이다. 두 고분 모두 돌무지무덤으로, 고구려와 백제의 지배층이 같은 계통임을 보여 준다.

✪ 낙랑군
한 무제가 고조선을 멸망시키고 옛 고조선 땅에 설치한 4군 중의 하나이다.

개념 체크

1. 흉노, 갈, 선비, 저, 강족 등 (   )는 4세기 이후 화북 지역에 10여 개가 넘는 국가를 건국하였다.
2. 유목 민족의 침입으로 (서)진이 멸망하자, 일부 황족들이 창장강 이남인 (   )에서 동진을 건국하였다.
3. 지배층의 내부 갈등으로 고구려인의 일부가 한강 유역으로 남하하여 (   )를 건국하였다.

정답
1. 5호 2. 건강(난징) 3. 백제

③ 일본 열도로의 이동 : 한반도의 삼국 시대 및 중국의 위진 남북조 시대에 많은 주민이 일본 열도로 이주(도왜인) → 선진 기술 전파, 야마토 정권의 성립과 발전에 기여

2. 국가의 통합과 발전

(1) 남북조 시대의 전개

① 북위의 화북 통일

- 선비족이 세운 북위가 5세기 전반 화북 통일
- 한화 정책 : 효문제 때 적극적으로 추진 → 평성에서 뤄양으로 천도, 조정에서 선비어 사용 금지, 한족의 언어와 풍습 수용, 한족의 성씨 사용, 한족과의 혼인 장려 등 → 유목 민족 문화와 한족 문화가 점차 융합(호한 융합)

② 남조의 성립 : 동진이 멸망한 후 송, 제, 양, 진의 한족 정권 수립 → 북위 등의 북조와 대립(남북조 시대)

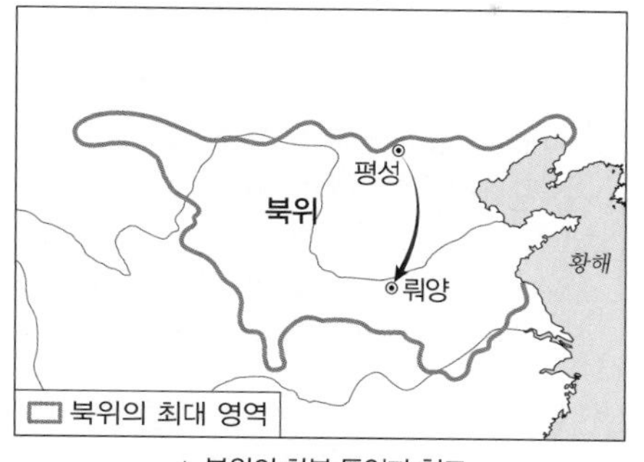

▲ 북위의 화북 통일과 천도

자료 플러스 북위 효문제의 한화 정책

- 효문제가 말하기를, "…… 이제 북방의 언어(선비어)를 금지하고 오로지 올바른 중원의 언어만 사용토록 한다. 서른 살 이상인 사람은 습관이 굳어져 갑자기 말을 바꾸기 어렵기에 어쩔 수 없지만, 조정에 있는 서른 살 이하의 사람은 예전처럼 말해서는 안 된다. 만약 고의로 북방의 언어를 쓴다면 관직을 박탈할 것이다. …… 올바른 언어에 익숙해지면 풍속이 새롭게 교화될 것이다. ……"라고 하였다.
- 수도에 머물던 관료들에게 "어제 부녀자들의 의복을 보니, 여전히 옷깃이 좁고 소매도 좁았다. …… 이미 한 해가 지났는데, 그대들은 무슨 까닭으로 예전의 호복 금지 조칙을 어기고 있는가?"라고 꾸짖었다.

– 『위서』 –

북위의 효문제는 수도를 한족의 정치·문화적 중심지인 뤄양으로 옮기고 적극적인 한화 정책을 추진하였다. 조정에서의 선비어 사용은 물론 호복 착용도 금지하였다. 또한 북위 황실이 앞장서서 한족의 성씨를 사용하고 한족과의 혼인을 장려하였다. 그 결과 유목 민족의 문화와 한족 문화가 점차 융합되었다.

(2) 수·당의 건국과 발전

① 수 : 6세기 후반에 남북조 시대를 통일, 고구려를 여러 차례 침략하였으나 실패

② 당 : 7세기 초 수의 멸망 이후 중원 장악, 돌궐 및 토번 공격, 고구려를 침략하였으나 안시성 싸움에서 패배

(3) 삼국의 항쟁

① 백제 : 4세기에 고구려와 패권 다툼, 남조·왜와 연결

② 고구려 : 5세기에 한반도 주도권 장악 → 6~7세기 수·당과 대립

③ 신라 : 6세기에 한강 유역 확보 및 가야 병합, 황해를 통해 중국과 직접 교류

(4) 야마토 정권의 성장

① 성립 : 4세기경 일본 열도에서 야마토 지방의 호족들이 연합하여 성립

② 발전 : 나라 지역을 중심으로 주변을 통합하며 영역 확대, 전방후원분을 만들어 지배자의 권력 과시, 중국과 한반도 등지의 선진 문물을 수용, 스에키 제작, 아스카 문화 발달

✪ 돌궐
몽골고원을 중심으로 활약한 튀르크계 민족으로 6세기 중엽부터 중앙 유라시아 일대에 대제국을 건설하였다. 한때 수·당과 겨룰 만큼 강성하였다.

✪ 전방후원분
앞은 네모난 모양이고 뒤는 둥근 모양의 무덤으로, 5세기경에 축조된 다이센 고분이 대표적이다. 야마토 정권 시기에는 지배자의 권력을 과시할 목적으로 전방후원분이 많이 조성되었다.

✪ 스에키

일본 열도에서 가야 등의 영향을 받아 만들어진 토기로, 언덕 경사면에 가마를 만들고 1,000℃ 이상의 고온에서 구워 내어 이전의 일본 토기보다 단단한 것이 특징이다.

개념 체크

1. 북위 (　　　)는 평성에서 뤄양으로 천도하고 적극적인 한화 정책을 추진하였다.
2. 신라는 6세기에 (　　　) 유역을 확보하여 황해를 통해 중국과 직접 교류하였다.
3. 일본은 (　　　) 정권 시기에 중국과 한반도 등지의 선진 문물을 수용하여 아스카 문화가 발달하였다.

정답
1. 효문제 2. 한강 3. 야마토

3. 동아시아 국제 전쟁과 지역 통일 국가의 등장

(1) 7세기 동아시아 국제 전쟁

① 7세기 중반 나당 연합 결성 → 백제 멸망(660) → 백강 전투(663) → 고구려 멸망(668)

② 당의 한반도 전체 지배 의도 표출 → 신라가 백제·고구려 유민과 함께 당군을 축출 → 신라의 삼국 통일 완성(676)

자료 플러스 신라와 당의 전쟁

• 당의 여러 장수와 병졸 중에서 진을 치고 주둔하며 장차 우리나라(신라)를 습격하려고 하는 자가 있었다. 문무왕이 이를 알고 군사를 일으켰다. 다음 해에 당 고종이 …… 군사 50만을 훈련시켜 설방을 장수로 삼아 신라를 정벌하고자 하였다. -『삼국유사』-

• 이근행이 군사 20만 명을 이끌고 매소성에 진을 쳤다. 우리 군사가 공격하여 그들을 도망가게 하였다. …… 시득이 수군을 거느리고 설인귀와 소부리주 기벌포에서 싸웠는데 연이어 패배하였다. 다시 나아가 크고 작은 22번의 싸움을 벌여 이기고서 4천여 명의 목을 베었다. -『삼국사기』-

첫 번째 자료는 나당 전쟁이 발발하기 직전의 상황을, 두 번째 자료는 신라가 매소성과 기벌포 전투에서 당군을 격퇴한 상황을 보여 주고 있다. 백제와 고구려가 멸망한 이후 당이 한반도 전체를 차지하려고 하면서 나당 전쟁이 발발하였다. 신라는 백제, 고구려 유민과 함께 당을 축출하고 삼국 통일을 완성하였다.

(2) 지역 국가의 성립

① 당 : 동아시아의 패자로 성장하여 동아시아 질서를 주도

② 통일 신라 : 대동강 이남의 한반도 지배

③ 발해 : 고구려 유민이 말갈족과 함께 건국(698) → 통일 신라와 발해가 병존하는 남북국 시대 전개

자료 플러스 발해의 건국

발해말갈(渤海靺鞨)의 대조영은 본래 고구려의 별종(別種)이다. 고구려가 멸망하자 대조영은 가속(家屬)을 이끌고 영주로 옮겨와 살았다. 만세통천(萬歲通天) 연간에 거란의 이진충이 반란을 일으키자 대조영은 말갈의 걸사비우와 함께 각각 무리를 거느리고 동쪽으로 망명하여 지세가 군사적으로 아주 중요한 곳을 차지하여 수비를 굳혔다. …… 대조영은 마침내 그 무리를 거느리고 동쪽으로 가서 계루부의 옛 땅을 차지하고, 동모산에 웅거하여 성을 쌓고 살았다. 대조영이 굳세고 용맹스러우며 병사를 잘 운용하자 말갈의 무리와 고구려의 나머지 무리가 점점 모여들었다. -『구당서』-

이 자료는 발해를 세운 대조영이 고구려 후예임을 밝히고 발해를 건국해 가는 과정을 보여 주는 기록이다. 대조영은 고구려 멸망 이후 요서 지역의 영주로 옮겨져 생활하였는데, 696년 거란족 출신 이진충이 반란을 일으켜 혼란한 틈을 타 고구려 유민을 모아 걸사비우가 이끄는 말갈 세력과 손잡고 당에 반기를 들었다. 대조영은 추격해 온 당군을 격파하고 동모산에 정착해 발해를 세웠다.

④ 일본

• 7세기 전반부터 견당사를 파견하여 당의 선진 문물 수용

• 다이카 개신 : 당의 율령 체제를 도입하여 중앙 집권 국가를 수립하려는 개혁 추진

• 7세기 후반부터 '일본' 국호 및 '천황' 칭호 사용

• 당의 장안성을 참고하여 나라에 헤이조쿄를 건설하고 천도(710) → 교토에 헤이안쿄를 건설하고 천도(794)

✪ 백강 전투
백제 부흥 운동 당시 왜가 지원군을 보냈으나 나당 연합군에게 패배한 전투이다.

✪ 견당사
일본은 7세기 전반부터 당에 외교 사절인 견당사를 파견하기 시작하였고, 헤이안 시대인 9세기 말에 견당사 파견을 중지하였다.

✪ 다이카 개신
645년 나카노오에가 도당 유학생 등의 협력을 받아 소가씨 세력을 제거한 이후 추진한 일련의 개혁을 가리킨다.

✪ 당의 장안성

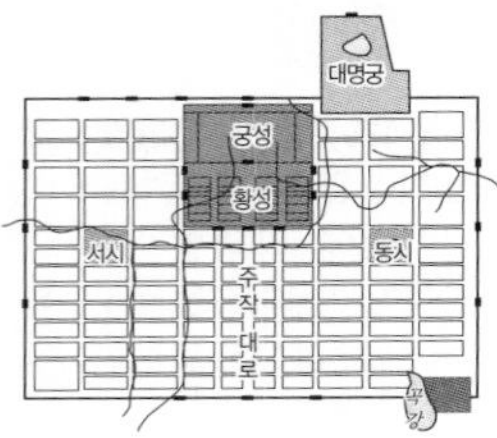

▲ 당 장안성의 구조

네모난 형태로 북쪽에 황제가 거처하는 궁성이 배치되어 있고, 황성의 남문(주작문)과 외성의 남문(명덕문)을 연결하는 큰 도로(주작 대로)를 만들었다. 주작 대로 좌우에 시장인 동시와 서시를 설치하였다.

개념 체크

1. (   )는 백제, 고구려 유민과 함께 당군을 축출하고 삼국 통일을 완성하였다.
2. 일본은 (   )를 파견하여 당의 선진 문물을 수용하였다.
3. 일본은 당의 장안성을 참고해 나라에 (   )를 건설하고 710년 천도하였다.

정답
1. 신라 2. 견당사 3. 헤이조쿄

대표 기출 확인하기 5호 이동의 영향

정답과 해설 6쪽

대표 기출 문제 다음 상황이 나타난 배경으로 가장 적절한 것은? 2024학년도 수능 6월 모의평가

> 천하가 혼란해질 것을 알고 왕도는 사마예에게 수도 뤄양을 떠나길 권하여 함께 창장강 이남으로 피난하였다. 뤄양이 함락되자 중원 사람들 열에 예닐곱이 강남으로 이주하였다. 왕도는 사마예에게 그중에서 어질고 현명한 사람을 골라 함께 일을 도모하도록 권하였다. 이에 강남 지방은 평안해졌고, 인구는 점차 늘어났다. 얼마 후 사마예는 백성들의 추대를 받아 건강에서 황제로 즉위하였다.

① 테무친이 몽골 부족을 통합하였다.
② 소가씨 세력이 정변으로 축출되었다.
③ 나 · 당 연합군이 백제를 멸망시켰다.
④ 5호가 화북 지역에서 세력을 확장하였다.
⑤ 위만이 준왕을 몰아내고 정권을 장악하였다.

정답 | ④

풀이 | 사마예 등이 수도 뤄양을 떠나 창장강 이남으로 피난하였다는 점, 뤄양이 함락되자 중원 사람들 중 다수가 강남으로 이주하였다는 점, 사마예가 건강에서 황제로 즉위하였다는 점 등을 통해 자료는 동진이 건국되는 상황임을 알 수 있다. ④ 진(晉)이 내분으로 쇠퇴하자, 흉노 등 5호는 4세기 초부터 화북 지역에서 여러 나라를 세웠다.
① 13세기 초 몽골 지역에서 테무친이 몽골 부족을 통합하고 쿠릴타이에서 칭기즈 칸으로 추대되었다. ② 일본의 나카노오에 등은 소가씨 세력을 제거하고 당의 율령 체제 수용을 시도하였다. ③ 7세기 중엽에 나당 연합이 성사된 후, 나당 연합군이 660년에 백제를 멸망시켰다. ⑤ 한 건국 초기의 혼란을 피해 위만 집단이 고조선으로 망명하였고, 이후 위만은 기원전 194년 준왕을 몰아내고 왕위에 올랐다.

닮은꼴 문제 **1** (가)에 들어갈 내용으로 가장 적절한 것은? [24017-0017]

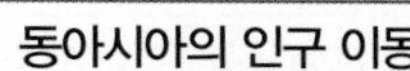

4세기 북방 민족의 움직임에 대해 설명해 주시겠습니까?

흉노의 유연이 봉기를 일으킨 후 그 아들 유총이 뤄양과 장안을 차례로 함락시켰습니다. 한편 저족 등도 화북 지역으로 이동해 국가를 세웠지요. 그 결과 (가)

① 전국 7웅이 대두하였습니다.
② 히미코의 야마타이국이 강성해졌습니다.
③ 주가 호경에서 낙읍(뤄양)으로 천도하였습니다.
④ 한족이 창장강 이남으로 이주해 동진을 세웠습니다.
⑤ 부여족의 일부가 압록강 중류에서 고구려를 건국하였습니다.

대표 기출 확인하기

7세기의 사실

정답과 해설 6쪽

대표 기출 문제 **밑줄 친 '전쟁' 중에 동아시아에서 볼 수 있는 모습으로 가장 적절한 것은?** 2024학년도 수능 9월 모의평가

> 건봉 3년 5월에 유우상(劉右相)이 와서 우리의 병마를 징발하여 함께 평양성으로 갔는데, 나도 한성주(漢城州)에 가서 병마를 사열하였습니다. 이때 우리 병사는 이미 5년 전에 백강에서 왜의 수군을 격퇴한 적이 있는 중국의 군대와 함께 평양성 일대에 모였습니다. 우리의 용맹한 기병들이 먼저 성문으로 들어가 마침내 적의 수도를 격파하고 큰 공을 세우게 되었습니다. 이에 우리 병사는 "전쟁을 시작한 이래 9년 만에 평양성을 함락하여 마침내 두 나라를 차례로 평정하였습니다. 우리의 오랜 숙원이 오늘에야 이루어졌습니다."라고 말하였습니다.

① 고조선을 정벌하는 한의 군대
② 발해를 침공하는 거란(요)의 군대
③ 일본 원정을 떠나는 고려·몽골 연합군
④ 일본군과 전투를 벌이는 조·명 연합군
⑤ 백제의 도읍을 공격하는 나·당 연합군

정답 | ⑤

풀이 | 우리 병사가 이미 5년 전에 백강에서 왜의 수군을 격퇴한 적이 있는 중국의 군대와 함께 평양성 일대에 모였다는 점, 전쟁을 시작한 지 9년 만에 평양성을 함락하여 마침내 두 나라를 차례로 평정하여 우리의 오랜 숙원이 이루어졌다는 점 등을 통해 밑줄 친 '전쟁'은 7세기 한반도 일대에서 전개된 동아시아 국제 전쟁임을 알 수 있다. ⑤ 신라와 당의 연합군은 660년 사비를 함락하여 백제를 멸망시켰다.

① 한 무제는 고조선을 공격하여 기원전 108년에 멸망시켰다. ② 거란(요)은 발해를 침공하여 926년에 멸망시켰다. ③ 몽골 제국의 쿠빌라이 칸은 13세기에 고려와 연합하여 두 차례에 걸쳐 일본 원정을 단행하였으나 실패하였다. ④ 16세기 말에 일본군이 조선을 침략하자 명은 조선에 원병을 파병하였고, 조·명 연합군이 평양성 등지에서 일본군과 전투를 벌였다.

닮은꼴 문제 **2** **(가), (나) 시기 사이에 있었던 사실로 옳은 것은?** [24017-0018]

> (가) 당과 신라의 군사들이 의자왕의 도성을 에워싸기 위해 소부리 벌판으로 나갔다. 소정방이 꺼리는 바가 있어서 전진하지 않았으므로 김유신이 그를 달래서 두 나라의 군사가 용감하게 네 길로 나란히 사비로 진격하였다. …… 의자왕의 서자(庶子)가 좌평 여섯 명과 함께 앞에 나와 죄를 빌었으나 그것도 물리쳤다.
>
> (나) 당의 여러 장수와 병졸 중에서 진을 치고 주둔하며 장차 신라를 습격하고자 도모하려는 자가 있었다. 왕이 이를 알고 군사를 일으켰다. 다음 해에 당 고종이 김인문 등을 불러 꾸짖으며 …… 군사 50만을 훈련시켜 설방을 장수로 삼아 신라를 정벌하고자 하였다.

① 일본이 견당사를 파견하였다.
② 대조영이 발해를 건국하였다.
③ 고구려가 낙랑군을 축출하였다.
④ 광무제가 왜의 노국왕에게 금인을 주었다.
⑤ 유방이 항우와 벌인 전쟁에서 승리하였다.

[24017-0019]

01 (가)에 들어갈 내용으로 적절한 것만을 <보기>에서 고른 것은?

북방 민족이 화북 지방에서 세력을 확대하며 여러 국가를 세웠어요.

2~6세기 동아시아 지역의 인구 이동에 대해 조사한 것을 발표해 볼까요?

한반도와 중국에서 이주한 도왜인들이 야마토 정권의 성립과 발전에 기여하였어요.

(가)

보기

ㄱ. 위만 집단이 고조선의 서쪽 변방으로 이주하였어요.
ㄴ. 화북 지역의 일부 한족이 창장강 이남으로 이동하였어요.
ㄷ. 낙랑군 유민 일부가 한반도 남부 지역으로 이동하였어요.
ㄹ. 부여족의 일부가 졸본 지역으로 이동해 새로운 국가를 세웠어요.

① ㄱ, ㄴ ② ㄱ, ㄷ ③ ㄴ, ㄷ ④ ㄴ, ㄹ ⑤ ㄷ, ㄹ

[24017-0020]

02 밑줄 친 '이 황제'에 대한 설명으로 옳은 것은?

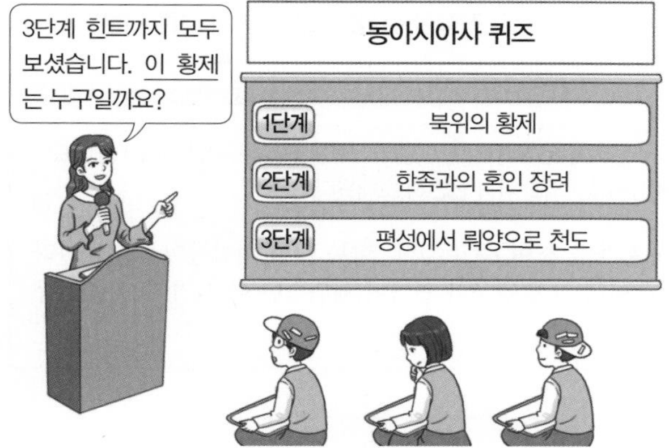

3단계 힌트까지 모두 보셨습니다. 이 황제는 누구일까요?
동아시아사 퀴즈
1단계 북위의 황제
2단계 한족과의 혼인 장려
3단계 평성에서 뤄양으로 천도

① 장건을 서역에 파견하였다.
② 준왕을 몰아내고 즉위하였다.
③ 친위왜왕이라는 칭호를 받았다.
④ 3공 9경의 관료제를 마련하였다.
⑤ 조정에서 선비어 사용을 금지하였다.

[24017-0021]

03 (가)~(라) 국가에 대한 설명으로 옳은 것만을 <보기>에서 고른 것은?

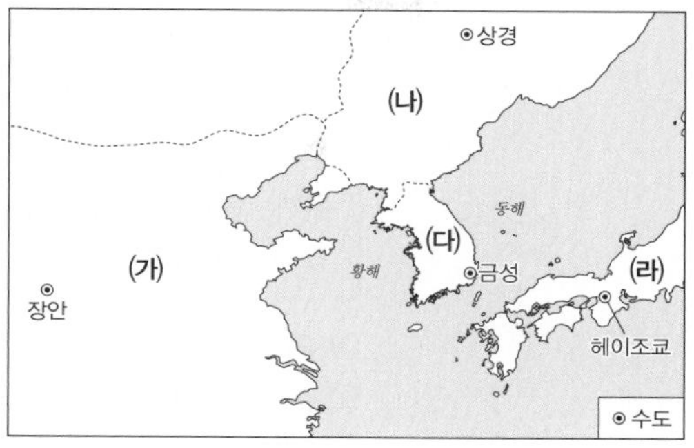

보기

ㄱ. (가) – 남북조 시대를 통일하였다.
ㄴ. (나) – 고구려 유민과 말갈족이 함께 건국하였다.
ㄷ. (다) – 백등산 전투에서 한 고조를 포위하였다.
ㄹ. (라) – 견당사를 파견해 선진 문물을 수용하였다.

① ㄱ, ㄴ ② ㄱ, ㄷ ③ ㄴ, ㄷ ④ ㄴ, ㄹ ⑤ ㄷ, ㄹ

[24017-0022]

04 다음 자료를 활용한 탐구 활동으로 가장 적절한 것은?

사료로 학습하는 동아시아사

정월에 신년하례가 끝나자 곧 개신의 조서를 선포하였다. …… 촌수(村首) 등이 소유한 부곡의 백성과 각지에 호족이 경영하는 토지를 폐지하라. …… 왕경에는 방(坊)마다 장(長) 1명을 두고 4개의 방에 영(令) 1명을 두어 호구를 조사하고 부정한 행위를 단속하는 일을 관장하게 하라.

해설 자료는 나카노오에가 소가씨 세력을 제거한 이후 발표된 개신의 조서와 관련된 것이다. 개신의 조서는 군주 중심의 중앙 집권 체제를 강화하는 내용을 담고 있다.

① 야마타이국의 수립 과정을 파악한다.
② 진시황제의 사상 통제 정책을 살펴본다.
③ 고조선의 8조의 법에 담긴 내용을 분석한다.
④ 왕망이 추진한 개혁이 실패한 이유를 조사한다.
⑤ 당의 율령 체제가 동아시아에 끼친 영향을 알아본다.

[24017-0023]

1 **밑줄 친 '조서'가 선포된 배경으로 가장 적절한 것은?**

> 평동장군 송철이 건강(난징)에 와서 진(晉) 민제의 조서를 선포하였다. "나쁜 시운을 만나 나라의 기강이 부진하다. 제업을 이어받은 짐이 박덕하여 국가의 운세가 영원하도록 하늘에 기원할 수 없고 나라를 중흥시키지도 못하였으며, 흉악한 호인(胡人)들이 하찮은 무리들을 거느리고 압박하였다. 짐은 위태로운 성에 봉쇄되어 걱정이 끊임없으며 성이 하루아침에 붕괴될까 두렵다. 경은 창장강 이남에 있는 사마예에게 짐의 뜻을 갖추어 전하라. 황제의 모든 일을 대신하여 옛 도읍을 되찾아 근거로 삼고, 능묘를 복원하여 큰 치욕을 씻으라."

① 수가 고구려를 공격하였다.
② 춘추 5패가 정국을 주도하였다.
③ 5호가 화북에서 세력을 확장하였다.
④ 백등산 전투에서 한 고조가 패배하였다.
⑤ 진시황제가 오르도스 지방을 차지하였다.

[24017-0024]

2 **밑줄 친 '이 시기'에 동아시아에서 볼 수 있는 모습으로 적절한 것만을 〈보기〉에서 고른 것은?**

> 사료로 학습하는 동아시아사
>
> 진(晉)이 강을 건넌 이후, 바다 동쪽에서 온 사신은 고구려와 백제가 있었는데, 송(宋)과 제(齊) 때에도 사신을 보내 조공하였으며, 양(梁)이 들어선 이후에도 더욱 빈번히 보내왔다.
>
> 해설 사료는 고구려와 백제의 외교 활동을 보여 주고 있다. 화북 지역 사람들이 5호에 밀려 강남 지방으로 이주한 후 강남 지방에 여러 한족 왕조가 연이어 세워졌던 이 시기에 고구려 등은 다원적 외교를 전개하였다.

보기

ㄱ. 백제 수도를 함락하는 신라 군사
ㄴ. 북위에 조공 사절로 파견되는 고구려 사신
ㄷ. 한위노국왕이 새겨진 금인을 받는 왜의 국왕
ㄹ. 전방후원분인 다이센 고분을 만드는 데 동원된 농민

① ㄱ, ㄴ ② ㄱ, ㄷ ③ ㄴ, ㄷ ④ ㄴ, ㄹ ⑤ ㄷ, ㄹ

[24017-0025]

3 (가) 국가에 대한 설명으로 옳은 것은?

1. 조정에서 북방의 언어를 사용하지 말고 반드시 중원의 언어를 쓸 것
2. 소매가 좁고 몸에 붙는 의복 대신 넓고 긴 의복을 입을 것
3. 탁발씨를 원씨로 성을 바꿀 것

제시된 자료는 선비족이 세운 (가) 의 황제가 시행한 정책의 일부입니다.

① 동호를 정복하였다.
② 스에키를 제작하였다.
③ 화북 지역을 통일하였다.
④ 남북조 분열의 혼란을 수습하였다.
⑤ 한강 유역을 확보하고 가야를 병합하였다.

[24017-0026]

4 다음 자료를 활용한 탐구 활동으로 가장 적절한 것은?

> 당의 장군이 전선 170척을 이끌고 백강에 진을 쳤다. 왜 수군 중 처음 도착한 자가 당의 수군과 대전하였는데, 왜가 져서 물러났다. 다음 날 왜의 여러 장수와 백제왕이 전세를 살피지 않고, "우리가 선수를 쳐서 싸우면, 저쪽은 스스로 물러갈 것이다."라고 말하고 다시 공격에 나섰으나, 진을 굳건히 한 당이 좌우에서 수군을 동원해 협공하여 왜가 패배하였다.

① 3세기 히미코가 친위왜왕의 칭호를 받게 된 과정을 조사한다.
② 4세기 한족이 창장강 이남으로 이동한 배경을 분석한다.
③ 5세기 고구려와 남북조의 교류 관계를 살펴본다.
④ 6세기 신라가 한강 유역을 확보하게 된 계기를 파악한다.
⑤ 7세기 동아시아 국제 전쟁의 전개 과정을 알아본다.

03 국제 관계의 다원화

1. 조공 · 책봉 관계의 형성

(1) 주대 조공 · 책봉 관계 : 주로 혈연을 기초로 주의 왕과 제후 사이에 성립된 관계

(2) 한대의 외교 관계

① 고조 : 흉노와의 전쟁에서 패배 → 매년 많은 물자를 보내는 조건으로 화친을 맺음

② 무제 : 한이 동아시아 강대국으로 성장, 유교적 통치 이념과 화이관 확립 → 주변 국가와의 외교 관계에 조공과 책봉의 형식 적용

③ 후한의 광무제 : 왜의 노국왕으로부터 조공을 받은 후 책봉을 하여 금인을 줌

④ 조공 · 책봉 외교의 특징

- 직접 지배와 실제적인 간섭을 하지 않는 외교의 틀
- 주변국은 한과의 문화적 · 경제적 교류를 위한 통로로 적극 활용
- 각국의 필요에 따라 형성된 외교 관계 → 대내외적 필요에 따라 중단 가능
- 책봉 없이 교역을 위한 조공만 이루어지기도 함

(3) 남북조 시대의 다원적 외교

① 조공 · 책봉 관계의 변화

- 한 멸망 이후 각국이 새로운 정세를 자국에 유리하게 만들고자 외교 활동 전개
- 조공 · 책봉 관계가 강대국 중심의 외교 형식에서 상호 우호 관계를 확인하기 위한 현실적 · 다원적 외교로 변화

② 각국의 외교 활동

구분	내용
남북조	• 주변 소국들을 책봉하고 조공을 받음 • 서로 사절 교환, 상대국 사절을 조공 사절로 간주
만주 · 한반도	• 고구려 : 남북조와 모두 조공 · 책봉 관계를 맺음 • 백제 : 주로 남조와 지속적으로 조공 · 책봉 관계 유지 • 신라 : 6세기에 백제의 중개로 남조와 조공 · 책봉 관계를 맺음 → 한강 유역 장악 후 남북조와 직접 교류
왜	• 5세기에 남조와 조공 · 책봉 관계 형성 • 백제, 신라와 사절 교환

자료 플러스 고구려의 외교 정책

> 건원 3년(481) 고구려가 남제로 사신을 보내와 공물을 바쳤다. 고구려는 북위에도 사신을 보냈지만, 세력이 강성하여 남북조 어느 쪽으로부터도 통제를 받지 않았다. …… 영명 7년(489) 남제의 안유명 등이 북위에 사신으로 갔다. 북위의 새해 첫날 의례에서 남제 사신의 자리가 고구려의 사신과 나란하니, 안유명이 북위의 관리에게 항의하기를, "우리 나라와 겨룰 수 있는 나라는 북위뿐이오. 동쪽의 고구려는 우리 나라에 조공을 바치는 나라인데, 오늘 감히 우리와 나란히 서게 할 수 있소?"라고 하였다. -『남제서』-

중국에서 북조와 남조가 대립하던 5세기에 고구려는 다원적인 외교 전략을 구사하여 북위와 남제에 동시에 조공하였다. 서로 적대적이었던 북위와 남제는 사신을 파견하는 등 외교 관계를 유지하는 가운데, 강한 국력을 가진 고구려를 함부로 다룰 수 없었다. 북위는 형식상 남제의 조공국이었던 고구려를 남제와 동등하게 대우하였고, 이로 말미암아 남제로부터 항의를 받기도 하였다. 이처럼 당시 동아시아 국제 질서는 조공 · 책봉 관계를 기본으로 하였지만, 각국은 실리적 관점에서 이를 활용하였기에 조공 · 책봉 관계는 의례적인 외교 형식으로 작용하였다.

✪ 조공과 책봉

한대 이후 조공은 주변국이 주로 중원 왕조에 예물을 바치며 존중을 표명하는 행위이고, 책봉은 중원 왕조가 주변국의 군주에게 그 지배권을 확인해 주는 행위이다. 동아시아 각국은 자국을 중심에 놓고 조공 · 책봉의 외교 형식을 활용하기도 하였다.

✪ 화이관(화이론)

중화와 이민족을 구분하는 논리이다. 한대에는 중국(중화)을 천하의 중심으로, 주변 민족을 오랑캐로 여기는 화이관이 발달하였다.

개념 체크

1. 한대 이후 조공은 주변국이 주로 중원 왕조에 존중을 표명하는 행위이고, (　　) 은 중원 왕조가 주변국의 군주에게 그 지배권을 확인해 주는 행위이다.
2. 후한의 광무제는 왜의 (　　)으로부터 조공을 받고 금인을 주었다.
3. 신라는 6세기에 (　　) 유역을 장악한 후 남북조와 직접 교류하였다.

정답

1. 책봉 2. 노국왕 3. 한강

(4) 당대 동아시아의 국제 관계

① 당 중심의 국제 질서 수립 : 주변국에 당 중심의 조공·책봉 관계 요구

② 신라, 발해와 당의 관계
- 당 중심의 조공·책봉 관계 수용 : 정권 안정과 선진 문물 도입, 대외적인 군사적 위협 대처 목적
- 자국의 이익을 우선시함 → 당의 침략이나 간섭에는 강력하게 대응(나당 전쟁, 발해의 산둥 반도 공격 등)

③ 일본과 주변국의 관계
- 대체로 당과 조공 관계만 맺음 : 견당사 파견(당의 문물 수용 목적) → 9세기 말 파견 중지
- 신라, 발해와 사신 교환

④ 돌궐, 위구르, 토번과 당의 관계
- 대체로 당 중심의 책봉 관계 미수용 → 경제적 교류를 위한 조공 관계만 원함
- 경제적 이익이 기대에 미치지 못할 경우 당을 공격 → 당이 화친 정책의 하나로 화번공주 파견

⑤ 자국 중심의 천하관 대두
- 동아시아 각국은 주변국과의 관계에서 자국을 중심에 놓고 조공·책봉의 외교 형식을 활용
- 독자적 연호와 군주 칭호 사용

2. 북방 민족의 성장과 새로운 외교 질서

(1) 동아시아 국제 질서의 재편

① 중국 : 당 멸망 후 5대 10국 시대의 전개 → 송이 중국을 통일하여 분열을 수습함

② 북방 유목 민족 : 거란(요), 서하, 금의 성장 → 다원적 국제 관계 형성

(2) 북방 민족의 성장

① 거란(요)

건국	야율아보기가 건국(916)
성장	• 발해를 멸망시킴(926) • 만리장성 이남의 연운 16주 차지, 송을 압박하여 전연의 맹약 체결(1004)
정책	• 이원적 통치 정책 : 북면관제(유목민)·남면관제(농경민) 실시 • 고유 관습 유지 노력 : 거란 문자 사용 등

자료 플러스 **거란(요)의 연운 16주 차지**

천현 11년(936) 후당의 하동 절도사 석경당이 그 황제에게 공격을 당하자, 조영을 보내 구원을 요청하였다. …… 거란(요)의 태종은 석경당에게 사신을 보내 알리기를, '짐이 군사를 일으켜 왔으니, 그대와 더불어 적군을 격파하고자 한다.'고 한 후, 후당의 군대와 싸워 승리하였다. 석경당을 후진의 황제로 책봉하였다. …… 천현 12년(937) 후진에서 섭연조 등을 보내 약속했던 유주(연주)·계주 등의 땅을 다시 돌려줄 것을 요청하고 대신 해마다 비단 30만 필을 조공하겠다고 하였으나 태종은 조서를 내려 '허락할 수 없다.'고 하였다. …… 회동 원년(938) 후진에서 조영을 보내 유주(연주)·운주 등 16주의 지도와 호적을 바쳤다. -『요사』-

5대 10국 시대가 전개되던 936년에 후당의 하동 절도사 석경당은 반란을 일으키면서 연운 16주를 할양해 주는 조건으로 거란(요)에 군사 원조를 요청하였다. 거란(요)은 후당의 군대를 격파하고 석경당을 후진의 황제로 책봉하였고, 석경당을 도와 후당을 멸망시켰다. 석경당은 거란(요)이 점령한 연운 16주를 되돌려받기 위해 매년 비단 30만 필을 조공하겠다고 제시하였지만, 거란(요)이 거부하자 정식으로 연운 16주를 할양하였다.

✪ 화번공주
중원 왕조가 인접 국가의 군주에게 시집보낸 황실의 여인을 일컫는다. 수가 돌궐에 보낸 의성 공주, 당이 토번에 보낸 문성 공주, 위구르에 보낸 함안 공주 등이 있다.

✪ 연호
중원 왕조에서 비롯되어 한자를 쓰던 국가에서 햇수를 계산할 때 사용한 것으로, 황제국의 상징으로 사용되었다. 하지만 고구려의 영락, 발해의 인안, 대흥 등의 사례처럼 중원 왕조 이외의 동아시아 국가들도 자국의 위상을 높이기 위해 독자적인 연호를 사용하기도 하였다.

✪ 5대 10국
10세기에 화북 지역에 차례로 나타났던 후량, 후당, 후진, 후한, 후주의 다섯 왕조와 화북의 일부 및 그 외 중국 지역에 세워졌던 10개의 지방 정권을 의미한다.

✪ 연운 16주
오늘날 베이징, 다퉁을 중심으로 한 만리장성 남쪽에 위치한 중국 내 북방 영토로, 이곳을 획득한 거란(요)은 남하 정책의 발판을 마련할 수 있었고, 변경의 안정을 도모하며 비옥한 농지를 획득할 수 있었다. 거란(요)은 연운 16주의 한족을 통치하기 위해 남면관제를 시행하였다.

개념 체크

1. (　　)은 당의 선진 문물 수용을 목적으로 견당사를 파견하였으나 9세기 말에 파견을 중지하였다.
2. (　　)은 토번과의 화친 정책의 하나로 문성 공주를 화번공주로 보냈다.
3. (　　)은 유목민에게 북면관제를, 농경민에게 남면관제를 실시하였다.

정답
1. 일본 2. 당 3. 거란(요)

✪ 탕구트족
6~14세기에 걸쳐 중국 북서부 등지에 존재했던 티베트 계통의 민족이다.

✪ 맹안·모극제
여진족 고유의 사회·군사 조직으로 300가구가 1모극, 10모극이 1맹안이다. 1모극에서 병사 100명을, 1맹안에서 병사 1,000명을 선발하였다.

✪ 북송과 남송
금에 화북 지역을 빼앗긴 송(宋)의 황족은 남쪽으로 내려가 송을 재건하고 임안(항저우)을 수도로 삼았다. 이때의 송과 앞선 시기의 송을 구분하기 위해 각각 남송(南宋)과 북송(北宋)이라고도 한다.

✪ 쇼군(정이대장군)
본래 혼슈 동북쪽에 있던 이민족을 정벌하기 위해 파견된 군대의 대장을 의미한다. 미나모토노 요리토모가 천황으로부터 이 직함을 받으면서 막부의 최고 통치자를 지칭하게 되었다.

② 서하

건국	11세기 전반 탕구트족인 이원호가 건국
성장	• 비단길을 통해 동서 무역 전개 • 책봉과 교역을 둘러싸고 송과 전쟁 → 화약을 맺고 송으로부터 은과 비단, 차 등을 제공받음
정책	고유 관습 유지 노력 : 서하 문자 사용

③ 금

건국	아구다가 여진족을 통합하여 건국(1115)
성장	• 송과 연합하여 거란(요) 공격 → 금이 거란(요) 정복(1125) • 송을 공격하여 화북 지방 차지 • 서하, 고려, 남송과 군신 관계 체결
정책	• 이원적 통치 정책 : 맹안·모극제(여진족, 거란족 등)와 주현제(한족 등) 실시 • 고유 관습 유지 노력 : 여진 문자 사용 등

▲ 11세기 동아시아 형세

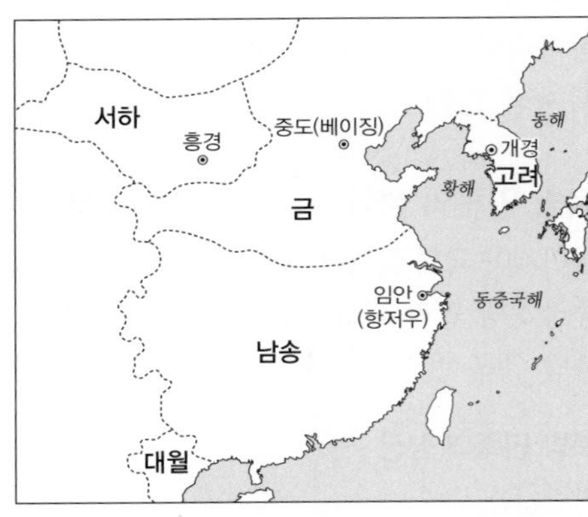

▲ 12세기 동아시아 형세

(3) 송의 성시

① 문치주의 정책
- 내용 : 절도사의 권한 대폭 축소, 황제권 강화 추구
- 결과 : 군사력 약화 초래 → 거란(요)과 서하에 물자(세폐)를 제공하는 조건으로 평화 유지

② 남송 성립 : 금의 공격으로 변경(카이펑) 함락, 북송 멸망 → 송의 황족이 남송을 세우고 임안(항저우)을 도읍으로 삼음 → 금과 군신 관계 체결

(4) 고려의 대외 관계

거란(요)과의 관계	• 1차 침입 때 서희의 외교 담판으로 화친, 이후 강동 6주 지역 확보 • 3차 침입 격퇴 이후 친선 관계 유지
금과의 관계	• 윤관이 별무반을 이끌고 여진을 정벌하여 동북 지역에 9성 축조 • 여진이 금을 건국한 이후 군신 관계 체결
송과의 관계	우호 관계를 유지하며 교류 지속

(5) 일본의 대외 관계

① 9세기 말 견당사 파견 중지 → 10세기 이후 주변국과의 공식적인 외교 관계 축소

② 가마쿠라 막부 시기 : 12세기 말 미나모토노 요리토모가 가마쿠라에 막부를 세우고 천황으로부터 쇼군(정이대장군)의 칭호를 받음, 주변국과 외교 관계에 소극적, 민간 교류는 지속

개념 체크

1. 11세기 전반에 탕구트족의 이원호가 (　　)를 건국하였다.
2. (　　)은 1125년에 거란(요)을 정복하고 곧이어 송을 공격하여 화북 지방을 차지하였다.
3. (　　)의 윤관은 별무반을 이끌고 여진을 정벌하여 동북 지역에 9성을 축조하였다.

정답
1. 서하 2. 금 3. 고려

③ 민간 차원의 교류
- 송과의 교류 : 송의 동전을 대량으로 수입, 송 상인과 승려를 통한 교류 지속
- 고려와의 교류 : 쓰시마를 통한 교류 지속

3. 몽골 제국의 등장과 동아시아

(1) **성립** : 13세기 초 몽골 지역에서 테무친이 몽골계 부족 통합 → 쿠릴타이에서 칭기즈 칸으로 추대(1206), 예케 몽골 울루스(대몽골 제국) 수립

(2) **발전**

칭기즈 칸	• 천호 · 백호제에 기반하여 군사력 강화 • 서하 · 금 침공, 호라즘 정벌(비단길 장악) → 그의 후계자들은 동유럽까지 진출해 유라시아를 아우르는 대제국 건설
오고타이(우구데이) 칸	고려 침공, 금 정복(1234)
쿠빌라이 칸	• 카라코룸에서 대도(베이징)로 천도, 국호를 원으로 변경(1271) • 고려 복속, 일본 침공(1274, 1281), 남송 정복(1279) → 유목 민족이 중국 전역 지배

(3) **통치 방식** : 몽골 제일주의를 바탕으로 한 지배 질서 확립(몽골인이 정치 · 군사 담당, 색목인이 재정 담당, 한인과 남인은 피지배층), 지방에 행성 설치

(4) **동아시아 각국의 대몽 항쟁**

고려	강화도로 천도하여 장기 항전 → 몽골과 강화를 맺은 후 개경으로 환도(1270)
대월	몽골의 세 차례 침략 → 쩐흥다오의 활약 등으로 격퇴, 이후 쩐 왕조는 전쟁을 피하기 위해 몽골에 조공
일본	몽골과 고려 연합군이 두 차례 일본 원정 → 가마쿠라 막부의 저항과 태풍으로 실패

자료 플러스 **몽골과 고려 연합군의 일본 원정**

지원 18년(1281) 정월, 일본행성의 우승상 아랄한과 범문호 등에 명하여 일본을 정벌하게 하였다. …… 8월, 여러 장수들은 군대를 잃은 채 돌아와 말하였다. "일본에 이르러 다자이후를 공격하려 하는데 폭풍을 만나 배가 부서졌습니다. 그래도 전투를 벌이려 하였지만, 만호장 여덕표 등이 지휘에 따르지 않고 갑자기 도망가 버렸습니다. 일본행성에서는 나머지 군대를 이끌고 고려의 합포에 와서 병사들을 고향으로 돌려보냈습니다." 얼마 후 패잔병인 우창이 살아 돌아와 말하였다. "8월 1일에 거센 바람으로 배가 부서졌습니다. 5일에 범문호 등의 장수들은 각각 부서지지 않은 견고하고 좋은 배로 골라 타고 병사들을 산 아래에 버려둔 채로 가 버렸습니다. 그래서 나머지 무리는 성이 장씨인 백호장을 추대하여 지휘관으로 삼고 그 지휘에 복종하였습니다. 나무를 잘라 배를 만들어 돌아오려 하는데, 7일에 일본인들이 습격하여 거의 다 죽었습니다."

– 『원사』 –

쿠빌라이 칸은 일본에 사신을 보내 조공을 요구하였으나 거절당하자 몽골과 고려 연합군으로 구성된 대규모 원정군을 파견하였다. 1274년 몽골과 고려 연합군은 규슈에 상륙하였다. 낮에는 공격에 나섰다가 밤에는 함대로 철수하는 방식을 택하였는데, 폭풍을 만나 많은 선박이 침몰하여 실패하였다. 1차 원정이 실패로 돌아간 후 쿠빌라이 칸은 몽골과 고려 연합군 외에 정복한 강남 지방으로부터도 많은 병사를 동원하여 1281년 2차 일본 원정에 나섰으나, 일본 가마쿠라 막부의 저항에 고전하다가 다시 폭풍우를 만나 많은 군사를 잃고 실패하였다.

✪ 쿠릴타이
몽골에서 칸의 선출, 군사적 행동, 법 제정 등 중요한 결정을 하기 위해 주요 부족장 등이 참여한 회의이다.

✪ 천호 · 백호제
유목민을 1천 호씩 나누어 각각 천호장에게 맡기고, 그 아래 백호장과 십호장을 두어 운영한 군사 행정 조직이다.

✪ 호라즘
11~13세기 중앙아시아 지역에 있던 이슬람 국가로 동서 무역을 독점하여 번영을 누리다가 몽골 제국의 공격을 받아 멸망하였다.

✪ 몽골의 대월 침략
몽골은 13세기 후반 세 차례에 걸쳐 대월을 침략하였지만, 대월 쩐 왕조의 장수인 쩐흥다오의 활약 등으로 실패하였다.

개념 체크

1. 몽골계 부족을 통합한 테무친이 1206년 쿠릴타이에서 (　　)으로 추대되었다.
2. (　　) 칸은 몽골과 고려 연합군으로 구성된 대규모 원정군을 두 차례 일본에 보냈으나 실패하였다.
3. (　　)은 13세기 후반 쩐흥다오의 활약 등으로 세 차례에 걸친 몽골의 침략을 격퇴하였다.

정답
1. 칭기즈 칸 2. 쿠빌라이
3. 대월

✪ 교초
금, 몽골 제국에서 발행한 지폐이다. 특히 원 시기에 교초는 전국적으로 유통되었으며, 금이나 은으로 교환할 수 있었다.

✪ 마르코 폴로
원대에 중국을 방문한 뒤 『동방견문록』을 남겼다. 이 책을 통해 그는 중국의 역참을 비롯한 새로운 문물을 유럽에 알렸다.

✪ 영락제의 베이징 천도
1368년 주원장이 명을 건국한 후 난징을 수도로 삼았다. 1398년 주원장(명 태조)이 사망하고 건문제가 즉위하였으나, 연왕 주체가 1399년 정난의 변을 일으켜 1402년 난징을 함락하고 영락제로 즉위하였다. 영락제는 자금성을 건설하고 1421년 베이징으로 천도하였다.

✪ 정화의 항해
정화는 영락제의 명에 따라 1405년 첫 항해에 나선 뒤 1433년까지 모두 7차례에 걸쳐 대규모 항해에 나섰다. 그의 함대는 동남아시아, 인도, 아라비아 반도, 아프리카 동해안까지 항해하였다.

(5) 교역망의 통합과 교류의 활성화

교역망의 통합	• 역참 설치, 초원길 · 비단길 등의 교역망을 안정적으로 확보 • 시박사 설치 : 항저우, 취안저우 등에서 무역 관리 • 동아시아 교역망 형성 : 고려, 일본, 베트남, 동남아시아 연결 • 교초 발행 : 특히 원에서 전국적으로 유통
동서 교류	• 서아시아 문물 전래 : 천문학, 역법, 수학, 지도학 등 • 마르코 폴로와 이븐 바투타의 활동 등

4. 명의 건국과 동아시아 질서의 재편

(1) 명

성립	홍건적 출신의 주원장이 1368년 명을 건국하고 난징을 수도로 삼음, 몽골 세력을 초원 지역으로 축출하고 한족 문화 회복 노력
발전	영락제 때 베이징으로 천도, 몽골 공격, 정화의 항해 추진

(2) 조선 : 이성계와 혁명파 신진 사대부가 조선 건국(1392)

(3) 무로마치 막부

성립	• 가마쿠라 막부의 쇠퇴 : 몽골 · 고려 연합군의 침략 격퇴 → 이후 정치 혼란으로 쇠퇴 • 무로마치 막부의 성립 : 무사들의 지지를 받은 아시카가 다카우지가 막부 수립(1336)
남북조 분열 (1336~1392)	교토의 천황(북조)을 내세운 무로마치 막부와 요시노로 피신한 천황(남조)의 대립이 약 60년간 지속
남북조 통일	아시카가 요시미쓰가 통일(1392) → 일본 열도에 대한 지배권 확립

(4) 국제 질서의 개편

명	• 주변국에 명 중심의 조공 · 책봉 요구 → 명을 중심으로 하는 새로운 국제 질서 형성(조선, 류큐, 여진, 일본 포함) • 정화의 항해 이후 동남아시아 국가 중에서 조공하는 사례 증가
조선	건국 직후 요동 정벌 추진(명과 대립) → 태종 즉위 이후 명과 안정적인 조공 · 책봉 관계 형성
일본 (무로마치 막부)	• 명과 국교 수립 : 명 황제가 무로마치 막부의 아시카가 요시미쓰를 일본 국왕으로 책봉 • 명과 감합 무역 전개

자료 플러스 15세기 초 명과 일본의 외교 관계

영락 원년 조거임 등을 일본에 파견하였다. 막 출발하려는데, 일본의 조공 사신이 이미 닝보에 이르렀다. 예부 관원 등이 아뢰기를, "관례에 따르면 외국의 사신이 중국에 들어올 때는 사사로이 병기를 휴대하여 백성에게 팔 수 없습니다. 그 배를 조사하게 해야 합니다."라고 하였다. 황제가 이르기를, "외부의 오랑캐가 조공을 행할 때는 가져온 것으로 여비에 보태려는 것이 인지상정이니, 어찌 일괄해서 금령으로 구속할 수 있겠는가? 가져온 무기에 대해서는 구매해 주어 복속하려는 것을 막지 말라."라고 하였다. 10월에 일본의 사신이 도착하여 아시카가 요시미쓰의 표문과 공물을 바쳤다. 황제가 후하게 그들을 예우하였고, 관원을 보내어 그 사신과 함께 돌려보내면서 아시카가 요시미쓰에게 관복과 금인 및 비단을 주었다. – 『명사』 –

1392년 남북조를 통일하여 일본 열도에 대한 지배권을 확립한 무로마치 막부의 아시카가 요시미쓰는 명과 국교 수립에 나섰다. 왜구에게 많은 피해를 받고 있었던 명도 일본의 막부를 통한 왜구 단속을 위해 조공 무역의 형식으로 일본과의 교류를 인정하였다. 15세기 초 명 황제는 아시카가 요시미쓰를 일본 국왕으로 책봉하고, 금인(금 도장)과 함께 감합 100매를 보냈다. 이를 계기로 명과 무로마치 막부는 16세기 중엽까지 감합 무역을 전개하였다.

개념 체크

1. 홍건적 출신의 (　　)이 1368년 명을 건국한 후 난징을 수도로 삼았다.
2. 영락제는 자금성을 건설하고 난징에서 (　　)으로 천도하였다.
3. 아시카가 요시미쓰가 명으로부터 일본 국왕으로 책봉된 후 무로마치 막부와 명은 (　　) 무역을 전개하였다.

정답
1. 주원장 2. 베이징 3. 감합

대표 기출 문제 **(가) 왕조에 대한 설명으로 옳은 것만을 〈보기〉에서 고른 것은?** 2023학년도 수능 9월 모의평가

> 찬보*는 돌궐과 토욕혼이 (가) 의 공주들과 결혼한다는 소식을 듣고, 사신을 보내 많은 금은보화와 표문을 바치며 구혼하였으나 허락받지 못했다. 얼마 후 토번이 여러 차례 변경을 소란케 하자 (가) 의 황제는 군대를 보내 몰아내었다. 이에 찬보가 군사를 물리고 사죄하며 재차 청혼하자, 황제는 마지못해 공주를 처로 삼도록 허락하였다. -『통감기사본말』-
>
> * 찬보 : 토번 왕인 캄포(감포)의 한자 표기

보기

ㄱ. 장건을 서역에 파견하였다.
ㄴ. 정복지에 도호부를 설치하였다.
ㄷ. 왜의 노국왕에게 금인을 주었다.
ㄹ. 신라와 연합하여 고구려를 멸망시켰다.

① ㄱ, ㄴ ② ㄱ, ㄷ ③ ㄴ, ㄷ ④ ㄴ, ㄹ ⑤ ㄷ, ㄹ

정답 | ④

풀이 | 돌궐과 토욕혼에 공주를 보내 결혼시킨다는 점, 토번 왕인 찬보(캄포)가 재차 청혼하자 마지못해 공주를 처로 삼도록 허락하였다는 점 등을 통해 (가) 왕조는 당임을 알 수 있다. ㄴ. 당은 도호부를 설치하여 정복지를 관리하였다. ㄹ. 당은 신라와 연합하여 668년에 고구려를 멸망시켰다.

ㄱ. 한 무제는 흉노를 견제하기 위해 장건을 서역에 파견하여 대월지와 동맹을 추진하였다. ㄷ. 1세기에 후한의 광무제는 왜의 노국왕에게 금인(금 도장)을 보냈다.

닮은꼴 문제 1 **(가) 왕조에 대한 설명으로 옳은 것은?** [24017-0027]

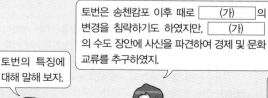

토번의 특징에 대해 말해 보자.
토번은 송첸캄포 이후 때로 (가) 의 변경을 침략하기도 하였지만, (가) 의 수도 장안에 사신을 파견하여 경제 및 문화 교류를 추구하였지.
(가) 에서 7세기 중엽에는 문성 공주를, 8세기 초에는 금성 공주를 각각 토번으로 시집보내서 두 나라의 우호 관계를 돈독히 했어.

① 낙랑군을 축출하였다.
② 왕망에 의해 멸망하였다.
③ 북면관·남면관제를 시행하였다.
④ 쩐흥다오 군대와 전투를 벌였다.
⑤ 베트남 북부에 안남 도호부를 설치하였다.

대표 기출 문제 (가), (나) 국가에 대한 설명으로 옳은 것만을 〈보기〉에서 고른 것은? 2024학년도 수능 9월 모의평가

창장강 너머 먼 길까지 무슨 일로 오셨소?

이번에는 세폐 때문에 온 것이 아니오. 우리는 (가) 의 공격에 힘든 상황이오. (가) 은/는 이미 여러 나라를 멸망시켰고, 서하도 멸망시켰소. 이제 우리 금이 망하면 귀국 (나) 도 위험할 것이니 우리와 연합해서 이 위기를 극복하는 것이 어떠하겠소.

● 보기 ●
ㄱ. (가) – 호라즘을 정복하였다.
ㄴ. (나) – 임안(항저우)을 수도로 삼았다.
ㄷ. (나) – 토번에 화번공주를 파견하였다.
ㄹ. (가)와 (나) – 전연에서 형제의 맹약을 맺었다.

① ㄱ, ㄴ ② ㄱ, ㄷ ③ ㄴ, ㄷ ④ ㄴ, ㄹ ⑤ ㄷ, ㄹ

정답 | ①

풀이 | 이미 여러 나라를 멸망시켰고, 서하도 멸망시켰다는 점 등을 통해 (가) 국가는 몽골임을 알 수 있고, 창장강 너머에 위치한다는 점, 금의 사신이 세폐 때문에 방문한 적이 있다는 점, 금이 망하면 위험해지므로 금과 연합하여 위기를 극복하자고 말하는 점 등을 통해 (나) 국가는 남송임을 알 수 있다. ㄱ. 13세기 전반 몽골의 칭기즈 칸이 호라즘을 정복하였다. ㄴ. 금의 공격으로 북송이 멸망하자 송의 황족은 남송을 건국하고 임안(항저우)을 수도로 삼았다.
ㄷ. 당은 토번에 화번공주로 문성 공주 등을 파견하였다. ㄹ. 송과 거란(요)은 1004년에 전연의 맹약을 체결하였다.

닮은꼴 문제 2 (가) 국가에 대한 설명으로 옳은 것은? [24017-0028]

교수님께서 최근 연구하시고 있는 (가) 이/가 멸망하게 된 계기에 대해 말씀해 주세요.
(가) 의 군주는 칭기즈 칸 군대를 협공하자는 서하의 제안을 거절하였습니다. 이후 칭기즈 칸 군대에 크게 패한 서하로부터 서쪽 변경을 침략당했고, 칭기즈 칸 군대의 공격도 받았습니다. 또한 서하는 남송과 연합하여 (가) 을/를 협공하려 시도하였습니다. 이처럼 (가) 은/는 급변하는 정세 변화에 제대로 대처하지 못해 급격히 쇠락해지다가 결국 몽골 군대의 침략으로 멸망하고 말았습니다.

① 호라즘을 정복하였다.
② 맹안·모극제를 실시하였다.
③ 신라와 연합하여 백제를 멸망시켰다.
④ 선우 아래 좌현왕과 우현왕을 두었다.
⑤ 평성의 백등산 전투에서 흉노에 패배하였다.

[24017-0029]

01 다음 자료에 나타난 외교 형식에 대한 설명으로 옳은 것만을 〈보기〉에서 고른 것은?

> • 영원 2년에 대장군 두헌이 북흉노를 격파하자, 흉노에 항복했던 거사(車師)의 왕이 아들을 보내 공물을 바치고 황제를 알현하니, 관직의 품계를 나타내는 도장과 도장 끈, 금, 비단을 주었다.
> • 의희 12년에 백제의 전지왕을 사지절 도독백제제군사 진동장군 백제왕으로 삼았다. 고조가 즉위하여 작호를 진동대장군으로 올려 주었다. 경평 2년에 백제가 사신 장위를 보내 공물을 바쳤다.

보기

ㄱ. 직접적인 지배를 원칙으로 하였다.
ㄴ. 결혼을 기반으로 성립된 국제 관계였다.
ㄷ. 사절을 통한 문화 교류의 역할을 하였다.
ㄹ. 통치의 정당성 확보에 이용되기도 하였다.

① ㄱ, ㄴ ② ㄱ, ㄷ ③ ㄴ, ㄷ ④ ㄴ, ㄹ ⑤ ㄷ, ㄹ

[24017-0030]

02 (가) 국가에 대한 설명으로 옳은 것은?

> 고구려는 서쪽으로 오랑캐 (가) 와/과 국경을 접하고 있다. 송은 고구려왕 고련을 사지절 산기상시 도독영평이주제군사 거기대장군 개부의동삼사로 삼았다. 건원 원년에 제의 태조는 벼슬을 표기대장군으로 올려 주었다. 건원 3년에 고구려가 제로 사신을 보내와 공물을 바쳤다. 사신과 통역관이 배를 타고 바다를 건너 제와 왕래하였는데, 고구려는 (가) 에도 사신을 보냈다.

① 남북조 시대를 통일하였다.
② 건강(난징)에서 건국되었다.
③ 동호를 정복하고 월지를 몰아냈다.
④ 조정에서 선비어 사용을 금지하였다.
⑤ 신라와 연합하여 백강 전투에 참여하였다.

[24017-0031]

03 밑줄 친 '이 나라'에 대한 설명으로 옳은 것은?

> 자료는 이 나라에 유학생으로 온 아베노 나카마로가 일행 중 일부가 귀국하자, 그들을 전송한 후 망향의 소감을 읊은 시입니다. 아베노 나카마로는 이 나라의 과거 시험에 합격한 후, 베트남 북부 지역에 설치된 도호부의 도호로 활동하였습니다.

> 의를 따를수록 명성만이 허무하고
> 충을 다하려면 효는 이룰 수 없네.
> 은혜를 갚으려 해도 날이 얼마
> 남지 않았네.
> 귀국은 어느 해에 될 터인가.

① 아구다가 건국하였다.
② 낙랑군을 축출하였다.
③ 북면관제와 남면관제를 시행하였다.
④ 토번, 위구르 등에 화번공주를 보냈다.
⑤ 송과 화약을 맺고 은, 비단, 차를 제공받았다.

[24017-0032]

04 (가) 국가에 대한 설명으로 옳은 것은?

> 고려와 (가) 사이 국경은 겨우 강 하나에 불과하다. 오랑캐들이 아침에 말을 타고 떠나면 저녁에는 압록강에서 물을 마시게 된다. (가) 이/가 처음으로 고려를 침공했을 때 서희가 외교 담판을 벌인 후 그 이듬해부터 고려는 그 나라의 연호인 통화와 개태를 20년이 넘게 사용하였다. 고려는 현종 때 두 번째로 침략해 온 그 나라를 무찌른 후 다시 중국과 통교하여 진종 황제에게 정삭*을 반포해 줄 것을 요청하니, 중국 조정에서 이를 따랐다. 마침내 고려에서는 대중상부라는 중국의 연호를 사용하면서 오랑캐의 연호를 버렸다.
>
> * 정삭(正朔) : 정월 초하루로, 넓게는 달력을 의미함

① 군국제를 시행하였다.
② 송과 전연에서 맹약을 체결하였다.
③ 야요이 문화를 바탕으로 성장하였다.
④ 전국 7웅 중 하나인 연과 대립하였다.
⑤ 흉노의 침입을 막기 위해 만리장성을 축조하였다.

[24017-0033]

05 밑줄 친 '우리 나라'에 대한 설명으로 옳은 것은?

> 천보 3년 7월 거란(요)의 양순경과 나자위가 각기 무리를 거느리고 와서 투항하니, 황제가 명하여 각기 그 부락의 모극으로 삼았다. …… 천보 4년 3월 황제가 말하기를, "거란(요)이 여러 차례 전쟁에 패하여 우리 나라에 사신을 보내와 화친을 구하였는데, 오직 공허한 말로 꾸며대기만 하면서 싸움을 늦추려는 계책을 삼으려 하니, 군대를 진격시켜 토벌할 것을 의논함이 마땅할 것이다. 함주로 통군사에게 명하여 군대를 정비하고 무기를 수리하여 갖추어진 수량을 보고하도록 하라."라고 하였다.

① 야율아보기가 건국하였다.
② 백등산 전투에서 한 고조를 포위하였다.
③ 여진을 정벌하기 위해 별무반을 조직하였다.
④ 신하의 예를 취하는 고려로부터 조공을 받았다.
⑤ 수도 흥경을 중심으로 동서 무역을 전개하였다.

[24017-0034]

06 (가) 국가에 대한 설명으로 옳은 것은?

> 문학 작품으로 보는 동아시아의 역사
>
> 성난 머리칼은 관(冠)을 뚫을 지경인데, 난간에 기대어 바라보니 쓸쓸히 내리던 비가 그치네. ……
>
> 더 이상 기다릴 수 없다. 머리칼은 창장강 이남에서 어느새 희어졌으니 비감한 마음만 애절할 뿐
>
> 정강의 치욕을 아직 씻지 못했으니 신하로서의 한을 어느 때나 풀 수 있을 것인가. ……
>
> 옛 산하를 되찾은 후에야 천자를 만나 뵈러 가리라.
>
> 해설 정강 연간에 수도 변경(카이펑)이 함락되고 황제가 포로로 잡혀간 사건의 치욕을 씻으려 했던 (가) 장수의 충절을 소재로 한 시이다. 작품을 통해 창장강 너머 북쪽의 옛 산하를 되찾으려 노력했던 (가) 의 시대 상황을 파악할 수 있다.

① 가야를 병합하였다.
② 남비엣을 정복하였다.
③ 금과 군신 관계를 맺고 조공을 보냈다.
④ 몽골과 고려 연합군의 침공을 저지하였다.
⑤ 쩐흥다오의 활약으로 외세의 침략을 막아 냈다.

[24017-0035]

07 밑줄 친 '군주'에 대한 설명으로 옳은 것은?

> 군주가 보낸 사신 일행을 서역(西域) 호라즘 왕국에서 모조리 죽였으므로, 군주는 군사를 이끌고 정벌하러 갔다. …… 군사들이 돌아와 모두 모였다. 서역 호라즘 왕국에 대한 평정이 끝났으므로, 군주는 다루가치를 임명하고 감독하게 하였다. 금 황제 선종이 죽고 아들 수서가 즉위하였다. 이 해에 남쪽의 국가에서 다시 사신을 보내 왔다.

① 항우와의 전쟁에서 승리하였다.
② 왜의 노국왕에게 금인을 주었다.
③ 두 차례에 걸쳐 일본을 공격하였다.
④ 5호 16국 시대의 분열을 수습하였다.
⑤ 천호·백호제를 토대로 대외 원정에 나섰다.

[24017-0036]

08 (가) 인물에 대한 설명으로 옳은 것은?

> 최초로 항해의 칙명을 내리신 지 10년도 안 되어 (가) 께서 또다시 태감 정화에게 4차 항해에 관한 칙명을 내리시어 선단을 이끌고 서쪽 바다의 낯선 나라들로 가서 조서를 낭독하고 재물을 하사하도록 하셨다. 나는 낯선 나라들의 책을 번역할 줄 알았기에 말단 사신이 되어 태감 어른이 가시는 곳을 따라다녔다. 성난 파도는 끝없이 펼쳐져 있는데, 장거리를 두루 다니면서 여러 나라의 절기와 기후, 지리와 인물을 직접 보고 경험하였다. …… 각국 사람들의 추하고 아름다움, 지역 풍습의 차이, 그 토산품의 다름, 영토 구획 등의 정보를 수집해 책을 만들어 『영애승람』이라 이름을 붙였다. 이 책을 보는 사람이 이국(異國) 관련 핵심 정보를 금세 다 파악할 수 있고, 더욱이 성스러운 교화가 이전 시대보다 훨씬 더 먼 이국들에까지 미쳤음을 볼 수 있도록 하였다.

① 다이카 개신을 단행하였다.
② 친위왜왕의 칭호를 받았다.
③ 난징에서 베이징으로 천도하였다.
④ 좌현왕과 우현왕을 두고 통치하였다.
⑤ 남쪽의 제와 대립하면서 한화 정책을 추진하였다.

[24017-0037]

1 **(가) 국가에 대한 설명으로 옳은 것은?**

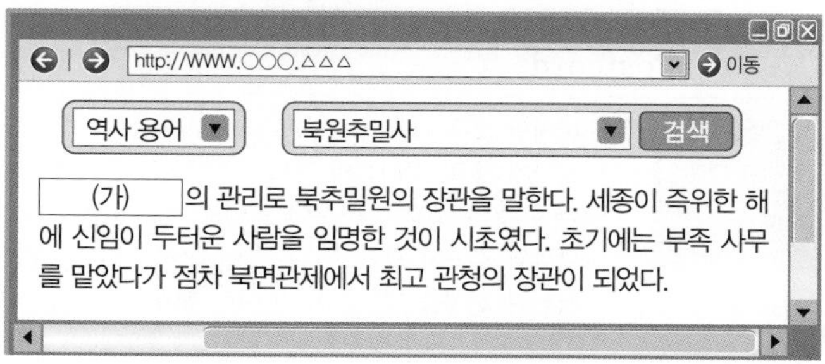

① 고조선을 정복하였다.
② 건강(난징)을 수도로 삼았다.
③ 발해를 공격하여 멸망시켰다.
④ 헤이조쿄를 건설하고 천도하였다.
⑤ 상앙을 등용하여 개혁 정책을 추진하였다.

[24017-0038]

2 **다음 자료에 나타난 시기의 동아시아 정세에 대한 설명으로 옳은 것은?**

- 군주는 석경당을 황제로 삼고, 스스로 의관을 벗어 그에게 주었다. 석경당은 후진의 황제 자리에 오른 후, 연주, 운주 등 16주를 잘라서 주고 이어서 매년 비단 30만 필을 보내 주기로 약속하였다. 이를 계기로 야율아보기가 세운 북방 민족의 국가가 만리장성 이남의 연운 16주를 차지하게 되었다.
- 석경당이 제위에 오른 지 10년이 못 되어 사망하였다. 이후 그의 조카 석중귀가 제위를 이어받고 사신을 보냈는데, 군주는 석중귀가 자신의 명령을 받지 않고 제멋대로 황제의 자리에 오르고 문서에서 신하의 예에 관한 부분을 빼 버린 것에 크게 노하였다.

① 견당사가 파견되었다.
② 5대 10국 시대가 전개되었다.
③ 서진이 멸망하고 동진이 건국되었다.
④ 위만이 준왕을 몰아내고 왕위에 올랐다.
⑤ 백제가 남조와 조공 · 책봉 관계를 유지하였다.

[24017-0039]

3 **밑줄 친 '이 나라'에 대한 설명으로 옳은 것은?**

Postcard

○○에게

안녕. 이 사진은 중국 닝샤 후이족 자치구에 있는 문화유산으로, 이 나라의 왕릉을 찍은 거야. 웅장하면서도 독특한 건축 양식으로 유명해서 흔히 '동방의 피라미드'라고 불리고 있어.

탕구트족이 세운 이 나라는 국호를 문헌 기록상 중국 최초의 왕조를 계승한 거대한 나라라는 뜻을 담아 정하였어. 하지만 송은 그들의 국호를 그대로 인정하지 않고, 자신들의 영토 서쪽에 있다는 뜻의 국호로 바꾸어 불렀지. 이 나라와 갈등이 깊어진 송은 대군을 출병시켜 전쟁을 벌였지만, 잇따라 패배하였어.

결국 이 나라와 거란(요)의 동맹을 우려한 송은 화의를 체결하였어. 이 나라가 송에 신하의 예를 취하는 대신에 송으로부터 막대한 양의 은, 비단, 차를 제공받는 조건으로 말이지.

자세한 이야기는 귀국해서 이야기해 줄게. 안녕! □□ 씀

① 가야를 병합하였다.
② 분서갱유를 일으켰다.
③ 토번에 문성 공주를 보냈다.
④ 칭기즈 칸 군대의 공격을 받았다.
⑤ 화북을 통일하고 송, 제 등과 대립하였다.

[24017-0040]

4 **(가) 국가에 대한 설명으로 옳은 것은?**

> 알로고 등이 적의 군대를 질려산에서 격파하고 현주를 쳐서 빼앗으니 건주, 의주, 호주, 휘주, 성주, 천주, 혜주 등이 모두 투항하였다. 이달에 송의 사신 마정이 국서를 가지고 왔는데, 그 내용은 다음과 같았다. "해 뜨는 동방의 땅에 실로 성인이 탄생하신 것을 축하드립니다. (가) 이/가 거란(요)을 공격하여 여러 차례 강건한 적을 격파한 것으로 들었습니다. (가) 은/는 거란(요)을 멸하신 후에, 바라옵건대 거란(요)이 차지하고 있던 한(漢)의 땅을 우리에게 주시기를 요청합니다."

① 낙랑군을 축출하였다.
② 남북조 시대를 통일하였다.
③ 맹안·모극제를 시행하였다.
④ 평성에서 뤄양으로 천도하였다.
⑤ 백강 전투에서 왜군을 물리쳤다.

[24017-0041]

5 (가), (나) 시기 사이에 동아시아에서 있었던 사실로 옳은 것은?

(가) 적장 소손녕을 만나고 돌아온 이듬해, 서희는 군사를 거느리고 여진을 쫓아낸 후 장흥진, 귀화진과 곽주, 귀주에 성을 쌓았다. 그 이듬해 다시 군사를 거느리고 안의진, 흥화진에 성을 쌓았고, 또 이듬해 선주, 맹주에 성을 쌓았다.

(나) 바다를 건너온 사신으로부터 황제의 조서를 받았는데, 그 내용의 핵심은 다음과 같았다. "국운이 쇠퇴하여 작년 황제께서 변경(카이펑)을 떠나 먼 곳으로 옮겨 가시는 변란이 발생하였다. 짐이 국가의 위업을 이어받아 이제 천하의 안정을 도모하려고 한다. 적에 보내는 편지를 휴대한 사신 일행을 특별히 바다 건너 개경으로 보내니, 국경을 넘는 것이 어려운 일이겠지만 국난을 극복하고 백성을 구원하는 일이므로 귀국은 반드시 도움을 주어야 할 것이다."

① 왜의 노국왕이 금인을 받았다.
② 금의 공격으로 거란(요)이 멸망하였다.
③ 당이 위구르에 화번공주를 파견하였다.
④ 일본 열도에 다이센 고분이 축조되었다.
⑤ 쿠빌라이 칸이 국호를 원으로 바꾸었다.

[24017-0042]

6 (가) 국가에 대한 설명으로 옳은 것은?

• (가) 의 조구가 임안(항저우)에서 맹세하는 문서를 보내기를, '두 나라의 국경은 화이허강[淮水] 중류로써 경계를 삼는 것이 합당하며 서쪽에 있는 당주, 등주는 상국(上國)에 할양하려고 합니다. …… 자손 대대로 신하의 절개를 지키겠습니다. 해마다 은 25만 냥, 비단 25만 필을 공물로 바치고, 임술년부터 시작하여 매년 봄에 사람을 보내 운반하고 사주에 이르러 납부하겠습니다.'라고 하였다.

• 황제가 책문에 이르기를, ' (가) 의 조구를 탄식하도다. …… 모두 함께 맹세한 약속을 너희가 더럽혀 스스로 엎어지는 화를 초래하였으니, 너희는 창장강 이남에서 떠돌게 되고 나의 군대가 고생함이 10여 년이 넘었다. 짐은 몹시 슬퍼하노니 백성들이 무슨 죄가 있는가? 지금 광록대부 등을 보내 신표를 가지고 그대를 황제로 책봉하니 대대로 신하의 직책에 복종하며 영원히 천자의 울타리가 되어 달라. 그대는 짐의 명령을 공손히 따르도록 하라.'라고 하였다.

① 군주가 친위왜왕의 칭호를 받았다.
② 유목 민족의 침략으로 멸망하였다.
③ 호경에서 낙읍(뤄양)으로 천도하였다.
④ 무로마치 막부와 감합 무역을 전개하였다.
⑤ 흉노를 몰아내고 오르도스 지방을 차지하였다.

[24017-0043]

7 (가) 막부 시기 동아시아의 상황에 대한 학생의 발표 내용으로 가장 적절한 것은?

관광 안내도에 나타난 (가) 시기 정권 소재지의 특징

- 역사 : 일본에서 무사 정권인 (가) 이/가 수립되어 나라, 교토에 버금가는 정치의 중심지가 된 곳 → 도쿄에서 남쪽 방향으로 1시간 정도 열차를 타고 가면 도착할 수 있음.
- 문화 : 투구, 갑옷, 전투 그림 등이 유명하며, 선종(禪宗) 양식의 건축, 중국의 칠기 등 다양한 중국 문화가 전래된 흔적이 남아 있음.
- 주요 사찰
  - 안요인[安養院] : 이 도시를 탄생시킨 인물과 관련이 깊은 사찰임. (가) 을/를 수립하고 쇼군의 칭호를 받은 미나모토노 요리토모의 아내인 호조 마사코는 남편이 사망하자 그의 명복을 기원하기 위해 조라쿠사[長樂寺]를 세웠는데, 이 사찰이 화재로 소실된 후 재건되어 안요인으로 이름을 바꾸었음.

① 조선이 건국되었어요.
② 헤이안쿄가 건설되었어요.
③ 몽골과 고려 연합군이 일본을 공격하였어요.
④ 야마타이국을 중심으로 연맹체가 형성되었어요.
⑤ 신라가 백제의 중개로 남조와 조공·책봉 관계를 맺었어요.

[24017-0044]

8 (가) 국가에 대한 설명으로 옳은 것은?

쩐 왕조의 왕족이자 장군인 쩐흥다오의 동상이다. 그는 3차례에 걸친 (가) 의 침략을 모두 막아 낸 것으로 유명하다. 1차 침략 때는 남진을 저지하는 데 성공하였고, 2차 침략 때는 수도 탕롱이 함락되는 위기에 놓이자 「격장사」라는 글을 지어 장수와 병사들에게 위급을 호소하였다. 그 결과 군대의 사기가 크게 진작되어 전투에서 승리할 수 있었다. 3차 침략 때는 바익당강에 말뚝을 박은 후 만조 때 적의 해군을 상류로 유인하고 조수 간만의 차이를 이용하여 대승을 거두었다. 그는 적의 침략에 맞서 병법을 연구하고 글로 남겼는데, 『병서요략』, 『만겁종비전서』 등이 있다.

① 동호를 정복하고 월지를 몰아냈다.
② 5대 10국 시대의 혼란을 수습하였다.
③ 수도 흥경을 중심으로 동서 무역을 전개하였다.
④ 지방에 행성을 설치하고 다루가치를 파견하였다.
⑤ 별무반의 정벌 활동 후 동북 지역에 9성을 축조하였다.

[24017-0045]

9 **(가) 국가에 대한 설명으로 옳은 것은?**

> 김지수가 아뢰기를, " (가) 의 함선 10,000여 척이 통주에 정박하고 군사가 대도로 들어가니, 황제와 황후가 북방의 초원으로 달아났으며, 태자도 전투에서 패하자 또한 초원으로 달아났습니다."라고 하였다. 이틀 후 군주가 백관(百官)에게 (가) 와/과의 통교(通交)를 위해 그 나라가 수도로 삼고 있는 난징으로 사신을 파견하는 문제를 의논하도록 명령하였다.

① 8조의 법을 시행하였다.
② 장건을 서역에 파견하였다.
③ 좌현왕과 우현왕을 두었다.
④ 홍건적 출신의 주원장이 건국하였다.
⑤ 신라와 연합하여 고구려를 공격하였다.

[24017-0046]

10 **밑줄 친 ㉠ 시기의 동아시아 정세로 옳은 것은?**

> 태조 이성계는 건국한 해에 승려 각추를 막부에 보내 왜구를 금압해 달라고 요청하였다. 이에 막부는 일본인 승려를 파견하여 왜구에 대한 통제와 포로들의 송환을 약속하였다. 태조 3년에는 일본에 보낸 사절이 돌아올 때 569명의 포로를 데려오기도 하였다. ㉠이로부터 10년 후에는 감합 무역을 개시한 막부에서 조선에 일본 국왕의 사신 명의로 또 다른 일본인 승려를 통해 국서를 보내왔다. 천황을 의식하여 외교를 담당하는 승려의 명의로 국서를 작성해 보냈던 과거의 사례와는 크게 달라진 모습이었다.

① 5호가 화북 지역을 장악하였다.
② 명이 일본과 국교를 수립하였다.
③ 고다이고 천황이 요시노로 피신하였다.
④ 한 고조가 백등산 전투에서 흉노에 패배하였다.
⑤ 칭기즈 칸이 호라즘을 정벌하여 비단길을 장악하였다.

04 유학과 불교

✪ 동중서
동중서는 한 무제에게 유학을 숭상하도록 건의하여 한 무제가 유교를 통치 이념으로 중시하는 데 공헌하였다.

✪ 균전제와 조·용·조
균전제에 따라 토지를 지급받은 농민은 조·용·조 납부의 의무를 지녔다.

✪ 부병제
균전제에 따라 토지를 지급받은 농민에게 군역의 의무를 부과한 병농 일치 제도이다.

1. 율령과 유교에 기초한 통치 체제

(1) 율령과 유교

① 율령의 의미 : 넓은 지역을 다스리는 일률적 통치 기준, 국가 통치 조직·관리 복무 사항·백성의 조세와 노역 등을 규정
- 율(律) : 범죄 행위와 처벌을 규정하는 형벌 위주 법률
- 영(令) : 국가의 조직과 운용, 신분과 수취 제도 등을 규정한 행정 위주 법률

② 법가의 발전
- 전국 시대 : 법가 사상가 활약(상앙, 이사 등)
- 진 : 시황제가 법가 사상에 기반한 정책 실시 → 진의 법률을 한이 계승

③ 유교 통치 이념
- 유교 윤리 : 군주에 대한 충성을 강조, 가족 및 향촌 질서 유지
- 한 : 무제가 동중서의 건의를 받아들여 유교를 국가 통치 이념으로 중시함, 유학 교육 기관인 태학 설립

④ 법가와 유가의 결합 : 한대에 정교한 법의 통제와 가족 및 공동체 질서를 존중하는 사고가 율령에 반영 → 수·당대에 이르러 율령 체제 완성

자료 플러스 상앙의 사상

> 형벌은 힘을 낳고 힘은 강성함을 낳고 강성함은 위세를 낳고 위세는 덕을 낳으니 덕은 형벌에서 생겨난다. …… 나라가 다스려지는 이유는 세 가지이다. 첫째는 법이요, 둘째는 믿음이요, 셋째는 권력이다. 법이란 군주와 신하가 함께 지키는 것이고 믿음이란 군주와 신하가 함께 세우는 것이며 권력이란 군주만이 홀로 제어하는 것이다. 군주가 권력을 지키는 데 실패하면 위태로워진다. 군주와 신하가 법을 버리고 사사로움을 채택하면 반드시 어지러워진다. 그러므로 법을 세우고 직분을 분명히 하며 사사로움으로 법을 해치지 않으면 나라가 다스려진다.
> -『상군서』-

상앙은 전국 시대 진(秦)에서 활동하면서 힘에 기초하여 법률에 의한 통치를 확립할 것을 강조하였다. 상앙의 주장에 따라 정책을 수행한 진은 부국강병을 이룰 수 있었고, 이러한 토대 위에 법가 사상가인 이사를 등용하여 철저한 법치주의 정책을 펼친 진왕 영정(진시황제)이 마침내 6국을 병합하고 전국 시대를 통일하였다. 하지만 진시황제가 사망한 후, 지나친 법치주의와 무리한 토목 공사 등으로 진은 곧 멸망하고 말았다.

개념 체크

1. 전국 시대의 진은 상앙, 이사 등의 (　　) 사상가를 등용하여 부국강병을 시도하였다.
2. 한 무제는 동중서의 건의를 받아들여 유교를 통치 이념으로 중시하고 (　　)을 설립하였다.
3. 당은 (　　)에 따라 토지를 지급받은 농민에게 군역의 의무를 부과한 부병제를 실시하였다.

정답
1. 법가 2. 태학 3. 균전제

(2) 수·당의 통치 제도

① 율·영·격·식 완성 : 율령에 격(율령 추가·보완)과 식(구체적 시행 세칙)을 추가

② 3성 6부 : 3성(중서성, 문하성, 상서성)이 황제의 통치를 보좌, 6부가 행정 업무 담당

③ 형벌 : 신분이나 나이 등에 따라 형벌을 차등 적용하기도 함

④ 토지 및 수취·군사 제도

균전제	농민에게 일정 면적의 토지 지급
조·용·조	토지를 받은 농민이 국가에 부담한 세금
부병제	성인 남자의 군역 의무

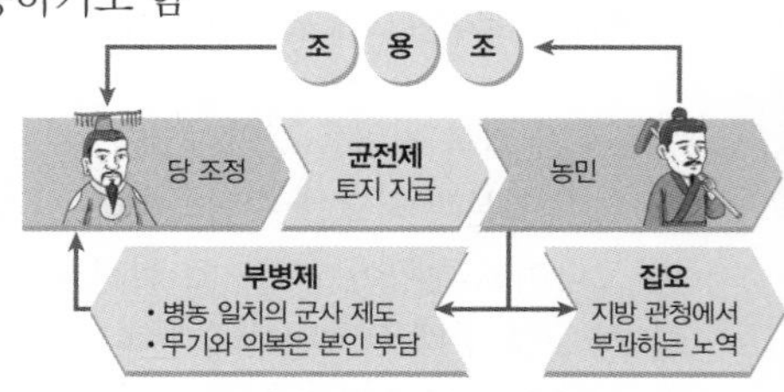

▲ 당의 토지·수취·군사 제도

⑤ 과거제로 관리 선발

(3) 유교와 율령의 동아시아 전파

① 각국의 유교와 율령 수용 : 통치 기구와 이념·관리 선발·교육 제도에 영향, 동아시아 문화권 형성에 영향, 각국의 신분 질서와 관습에 따라 선택적으로 중국의 율령 수용

② 신라 : 세금 징수를 목적으로 백성의 호구와 재산을 파악한 신라 촌락 문서 작성, 골품제를 유지하면서 유학 교육 기관인 국학의 학생들을 대상으로 독서삼품과를 실시하여 관리 선발에 참고

③ 발해 : 당과는 명칭이나 운영 방식이 다른 3성 6부제 시행

④ 일본 : 다이카 개신(소가씨 제거 후 당의 율령 체제 수용 시도), 다이호 율령 반포

자료 플러스 동아시아 각국의 중앙 관제

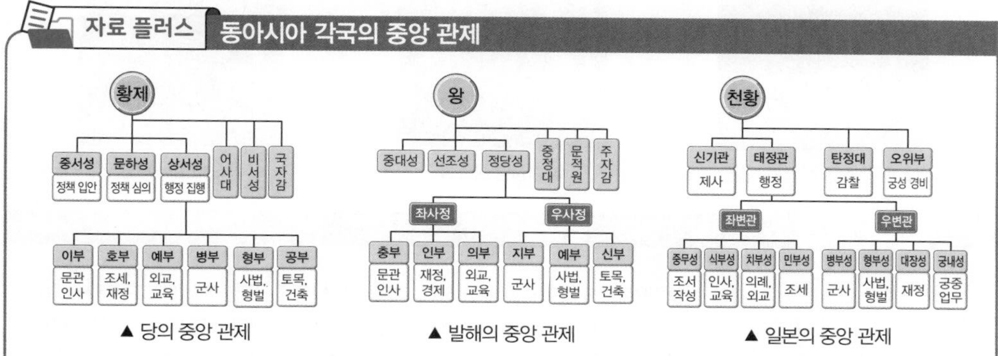

▲ 당의 중앙 관제 ▲ 발해의 중앙 관제 ▲ 일본의 중앙 관제

당의 율령 체제가 주변 국가로 전해지면서 각국의 중앙 관제도 당의 중앙 관제에 영향을 받아 정비되었다. 발해는 당의 3성 6부제를 기반으로 관제를 편성하였으나 6부의 명칭 및 운영 방식에서 나름의 독자성을 띠었다. 일본 역시 제사를 담당하는 신기관과 행정을 담당하는 태정관을 설치하고, 태정관 아래 8성을 두는 등 중국과는 다른 독자성을 띠었다.

(4) 과거제의 발전

중국	• 수 : 과거제 최초 시행(유교 경전 시험을 통해 관리 후보 선발) • 송 : 황제가 최종 시험을 직접 주관하는 전시 제도 정례화
한국	• 고려 : 광종 때 쌍기의 건의로 도입 • 조선 : 문과, 무과, 잡과 실시
과거제의 영향	새로운 학자 관료층 성장, 학문적 능력 중시, 유학 발전, 귀족 세력을 견제하고 군주권 강화

2. 불교의 전파와 문화 교류

(1) 대승 불교

① 특징 : 기원전 1세기경 일반 신도를 중심으로 이타행 강조, 부처(석가모니) 신격화, 부처의 자비로 중생이 구제될 수 있다고 주장

② 확산 : 주로 중국을 중심으로 동아시아에 전파

중국	• 중앙아시아를 거쳐 중국에 전래 • 황제의 권위를 드러내기 위해 많은 사찰과 거대한 불상 건립
한국	• 삼국 시대 중앙 집권 체제 확립 과정에서 불교 수용 • 고구려는 소수림왕 때 전진에서 수용, 백제는 침류왕 때 동진에서 수용, 신라는 5세기에 고구려를 통해 수용하였으나 법흥왕 때 이차돈의 순교를 계기로 공인 → 왕족과 귀족 중심으로 발전 • 통일 신라 시대 원효, 의상에 의해 대중화
일본	• 6세기 중엽 백제에서 전래, 토착 신앙과의 갈등 속에서 보급 • 왕실과 유력 가문의 권력 과시를 위해 대규모 사찰 건립 • 한반도의 영향 : 호류사 건축, 고류사의 목조 미륵보살 반가 사유상 등

✪ 독서삼품과
통일 후 신라에서 국학의 학생을 대상으로 시행한 제도로 『논어』, 『효경』 등 유교 경전에 대한 이해 능력에 따라 등급을 구분하여 관리 선발에 참고한 제도이다.

✪ 다이호 율령
일본이 당의 율령을 참고하여 만든 율령이다. 일본은 다이호 율령 반포 이후 2관 8성의 중앙 관제를 마련하였다.

✪ 전시
황제가 과거의 최종 시험을 직접 주관하는 제도로, 송대에 본격적으로 시행되었다. 전시는 황제권의 강화에 기여하였다.

✪ 원효
'나무아미타불'을 열심히 외우면 죽어서 극락정토에 다시 태어날 수 있다는 아미타 신앙을 신라에 보급하여 불교 대중화에 공헌하였다.

✪ 의상
당에 유학한 후 신라에 화엄종을 들여왔다. 화엄종은 만물의 조화와 포용을 중시하여 사회 통합에 기여하였다.

개념 체크

1. 신라는 통일 후 (   )을 설치하여 유학을 가르쳤고, (   )의 학생들을 대상으로 독서삼품과를 시행하였다.
2. (   )은 다이호 율령을 반포한 이후 2관 8성의 중앙 관제를 마련하였다.
3. 신라는 (   ) 때 이차돈의 순교를 계기로 불교를 공인하였다.

정답
1. 국학 2. 일본 3. 법흥왕

✪ 부모은중경
불교가 성립된 인도에는 없었던 경전으로 부모의 크고 깊은 은혜에 보답해야 한다는 유교의 가르침을 담고 있다. 중국에서 편찬되어 한국과 일본 등지로 전해졌다.

✪ 신토(신도)
현재까지 일본 사람들이 믿고 있는 전통 신앙으로, 각종 씨족신과 지방신, 태양신 등을 숭배한다.

✪ 하치만 대보살
하치만은 농업, 재물 등을 관장하는 신토의 신이었지만, 나라 시대에 불교의 신(하치만 대보살)으로 간주되었다.

✪ 신불습합
신토와 불교의 융합을 뜻한다. 신사의 경내에 절을 세우거나, 하치만 신상과 같이 신토의 신이 승려의 모습을 한 형태로 만들어지는 것 등이 이를 보여 주는 사례이다.

(2) 불교의 토착화

① 국가 불교 성격
- 군주가 부처라는 논리로 왕권 강화, 사회 안정 추구
- 국가의 지원과 주도로 대장경 제작, 사찰과 거대한 불상 건립(윈강·룽먼 석굴 사원, 황룡사와 석굴암, 도다이사 등)

▲ 윈강 석굴 사원의 대불

▲ 석굴암 본존불

▲ 도다이사 대불

자료 플러스 쇼무 천황의 불교 진흥책

> 쇼무 천황은 독실하게 불교를 신앙하였다. 도다이사를 건립하고 대불을 만들었다. 또한 지방에 고쿠분사, 고쿠분니사를 세워 국토의 안정과 평온을 기원하고 법화경과 최승경을 강독하게 하였다. 또한 그의 치세 시기에 많은 고승들이 외국에서 내조하였다. 남인도의 보리선나, 베트남 지역의 불철, 당의 감진 등이다. …… 천하를 다스린 지 25년, 쇼무 천황은 황위를 황녀에게 넘기고 태상천황이 되었다. 그 후 출가했는데, 이것은 천황이 출가한 최초의 사례였다. -『신황정통기』-

일본 열도에서는 6세기 중엽 백제를 통해 불교를 수용한 후, 불교가 점차 세력을 확장해 갔다. 8세기에 전염병과 반란으로 사회가 혼란하자 쇼무 천황은 불교를 진흥시켜 사회를 안정시키고 나라를 지킨다는 이념 아래 전국 각지에 고쿠분사와 고쿠분니사를 건립하였고, 도다이사를 세웠다. 또한 대불을 건립하기로 결정하고 국력을 집중한 결과 16m가 넘는 높이의 도다이사 대불을 완성하고 752년에 개안 공양식을 거행하였다.

② 전통 사상이나 고유 신앙과 결합
- 유교 윤리 반영 : 『부모은중경』(유교의 덕목인 효를 강조한 새로운 불교 경전) 간행
- 토착 신앙과 결합 : 산신·칠성·용 신앙과 결합, 사찰 내에 산신각이나 칠성각을 세움
- 일본 신토(신도)와 결합 : 부처도 여러 신 중의 하나로 인식, 신토의 신들이 부처나 보살로 나타남(하치만 대보살 등), 신불습합으로 이어짐

③ 선종의 발달
- 특징 : 직관적 깨달음과 참선 중시
- 확산 : 신라 말 호족의 지원을 받아 유행, 일본에서는 가마쿠라 막부 시대 무사 사회에서 유행

(3) 불교문화의 발전과 확산

① 불교 예술 : 불상, 불화, 범종 등
② 건축 : 사찰과 탑의 제작[중국은 전탑(벽돌탑), 한국은 석탑, 일본은 목탑 발달], 기단, 주춧돌, 기와 사용
③ 목판 인쇄술 : 신라의 무구정광대다라니경, 일본의 백만탑다라니경, 송·거란(요)·금의 대장경, 고려의 팔만대장경

(4) 인적·지적 교류의 증대

① 불교문화 교류 : 사찰(교류와 지식 전파의 장소), 승려(구법 활동, 지식인으로 국제 교류)

개념 체크

1. 『부모은중경』은 불교가 성립된 인도에는 없던 경전으로 유교의 덕목인 (　　) 를 강조하였다.
2. 신불습합은 일본의 (　　) 와 불교의 융합을 뜻한다.
3. 직관적인 깨달음과 참선을 중시하는 선종은 신라 말 (　　)의 지원을 받아 유행하였고, 일본에서는 가마쿠라 막부 시대 무사 사회에서 유행하였다.

정답
1. 효 2. 신토(신도) 3. 호족

② 승려들의 교류와 활동

당	현장	인도에 유학하고 불경을 가져와 번역, 『대당서역기』를 남김
	감진	일본에 건너가 계율을 전해 수계하는 방식을 알려 줌
고구려	혜자	일본 쇼토쿠 태자의 스승으로 활동
신라	의상	당에 유학하고 귀국하여 신라 화엄종 개창
	혜초	인도와 중앙아시아를 순례하고 『왕오천축국전』 저술
일본	엔닌	당에 유학, 적산 법화원에 머물며 장보고 세력의 도움을 받음, 『입당구법순례행기』 저술

3. 동아시아 문화권의 형성

(1) **당의 개방성** : 국제도시 장안(발해 상경성, 일본 헤이조쿄 구조에 영향), 각국의 사신·상인·승려·예술가 등 외국인 체류, 신라방·발해관 등 설치

(2) **교류 활성화** : 신라의 장보고가 청해진을 거점으로 당-한반도-일본을 잇는 해상 교역 주도, 발해도 당·신라·일본과 교류

(3) **일본의 견당사 파견** : 당의 문물 수용, 일본에 당풍 유행

자료 플러스 **엔닌이 장보고에게 쓴 편지**

> 소승 엔닌은 뜻한 바를 이루기 위해 당에 왔습니다. 부족한 이 사람은 다행히도 대사께서 발원하신 적산 법화원에 머물 수 있었던 데 대해 감사함을 하례하고 싶은 마음을 달리 표현하여 말씀드리기 어렵습니다. …… 삼가 글을 바쳐 안부를 여쭙니다.
> -『입당구법순례행기』-

일본의 승려 엔닌은 838년에 40대 중반의 나이로 견당선을 타고 바다를 건넜다. 그는 약 10년간 당에 머무르면서 오대산, 장안 등을 순례하였다. 특히 엔닌은 장보고가 세운 적산 법화원에 8개월 정도 머무르면서 불법을 배웠는데, 그 감사한 마음을 담아 장보고에게 편지를 남겼다. 엔닌은 귀국 후 당에서 보고 겪은 일들을 모아 『입당구법순례행기』를 저술하였는데, 이를 통해 당시 장보고가 청해진을 중심으로 당-신라-일본을 연결하는 교역 네트워크를 형성하며 동아시아의 해상 교역에서 주도적인 역할을 수행하였음을 확인할 수 있다.

4. 성리학의 성립

(1) 성리학

① 송대 이전 유학

한	유학의 관학화(통치 이념 역할), 훈고학 발달
남북조	불교와 도교의 융성으로 약화
수·당	과거제 시행으로 부흥, 당대에 경전의 해석을 통일하기 위해 『오경정의』 편찬

② 송대 성리학의 성립

배경	사대부의 성장(과거를 통해 관직 진출, 황제 중심의 문신 관료 체제하에 새로운 지배층으로 성장), 거란(요)과 금 등의 압박으로 송대 한족의 민족의식 강화(중화사상, 화이관 중시)
성립	유학이 불교와 도교의 형이상학적 논리 체계 수용(이론적 탐구와 수양 강조 경향) → 우주 원리와 인간 본성을 탐구하는 신유학 대두
주희 (주자)	성즉리 주장, 거경궁리와 격물치지를 수양 방법으로 제시, 성리학 집대성, 오경보다 사서 중시, 『사서집주』 편찬

✪ 대당서역기
당의 승려 현장이 인도 구법 여행 중에 겪었던 일을 남긴 책으로 장안을 출발하여 인도에 다녀온 여정을 담고 있다. 그가 구법 여행 중 가져온 불경 등을 보관하기 위해 장안에 대안탑이 건립되었다.

✪ 수계
부처의 가르침을 받드는 사람이 지켜야 할 계율을 받는다는 뜻으로 자격이 있는 승려로부터 형식에 맞춰 행해지는 예식이다.

✪ 거경궁리와 격물치지
성리학에서 강조한 수양 방법이다. 잡념이나 망상을 끊은 상태에서 마음에 본래 있는 이(理)를 밝히는 것을 거경궁리(居敬窮理)라 하고, 사물의 이치를 끝까지 탐구하여 깨달음을 얻는 것을 격물치지(格物致知)라고 한다.

✪ 사서집주
주희가 사서인 『논어』, 『맹자』, 『대학』, 『중용』에 주석을 달아 편찬한 책이다. 절대적 권위를 가진 성리학 교재(경전)로 통용되었다. 『사서집주』는 원대에 과거 시험의 교재가 되었다.

개념 체크

1. 당의 승려 현장은 (　　) 에 유학한 후 귀국하여 『대당서역기』를 남겼다.
2. 고구려의 승려 (　　)는 일본에서 쇼토쿠 태자의 스승으로 활동하였다.
3. 남송의 주희가 (　　)을 집대성하였다.

정답
1. 인도 2. 혜자 3. 성리학

✪ 주자가례
사대부 집안의 예법과 의례를 정리하여 편찬한 책으로, 관례, 혼례, 상례, 제례의 4가지 의례로 구성되었다.

✪ 소학
주희의 가르침에 따라 송대 유자징이 어린아이들을 위해 일상생활의 예의범절, 수양을 위한 격언, 충신·효자 등의 사례 등을 모아 엮은 책이다.

✪ 심즉리
주희의 성리학에 맞서 왕수인 등이 주장하였다. 인간 마음이 곧 천리(天理)임을 믿고 적극적으로 실천하자는 주장이다.

✪ 강항
임진왜란 때 포로로 일본에 끌려간 조선의 유학자로 후지와라 세이카를 만나 일본 성리학 발전에 영향을 주었다.

③ 성리학의 영향
- 『주자가례』와 『소학』의 보급 : 동아시아에 성리학적 가치관 확산
- 대의명분과 화이관 강조

④ 성리학의 보급
- 서원 : 선현 제사와 후학 양성을 위한 사설 교육 기관, 사대부 결집에 영향
- 향약 : 상부상조 정신과 유교 윤리가 결합된 향촌 자치 규약 → 서민에게 성리학적 규범이 확산되는 데 기여
- 명·청대 신사층이나 조선 시대 양반층에 의해 유교 의례와 이념 확산

(2) 양명학의 발전

① 등장 배경 : 성리학이 과거 합격에 치중, 사회 모순에 적절히 대응하지 못함

② 왕수인(왕양명) : '마음이 곧 이(理)'라는 심즉리 강조, 앎과 실천을 일치시켜야 한다는 지행합일 주장

자료 플러스 **왕양명과 치양지(致良知)**

> 안다는 것(知)은 곧 마음의 근원이고, 마음은 저절로 알 수가 있다. 부모를 보면 저절로 효도하게 되고 윗사람을 보면 저절로 공경하게 되며, 어린아이가 우물에 빠지는 것을 보면 저절로 측은한 마음이 생긴다. 이것이 바로 양지(良知)이며, 이는 마음 밖에서 구할 필요가 없다. 만약 이 양지가 드러나면 그 어떤 사사로운 욕망에도 미혹되지 않을 것이다. …… 마음의 양지가 미혹되지 않고 가득 차서 흐르게 된다면 그것이 바로 양지에 도달하는 것이다.
> –『전습록』–

자료는 양명학을 집대성한 왕수인의 주장이다. 명대에 성리학이 과거 합격을 위한 학문으로 여겨지는 경향이 강해지자, 이에 반발하여 왕수인은 양명학을 집대성하여 심즉리(心卽理), 지행합일(知行合一)과 함께 마음의 본체인 양지(良知)를 지극히 다한다는 뜻의 치양지를 강조하였다.

5. 성리학의 확산

(1) 한반도

① 전래와 기능
- 고려 후기 안향 등이 본격적으로 소개, 신진 사대부에 의해 수용·확산
- 고려 말 신진 사대부가 추진한 개혁의 사상적 기반 → 불교와 권문세족 비판
- 조선 건국의 이념적 기반, 국가 통치 이념, 각종 사회 의례의 기준

② 성리학의 이해 심화 : 우주론과 인간 심성 문제 논쟁 → 학파 형성에 영향을 줌

③ 사림의 성장 : 서원과 향약 보급, 이황(일본 성리학 발전에 영향)·이이(통치 체제 정비와 수취 제도 개혁 방안 제시)의 성리학 연구

④ 성리학적 사회 질서 확산 : 『주자가례』에 의한 관혼상제 확산, 부모 삼년상, 가묘와 사당 건립, 장자 중심의 상속과 제사 확산

(2) 일본 열도

① 전래 : 가마쿠라 막부 시대 후기에 전래되어 승려들 사이에서 연구

② 에도 시대 성리학의 발전
- 후지와라 세이카 : 조선의 강항과 교유, 『사서오경왜훈』 집필
- 하야시 라잔 : 후지와라 세이카의 제자로 성리학을 바탕으로 에도 막부의 각종 제도와 의례 정비, 성리학이 관학으로 자리 잡는 데 기여

개념 체크

1. 『소학』과 사대부 집안의 예법과 의례를 정리한 (　　　)는 동아시아에 성리학적 가치관을 확산시키는 데 영향을 주었다.
2. 왕수인은 심즉리와 함께 앎과 실천을 일치시켜야 한다는 (　　　)을 강조하였다.
3. 후지와라 세이카는 임진왜란 때 포로로 일본에 끌려간 조선의 유학자 (　　　)과 교유하고 『사서오경왜훈』을 집필하였다.

정답
1. 『주자가례』 2. 지행합일
3. 강항

대표 기출 문제 **밑줄 친 '우리 나라'의 대외 관계에 대한 설명으로 옳은 것은?** 2024학년도 수능 6월 모의평가

우리 발해 왕을 책봉해 준 황제께 왕을 대신해 감사 인사를 전합니다. 학생 몇 명을 장안으로 데려왔는데, 이들이 국자감에서 배우는 학문은 무엇입니까?

우리 나라의 율령에 따라 국자감에서는 유교 경전인 『주례』, 『의례』, 『예기』, 『모시』, 『춘추좌씨전』 등을 배울 수 있습니다.

① 토번에 화번공주를 보냈다.
② 일본에 통신사를 파견하였다.
③ 후금과 형제의 맹약을 맺었다.
④ 왜의 노국왕에게 금인을 주었다.
⑤ 신패를 발급하여 무역을 통제하였다.

정답 | ①

풀이 | 발해 왕을 황제가 책봉했다는 점, 발해 사신이 장안에 왔다는 점, 국자감에서 배우는 유교 경전을 언급한 점 등을 통해 밑줄 친 '우리 나라'는 당임을 알 수 있다. 국자감은 당, 고려 등의 중앙 교육 기관이었다. ① 당은 토번의 공격을 받자 7세기 전반 화친을 위해 토번에 화번공주를 보냈다.
② 통신사는 일본의 요청에 따라 조선이 파견한 사절단으로 양국 우호 관계의 상징이 되었고, 학술과 문물의 교류를 촉진하였다. ③ 1627년 후금이 조선을 침략하였다(정묘호란). 2개월간 전쟁이 지속되었으나, 명의 위협 등을 의식한 후금이 조선과 형제의 맹약을 맺고 철수하였다. ④ 1세기 후한의 광무제는 왜의 노국왕이 조공을 하자 '한위노국왕'이라는 글자가 새겨진 금인을 주어 책봉하였다. ⑤ 청이 천계령을 해제한 이후 청 상인과의 교역으로 인해 일본에서 은 등의 유출이 증가하자, 일본에서는 18세기 초부터 나가사키에서의 무역을 통제하기 위해 신패가 발급되었다.

닮은꼴 문제 **1** **(가) 국가에 대한 설명으로 옳은 것은?** [24017-0047]

동아시아 각국의 교육 기관

#2
1. (가) 의 국자감 : 수도 장안에 설치되어 국자학, 태학, 사문학, 율학, 서학, 산학 등의 학제로 인재를 양성함.
2. 신라의 국학 : (가) 의 제도를 본받아 신문왕 2년에 설치되어, 『논어』와 『효경』, 『예기』 등 유교 경전을 주로 교육함.
3. 발해의 주자감 : (가) 의 제도를 본받아 설치된 유교 교육 기관으로, 감(監)과 장(長)을 두었음.

① 골품제를 운영하였다.
② 안남 도호부를 설치하였다.
③ 정당성이 6부를 총괄하였다.
④ 북면관·남면관제를 시행하였다.
⑤ 제사를 담당하는 신기관을 두었다.

대표 기출 확인하기

성리학의 성립

정답과 해설 14쪽

대표 기출 문제 (가) 인물에 대한 설명으로 옳은 것은?

2024학년도 수능 9월 모의평가

정호와 정이의 학풍을 계승한 (가) 에 대해 말해 보자.
수양 방법으로 거경궁리와 격물치지를 강조하였지.
『논어』, 『맹자』, 『대학』, 『중용』에 각각 주석을 달아 『사서집주』를 저술하였어.

① 성리학을 집대성하였다.
② 백운동 서원을 건립하였다.
③ 사서오경왜훈을 저술하였다.
④ 심즉리와 지행합일을 주장하였다.
⑤ 주자감에서 유교 경전을 가르쳤다.

정답 | ①

풀이 | 정호와 정이의 학풍을 계승했다는 점, 수양 방법으로 거경궁리와 격물치지를 강조했다는 점, 『논어』, 『맹자』, 『대학』, 『중용』에 각각 주석을 달아 『사서집주』를 저술했다는 점을 통해 (가) 인물은 주희임을 알 수 있다. ① 성리학은 송대 일어난 유학 사상으로 주희에 의해 집대성되었다.
② 백운동 서원은 조선 중종 때 주세붕이 건립하였다. ③ 후지와라 세이카는 임진왜란 때 일본에 포로로 잡혀 온 강항의 도움을 받아 『사서오경왜훈』을 저술하였다. ④ 명의 왕수인(왕양명)은 양명학을 집대성하였으며, 심즉리와 지행합일을 주장하였다. ⑤ 주자감은 유교 교육을 담당한 발해의 교육 기관이다.

닮은꼴 문제 **2** (가) 인물에 대한 설명으로 옳은 것은?

[24017-0048]

> 정호와 정이의 사상을 계승한 (가) 은/는 『논어집주』, 『맹자집주』, 『대학장구』, 『중용장구』를 모아서 한 질로 만들어 순희 9년에 무주(婺州)에서 판각하였다. 이것이 『사서집주』인데, '사서'라는 명칭이 여기서 비롯되었다. 특히 『대학장구』는 (가) 이/가 사망 직전까지 교정을 볼 만큼 공을 들인 책으로 유명하다.

① 백운동 서원을 건립하였다.
② 조선인 강항과 교유하였다.
③ 치양지와 심즉리를 강조하였다.
④ 격물치지와 거경궁리의 수양법을 중시하였다.
⑤ 한 무제가 유교를 통치 이념으로 중시하는 데 기여하였다.

[24017-0049]

01 (가) 국가에 대한 설명으로 옳은 것은?

> 성인이 덕과 예의로써 백성을 지도하고 형벌로써 징계하니, 형벌은 성인도 그만둘 수가 없는 것이다. 그러나 처형은 처형을 그치게 하는 것이 목적이고, 형벌은 형벌을 없애는 것이 목적이다. …… 위(魏)의 문후가 법경(法經)을 만들게 되었으니, 법망은 더욱 촘촘한데도 범죄는 더욱 많아졌다. 이후 (가) 에서는 상앙과 이사에게 정치를 맡겨 형법이 가혹하고 조문이 엄격하여 백성들에게 해독을 끼쳤다. 그래서 황제 칭호를 사용한 지 10여 년 만에 멸망했으니 이를 경계해야 하지 않겠는가?

① 8조의 법을 제정하였다.
② 전국 시대를 통일하였다.
③ 상을 멸망시키고 호경을 수도로 삼았다.
④ 선우 아래 좌현왕과 우현왕 등을 두었다.
⑤ 왕망에 의해 건국되어 급진적인 개혁 정책을 펼쳤다.

[24017-0050]

02 (가) 황제에 대한 설명으로 옳은 것은?

> (가) 의 물음에 동중서가 답하기를, "부디 태학을 일으키시고, 밝은 스승을 두어 천하의 선비를 기르며, 자주 시험을 보고 물어서, 그들의 재주를 다 발휘하게 하면 뛰어난 사람들을 얻을 수 있을 것입니다. 공자의 학술에 들어 있지 않은 것은 모두 그 근원을 끊어야 치우치거나 옳지 않은 학설이 없어지며 그런 후에야 통치 기강이 바로 설 수 있습니다."라고 하였다. (가) 은/는 그 대답이 훌륭하다고 평가하였다. …… (가) 은/는 수도 장안의 교외에 태학을 설립하였다.

① 다이호 율령을 반포하였다.
② 과거제로 관리를 선발하였다.
③ 토번에 화번공주를 파견하였다.
④ 고조선을 정복하고 4군을 설치하였다.
⑤ 평성의 백등산 전투에서 흉노에 패배하였다.

[24017-0051]

03 다음 율령을 반포한 국가의 통치 제도에 대한 설명으로 옳은 것은?

> 지금부터 영(令)을 어기는 자는 즉시 그 범한 바에 따라서 율(律)에 의거하여 처단하라. 탄정대는 매달 세 차례 모든 관사를 순찰해서 옳지 않고 맞지 않는 것은 살펴서 바로잡아라. 만약 영을 위반하거나 직무를 게을리하는 경우가 있으면, 곧 그 내용을 자세히 기록하여 식부성으로 이송하라.

① 남추밀원을 설치하였다.
② 2관 8성의 중앙 관제를 운영하였다.
③ 유학 교육 기관으로 주자감을 설립하였다.
④ 지방에 행성을 설치하고 다루가치를 파견하였다.
⑤ 독서삼품과를 시행하여 관리 선발에 참고하였다.

[24017-0052]

04 교사의 질문에 대한 학생의 답변으로 가장 적절한 것은?

> 좌측 자료는 한국 성황사의 불교 건축물로, 사찰에서 산신을 봉안했음을 보여 줍니다. 우측 자료는 일본 도다이사의 하치만 신상으로 일본 신토의 신(神)인 하치만이 불교의 보살로 표현된 것입니다. 이를 통해 알 수 있는 동아시아 불교의 특징을 발표해 볼까요?

① 토착 신앙과 결합하였어요.
② 직관적인 깨달음을 중시하였어요.
③ 덕치와 천명사상을 강조하였어요.
④ 중생의 구제보다 개인의 해탈을 중시하였어요.
⑤ 주자가례에 따른 관혼상제의 의례를 주장하였어요.

[24017-0053]

05 밑줄 친 '이 승려'에 대한 탐구 활동으로 가장 적절한 것은?

> **TV 동아시아사 방송 대본**
>
> #5. 『대당서역기』 편
>
> 아나운서 : 여행기의 백미라고 일컬어지는 『대당서역기』의 편찬 배경에 대해서 말씀해 주시죠.
>
> 전문가 ○○○ : 『대당서역기』는 수도인 장안을 출발하여 정관 19년에 다수의 불경과 불상을 가지고 다시 장안으로 돌아오기까지 법사가 체험하고 견문한 인도 등 서역의 기후, 풍토, 물산 등에 대하여 구술한 것을 적은 기록입니다. 귀국 후 이 승려가 서역에서 보고 들은 내용을 서둘러 책으로 엮은 것은 당시 황제의 정치적 필요성 때문인 것으로 추측해 볼 수 있습니다. 이 시기 변방에는 강력한 돌궐족이 계속해서 위협을 가하고 있었는데, 황제는 수가 답습한 북주의 부병제를 활용하여 중국 본토를 넘어 지배력을 확장시키고자 하였고, 이러한 과정에서 서역에서 귀국한 이 승려로부터 소중한 정보를 얻으리라는 기대를 했으리라 짐작해 볼 수 있습니다.

① 쇼토쿠 태자의 스승을 파악한다.
② 대안탑이 건립된 배경을 조사한다.
③ 고구려에 불교가 처음 전래된 시기를 확인한다.
④ 일본에 건너가 수계하는 방식을 알려 준 승려를 알아본다.
⑤ 당에 유학한 후 신라로 돌아와 불교 발전에 기여한 인물을 살펴본다.

[24017-0054]

06 (가) 인물에 대한 설명으로 옳은 것은?

> (가) 은/는 정이의 관점을 계승하여 8세부터 시작하는 소학 교육과 15세부터 시작하는 대학 교육의 교학 체계를 생각하였다. 즉 그는 『소학』을 공부하여 도덕 윤리를 체득한 후, 『대학』을 기점으로 사서오경을 순차적으로 학습함으로써 앞서 배웠던 내용들의 원리와 실질을 파악하는 형태를 구상하였다. 마침내 (가) 은/는 소학-대학이라는 교육 체계를 바탕으로 사서에 주석을 다는 노력 과정에서 『대학』, 『논어』, 『맹자』, 『중용』의 순으로 이루어지는 학습 체계를 완성하였다.

① 성리학을 집대성하였다.
② 오경정의의 편찬에 참여하였다.
③ 아스카 문화 발전에 기여하였다.
④ 만권당에서 원의 학자들과 교류하였다.
⑤ 장보고가 세운 적산 법화원에 머물렀다.

[24017-0055]

07 밑줄 친 '선생'이 집대성한 유학 사상에 대한 설명으로 옳은 것은?

> 명에서 제자인 서애가 묻기를, "예컨대 부모에게는 마땅히 효도해야 하고 형에게는 마땅히 공손해야 한다는 것을 다 알고 있는 사람이 도리어 효도하지 못하고 공손하지 못합니다. 이것은 앎과 행위가 분명히 두 가지 일임을 보여 준다고 생각합니다." 선생께서 대답하시기를, "그것은 이미 사욕에 의해 앎과 행위가 가로막힌 것이지, 앎과 행위의 본체는 아니다. …… 효도와 공손함에 대해 말할 줄 안다고 해서 효도와 공손함을 안다고 말할 수는 없다. 또 아픔을 안다고 할 경우에도 반드시 자기가 이미 아픔을 겪어야만 비로소 아픔을 안다고 할 수 있으며, 추위를 안다는 것은 반드시 자기가 이미 추위를 겪은 것이고, 배고픔을 안다는 것은 반드시 자기가 이미 배고픔을 겪은 것이니, 앎과 행위를 어떻게 분리시킬 수 있겠는가?"라고 하였다.
>
> -『전습록』-

① 다이카 개신에 영향을 주었다.
② 심즉리와 치양지를 강조하였다.
③ 가마쿠라 막부 시기 일본에서 유행하였다.
④ 윤회 사상을 내세우고 자비를 강조하였다.
⑤ 고려 말 신진 사대부의 사상적 기반이 되었다.

[24017-0056]

08 (가) 인물에 대한 설명으로 옳은 것은?

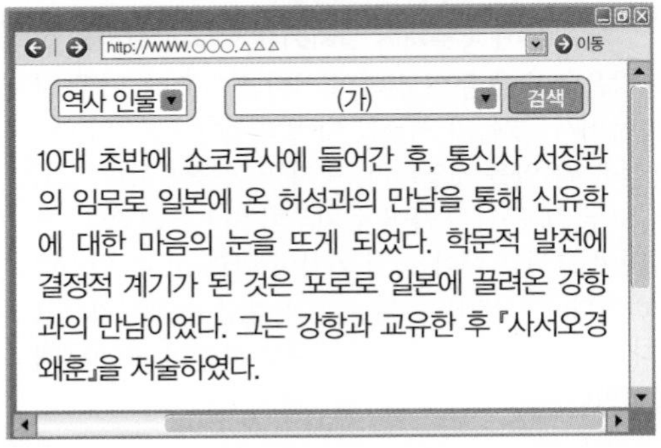

http://WWW.○○○.△△△
이동
역사 인물
(가)
검색
10대 초반에 쇼코쿠사에 들어간 후, 통신사 서장관의 임무로 일본에 온 허성과의 만남을 통해 신유학에 대한 마음의 눈을 뜨게 되었다. 학문적 발전에 결정적 계기가 된 것은 포로로 일본에 끌려온 강항과의 만남이었다. 그는 강항과 교유한 후 『사서오경왜훈』을 저술하였다.

① 혜자를 스승으로 삼았다.
② 백운동 서원을 건립하였다.
③ 왕오천축국전을 저술하였다.
④ 하야시 라잔을 제자로 양성하였다.
⑤ 성리학이 과거 합격에 치중하는 현실을 비판하였다.

수능 실전 문제

정답과 해설 16쪽

[24017-0057]

1 (가) 인물에 대한 설명으로 옳은 것은?

> (가) 께서 동중서의 건의를 받아들여 태학을 세우고 오경박사를 둔 뜻은 장차 그것을 통해 대업을 전해 교화가 천하에 퍼지게 하려는 데 있었다. 유림이라는 관직은 천하의 연원(淵源)이기 때문에 마땅히 모두 옛것을 두터이 익혀 새로운 것을 알아내고 나라의 큰 틀에 통달했기에 박사(博士)라 부른 것이다. 반대로 학자가 연구하지 않아서 아랫사람이 업신여기면 이는 도덕을 존중하는 뜻이 아니다. 승상과 어사 등은 박사 자리에 알맞은 인재를 천거하여 이들에게 높은 학식을 드러내게 하라.

① 장건을 서역에 파견하였다.
② 준왕을 몰아내고 집권하였다.
③ 발해를 공격하여 멸망시켰다.
④ 야마타이국으로부터 조공을 받았다.
⑤ 소가씨를 제거하고 개혁을 추진하였다.

[24017-0058]

2 다음 제도를 실시한 국가에 대한 설명으로 옳은 것은?

> • 무릇 관호(관청에 소속된 상급의 천민)와 노비는 매년 정월에 본사(本司)가 신분별로 각각 적(籍) 2통을 만든다. 1통은 태정관에 보내고, 1통은 본사에 보관하며, 공(工)과 능(能)이 있는 자는 신분별로 모두 기록한다.
> • 무릇 노비를 풀어 주어 양인으로 삼았을 경우에는, 본적지를 거쳐 중무성에 문서로 통고하여 관련 사항을 삭제하거나 새롭게 등재한다.

① 견당사를 파견하였다.
② 돌궐을 공격하여 복속시켰다.
③ 카라코룸에서 대도로 천도하였다.
④ 교육 기관으로 주자감을 설치하였다.
⑤ 평성의 백등산 전투에서 한 고조를 포위하였다.

[24017-0059]

3 **(가) 국가에 대한 설명으로 옳은 것은?**

> (가) 의 태종은 불법을 숭상하여 수도인 평성(다퉁)과 각 지방에 불상을 세우게 하였으며, 승려들에게 백성의 풍속을 널리 이끌도록 하였다. …… 5호 16국 시대의 혼란을 수습하고 화북을 통일한 (가) 의 세조는 항상 덕이 높은 승려를 불러 함께 담론하였다. 석가 탄신일인 4월 8일이 되면 불상을 수레에 싣고 넓은 길에 가지고 갔고, 황제가 이것을 보고 불상에 꽃을 뿌리면서 예경을 올렸다.

① 도다이사 대불을 세웠다.
② 팔만대장경판을 제작하였다.
③ 윈강 석굴 사원의 대불을 건립하였다.
④ 불경 보관을 위해 대안탑을 축조하였다.
⑤ 이차돈의 순교를 계기로 불교를 공인하였다.

[24017-0060]

4 **(가) 국가의 통치 제도에 대한 설명으로 옳은 것은?**

> 이 승려는 같은 국적의 원효와 더불어 (가) 에 들어가려다가 뜻을 이루지 못하고 약 10년 뒤 귀국하는 사신을 따라 (가) 에 들어갔다. 그 나라에 도착한 이 승려는 지상사(至相寺) 지엄 문하에 들어가 화엄학을 공부한 후, 「화엄일승법계도」를 작성하였다. 또한 (가) 의 수도 장안에 위치한 청선사(淸禪寺)에서 불교의 교의를 전수받았다. 그 후 이 승려는 (가) 이/가 모국(母國)을 침공하려 한다는 사실을 알리기 위해 서둘러 귀국하였다.

① 정책 심의를 위해 문하성을 두었다.
② 2관 8성의 중앙 관제를 운영하였다.
③ 유목민에게 북면관제를 시행하였다.
④ 천호·백호제로 군사력을 정비하였다.
⑤ 황제가 주관하는 전시가 정례화되었다.

[24017-0061]

5 **밑줄 친 '이 인물'에 대한 설명으로 옳은 것은?**

> 『대학』, 『중용』, 『논어』, 『맹자』와 같은 사서(四書)에는 도리가 뚜렷하고 아주 분명하게 드러나 있다. 사람들은 다만 보려고 하지 않는다. 만약 이 사서를 이해할 수 있다면, 책을 어떻게 읽지 않을 수 있겠는가?

자료는 학문에 관한 이 인물의 주장입니다. 그는 사서(四書)에 주석을 달아 『사서집주』를 편찬하였는데, 특히 『대학』에 주석을 달아 편찬한 『대학장구』에 관하여 '평생 정력을 이 책에 모두 쏟아 부었다.'라고 언급하였습니다.

① 강항과 교유하였다.
② 대당서역기를 남겼다.
③ 백운동 서원을 건립하였다.
④ 아스카 문화 발전에 기여하였다.
⑤ 격물치지와 거경궁리의 수양법을 중시하였다.

[24017-0062]

6 **밑줄 친 '이 사람'에 대한 설명으로 옳은 것은?**

- 후지와라 세이카의 제자로 도쿠가와 이에야스 이래 쇼군 4명을 연달아 모신 이 사람은 통신사를 만나 다음과 같이 말하였다. "귀국의 선대 유학자인 퇴계 이황은 오로지 정자(程子) 등의 학설에 의하여 사단칠정(四端七情)과 이기(理氣)를 나누는 논설을 만들어 그로써 기대승에게 답하였습니다. 그 뜻을 말하면, 사단은 이(理)에서 나오고 칠정(七情)은 기(氣)에서 나온다는 것입니다. …… 천박한 제가 어찌 그 사이에 말참견을 하겠습니까마는 퇴계의 말씀을 더욱더 칭찬해야 할 것입니다."
- 임진왜란 시기에 10대였던 이 사람은 『삼덕초』를 저술하여 전쟁 후 일본 사회의 혼란을 성리학을 통해 안정시키려 하였다. 특히 모든 일에는 상하 전후의 순서가 있음을 강조하여 신분 사회의 틀을 강화하는 데 이바지하였다.

① 사서오경왜훈을 집필하였다.
② 쇼토쿠 태자의 스승이 되었다.
③ 다이호 율령을 제정하는 데 참여하였다.
④ 에도 막부의 각종 제도와 의례를 정비하였다.
⑤ 인도 등을 순례하고 왕오천축국전을 저술하였다.

01
[24017-0063]

(가) 국가에 대한 설명으로 옳은 것은?

• 갑술년 9월에 (가) 의 군주가 육예에게 말하였다. "북쪽 사람들은 말할 때마다 '북쪽 풍속은 거칠고 미련하니, 어떻게 글을 알겠는가?'라고 한다. 짐이 그것을 듣고 깊이 낙담하였다. 지금 글을 아는 자가 많은 것은 다만 배우는 자가 많았기 때문이다. 짐이 백관을 정비하고 예악을 일으키려 하는데, 그 뜻은 진실로 풍속을 바꾸고 싶은 것이다. 짐이 천자인데, 반드시 중원에 살 필요가 있겠는가? 다만 수도인 이곳 뤄양에서 경들의 자손들이 아름다운 풍속을 익히고, 견문을 다양하게 넓히게 하려는 것이다."
• 갑술년 10월에 (가) 의 국경 너머 남쪽에서 제(齊)의 황태후가 명령을 내리기를, "황제가 어려서 짊어진 책임을 이겨 내지 못한다. 태부 선성왕인 소란이 천명을 계승하고 황제는 낮춰서 해릉왕으로 봉한다."라고 하였다.

① 낙랑군을 축출하였다.
② 8조의 법을 운영하였다.
③ 남북조의 혼란을 종식시켰다.
④ 발해와 조공·책봉 관계를 맺었다.
⑤ 5호 16국 시대의 분열을 수습하였다.

02
[24017-0064]

(가), (나) 국가에 대한 설명으로 옳은 것은?

(가) 은/는 10여 년 전 서희 등이 했던 약속과는 달리 (나) 이/가 두 마음이 있다고 의심하여 압록강 너머 사신을 보내 6성을 달라고 요구하였으나 뜻을 이루지 못하였다. (가) 이/가 두 번째로 (나) 을/를 침략하여 궁실을 파괴하고 거주민들을 위협하였으나, 국왕은 승주, 나주로 피신하여 화를 피하였다. …… (나) 의 국왕이 한조 등 170인을 송에 보내 은혜에 사례한 후 (가) 와/과 화친했다고 말하고 표를 올려서 지리서 등을 구하니, 송은 그들의 요구를 들어주었다.

① (가) – 군국제를 시행하였다.
② (가) – 연운 16주를 할양받았다.
③ (나) – 다이카 개신을 단행하였다.
④ (나) – 왕망에 의해 건국되어 급진적인 개혁 정책을 펼쳤다.
⑤ (가)와 (나) – 몽골 제국의 공격을 받아 멸망하였다.

03
[24017-0065]

(가) 국가에 대한 설명으로 옳은 것은?

> 부필이 말하기를, "두 왕조의 군주가 우호 관계를 계속 유지한 것이 거의 40년인데, 하루아침에 갑자기 땅을 떼어 주기를 요구하는 것은 무엇 때문입니까?"라고 하였다. 북쪽 왕조의 군주가 말하기를, "송이 맹약을 어기면서 안문*을 막고 제방의 물을 늘리고 성과 해자를 수리하고 민병을 징집하는데, 이는 무슨 뜻인가?"라고 하였다. 이에 부필이 다음과 같이 답하였다. "안문을 막은 것은 우리 왕조의 서북방에서 수년 전에 흥경을 수도로 삼아 건국된 (가) 을/를 방비하기 위함입니다. 제방의 물을 늘린 것은 치수를 위한 것이고 성과 해자는 모두 옛것을 수리한 것에 불과하며 민병 또한 특별히 비어 있는 것을 보완했을 뿐이니, 전연에서 맺었던 맹약을 어긴 것은 아닙니다."
>
> * 안문(雁門) : 안문관(雁門關)을 지칭하는 것으로 산시성의 남북을 연결하는 교통의 요지이자 형세가 험한 군사적인 요충지

① 아구다가 건국하였다.
② 카라코룸에서 대도로 천도하였다.
③ 유목민에게 북면관제를 실시하였다.
④ 비단길을 통해 동서 무역을 전개하였다.
⑤ 여진을 정벌한 후 동북 지역에 9성을 쌓았다.

04
[24017-0066]

(가) 국가에 대한 탐구 활동으로 가장 적절한 것은?

> 천회 3년 11월, (가) 이/가 붙잡았던 황제를 강등하여 해빈왕으로 봉한다는 조서를 내렸다. 이로써 황성(皇姓)이 야율씨(氏)인 나라가 200여 년 만에 망하였다. …… 천회 4년 정월, (가) 의 군대가 황허강을 건넜다. 활주를 점령하고 종망이 오효민 등을 변경(카이펑)으로 들여보내, 평산에 대한 공격을 맨 먼저 주창하였던 동관, 담진 등을 잡아들이도록 요구하였다. 송의 태상황제가 달아나자 각 군이 변경을 포위하였다. 송에서 이절을 사신으로 파견하여 사죄하고 다시 우호 관계를 맺기를 요청하였다. 종망이 우호 관계를 맺는 것을 허락하고, 인질을 보낼 것, 삼진(三鎭)의 땅을 할양할 것, 세폐를 증액할 것, 국서에 양국은 큰아버지와 조카로 칭할 것을 약정하였다. 송에서 강왕 조구와 장방창을 인질로 보낸 후, 맹약의 국서와 지도를 올렸는데, '조카 송 황제, 큰아버지 (가) 황제'라고 칭하였다.

① 독서삼품과의 실시 목적을 조사한다.
② 태정관 아래 8성의 기능을 살펴본다.
③ 맹안·모극제를 시행한 이유를 파악한다.
④ 토번에 화번공주를 보낸 결과를 찾아본다.
⑤ 조정에서 선비어 사용을 금지한 배경을 알아본다.

05
[24017-0067]

밑줄 친 '우리 나라'에 대한 설명으로 옳은 것은?

동아시아 역사 드라마 시나리오

S#25. 황제에게 직언하는 주희
황제 : 그대의 생각을 말해 보라.
주희 : 신(臣)이 삼가 생각건대 중원을 차지하고 있는 북쪽 오랑캐는 우리 나라의 입장에서 보면 종묘를 능멸한 원수이니, 그들과 더불어 같은 하늘을 이고 살 수 없음이 분명합니다. 선제(先帝)께서는 오랑캐에 끌려가는 수모를 당하셨고, 폐하께서 천자의 자리에 오르셨으니 총명함과 지혜와 용맹함으로써 반드시 원수를 갚아야 할 상황입니다. 그러므로 지금 이곳 임안(항저우)을 중심으로 우리가 마땅히 해야 할 일은 전쟁이 아니면 원수를 갚을 수 없고 수비를 하지 않으면 이길 수 없다는 사실을 분명히 하는 것입니다. 이는 모두 천리를 따른 것이지, 인욕의 사사로운 분노에 의한 것이 아닙니다.

① 남비엣을 정복하였다.
② 쿠빌라이 칸에게 정복당하였다.
③ 탕구트족인 이원호가 건국하였다.
④ 천호 · 백호제로 군사력을 강화하였다.
⑤ 북위와 대립하며 백제와 조공 · 책봉 관계를 맺었다.

06
[24017-0068]

밑줄 친 '우리 나라'의 통치 제도에 대한 설명으로 옳은 것은?

조정의 의식, 의관(衣冠)의 형태와 법도를 조사하여 바로잡으라. 의지를 가지고 살펴보고 바로잡으면 자연히 예에 합당해질 것이다. 요즈음 우리 나라 문무관인의 의관이 법도에 어긋나며 행동거지가 느리고 게으르다. …… 일부는 바지 자락을 짧게 묶으니 그 정강이와 복사뼈가 드러난다. 이와 같은 무리가 점점 많아지고 있다. 탄정대와 식부성은 이와 같은 잘못을 분명히 고하여 모두에게 알리라.

① 남추밀원을 설치하였다.
② 제사를 담당하는 신기관을 두었다.
③ 문하성에서 정책 심의를 담당하였다.
④ 정당성 아래 좌사정과 우사정이 있었다.
⑤ 군주가 과거의 최종 시험을 직접 주관하였다.

07
[24017–0069]

(가) 인물의 활동 시기에 동아시아에서 볼 수 있는 모습으로 가장 적절한 것은?

> • (가) 이/가 대왕을 뵙고 아뢰기를, "중국을 두루 돌아보니 우리나라 사람들을 노비로 삼고 있습니다. 청해에 진영을 설치하여 도적들이 사람을 붙잡아 서쪽으로 데려가지 못하게 하기 바랍니다."라고 하였다. 대왕이 그에게 군사 1만 명을 주었다. 그 후 해상에서 우리나라 사람을 파는 자가 없었다.
> • 왕이 자기의 딸을 맞아들이지 않는 것을 원망한 (가) 이/가 청해진을 근거지로 하여 반란을 일으켰다. …… 염장은 거짓으로 나라를 배반한 것처럼 꾸며 청해진에 투항했는데, (가) 은/는 의심하지 않고 불러들여 그와 함께 술을 마시면서 매우 즐거워하였다. (가) 이/가 술에 취하자 염장이 그를 살해한 후 그 무리를 불러서 달래니 엎드려 감히 움직이지 못하였다.

① 한국 – 팔만대장경판을 제작하는 장인
② 중국 – 구법 활동을 벌이는 엔닌
③ 중국 – 평성에서 뤄양으로 천도를 단행하는 황제
④ 일본 – 교토의 천황에 맞서는 요시노의 천황
⑤ 일본 – 쇼군의 칭호를 받는 미나모토노 요리토모

08
[24017–0070]

다음 자료의 유학 사상에 대한 설명으로 옳은 것은?

> 마음의 본체는 본성이며, 본성은 곧 이(理)이다. 그러므로 부모에게 효도하는 마음이 있으면 곧 효도의 이치가 있고, 효도하는 마음이 없으면 곧 효도의 이치가 없다. 임금에게 충성하는 마음이 있으면 곧 충성의 이치가 있고, 임금에게 충성하는 마음이 없으면 곧 충성의 이치가 없다. 이치가 어찌 내 마음에서 벗어나겠는가? …… 마음을 벗어나 어짊을 구할 수 없고 마음을 벗어나 의로움을 구할 수 없는데, 유독 마음을 벗어나 이치를 구할 수 있겠는가? 마음을 벗어나 이치를 구하는 것, 이것이 앎과 행위가 둘이 되는 까닭이다. 내 마음에서 이치를 구하는 것, 이것이 지행합일(知行合一)의 가르침이다.

① 일본에서 나라 시대에 발달하였다.
② 다이센 고분 축조의 배경이 되었다.
③ 사서집주의 편찬으로 집대성되었다.
④ 고려 말 신진 사대부가 불교를 비판하는 근거로 삼았다.
⑤ 성리학이 과거 합격에 치중하는 당시의 현실을 비판하였다.

17세기 전후의 동아시아 전쟁

✪ 토목보의 변(1449)
몽골 오이라트부의 에센이 명을 공격하였을 때, 명의 정통제(영종)가 직접 토벌에 나섰다가 토목보에서 포로로 잡힌 사건이다.

✪ 오닌의 난
무로마치 막부의 쇼군 후계자 선정 문제를 둘러싸고 각 지역의 다이묘들이 두 개의 파벌로 나뉘어 싸운 사건이다. 10년이 넘게 계속된 이 사건으로 인해 무로마치 막부의 권위가 약화되었다. 오닌의 난 이후 각지의 다이묘들이 패권 쟁탈전을 벌이는 센고쿠 시대가 전개되었다.

✪ 나가시노 전투
1575년 오다 노부나가의 연합군이 다케다 가쓰요리의 군대를 나가시노에서 물리친 전투이다. 오다 노부나가는 당시 조총으로 무장한 부대를 활용하여 승리하였다. 이후 전투에 조총이 많이 사용되면서 센고쿠 시대의 세력 판도가 바뀌었다.

개념 체크

1. 명의 북방을 침입한 몽골의 오이라트부와 타타르부 등을 (　　)라 하고, 명의 동남 해안 지역을 침입한 왜구를 남왜라 부른다.
2. 오닌의 난 이후 무로마치 막부의 권위가 약화되면서 각지의 다이묘 세력이 각축을 벌이는 (　　)가 전개되었다.
3. 1575년 나가시노 전투에서 (　　)는 조총으로 무장한 부대를 활용하여 승리하였다.

정답
1. 북로 2. 센고쿠 시대
3. 오다 노부나가

1. 임진왜란 이전 동아시아의 정세 변동

(1) 명의 동요와 장거정의 개혁

① 명의 동요(15~16세기)

국내		환관 득세, 향촌 질서 동요
대외	몽골 침입(북로)	• 15세기 : 오이라트부와 대립 과정에서 토목보의 변 발생 • 16세기 : 타타르부의 침략으로 수도 베이징이 포위됨
	왜구 침입(남왜)	명의 무역 통제에 불만을 품은 왜구가 동남 해안 일대에서 약탈 자행

② 장거정의 개혁 : 몽골과 강화 → 토지 조사 실시, 일조편법 확대 시행 → 장거정 사후 개혁에 대한 불만이 고조되면서 정치적 혼란 심화

▲ 북로남왜

자료 플러스 몽골의 침입과 강화

• 가정 33년(1554) 봄에 타타르부가 선부를 침략하였다. …… 그해 가을에 계진의 성벽을 공격하고 여러 곳에서 일제히 진격해 왔다. 위험을 알리는 보고가 하루에 수십 번 이르렀으므로 수도의 경계를 엄중히 하였다.
• 융경 5년(1571) 황제는 조서를 내려 타타르부의 알탄을 순의왕에 봉하고 그들의 요구대로 호시(互市)를 열도록 허락하였다. …… 이로부터 여러 부락이 침범하지 않기로 약속하고, 해마다 와서 공물을 바치고 교역을 하여 서부 변경이 평안해졌다. -『명사』-

명은 건국 후 원을 북방으로 몰아내고 중원을 차지하였으나, 15~16세기 지속적으로 몽골 세력의 침입을 받았다. 16세기 중엽에는 몽골 타타르부의 공격으로 한때 명의 수도 베이징 주변이 공격당하는 위기를 겪기도 하였다. 명은 몽골의 침입을 막기 위해 타타르부의 알탄을 순의왕에 봉하고 호시를 열어 무역을 허락하였다.

(2) 조선의 정세

국내	• 15세기 이후 공신들이 훈구 세력 형성 • 15세기 말 사림 세력이 훈구 세력의 부정과 비리를 비판 • 16세기 후반 사림 세력이 정계 주도권 장악 → 붕당 형성 • 토지 겸병의 심화와 방납의 폐단 등으로 농민 부담 가중, 오랜 평화와 군역의 문란으로 국방력 약화
대외	조선 초 명과 사대 외교, 여진과 일본에 교린 정책 추진

(3) 일본의 정세

① 오닌의 난(1467~1477) 이후 각지의 다이묘 세력이 각축을 벌이는 센고쿠 시대 전개 → 포르투갈 상인으로부터 조총 전래 → 나가시노 전투의 승리로 오다 노부나가의 세력 확대 → 오다 노부나가의 뒤를 이은 도요토미 히데요시가 16세기 말 센고쿠 시대의 혼란 수습

② 도요토미 히데요시의 정책

정책	전국적인 토지 조사 실시, 도량형 통일, 농민의 무기 몰수, 신분 이동 금지
결과	무사 · 상공업자의 거주지(조카마치)와 농민의 거주지가 구분됨 → 병농 분리 확립

2. 임진왜란과 정유재란(1592~1598)

(1) 배경

① 영토 확장과 명과의 무역 재개에 대한 일본의 열망

② 일본 국내의 정치 안정 도모

(2) 임진왜란과 정유재란의 전개

임진왜란	• 발발 : 일본군의 부산포 급습(1592) → 일본군의 한성 함락, 함경도 진격 • 대응 : 조선의 수군(이순신)과 의병의 활약, 조·명 연합군의 평양성 탈환으로 전세 역전 → 명군의 벽제관 전투 패배 → 명의 제의로 강화 협상 본격화 • 명의 참전 목적 : 조공국 보호를 통한 중화 질서 유지, 랴오둥 보호
강화 협상	• 일본의 요구 : 명의 공주를 천황의 후궁으로 보낼 것, 조선의 남부 4도를 넘길 것, 명과의 감합 무역 재개 등 • 일본의 무리한 요구로 3년여에 걸친 강화 협상 결렬
정유재란	• 강화 협상 실패 후 일본의 조선 재침략(1597) • 도요토미 히데요시 사망 후 일본군 철수

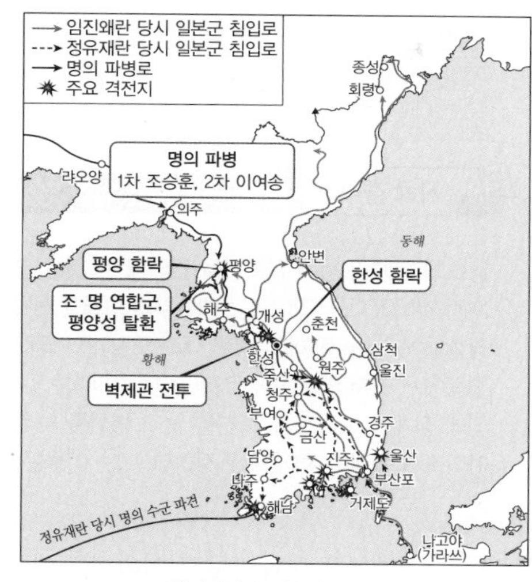

▲ 임진왜란과 정유재란의 전개

자료 플러스 임진왜란 당시 조선 수군의 활약

> 동래가 이미 함락되어 왜적들이 계속 몰아쳐 곧장 쳐들어오니 가는 곳마다 이를 막아 낼 사람이 없었다. 대가(大駕 : 임금이 타는 가마)가 서로(西路)로 들어간 이후 황해도 이남에서 동래까지 오직 패전 소식만 들려오고 전혀 다른 소식은 없었다. 그런데 경상 우수사 원균과 전라 좌수사 이순신이 약속하여 한산도에서 회합하였다. …… 아군이 진격하기도 하고 퇴각하기도 하면서 왜적들을 유인하여, 그들을 한산 앞바다로 끌어냈다. 아군이 학익진을 쳐 깃발을 휘두르고 북을 치며 떠들면서 일시에 나란히 진격하여, 크고 작은 총통들을 연속적으로 쏘아대어 먼저 적선 3척을 쳐부수니 왜적들이 사기가 꺾이어 퇴각하였다. 이에 여러 장수와 군졸들이 환호성을 지르면서 발을 구르고 기뻐하였다. -『선조실록』-

임진왜란 발발 후 일본군에 수도 한성까지 빼앗긴 조선은 국왕 선조가 피란을 떠나게 되었고 급박하게 명에 원병을 청하였다. 수세에 몰렸던 조선은 이순신 등이 이끄는 수군과 곽재우 등 각 지역 의병의 활약으로 시간을 벌었고, 명군이 원군을 파견하여 참전하면서 전세를 바꾸는 계기를 마련하였다.

(3) 임진왜란과 정유재란의 영향

조선	• 인구 감소와 국토 황폐화, 국가 재정 악화 • 명을 숭앙하는 분위기 고조(재조지은) • 일본과 국교 재개, 기유약조 체결(1609) : 왜관을 통한 무역을 쓰시마에 허용
일본	• 세키가하라 전투 이후 정권을 장악한 도쿠가와 이에야스가 에도 막부 수립(1603) • 조선과 관계 회복 후 기유약조 체결
명	임진왜란과 정유재란의 참여로 재정 소모, 세금 징수 과정에서 환관의 횡포 심화로 전국 각지에서 농민 봉기 발생
여진	전쟁으로 조선과 명의 국력이 약화된 틈을 타 누르하치가 부족 통합

✪ 명과 일본의 강화 협상

벽제관 전투에서 패배한 명은 일본에 강화 협상을 본격적으로 제의하였다. 전쟁이 장기화되는 것을 원치 않았던 일본도 강화 협상에 응했으나, 일본의 무리한 강화 조건으로 결국 3년여간 지속된 강화 협상은 결렬되었고 도요토미 히데요시의 재침 명령에 따라 정유재란이 발발하였다.

✪ 일본의 감합 무역 재개 요구

15세기 초 명과 일본 사이에서 감합 무역이 이루어졌다. 그러나 16세기 중엽 감합 무역은 중단되었고, 이후 명의 해금 정책 완화에도 명과 일본의 감합 무역은 재개되지 않았다. 결국 일본은 명의 물품을 포르투갈 상인이나 조선, 류큐 등을 통해 구할 수밖에 없었다. 이에 도요토미 히데요시는 임진왜란의 강화 조건 중의 하나로 명과 감합 무역 재개를 요구하였다.

✪ 기유약조

일본 에도 막부의 요청에 따라 1609년에 조선과 쓰시마 도주가 맺은 약조이다. 이에 따라 왜관을 통한 제한적인 무역이 허용되었다.

개념 체크

1. 임진왜란 초기 일본의 공격에 수세에 몰렸던 조선은 수군과 의병의 활약, (　　)의 원군 파견으로 전세를 만회할 수 있었다.
2. 세키가하라 전투 이후 정권을 장악한 (　　)가 에도 막부를 수립하였다.
3. 임진왜란으로 조선과 명의 국력이 약화된 사이에 (　　)가 여진족을 통합하였다.

정답

1. 명 2. 도쿠가와 이에야스
3. 누르하치

3. 정묘호란과 병자호란

(1) 정묘호란 이전의 상황

구분		내용
후금		• 누르하치의 세력 확장 → 여진 부족 통합, 팔기제 정비 → 후금 건국(1616) • 누르하치가 랴오둥 진출을 시도하여 명 압박
조선	광해군	• 명이 '재조지은'을 내세우며 후금과의 전쟁에 조선의 출병 요청 • 중립 외교 : 광해군은 명의 요청을 들어주면서도 후금을 자극하지 않기를 희망 → 강홍립 부대 파견(강홍립은 후금과의 적극적인 전투를 피하면서 사르후 전투에서 후금에 투항)
	인조	• 인조반정(1623) : 서인 세력이 광해군을 중립 외교 실시 등을 구실로 축출 → 인조 즉위 • 대외 정책의 변화 : 집권 세력인 서인이 친명배금 정책 실시 → 후금의 반발 초래

자료 플러스 광해군의 중립 외교 정책을 실행한 강홍립

당초에 강홍립 등이 압록강을 건너게 된 것은, 임금께서 명 조정의 원병 독촉을 어기기 어려워 억지로 출사시킨 것이었지, 우리나라는 애초부터 그들을 원수로 적대하지 않아 실로 상대하여 싸울 뜻이 없었다. 그래서 강홍립에게 비밀리에 명령을 내려 오랑캐와 몰래 통하게 하였고, 이 때문에 심하(사르후)의 전투 중 오랑캐의 진중에서 먼저 역관을 부르자 강홍립이 때를 맞추어 투항한 것이다. 강홍립은 오랑캐의 진영에 있으면서 조정에 장계를 보냈는데, 화친을 맺어 병화를 늦추자는 뜻을 자세히 언급하였다. 정응정 등은 도망쳐 온 것이 아니고 오랑캐가 풀어 보낸 것인데, 보는 이들은 모두 누르하치가 전쟁을 늦추려는 계획이라고들 하였다.

–『광해군일기』–

1619년 광해군은 명과 후금 사이의 전쟁에 명을 지원하는 병력을 보내면서 후금과 군사적 긴장을 낮추기 위해 도원수 강홍립에게 사태를 보아 대세를 따르라고 하였다. 사르후 전투에서 조·명 연합군이 후금군에 패하자 조선군을 이끌던 강홍립은 후금에 투항하였다. 강홍립은 투항한 이후 후금 진영에 있으면서 후금의 상황을 광해군에게 보고하였다.

(2) 정묘호란과 병자호란

① 정묘호란(1627)

구분	내용
배경	인조반정 이후 조선의 친명배금 정책과 가도에 주둔하던 명의 장수 모문룡에 대한 조선의 원조 확대에 후금이 반발
전개	후금이 군대를 이끌고 조선 침략 → 2개월간 지속
결과	명의 위협 등을 의식한 후금이 조선과 형제의 맹약을 맺고 철수

자료 플러스 정묘호란의 전개 과정

정월에 패륵 아민 등에게 명하여 군대를 이끌고 조선을 정벌하도록 하였다. 압록강을 건너 모문룡의 군대를 철산에서 쳐부수니 피도(가도)로 돌아가 숨었다. …… 조선 국왕이 매우 당황하고 두려워하여 사신을 보내어 화의를 구하였다. …… 화의가 이루어져 형제 국가가 되기를 맹세하였다.

–『청사고』–

조선은 인조반정 이후 친명배금 정책을 추진하면서 가도에 주둔한 명의 장수 모문룡의 군사 활동을 지원하였다. 가도에 주둔한 모문룡은 조선에 군량 등의 원조를 요청하고, 후금의 지배를 벗어난 명의 난민을 모아 후금을 배후에서 위협하였다. 이를 불편하게 여긴 후금은 정묘호란을 일으켜 모문룡의 군대를 공격하고, 조선을 압박하여 형제 관계를 맺고 세폐를 받는 조건으로 전쟁 발발 2개월 만에 철수하였다.

✪ 사르후 전투
1619년 명을 위협하는 후금에 대항하기 위해 명과 조선 연합군이 후금군과 싸운 전투이다. 이 전투에서 후금이 승리하면서 만주 지역의 패권을 확보하는 계기를 마련할 수 있었다. 한편 조선군을 이끌었던 강홍립은 전투에서 패하자 남은 병력을 이끌고 후금군에 투항하였다.

✪ 인조반정
1623년 서인 세력이 광해군을 몰아내고, 능양군(인조)을 왕으로 옹립한 사건이다. 이후 서인 세력은 광해군의 중립 외교 정책을 비판하며 친명배금 정책을 실시하였는데, 이는 후금을 자극하여 정묘호란이 일어나는 요인이 되었다.

✪ 모문룡과 명군의 가도 주둔
1621년 후금에 패배해 조선으로 도망쳐 온 명의 장수 모문룡은 조선의 지원을 받아 명군과 난민을 이끌고 1622년 평안도의 가도에 들어가 군진을 설치하였다. 모문룡은 1629년 피살되었지만 1637년 청군이 가도를 점령할 때까지 명군은 가도에 주둔하였다.

개념 체크

1. 광해군은 명과 후금 사이에서 (   ) 정책을 실시하였다.
2. 1623년 서인 세력은 광해군을 몰아내고 능양군을 왕으로 옹립한 (   )을 일으키고, 친명배금 정책을 추진하였다.
3. 1627년 조선을 침략한 (   )은 조선과 형제의 맹약을 맺고 철수하였다.

정답
1. 중립 외교 2. 인조반정 3. 후금

② 청의 성립 : 후금의 홍타이지가 황제를 칭하고 국호를 청으로 변경(1636), 조선에 군신 관계 요구

③ 병자호란(1636~1637)

배경	청이 조선에 군신 관계 요구 → 조선 내에서 척화론과 주화론 대립 → 척화론 득세
전개	홍타이지가 대규모 병력을 동원하여 조선 침략 → 인조가 남한산성으로 피신하여 항전
결과·영향	• 인조가 삼전도에서 청에 항복 • 청과 조공·책봉 관계 체결, 명과 외교 관계 단절 → 조선은 청의 요구로 명과의 항쟁에 필요한 물자, 세폐 제공 • 조선은 연이은 전쟁으로 경작지 축소 및 황폐화 • 효종 때 북벌론 대두

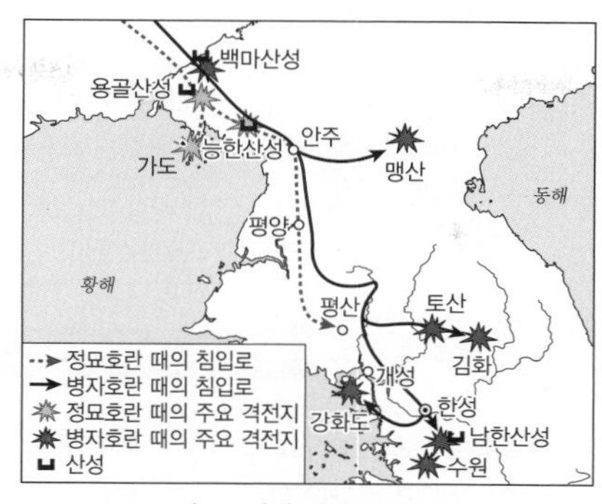

▲ 정묘호란과 병자호란의 전개

자료 플러스 병자호란의 배경

우리나라가 갑자기 정묘년에 변을 당하여 부득이 임시로 화친하였는데, 오랑캐의 욕구는 한이 없어서 공갈이 날로 심해지고 있다. 이는 참으로 우리나라에 전에 없던 치욕이다. 그러니 치욕을 참고 통한을 견디면서 장차 한번 기운차게 일어나 이 치욕을 씻기를 생각함이 어찌 끝이 있겠는가. 요즈음 이 오랑캐가 더욱 창궐하여 감히 참람된 칭호를 가지고 의논한다고 핑계를 대면서 갑자기 국서를 가지고 왔다. 이것이 어찌 우리나라 군신이 차마 들을 수 있는 것이겠는가. 이에 강약과 존망의 형세를 헤아리지 않고 한결같이 정의로 결단을 내려 그 국서를 물리치고 받아들이지 않았다. -『인조실록』-

1636년 2월 후금의 사신 용골대 등이 조선에 후금의 칸[汗] 홍타이지가 황제의 칭호를 사용할 것을 알렸다. 조선은 황제라는 칭호를 사용한 국서를 받을 수 없다며 사신을 접견하지 않았다. 이후 홍타이지가 황제에 즉위하였고, 국호를 청으로 변경한 후 조선에 군신 관계를 요구해 왔다. 조선이 이를 거부하자 홍타이지는 1636년 12월 대규모 병력을 파견하여 조선을 침략하였다.

✪ 오삼계

명의 무장으로 청의 공격을 산하이관에서 방어하던 중 이자성이 주도하는 농민 반란군이 베이징을 점령하자, 청에 투항하여 청이 베이징을 점령하고 중원을 장악하는 데 공을 세워 번왕에 봉해졌다. 이후 강희제가 한족 번왕의 번을 철폐하자 삼번의 난을 일으켰으나 실패하였다.

✪ 조선 중화주의

명 멸망 이후 조선이 중화 문명의 유일한 계승자이자 수호자라는 의식이다. 특히 송시열은 중국이 오랑캐(청)에 점령되어 중화 문명이 소멸되었는데, 이를 온존하게 보존하고 있는 조선이 유일한 중화라는 논리를 전개하였다. 이러한 의식은 대명의리론(명에 대한 의리를 지켜야 한다는 논리), 북벌론과 함께 조선 후기 대외 인식에 많은 영향을 끼쳤다.

4. 동아시아 질서의 재편과 문물의 교류

(1) 동아시아 질서의 재편

① 중국

명	명 말기 전국 각지에서 농민 봉기 발생 → 이자성의 난으로 베이징이 점령되면서 명 멸망(1644)
청	• 명 멸망 이후 오삼계 등의 도움으로 베이징 점령 → 중원 장악 • 강희제 : 삼번의 난과 타이완의 정씨 세력(반청 세력) 진압 • 건륭제 : 티베트, 신장, 몽골을 포함하는 영토 확보

② 조선 : 명 멸망 후 조선이 유일한 중화라는 '조선 중화주의' 확산

③ 일본 : 에도 막부는 청과 국교를 수립하지 않았으나, 조선과는 외교 관계 유지

▲ 청의 최대 영역

개념 체크

1. 청이 조선에 군신 관계를 요구하였을 때 조선에서는 오랑캐인 청의 요구를 거절하고 맞서 싸우자는 (　　　) 과 외교적으로 해결하자는 주화론으로 나뉘어 대립하였다.
2. 병자호란이 발발하자 인조는 남한산성으로 피신하여 항전하였으나 결국 (　　　) 에서 청에 항복하였다.
3. 청의 (　　　)는 오삼계를 비롯한 삼번 세력이 일으킨 삼번의 난과 타이완의 정씨 세력을 진압하였다.

정답
1. 척화론 2. 삼전도 3. 강희제

✪ 하멜
1653년 일본 나가사키로 가던 도중 제주도에 표착했다가 억류되었던 네덜란드인이다. 억류될 당시 하멜 일행의 통역을 맡고 한성으로 호송을 담당한 벨테브레이(박연)를 만나기도 하였다. 잠시 신무기 개발을 지원하는 훈련도감에 소속되기도 하였으나 1666년 일본 나가사키로 탈출하여 1668년 네덜란드로 돌아갔다. 그 해에 『하멜 표류기』로 알려진 기록을 작성하였는데, 이를 통해 잘 알려지지 않았던 조선의 사정이 유럽에 소개되었다.

✪ 이삼평
조선의 도공으로, 임진왜란 때 일본으로 끌려갔다. 그는 도자기 원료인 고령토를 찾아 엄중한 감시를 받으며 자기를 만들었는데, 이를 아리타 자기라고 한다. 그 후 아리타 자기는 명이 멸망하여 자기 생산이 주춤하던 틈에 대량으로 팔려 나가 유럽에서 큰 인기를 끌었다.

✪ 연행사
'연경(베이징)에 보낸 사신'이라는 뜻으로, 일반적으로 청에 파견된 조선 사절을 가리킨다.

개념 체크

1. (　　　)의 결과 청에 인질로 끌려간 소현 세자는 청군이 베이징에 입성한 이후 그곳에서 아담 샬을 만나 교유하였고, 천주교 서적 등을 가지고 귀국하였다.
2. (　　　)는 임진왜란 당시 조선 및 명에 투항한 일본군을 가리키는데, 이들은 조총과 새로운 화약 제조법, 사격술 등을 조선에 전해 주었다.
3. 임진왜란 이후 조선은 (　　　) 막부의 요청에 따라 통신사를 파견하였고, 이를 통해 조선과 일본 간의 문화 교류가 촉진되었다.

정답
1. 병자호란 2. 항왜 3. 에도

(2) 문물의 교류

① 전쟁을 통한 문물의 교류

조선	• 항왜를 통해 조총 제조, 사신을 통해 화포 제작법 입수, 벨테브레이·하멜 등 표착한 서양인을 통해 서구 문물 수용(화포 등) • 임진왜란을 전후하여 조선에 담배, 고추 등 신작물 전래, 관우 숭배 사상 유행 • 청에 포로로 끌려갔던 소현 세자는 아담 샬과 교유, 천주교 서적 등을 가지고 귀국
일본	임진왜란과 정유재란 과정에서 조선의 서적과 구리 활자·불화 등 약탈, 유학자와 도공(이삼평 등) 등의 기술자를 포로로 끌고 감 → 에도 시대의 학문과 기술 발전에 이바지

자료 플러스 | 항왜 무장 김충선의 활약

• 명나라 병사와 항왜 등이 왜적의 목을 벤 것이 많게는 70여 급인데 …… 항왜 요질기·사야가·염지는 각기 한 급씩을 베었다. 그리고 왜적의 깃발 3개와 창 1개, 칼 15개, 조총 2자루, 소 4마리, 말 1필과 포로가 되어 끌려가던 우리나라 사람 1백여 명을 구출해 왔다. －『선조실록』－

• 비변사가 "김충선과 토병 한응변 등은 (정묘호란 당시) 자원군으로 나와 천 리 길을 왔으니, 위로하고 기쁘게 해 주는 은전을 베푸는 것이 합당할 듯합니다."라고 하니, 전교하기를, "아뢴 대로 하라. 김충선은 품계에 알맞은 관직을 내리고, 한응변은 금군에 임명하라."라고 하였다. －『승정원일기』－

항왜는 투항한 일본인을 가리키는 용어로 좁은 의미로는 임진왜란 당시 조선 및 명에 투항한 일본군을 가리킨다. 항왜는 조총과 새로운 화약 제조법, 사격술 등을 조선에 전해 주었다. 임진왜란 때 투항한 항왜 중 사야가는 임진왜란 당시 여러 전투에서 공적을 쌓아 김씨 성과 충선이라는 이름을 하사받았다. 그는 임진왜란 이후 정묘호란에도 자원하여 전투에 참여하며 활약하였다.

② 사절단의 왕래

통신사	임진왜란 이후 조선은 에도 막부의 요청에 따라 통신사를 파견 → 학술과 문물 교류 촉진
연행사	병자호란 이후 조선은 청과 조공·책봉 관계를 맺고, 연행사를 파견 → 청과의 교류 과정에서 북학 운동 대두

자료 플러스 | 조선 후기 통신사를 통한 문화 교류

일본의 문사들은 통신사행원과의 필담창화*를 자신의 문재를 과시하는 기회로 삼았다. 조선의 문사들이 중국에 사행할 때 중국의 이름 있는 문사들에게 자신의 시문집에 서문이나 발문을 받기를 원했는데, 일본에서도 마찬가지의 현상이 벌어졌다. 일본의 문사들은 통신사행원들에게 서문과 발문을 요청하였고, 통신사행원과의 시문창화를 통해 이름을 날리기를 원하였다. 대표적인 사례가 아라이 하쿠세키이다. 하쿠세키는 1682년 통신사행의 제술관 성완에게 자신의 시집인 『도정집』의 서문을 요청해 받았고, 그와 시를 주고받으며 이름이 알려졌다. 이를 계기로 그는 유학자 기노시타 준안의 문하에 들어가게 되었고, 이후 스승의 추천을 받아 막부의 관리로 등용되었다.

* 필담창화 : 글로 써서 묻고 답하고, 시를 읊으며 주고받는 행위

조선은 임진왜란 이후 에도 막부의 요청을 받아 통신사를 파견하였다. 겉으로 내세운 명분은 '교화를 통한 평화 유지'였지만 문화 사절단으로서의 의미도 부여하였다. 그런 만큼 통신사행에는 문사와 의원, 화원 등 문화 교류를 담당하는 인원이 다수 편제되었다. 통신사를 통해 조선의 문물이 일본에 전파되었고, 일본의 현지 사정도 알려지면서 조선과 일본 간의 학문과 문화 교류가 촉진되었다.

대표 기출 확인하기 임진왜란의 전개

정답과 해설 19쪽

대표 기출 문제 다음 자료에 나타난 전쟁 중에 있었던 사실로 옳은 것은? 2024학년도 수능 6월 모의평가

> 이여송은 평양성 전투에서 승리한 기세를 몰아 한성에서 30리밖에 떨어지지 않은 벽제관까지 진격하였다. 그러나 대승에 도취되어 본대를 뒤로 한 채 급하게 추격하다 보니 그를 따라 온 병력은 기병 20명에 불과하였다. 이때 매복해 있던 적들이 활을 쏘아 기병을 쓰러뜨리고 이여송을 사로잡으려 하였다. 그 부하들이 간신히 이여송을 구하여 포위를 뚫고 개성으로 물러났다.

① 모문룡이 가도에 주둔하였다.
② 조선군이 사르후 전투에서 투항하였다.
③ 일본이 조선 남부 4도 할양을 요구하였다.
④ 오다 노부나가가 나가시노 전투에서 승리하였다.
⑤ 이자성이 이끄는 농민군이 베이징을 점령하였다.

정답 | ③

풀이 | 이여송이 평양성 전투에서 승리한 후, 벽제관까지 진격했다가 적군의 매복에 당해 개성으로 물러났다는 내용을 통해 자료에 나타난 전쟁이 임진왜란(1592~1598)임을 알 수 있다. ③ 벽제관 전투 이후 명의 제의로 일본과 강화 협상이 본격화되었고, 일본은 강화 조건으로 명의 공주를 천황의 후궁으로 보낼 것, 명과의 감합 무역 재개와 조선 남부 4도 할양 등을 요구하였으나 결국 강화 협상은 결렬되었다.

① 모문룡은 1622년 자신이 지휘하는 군대를 이끌고 가도에 들어가 주둔하였다. 모문룡은 1629년 피살되었으나, 1637년까지 가도에 명군이 주둔하였다. ② 명이 후금을 공략하기 위해 조선에 파병을 요구하자 광해군이 강홍립을 도원수로 삼아 명에 원군을 파병하였다. 그러나 1619년 사르후 전투에서 명과 조선군은 패배하였고, 강홍립은 후금에 투항하였다. ④ 1575년에 벌어진 나가시노 전투에서 오다 노부나가는 조총 부대를 활용하여 다케다 가쓰요리의 기마 군단을 물리치고 승리를 거두었다. ⑤ 이자성이 이끄는 농민군이 1644년 베이징을 점령하여 명을 멸망시켰다.

닮은꼴 문제 1 다음 자료에 나타난 전쟁 중에 있었던 사실로 옳은 것은? [24017-0071]

> 당시 명군은 멀리 와서 피로하고 또 말에 전염병이 돌아 죽은 군마가 1만 2천여 필에 이르렀다. 벽제관에서 패하게 되자 죽거나 다친 말이 더욱 많았다. 얼마 있다가 가토 기요마사가 함경도에서 한성으로 되돌아와 합류하자 적의 군세가 더욱 성해지니 이여송 제독은 이 때문에 감히 재차 군사를 일으킬 계획을 세우지 못하였다.

① 조선이 쓰시마를 공격하였다.
② 명의 황제가 몽골에 포로로 잡혔다.
③ 거란(요)이 연운 16주를 차지하였다.
④ 윤관이 동북 지역에 9성을 축조하였다.
⑤ 일본이 명에 무역 재개 등을 요구하였다.

[24017-0072]

01 (가) 왕조에 대한 설명으로 옳은 것은?

> 몽골의 한 부족 오이라트의 에센이 직접 군대를 이끌고 (가) 을/를 공격하였다. 이에 태감 왕진이 황제에게 직접 토벌에 나설 것을 권유하였는데, …… 적이 토목보의 군진을 뛰어넘어 들어오자 (가) 군대가 크게 궤멸하였으며, 사상자가 수십만이나 되었고 왕진도 죽었다. 황제는 포로로 잡혀갔다.

① 맹안·모극제를 실시하였다.
② 조선에 지원군을 파병하였다.
③ 5대 10국 시대의 혼란을 수습하였다.
④ 군사 행정 조직으로 팔기제를 운영하였다.
⑤ 한위노국왕이라 새겨진 금 도장을 받았다.

[24017-0073]

02 다음 자료에 나타난 시기 동아시아 각국의 상황으로 옳은 것은?

> 덴분 12년 포르투갈 상인을 태우고 표류하던 중국 배가 일본 규슈 남쪽의 섬 다네가시마에 도착하였다. …… 다네가시마의 다이묘는 포르투갈 상인이 보여 준 불을 내뿜는 신기한 막대기(조총) 두 자루를 구입하였다. 다이묘는 자신의 부하에게 이와 똑같이 만들 것을 지시하였으나 총신이 폭발하는 등 제작에 많은 어려움을 겪었다.

① 한국 – 기유약조가 체결되었다.
② 중국 – 누르하치가 후금을 건국하였다.
③ 중국 – 송이 거란(요)과 전연의 맹약을 맺었다.
④ 일본 – 센고쿠 시대가 전개되었다.
⑤ 일본 – 다이호 율령이 반포되었다.

[24017-0074]

03 (가) 인물에 대한 설명으로 옳은 것은?

> (가) 은/는 항상 중국이 조공을 허락하지 않은 것에 대해 앙심을 품고 일찍이 승려 겐소 등을 파견하여 랴오둥을 침범하려 하니 길을 빌려 달라고 청했다. 우리나라에서 매우 준엄하게 거절하자 (가) 은/는 온 나라의 군사를 총동원하여 고니시 유키나가, 가토 기요마사 등을 장수로 삼아 대대적으로 침입해 왔다. –『선조실록』–

① 고조선을 정복하였다.
② 남북조의 혼란을 수습하였다.
③ 농민들의 무기를 몰수하였다.
④ 가마쿠라에 막부를 수립하였다.
⑤ 별무반을 이끌고 여진을 정벌하였다.

[24017-0075]

04 다음 자료에 나타난 전쟁 중에 있었던 사실로 옳은 것은?

> 도체찰사 유성룡이 보고를 올렸다. "8일 사시(巳時)에 명의 장수가 쳐들어가 사면으로 성을 공격하였는데 포를 발사하는 소리가 천둥소리 같았습니다. 명의 군사가 칠성문을 깨뜨리고 들어가 지금 한창 적을 죽이고 있으니 평양성을 이미 수복한 듯하여 기쁘고 다행스럽기 그지없어 삼가 먼저 보고를 올립니다."

① 조선에서 북벌론이 대두하였다.
② 황제의 명으로 정화의 항해가 추진되었다.
③ 명과 일본 사이에 강화 협상이 진행되었다.
④ 아시카가 다카우지가 새로운 막부를 수립하였다.
⑤ 나가시노 전투에서 오다 노부나가가 승리하였다.

[24017-0076]

05 다음 자료에 나타난 전쟁의 배경으로 가장 적절한 것은?

조선 국왕이 황제께 삼가 아룁니다. 후금이 공격하여 갑자기 쳐들어왔는데 화친하자는 저들의 요구에 따라 우선 회유하였습니다. …… 일이 어찌할 사이 없이 매우 급작스럽게 벌어져 지방의 군사가 미처 모이지 못했는데, 신은 단지 호위병만을 거느리고 텅 빈 성을 사수하기 어려운 형편이었으므로 섬으로 피했습니다. 천자의 조정과 교통할 수 있는 길이 막혔으므로 달려가 호소하여 구원을 청할 겨를이 없고 모문룡이 지휘하는 군대도 다른 섬 안에 주둔하고 있으므로 바다를 나와 구원할 수 없는 형세였습니다.

① 쿠빌라이 칸이 수도를 대도로 옮겼다.
② 한 무제가 장건을 대월지에 파견하였다.
③ 서인 정권이 친명배금 정책을 추진하였다.
④ 강희제가 타이완의 정씨 세력을 진압하였다.
⑤ 홍타이지가 황제를 칭하고 국호를 청으로 바꾸었다.

[24017-0077]

06 밑줄 친 '전쟁' 시기에 있었던 사실로 옳은 것은?

<u>전쟁</u>이 끝난 후 도르곤이 청군을 거두어 돌아가면서 세자와 빈궁, 봉림 대군과 부인을 데리고 갔다. 세자와 봉림 대군이 절하며 하직하고 떠나자, 왕이 눈물로 전송하며 말하기를, "힘쓰도록 하라. 지나치게 화를 내지도 말고 가볍게 보이지도 말라."라고 하니, 세자가 엎드려 분부를 받았고 신하들이 옷자락을 당기며 통곡하였다.

① 인조가 남한산성으로 피신하였다.
② 광해군이 명에 원군을 파병하였다.
③ 명군이 벽제관에서 일본군에 패배하였다.
④ 금과 송이 연합하여 거란(요)을 공격하였다.
⑤ 쇼군의 후계자 문제로 오닌의 난이 발생하였다.

[24017-0078]

07 (가) 국가에 대한 설명으로 옳은 것은?

이자성이 이미 황성에 들어와서는 국호를 대순, 연호를 영창이라 하고서 황제라 자칭하였습니다. 이후 42일 동안 인심을 수습하기 위해 군사들이 황성을 침탈하는 행위를 금지하였는데, 산하이관에서 (가) 의 군대에 패배하여 돌아온 이후로는 황성의 재물과 보화를 모조리 수탈하여 가져가면서 화약으로 궁전과 여러 성문을 불태웠습니다. (가) 의 구왕이 황성에 들어가자, 황성의 백성들이 향을 피우고 두 손을 마주잡고서 경의를 표하였으며, 심지어는 '만세'를 부르는 자도 있었습니다.

① 쓰시마를 정벌하였다.
② 삼번의 난을 진압하였다.
③ 서하를 공격하여 정복하였다.
④ 평성에서 뤄양으로 천도하였다.
⑤ 몽골·고려 연합군의 공격을 격퇴하였다.

[24017-0079]

08 밑줄 친 '사절단'의 활동에 대한 설명으로 옳은 것은?

<u>사절단</u> 일행은 창경궁에서 국왕에게 하직 인사를 한 후 충주·안동·경주를 거쳐 동래부에 도착하였다. 여기에서부터는 쓰시마에서 미리 나온 사신의 안내를 받으면서 가게 되었다. <u>사절단</u> 일행은 부산포에서 오사카까지의 해로를 거쳐 교토에 도착한 후 에도까지 다시 육로로 가게 되었다. 왕복 거리로 하면 도합 1만 1천5백여 리에 달하였으며, 한성을 출발하여 귀국해 보고하기까지 대개 7개월 내지 9개월이 소요되는 대장정이었다.

① 조공·책봉 관계를 맺은 후 보내졌다.
② 다이카 개신이 단행되는 배경이 되었다.
③ 연행사로 불리며 정기적으로 파견되었다.
④ 아스카 문화가 발달하는 데 영향을 주었다.
⑤ 양국 사이에 학술과 문물 교류를 촉진하였다.

수능 실전 문제

[24017-0080]

1 **다음 자료를 활용한 탐구 주제로 가장 적절한 것은?**

> • 가정 41년 왜구가 흥화부를 함락하고 약탈하였으며, 평해위도 점거하였다. …… 조정에서는 급히 척계광 등 여러 장수를 불러 함께 공격하도록 하여 왜구를 격파하였다. 다른 주현을 침범한 자들도 역시 여러 장수들에게 격파당하였다.
> • 융경 5년 황제는 조서를 내려 타타르부의 알탄을 순의왕에 봉하고 그들의 요구대로 호시(互市)를 열도록 허락하였다. …… 이로부터 여러 부락이 침범하지 않기로 약속하고, 해마다 와서 공물을 바치고 교역을 하여 서부 변경이 평안해졌다.

① 당 문물의 수용
② 절도사의 권한 축소
③ 유목민의 고유 관습 유지
④ 5호 16국 시대의 분열 극복
⑤ 북로남왜로 인한 혼란 수습

[24017-0081]

2 **밑줄 친 '전쟁' 기간에 있었던 사실로 옳은 것은?**

> 내가 세계를 정복하는 것은 천명이다. 때문에 명 정복을 결의하였다. 명을 정벌하려고 할 때 조선에 길을 구했으나 조선이 저항했기 때문에 내가 우리 군대를 보내 조선과의 <u>전쟁</u>을 시작하였다. 총독은 매년 일본에 조공을 바쳐라. 상선의 왕래를 방해하는 것은 없다. 만약 따르지 않으면 군대를 보낼 것이다. 조선을 본보기로 삼아라.

이 자료는 도요토미 히데요시가 마닐라에 있는 에스파냐 총독에게 조공을 바칠 것을 요구하며 보낸 서한의 일부입니다.

① 일본이 명에 무역 재개를 요구하였다.
② 평성 백등산에서 황제의 군대가 포위되었다.
③ 아구다가 여진족을 통합하여 금을 건국하였다.
④ 조선 국왕이 남한산성으로 피신하여 항전하였다.
⑤ 오다 노부나가가 나가시노 전투에서 승리하였다.

[24017-0082]

3 **다음 자료를 활용한 탐구 활동으로 가장 적절한 것은?**

> 당초에 강홍립 등이 압록강을 건너게 된 것은, 임금께서 명 조정의 원병 독촉을 어기기 어려워 억지로 출사시킨 것이었지, 우리나라는 애초부터 그들을 원수로 적대하지 않아 실로 상대하여 싸울 뜻이 없었다. 그래서 강홍립에게 비밀리에 명령을 내려 오랑캐와 몰래 통하게 하였고, 이 때문에 심하(사르후)의 전투 중 오랑캐의 진중에서 먼저 역관을 부르자 강홍립이 때를 맞추어 투항한 것이다. 강홍립은 오랑캐의 진영에 있으면서 조정에 장계를 보냈는데, 화친을 맺어 병화를 늦추자는 뜻을 자세히 언급하였다. 정응정 등은 도망쳐 온 것이 아니고 오랑캐가 풀어 보낸 것인데, 보는 이들은 모두 누르하치가 전쟁을 늦추려는 계획이라고들 하였다.

① 광해군의 외교 정책 내용을 분석한다.
② 장거정이 개혁을 추진하게 된 배경을 파악한다.
③ 오닌의 난이 발생한 이후 사회 변화를 알아본다.
④ 강희제부터 건륭제 시기 청의 체제 정비 과정을 정리한다.
⑤ 중원 왕조가 인접 국가에 화번공주를 보낸 사례를 조사한다.

[24017-0083]

4 **(가), (나) 국가에 대한 설명으로 옳은 것은?**

> 적이 사람을 보내어 전하기를, "두 나라가 화친하는 것을 모두가 아름다운 일이라고 한다. (가) 이/가 진심으로 강화를 바란다면 여전히 명을 섬길 것이 아니라 그들과 교통을 끊어야 한다. 만약 명이 꾸짖는다면 압록강 건너 이웃에 우리 (나) 이/가 가까이 있으니 무슨 두려울 것이 있겠는가. 이제 이런 논의가 있게 되었으니 하늘에 고하여 맹서하고 영원한 형제의 나라가 되어 함께 태평을 누려야 할 것이다."라고 하였다.

① (가) – 일본과 기유약조를 체결하였다.
② (가) – 타이완의 정씨 세력을 진압하였다.
③ (나) – 일본에 조총을 처음 전해 주었다.
④ (나) – 수도를 난징에서 베이징으로 옮겼다.
⑤ (가)와 (나) – 연합군을 편성하여 일본을 공격하였다.

[24017-0084]

5 **다음 글이 작성된 배경으로 가장 적절한 것은?**

> 오직 대의(大義)를 지켜야 한다는 것만을 생각하고 뜻밖의 화가 거듭 닥칠 줄을 깨닫지 못한 나머지 외로이 남한산성에서 포위당한 채 겨울을 보내며 새해를 맞게 되었다. 병사들을 위로하고 격려하며 굳게 지킬 것을 죽기로 맹세하면서 외부의 구원을 기다렸는데, 호남과 영남의 구원군이 연이어 패배하고 서북 지역의 군사들은 소식조차 없었다. 포탄이 날아와 성벽을 공격하니 맞는 곳마다 모두 날아갔고, 사람 수와 식량을 계산하니 열흘을 지탱하기가 어려웠다. …… 가령 내가 하루의 치욕을 참지 못하고 필부의 의리만을 지켰다면 이씨(李氏)의 나라는 여기에서 끊어졌을 것이다.

① 오삼계 등이 삼번의 난을 일으켰다.
② 일본군이 벽제관에서 명군을 격퇴하였다.
③ 명이 일본과 조공·책봉 관계를 수립하였다.
④ 미나모토노 요리토모가 가마쿠라 막부를 수립하였다.
⑤ 홍타이지가 군신 관계 요구를 거절한 조선을 침략하였다.

[24017-0085]

6 **밑줄 친 ㉠ 기간 동안 동아시아에서 볼 수 있는 모습으로 가장 적절한 것은?**

> 사료로 보는 동아시아사
>
> 안추원은 병자년 병란 때 강화도에 들어가 피란하다가 이듬해 강화도가 청군에 함락될 당시 붙잡혀 선양으로 들어간 후, 대장장이의 집에 팔려 갔다. 2년 전 베이징에서 도망쳐 돌아오다가 산하이관에서 붙잡혀 베이징으로 압송되어 얼굴에 먹물로 글씨를 새기는 형벌을 받았는데 마침내 탈출해 돌아왔다.
>
> 해설 자료는 『현종실록』에 기록된 안추원이라는 사람에 대한 기록이다. 안추원은 병자년 병란 당시 청에 포로로 끌려갔으나 탈출을 시도해 ㉠청에 포로로 붙잡혀 간 후 27년 만에 조선으로 돌아왔다.

① 국왕을 따라 의주로 피란 가는 신하
② 패권 쟁탈전을 벌이는 센고쿠 다이묘
③ 무사들에게 명령하는 에도 막부의 쇼군
④ 쩐흥다오의 군대와 교전하고 돌아오는 몽골 병사
⑤ 조선을 공격하기 위해 압록강을 건너는 후금 기병

[24017-0086]

7 **다음 상황이 동아시아에 끼친 영향으로 가장 적절한 것은?**

> 이자성이 이끄는 무리가 황성을 공격하여 대포와 화전으로 성을 공략해 들어왔다. 그런데 성의 군졸들은 여러 달 동안 군량을 공급받지 못하였고, 이에 모두 싸울 마음이 없어져서 밖으로 흩어져 나가 있다가 미처 성에 들어오지도 못하였기 때문에 도저히 버틸 수 없었다. 적이 마침내 성을 타고 넘어오니, 황제와 황후는 스스로 목매어 죽고, 태자와 황자들은 그들에게 붙잡혔다.

① 조선에서 조선 중화주의가 확산되었다.
② 조 · 명 연합군이 평양성에서 승리를 거두었다.
③ 서인 세력이 정변을 일으켜 국왕을 축출하였다.
④ 누르하치가 여진족을 통합하여 후금을 건국하였다.
⑤ 아시카가 요시미쓰가 남북조의 혼란을 수습하였다.

[24017-0087]

8 **(가), (나) 사절단에 대한 설명으로 옳은 것은?**

> • 17세기 후반 아라이 하쿠세키는 조선의 부산포에서 바다를 건너온 (가) 의 제술관 성완을 만나 자신의 시집인 『도정집』의 서문을 요청해 받았고, 그와 시를 주고받으며 이름이 알려졌다. 이를 계기로 그는 유학자 기노시타 준안의 문하에 들어가게 되었고, 이후 스승의 추천을 받아 막부의 관리로 등용되었다.
> • 홍대용은 작은 아버지 홍억이 (나) 의 서장관으로 나갈 때 일행으로 참가하여 평생의 소원이던 중국 여행을 하게 되었다. 그는 베이징의 천주당을 방문하여 흠천감정* 유송령 등을 만나 서양 문물을 구경하며 천문 기술과 서학 등에 대해 필담을 나누었다.
>
> * 흠천감정 : 청대에 천문 · 역법 · 시각 측정 등에 관한 일을 맡아 보던 관서의 책임자

① (가) – 야요이 문화가 발달하는 계기가 되었다.
② (가) – 동남아시아를 거쳐 아프리카 지역까지 진출하였다.
③ (나) – 조공 · 책봉 관계를 바탕으로 파견되었다.
④ (나) – 조선 국왕의 외교 문서를 쇼군에게 전달하였다.
⑤ (가)와 (나) – 다이카 개신이 단행되는 데 영향을 주었다.

교역망의 발달과 은 유통~사회 변동과 서민 문화

✪ 명의 해금 정책 완화

16세기 중엽 중국 동남 연해를 침탈하여 극심한 피해를 입혔던 왜구들은 점차 진압되었으나, 여전히 해상 밀무역은 통제하기 어려웠다. 이에 명은 1567년 푸젠성 월항을 개항하고 명 상인의 동남아시아 방면 출항을 허가하였다.

✪ 왜관

조선에 설치된 일본인들의 집단 거주지이자 조선과 일본 간에 외교 의례와 무역이 이루어진 공간이다. 조선은 임진왜란이 끝난 직후 부산의 절영도에 왜관을 설치하였다가 인근의 두모포로 옮겼고, 1678년에는 입지 조건이 나은 초량으로 다시 옮겼다.

개념 체크

1. 명의 해금 정책으로 민간의 교역이 어려워지자 명의 상인들과 명의 물품을 구입하려는 일본 상인 등이 (　　)로 가장하여 밀무역을 전개하였다.
2. 일본의 (　　) 막부는 15세기 초 명의 책봉을 받은 후 명과 감합 무역을 시작하였다.
3. (　　)은 조선에 설치된 일본인들의 집단 거주지이자 조선과 일본 간에 외교 의례와 무역이 이루어진 공간이다.

정답

1. 왜구 2. 무로마치 3. 왜관

1. 명의 해금 정책과 동아시아의 조공 무역 체제

(1) 명 중심의 조공 무역 질서 형성

① 해금 정책 : 명은 건국 초부터 민간인이 국외로 나가 무역하는 것을 금지

② 조공 무역 : 명은 정규 조공 사절단에게만 감합을 발급하여 무역 허가

- 공무역 : 사절단을 통한 조공과 회사의 형식
- 사무역 : 사절단을 구성하는 사행원 중 역관을 중심으로 한 사적인 교역

(2) 밀무역의 성행

① 해금 정책으로 민간의 교역이 어려워지자 명의 상인들과 명의 물품을 구입하려는 일본 상인 등이 왜구로 가장하여 밀무역 전개 → 명의 노력에도 밀무역 근절 실패

② 16세기 후반 해금 정책 완화 : 동남아시아 방면의 도항과 무역 허용

(3) 동아시아 각국과 명의 무역

조선	• 조선은 조천사를 통해 명과 조공 무역 전개 • 조선은 생사(비단실), 비단, 서적 등을 수입하고 종이와 붓, 인삼 등을 수출 • 조선의 사절단에 속한 역관들이 은을 매개로 사무역 전개
일본	• 무로마치 막부는 15세기 초 명의 책봉을 받은 후 명과 감합 무역 전개 • 무로마치 막부는 생사 · 비단 · 도자기 · 서적 등 수입, 금 · 동 · 유황 · 칼 등 수출
류큐	• 류큐는 명과 조공 무역 전개 • 명의 해금 정책으로 류큐가 중계 무역의 거점으로 성장(류큐는 명에 조공을 한 후 물품을 들여와 일본과 동남아시아 등지에 수출) → 명의 해금 정책 완화와 포르투갈을 비롯한 서양 상인들의 진출로 류큐의 중계 무역 쇠퇴

자료 플러스 류큐의 중계 무역

류큐에서는 호쿠잔(북산) · 주잔(중산) · 난잔(남산) 세 지방으로 정치 세력이 나뉘어 서로 싸우다가 15세기 초 주잔의 쇼하시가 이를 통일시켜 류큐 왕국을 세웠다. 류큐의 상선은 명 · 일본 · 조선뿐 아니라 남방의 타이 · 자바 등 동남아시아까지 활동 범위를 넓혀 중계 무역을 전개하였으며, 나하는 당시 동아시아에서 중요한 교역 시장 중 하나가 되었다.

15세기 초 통일된 류큐는 명에 조공을 하고 비단, 도자기, 생사 등을 들여와 일본 및 동남아시아 등지에 수출하였고, 명과 조선에는 류큐산 조개껍데기 · 유황, 일본산 칼 · 구리, 동남아시아산 상아 · 향신료 등을 수출하는 중계 무역을 통해 이익을 얻었다. 이 시기 류큐의 나하는 중계 무역의 거점으로 성장하였다. 그러나 16세기에 명의 해금 정책 완화, 왜구의 활동, 포르투갈을 비롯한 서양 상인들의 진출로 류큐의 중계 무역은 점차 쇠퇴하였다.

(4) 조선의 대외 교역

일본과의 교역	• 쓰시마 토벌(세종) → 3포 개방(왜관 설치), 제한된 범위 내에서 무역 허용 → 3포 왜란(1510) → 교역 축소 → 임진왜란으로 단절 → 부산에 왜관 설치(17세기) • 일본에 쌀과 서적, 인삼 등 수출, 구리와 유황 등 수입
여진과의 교역	• 여진의 사절을 통한 무역 허용 • 국경 일대에 무역소를 두고 여진에 필요한 물품 제공

2. 유럽인의 동아시아 진출과 교역망의 확대

(1) 유럽인의 동아시아 진출

포르투갈	• 믈라카 점령(1511), 명으로부터 마카오 거주권 획득 • 마카오를 근거지로 일본과 명 사이에서 중계 무역 전개, 일본에서 얻은 은을 이용하여 중국과 무역
에스파냐	• 16세기 후반 필리핀 마닐라에 무역 근거지 마련 • 갈레온 무역으로 아메리카의 은을 중국 상품과 교환
네덜란드	17세기 바타비아를 거점으로 일본에 진출 → 에도 막부는 크리스트교 선교 문제를 이유로 17세기 전반 포르투갈 상인 추방, 네덜란드 상인에게만 나가사키의 데지마에서 무역 허용
영국	• 18세기부터 청과 본격적으로 교역 • 청으로부터 비단, 차, 도자기 등을 수입하고 목화와 은을 수출 → 청은 18세기 중엽 광저우의 공행을 통한 제한적 무역 허용 • 18세기 말부터 대청 무역 적자 타개를 위해 아편 무역 전개 → 청의 은 유출 증가

(2) 교역망의 확대와 문물의 교류

① 유럽 상인들의 거점인 믈라카, 마카오, 마닐라, 광저우, 타이완 등이 은 유통의 중심지로 성장

② 아메리카가 원산지인 감자, 고구마 등의 작물 전래

③ 유럽에서 중국의 도자기 유행 → 도자기 제작 기술 발달

자료 플러스 에스파냐의 필리핀 점령

> 에스파냐 사람들이 여송(지금의 필리핀 루손섬)의 방비가 없음을 틈타, 왕을 습격해서 죽이고 그 나라 백성들을 쫓아내어 점령하였다. …… 이에 앞서 중국의 푸젠 사람들은 여송이 거리가 가깝고 물자가 풍부하여, 장사를 하러 가는 사람들이 수만 명에 달하였으며, 종종 그곳에 오래 살게 되어 돌아오지 않은 채 자손을 기르는 경우도 있었다. 에스파냐는 여송을 탈취한 뒤 총독 한 명을 파견하였고, 중국인들이 난리를 일으킬까 염려하여 많은 사람들을 쫓아 보냈다. -『명사』-

포르투갈의 뒤를 이어 동남아시아 지역에 진출한 에스파냐는 16세기 후반 필리핀의 루손섬을 점령한 후 마닐라에 무역 근거지를 마련하였다. 에스파냐는 마닐라를 근거지로 16세기 후반부터 대포를 갖춘 대형 범선인 갈레온선을 이용하여 태평양을 왕래하며 아메리카산 은과 마닐라에 집결된 중국산 비단, 도자기, 면직물 등의 상품을 교환하는 갈레온 무역을 주도하였다. 이에 16~17세기 마닐라는 비단과 은 교역의 중심이 되면서 푸젠성 등지에서 온 중국 상인의 역할이 커졌으며, 정착하는 중국 상인도 점차 증가하였다.

3. 동아시아 각국의 은 유통과 교역의 변화

(1) 중국의 은 유통과 경제 변화

명	• 건국 초 보초와 동전 유통 시도 → 보초에 대한 불신으로 민간 거래에서 은 유통 → 세금의 은납화(일조편법)와 상공업 등의 발달로 은에 대한 수요 증가 • 포르투갈, 에스파냐 등 서양 상인들에 의해 은의 대량 유입
청	• 베이징 장악 후 반청 세력을 막고자 무역 통제(천계령 실시) → 타이완의 정씨 세력 진압 후 천계령 해제 → 청 상인의 동남아시아, 나가사키 등 해외 진출 • 유럽, 일본과의 교역 → 은의 대량 유입 • 18세기 초 지정은제의 전국적 확대 실시

✪ 믈라카
말레이반도에 있는 항구 도시로 동서 해양 교통의 요충지인 믈라카 해협을 접하고 있다.

✪ 타이완의 정씨 세력
정성공은 명을 재건하기 위해 중국 동남부 해안 지대에서 해상권을 장악하고 반청 세력을 이끌었다. 청의 강희제가 1661년 해안 주민과 반청 세력의 접촉을 막기 위해 푸젠·광둥성 등의 연해 주민을 내지로 이주시키는 천계령을 내리자 정성공은 타이완을 점령하고 새로운 근거지로 삼았다. 그가 죽은 후 그의 자손들이 20여 년 동안 타이완을 중심으로 반청 운동을 전개하였으나 1683년 청군에 의해 진압되었다.

✪ 지정은제
세금을 납부하는 성인 남성에게 부과되는 정세를 토지세에 포함시켜 은으로 납부하도록 한 조세 제도로 18세기 초 광둥성에서 실시한 이후 전국적으로 확대 실시되었다.

개념 체크

1. 포르투갈은 명으로부터 (　　)의 거주권을 획득하여 이를 근거지로 일본과 명 사이에서 중계 무역을 전개하였다.
2. 네덜란드는 17세기 (　　)를 동서 교역의 거점으로 삼았다.
3. 청은 18세기 초 세금을 납부하는 성인 남성에게 부과되는 정세를 토지세에 포함시켜 은으로 납부하도록 하는 (　　)를 전국적으로 확대 실시하였다.

정답
1. 마카오 2. 바타비아
3. 지정은제

(2) 일본의 교역과 은 유통

센고쿠 시대	• 조선에서 회취법(연은 분리법) 도입, 이와미 은광의 본격 개발 → 은 생산량 급증 • 은을 국내 화폐와 무역 결제 대금으로 사용
에도 막부	• 슈인장을 발급받은 상인에게만 대외 무역 허용 → 슈인선을 타고 동남아시아 등지로 나간 상인들은 일본산 은으로 물품 구매 • 크리스트교의 유입 → 해금 본격화(슈인장 발급 폐지, 포르투갈 상인 추방 등), 17세기 전반 서양인 중 네덜란드 상인에게만 나가사키 데지마에서의 무역 허용 • 청의 천계령 해제 후 나가사키에 청 상인의 진출 증가 → 무역량 급증으로 은 유출 심화 → 청 상인에게 신패를 발급하여 무역량 통제

(3) 조선의 은 유통과 교역의 변화

15세기	초기에 은 유통 부진, 은광 개발에 소극적
16세기	중국과의 교역 확대로 은 수요 증가 → 단천 은광을 비롯한 은광 개발 증가
임진왜란 이후	• 명군에 의해 은의 대량 유입 → 민간에 은 유통 • 조선의 인삼, 중국산 생사와 비단을 일본의 은과 교환 → 일본 은이 조선을 거쳐 중국으로 유출

자료 플러스 | 임진왜란 당시 은광 개발

비변사가 아뢰기를, "지금 국가의 재정이 탕진되어 은을 사용하는 한 가지 일이 가장 시급합니다. 단천에서 생산되는 은은 평소부터 품질이 좋다고 소문이 났으니 이제 금령을 풀고 채취를 허가하여 세금을 징수하고, 또 관에서 채취하여 상납하는 수를 늘리게 하여 국가 재정에 충당하소서."라고 하니, 왕께서 이를 따랐다.

– 『선조실록』 –

16세기 초 조선에서는 이미 연철(납)을 활용하여 은을 생산하는 회취법이 개발되어 있었으나 조선은 은광 개발에 소극적이었고, 단천 등의 은광에서 은 채취를 금하기도 하였다. 그러나 임진왜란이 발발하자 군수품 구입을 위한 결제 수단으로 은이 많이 필요하게 되었고, 국가 재정 부족 문제를 해결하기 위해 선조는 단천 은광에서 은 채취를 허용하였다.

4. 서양 문물의 전래

(1) 명 · 청대 서양 문물의 수용

① 서양 선교사를 통한 서양의 자연 과학 지식 유입, 예수회 선교사들이 포교를 위해 과학 지식과 총포 제작술 등 소개
- 마테오 리치 : 명대 중국 지식인과 함께 「곤여만국전도」 제작(중국인의 세계관 변화에 영향), 크리스트교 교리 문답서인 『천주실의』 저술, 서광계와 함께 『기하원본』 간행
- 아담 샬 : 청의 천문과 역법을 관장하는 흠천감에 소속, 청대 역법 개정(시헌력) 주도
- 카스틸리오네 : 원명원 설계에 참여

② 17세기 중엽 이후 전례 문제 발생 → 크리스트교 포교 금지, 선교사 추방

(2) 일본의 서양 문물 수용

① 예수회 선교사에 의해 크리스트교, 천문학, 의학 등 유입

② 크리스트교 탄압 : 16세기 중엽 프란시스코 하비에르가 크리스트교 포교 → 에도 막부의 크리스트교 금지령 반포, 포르투갈 상인 추방(1639)

③ 네덜란드와 교류하면서 서양 문물 수용 → 18세기 난학 발전

슈인선
해외 무역을 허가하는 슈인장을 발급받은 무역선을 말한다.

천주실의
예수회 소속 신부 마테오 리치가 한문으로 저술한 크리스트교 교리 문답서이다. 크리스트교 사상과 스콜라 철학을 겸비한 서양학자와 전통 유학과 불교·도교 등 동양 사상에 능통한 중국학자가 대화를 통하여 토론하는 형식으로 꾸며져 있다. 유교 전통 사회에 크리스트교 신앙을 소개하였을 뿐만 아니라 중국 고대 사상과 유럽의 윤리 사상의 융합을 시도하였다는 점에서 중요한 의미를 가진 문헌으로 평가받고 있다.

기하원본
유클리드의 기하학 서적을 마테오 리치와 서광계가 번역한 책이다. 이 역서는 비록 완역본은 아니지만 중국 수학자들로 하여금 기하학의 기본 원리를 체계적으로 습득하게 함으로써 중국 수학 발전에 기여하였다.

개념 체크

1. 에도 막부는 (   )을 지급받은 슈인선에 해외 무역을 허가하였다.
2. 예수회 소속 신부 마테오 리치는 서광계와 함께 유클리드의 기하학 서적을 번역한 (   )을 간행하였다.
3. 아담 샬은 청의 천문과 역법을 관장하는 흠천감에 소속되어 기존의 역법을 개정한 (   ) 제작을 주도하였다.

정답
1. 슈인장 2. 기하원본 3. 시헌력

(3) **조선의 서양 문물 수용**

① 벨테브레이, 하멜과 같이 조선에 표착한 서양인들에 의해 서양 문물 도입 → 조선 사람들의 세계 인식 변화에 영향

② 명에서 서양 선교사로부터 천리경 · 자명종 · 홍이포 제작 기술 · 세계 지도 · 천문도 등을 입수, 소현 세자는 청에서 아담 샬과 교유, 청의 시헌력 수용

③ 홍대용 : 『의산문답』을 저술하여 지구 자전설을 주장

5. 17~19세기 농업의 발달과 인구 증가

(1) **농업 생산력의 증대**

① 농업 기술 향상 : 수리 시설 개선, 품종 개량, 농서 보급, 농기구 개량 등

② 신작물 재배 : 아메리카가 원산지인 옥수수, 감자, 고구마, 땅콩 등이 전해짐

③ 수공업 원료와 상품 작물 재배 : 뽕나무, 면화, 담배, 고추, 인삼 등

(2) **인구 증가**

① 배경 : 의학 발달(의학 서적 보급 등), 농업 생산력 증대, 장기간 평화, 구황 작물 재배

② 동아시아 3국의 인구 변동(17~19세기)

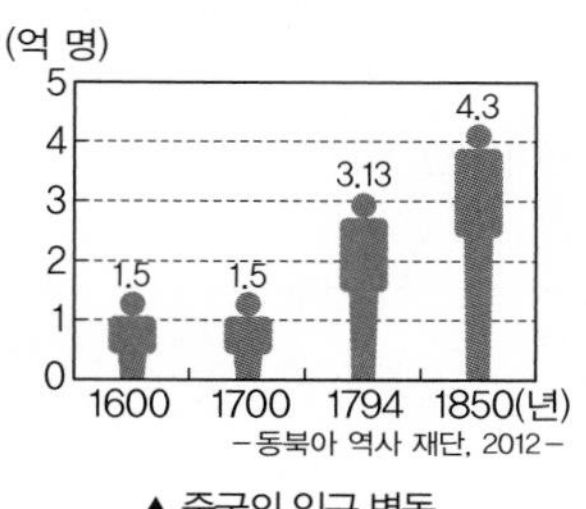

▲ 중국의 인구 변동

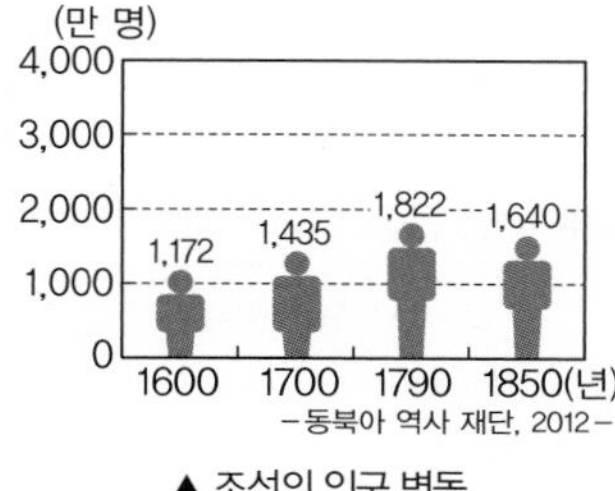

▲ 조선의 인구 변동

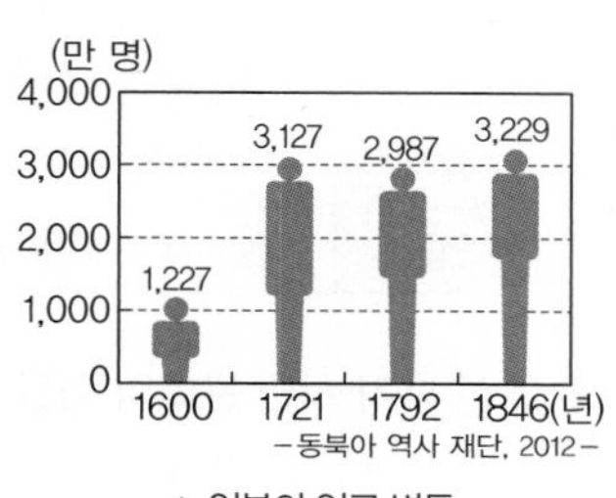

▲ 일본의 인구 변동

6. 17~19세기 상업의 발달과 도시의 성장

(1) **상업과 수공업의 발달**

명 · 청	• 민영 수공업의 발달 : 견직물, 면직물, 제철, 도자기 산업 등 • 대운하로 물자 운송, 차와 도자기 수출로 경제적 번영
조선	• 상업 발달 : 수공업의 발달, 포구 · 장시의 성장 • 대동법 : 공물을 토산물 대신 쌀 · 포 · 동전 등으로 납부, 공인 등장 → 상품 화폐 경제의 발달 촉진
일본	• 광업과 수공업 : 금 · 은 채굴과 제련 기술 발달, 견직물 · 도자기 · 술 등 특산품 생산 • 육상과 해상 교통로 정비 : 거대한 시장 및 도시 성장에 영향

(2) **대상인의 출현**

명 · 청	산시 상인과 휘저우 상인 : 소금, 면포, 쌀, 목재, 직물 등의 유통망 확보, 동향인 중심으로 회관을 설립하여 거점으로 삼음
조선	• 개성의 송상, 의주의 만상, 동래의 내상 등이 무역 활동 주도 • 경강상인 : 한강을 근거지로 황해안과 남해안 연안을 오가면서 쌀, 소금, 목재, 어물 등 거래
일본	• 조닌(도시에서 활동한 상인과 수공업자)의 성장 • 대상인 : 에도 상인, 오사카 상인 등

✪ 홍이포

명대 네덜란드인이 만든 대포나 네덜란드의 대포를 모방하여 만든 중국식 대포를 말한다. 중국인들은 네덜란드인을 '홍모이(紅毛夷)'라고 불렀기에 그들이 사용하던 대포를 '홍이포'라 부르게 되었다. 명은 이 대포를 수입하거나, 직접 제작하였고 누르하치가 이끄는 후금군을 격퇴하는 데 활용하였다.

✪ 산시 상인과 휘저우 상인

화북 지역에서 성장한 산시 상인과 강남 지역에서 성장한 휘저우 상인은 중국 전역에 유통망을 갖추고 활동한 상인 집단으로 유명하다. 이들은 소금 판매권을 바탕으로 부를 쌓고 쌀, 면포, 차 등 다양한 물품을 판매하였다. 전국에서 활동한 이들은 동향인을 중심으로 회관을 세워 활동 거점으로 삼아 구성원의 이익을 도모하였다.

개념 체크

1. (　　)은 청의 베이징에 사절단으로 방문하여 각종 천문 기구를 보고 서양 서적을 접한 경험을 토대로 『의산문답』을 저술하여 지구 자전설을 주장하였다.
2. 교역망이 확대되고 서양과의 교류가 늘어나면서 (　　) 대륙이 원산지인 옥수수, 감자, 고구마, 땅콩 등이 동아시아에 전해졌다.
3. 조선 후기 개성의 (　　), 동래의 내상, 의주의 만상 등은 무역 활동을 주도하였다.

정답
1. 홍대용 2. 아메리카 3. 송상

✪ 시진

비단과 면포 생산, 미곡 유통 등 업종별로 전문화된 중소 상공업 도시를 가리킨다. 대부분 인구는 10만 명을 넘지 않는 규모로, 명·청대 강남 지역에서 발달하였다.

✪ 조카마치

다이묘(영주)의 성을 중심으로 무사, 상공업자 등이 거주하며 형성된 도시이다. 성의 방위 시설이자 행정 도시, 상업 도시의 역할을 하였다.

✪ 조닌

에도 막부 시대에 도시에 거주한 상공업자를 말한다. 상공업의 발전으로 조닌의 영향력이 향상되고 사회적 지위가 올라가자 이들이 누리는 조닌 문화가 발달하였다.

✪ 우키요에

일상생활이나 풍경 등을 그린 풍속화로 에도 시대에 유행하였다. 주로 목판화로 제작하였기 때문에 비교적 저렴한 가격으로 대량 생산되어 서민들이 쉽게 구할 수 있었다.

개념 체크

1. 일본에서는 다이묘가 거주하는 성을 중심으로 무사와 상공업자 등이 거주하는 (　　　)라는 도시가 형성되었다.
2. 청대 베이징에서는 노래와 춤, 무술과 곡예 등의 예술적 기교를 갖춘 (　　　)이 유행하였다.
3. 에도 막부 시대에 주로 서민들을 대상으로 읽기, 쓰기, 계산하기 등을 가르치는 (　　　)가 확산되었다.

정답

1. 조카마치 2. 경극 3. 데라코야

(3) 도시의 성장

명·청	• 베이징(최대 소비 도시), 쑤저우(최대 상공업 도시) 등 • 시진의 성장 : 교통의 요지에 형성된 업종별로 전문화된 상공업 도시, 아메리카와 일본의 은 유입으로 발전
조선	• 장시의 성장과 상업 발달 • 한성(한양)의 발달 : 정치, 행정, 군사의 중심지이자 상업 도시
일본	• 조카마치 : 다이묘(영주)가 거주하는 성을 중심으로 형성, 상업 도시로 발전 • 대도시의 발전 : 에도, 오사카, 교토 등 • 산킨코타이 제도 : 에도 막부가 다이묘 통제를 위해 실시, 교통과 숙박업 발달 및 에도가 소비 도시로 성장하는 데 영향을 줌

7. 서민 문화의 성장

(1) 명·청대 서민 문화의 발전

① 배경 : 상공인층의 성장과 도시 인구 증가로 유흥과 오락·소비문화 확대, 종교 시설의 행사나 축제, 대규모 공연 등도 발달

② 서민 문화의 발전

소설	•『삼국지연의』,『서유기』,『홍루몽』 등 • 서민의 문화적 욕구 충족, 인쇄술과 출판업의 발달
경극	청대 베이징에서 유행('베이징의 오페라'라고 불림), 황실과 상인이 극단 지원
연화	귀신을 쫓고 복을 불러들이려는 풍습에 따라 그려진 그림

(2) 조선 후기 서민 문화의 성장

① 배경 : 상공업 발달, 서민 의식 성장

② 서민 문화의 발전

문학	한글 소설과 판소리(「춘향가」, 「심청가」, 「흥부가」 등), 사설시조
가면극	탈춤, 산대놀이 → 춤과 노래, 사설로 양반층의 위선이나 사회 문제를 풍자
미술	풍속화(김홍도, 신윤복), 민화(「문자도」, 「까치 호랑이」 등)

(3) 에도 막부 시대 조닌 문화의 유행

① 배경 : 에도 막부 시대 정치 안정과 경제 성장, 조닌층의 성장

② 조닌 문화의 발달

가부키	• 노래, 춤, 연기를 결합한 대중 연극 • 무사의 복수나 남녀 간의 사랑 등을 다룬 통속적인 내용 • 화려한 의상과 복잡한 무대 장치
우키요에	• 인물, 풍속, 경치 등을 그린 풍속화로 주로 목판화로 대량 제작 • 훗날 유럽 인상파 화가에 영향을 줌
분라쿠	다양한 역할의 인형을 조종하여 동작과 표정 연기

(4) 서민 교육 기관

① 조선 : 서당 교육 확대, 평민 중에 서당 경영, 실용적 교재 출판

② 일본 : 읽기, 쓰기, 계산하기 등을 가르치는 데라코야 확산

8. 새로운 학문의 대두

(1) 명 · 청대의 학문

① 명 말, 청 초의 경세치용 학문 경향
- 성리학과 양명학에 대한 반발과 현실 개혁적 학문 경향 등장
- 농학, 지리학, 의학, 역법 등 실용적 학문 : 『농정전서』, 『천공개물』, 『본초강목』 등 편찬
- 고염무, 황종희 등이 경세치용의 입장에서 고전 연구, 실사구시적 성격으로 고증학 발달에 영향

② 고증학 : 18세기 이후 실증적 방법으로 경전이나 금석문 연구, 『사고전서』 등의 대규모 편찬 사업으로 발달

③ 공양학 : 청 말 『춘추공양전』 연구를 통해 현실 개혁적 성향의 학자들 대두, 변법자강 운동에 영향

(2) 조선 후기의 학문

① 17~19세기 실학의 등장 : 조선 사회 개혁 주장
- 이익, 정약용 : 토지 제도의 개혁을 통한 농민 생활 안정 추구
- 박지원, 박제가 : 상공업 진흥과 청 문물 수용, 소비를 통한 생산 진흥 강조(박제가)

② 양명학 : 정제두 등 일부 소론 학자들에 의해 본격적으로 연구, 실천 강조

③ 국학 : 조선의 역사 · 지리 · 언어 분야 연구, 『발해고』 · 『택리지』 편찬, 「대동여지도」 제작

④ 서학 : 청에 보낸 사절단을 통해 전래, 천문 · 역법 · 기계 제작에 영향, 학문적 관심에서 천주교 수용

(3) 에도 막부 시대의 학문

구분	내용
고학	• 성리학 극복을 위해 공자 · 맹자 시대 유학으로의 복귀 주장 • 이토 진사이(주희를 비판), 오규 소라이(중국 고대 성인의 도를 밝히고 육경을 강조)
국학	• 일본의 언어, 문학, 신화 등을 통해 일본 고대의 참모습 강조 • 불교, 유교 등의 외래 사상 비판 • 모토오리 노리나가 : 『고사기』를 연구하여 『고사기전』 저술, 일본 우월주의, 존왕 운동에 영향
난학	• 나가사키를 통해 서양의 어학, 의학, 지리학, 천문학 등 수용 • 스기타 겐파쿠 등의 주도로 『해체신서』 간행 → 본격적인 난학 발전의 계기, 난학 교습소 설치 • 영향 : 경험적 · 실증적 학문 방법론 발전

자료 플러스 『해체신서』와 난학의 발전

처음 에도에서 이 학문을 시작하여 '해부'라고 오래도록 부르던 것을 새로이 '해체'라고 번역하였다. 한편으로 누군가가 '난학(蘭學)'이라는 새로운 이름을 제창하여 우리 나라 전역에 자연스레 통칭이 되었다. 이것이 현재와 같이 융성하게 된 효시이다. 지금 생각해 보면, 이제까지 200년간 그 외과법(外科法)은 전달되었지만 직접 그 의학서를 번역하지는 않았다. 이때 의도(醫道)의 근본이라 할 수 있는 신체 내부를 보는 책(해부서)이 새로운 번역의 기점이 된 것은 우연하게도 실로 하늘의 뜻이다. －『난학사시』－

에도 막부는 크리스트교 선교 문제를 이유로 포르투갈과 에스파냐 상인의 무역을 금지하고, 서양 상인 중 네덜란드 상인에게만 나가사키에 건설된 데지마에서의 무역을 허락하였다. 네덜란드와의 교류를 통해 들어온 서양의 어학, 의학, 지리학, 천문학 등을 일본에서는 난학이라고 불렀다. 난학은 18세기 후반 스기타 겐파쿠 등이 서양 의학 서적을 번역한 『해체신서』가 출간되면서 본격적으로 발전하였다.

✪ 농정전서
명대 서광계가 여러 농학자의 설명을 분류하고 자신의 의견을 더해 집대성한 농서이다.

✪ 본초강목
명대 이시진이 저술한 약학서이다. 약용 성분이 있다고 생각되는 식물 · 동물 · 광물 및 기타 물질의 목록을 작성하고 이를 설명하였다.

✪ 사고전서
청대 건륭제의 명으로 편찬된 총서로 한인의 반청 사상을 통제하는 동시에 중국 문화의 핵심을 보존하려는 목적을 지녔다. 고금의 책들을 망라하여 경 · 사 · 자 · 집으로 분류하고 정리하였다.

✪ 고사기전
모토오리 노리나가가 『고사기』에 주석을 달아 편찬한 책이다. 그는 고대 일본의 신화, 전설, 사적 등을 기록한 『고사기』를 연구하여 유교와 불교를 배격하고, 일본만의 순수한 정신을 찾고자 하였다.

개념 체크

1. 청대 건륭제의 명으로 고금의 책들을 망라하여 경 · 사 · 자 · 집으로 분류하고 정리한 총서인 (　　)가 편찬되었다.
2. 청 말 『춘추공양전』 연구를 통해 현실 개혁적 성향의 (　　)이 대두하였다.
3. 18세기 후반 스기타 겐파쿠 등의 주도로 서양 의학 서적을 번역한 (　　)가 간행되면서 일본에서 난학이 본격적으로 발전하였다.

정답
1. 사고전서 2. 공양학
3. 해체신서

대표 기출 확인하기

류큐의 중계 무역

정답과 해설 23쪽

대표 기출 문제 밑줄 친 '우리 나라'에 대한 탐구 활동으로 가장 적절한 것은? 2022학년도 수능

> 내년에 책봉사가 옵니다. 정사와 부사는 나하에 도착한 후 숙소인 천사관에서 왕궁 등을 오가며 책봉을 비롯한 각종 의례와 연회에 참석합니다. 만약 사절에 변고가 있어 책봉을 받지 못한다면, 도자기와 생사 등을 들여와 일본이나 동남아시아에 되파는 우리 나라에 그보다 더한 우환은 없습니다. 그들이 이동할 때 불의의 사고가 발생하지 않도록 경호를 엄중히 해 주시기 바랍니다.

① 기유약조의 내용을 분석한다.
② 신패를 발급한 목적을 알아본다.
③ 갈레온 무역의 중심지를 탐색한다.
④ 슈인장 무역이 중단된 배경을 조사한다.
⑤ 명의 해금 정책이 동아시아에 끼친 영향을 파악한다.

정답 | ⑤

풀이 | 자료에서 정사와 부사가 나하에 도착하였다는 점, 도자기와 생사 등을 들여와 일본이나 동남아시아에 되판다는 점 등을 통해 밑줄 친 '우리 나라'가 류큐임을 알 수 있다. ⑤ 15세기~16세기 초 류큐는 명의 해금 정책이 시행되는 과정에서 명에 조공을 하고 도자기, 생사 등을 들여와 일본 및 동남아시아 등지에 수출하는 중계 무역의 거점으로 성장하였다. 그러나 16세기 후반 명의 해금 정책이 완화되어 중국 상인이 동남아시아 등지로 나가 교역할 수 있게 되면서 류큐의 중계 무역은 크게 쇠퇴하게 되었다.
① 임진왜란이 끝난 후 조선은 에도 막부의 요청에 따라 1609년 쓰시마 도주와 기유약조를 체결하여 왜관을 통한 무역을 허용하였다. ② 청의 천계령 해제 이후 나가사키로 들어오는 청 상인의 수가 늘어나 일본의 은 유출이 심화되자 에도 막부는 신패를 발급하여 청 상선의 입항을 통제하였다. ③ 에스파냐는 16세기 후반 마닐라를 거점으로 갈레온 무역을 통해 아메리카 대륙에서 생산된 은과 중국 상품을 교환하였다. ④ 에도 막부는 17세기 초부터 슈인장을 발급하여 해외 무역을 제한적으로 허락하였으나, 이후 크리스트교가 확산되자 해외 도항을 금지하였다.

닮은꼴 문제 1 밑줄 친 '이 나라'에 대한 설명으로 옳은 것은? [24017-0088]

> • 이 나라는 남해(동중국해)의 가운데 있는데, 남북으로는 길고 동서로는 짧다. …… 해마다 중국에 사신을 보내고 유황 6만 근과 말 40필을 바친다. …… 해상 무역을 업으로 삼는다. 서쪽으로는 남만, 중국과 교통하고, 동쪽으로는 일본, 우리나라와 교통한다. 일본과 남만의 상인이 슈리성과 해변 포구에 모이므로, 백성이 포구에 술집을 설치하여 서로 교역한다.
> • 호쿠잔(북산)·주잔(중산)·난잔(남산) 세 지방으로 정치 세력이 나뉘어 서로 싸우다가 주잔의 쇼하시가 이를 통일시켜 이 나라를 세웠다. 이 나라의 상선은 명·일본·조선뿐 아니라 남방의 타이·자바 등 동남아시아까지 활동 범위를 넓혀 무역을 전개하였으며, 나하는 당시 동아시아에서 중요한 교역 시장 중 하나가 되었다.

① 청에 매카트니 사절단을 파견하였다.
② 광저우의 공행을 통해 제한적 무역을 허용하였다.
③ 책문에서 개시와 후시를 통해 중국과 교역하였다.
④ 명의 해금 정책 완화로 인해 중계 무역이 쇠퇴하였다.
⑤ 크리스트교 선교 문제로 데지마에서 통상이 금지되었다.

[24017-0089]

01 다음 자료를 활용한 탐구 활동으로 가장 적절한 것은?

- 해금령을 엄하게 집행할수록 도적이 성행한다. 홍무제께서 나무 한 조각도 바다에 띄울 수 없다고 하였지만 큰 배들이 강을 거슬러 다니고, 어떤 오랑캐 물건도 들여와서는 안 된다고 하였지만 아이들은 온갖 장식품을 걸고 다닌다. …… 연해에 사는 사람들은 모두 도적이니 죽이려면 끝이 없으리라.
- 영락 2년 11월에 황태자의 책봉을 경축하는 사절이 왔다. 그때 쓰시마 등 여러 섬의 도적들이 중국 해안가에 사는 백성을 노략질하므로, 이에 아시카가 요시미쓰를 타일러 도적들을 붙잡도록 하였다. 그가 군대를 징발하여 도적들을 모두 섬멸하고, 그 우두머리 20명을 잡아서 이듬해 11월 조정에 바치며 조공을 하였다.

① 장건을 대월지로 보낸 목적을 알아본다.
② 일본이 견당사를 파견한 이유를 파악한다.
③ 명의 해안을 침략한 왜구의 활동을 조사한다.
④ 왕안석의 개혁으로 인한 사회 변화를 찾아본다.
⑤ 조카마치가 상업 도시로 성장한 배경을 이해한다.

[24017-0090]

02 (가) 국가에 대한 설명으로 옳은 것은?

명에 다녀온 사신이 아뢰기를, "(가)이/가 만자국(滿剌國)*에 길을 차단당하여 명이 세워진 이래 중국에 오지 못하였는데, 이제 만자국을 멸하고 와서 책봉하여 주기를 요구하였습니다. 예부가 이에 대해서 의논하기를, '조정에서 봉해 준 나라를 마음대로 멸하였으니 허락할 수 없다.' 하고, 사행의 알현을 허락하지 않았습니다."라고 하였다.

－『중종실록』－

* 만자국 : 믈라카 왕국

① 왜관을 통해 일본과 교역하였다.
② 신패를 발급하여 대외 무역을 통제하였다.
③ 마닐라를 건설하고 갈레온 무역을 주도하였다.
④ 바타비아를 거점으로 삼아 일본에 진출하였다.
⑤ 마카오를 근거지로 하여 중계 무역을 전개하였다.

[24017-0091]

03 밑줄 친 '명령'이 내려진 시기 동아시아의 상황으로 가장 적절한 것은?

타이완을 점령한 정성공이 근래 사망했다는 소식이 전해지자, 강희제는 즉각 장학례 등에게 류큐로의 책봉 사행을 명령하였다. …… 사행단은 류큐로 항해하는 도중에 여전히 활동 중인 정씨 세력의 적선과 맞닥뜨렸고, 장학례는 군사들에게 포를 쏘게 하여 적선을 침몰시켰다. 정씨 세력의 배를 침몰시킨 사절단은 항해를 계속하여 류큐에 도착하였다.

① 한국 – 3포에서 일본인들이 난을 일으켰다.
② 한국 – 청해진이 해상 교역의 중심지가 되었다.
③ 중국 – 천계령이 시행되었다.
④ 중국 – 장거정이 개혁 정책을 추진하였다.
⑤ 일본 – 중국과 감합 무역을 전개하였다.

[24017-0092]

04 (가)에 대한 설명으로 옳은 것은?

- 유서종이 잘못을 고할 때까지 그를 심문하라. 다만 왜인과 서로 통하여 연철(납)을 많이 사다가 불려서 (가)을/를 만들고 왜인에게 그 방법을 전습한 일은 대간이 아뢴 대로 국문하라.
- 이와미 광산은 1526년 하카타의 상인인 가미야 주테이에 의해서 발견되어 채굴이 시작되었다. 그렇지만 마땅히 (가)을/를 정련한 방법이 없었는데, 1533년 종단과 계수라는 두 기술자가 조선에서 개발된 정련법을 도입하여 그 생산량이 비약적으로 증가하게 되었다.

① 송대에 대량으로 일본에 유출되었다.
② 포르투갈인이 일본에 처음 전해 주었다.
③ 명·청대 세금 납부 수단으로 이용되었다.
④ 이삼평에 의해 일본에서 본격적으로 생산되었다.
⑤ 초량 왜관을 통해 일본으로 수출되는 주요 물품이었다.

[24017-0093]

05 밑줄 친 '이들'에 대한 설명으로 옳은 것은?

> 명은 만리장성을 수축하고 북쪽 변경에 80만의 대군을 주둔시켜 몽골의 남침을 저지하는 정책을 시행하였다. 군수품 조달이 문제가 되자 명은 상인이 북쪽 변경의 지정된 장소로 곡식을 납부하면 그 대가로 전매제로 묶여 있는 소금의 운송·판매권을 지급하는 정책을 실시하였다. 이 정책 실시를 계기로 화북의 산시성 인근 지역에서 일상 생활용품을 판매하던 이들이 원거리 무역을 주도하며 전국 각지에서 두각을 나타내면서 유력한 상인 집단으로 변모하였다.

① 대동법의 실시를 계기로 성장하였다.
② 한강을 근거지로 남해안까지 진출하였다.
③ 주요 지역에 송방을 세워 상업 활동을 벌였다.
④ 선교 문제로 일본에서의 교역을 금지당하였다.
⑤ 각지에 회관을 건립하여 활동 거점으로 삼았다.

[24017-0094]

06 밑줄 친 '막부' 시기 동아시아 각국의 문화에 대한 설명으로 옳지 않은 것은?

> 최근 가부키 배우들이 극장 주변에서 조닌과 섞여 살고 있다. 가부키 극장의 공연 소품과 장치가 매우 사치스러운데, 이로부터 비롯된 악영향이 자연스럽게 시중으로 옮겨 가, 근래에는 풍속이 문란해졌다. 그러므로 시중에 가부키 극장을 두는 것은 막부의 뜻에도 어긋나는 것이다. …… 가부키 극단 및 인형극 극장과 이와 같은 분야에 종사하는 점포들을 남김없이 철거할 것을 명한다.

① 한국 – 춘향가와 같은 판소리가 유행하였다.
② 한국 – 양반을 풍자하는 탈춤이 인기를 누렸다.
③ 중국 – 베이징에서 경극이 공연되었다.
④ 중국 – 윈강 석굴이 조성되기 시작하였다.
⑤ 일본 – 서민들에게 우키요에가 판매되었다.

[24017-0095]

07 (가) 학문에 대한 설명으로 옳은 것은?

> 19세기 청 왕조는 서구 열강의 침략과 내부 혼란으로 황제 지배 체제가 위태로웠다. 그러나 청대의 고증학은 고전에 대한 주석과 훈고에 치우쳐서 현실의 문제를 해결해 나가는 데는 어려움이 있었다. 이러한 상황에서 새로운 개혁 사상으로 대두한 유학 사상이 바로 (가) 이다. (가) 은/는 아편 전쟁 시기 공자진, 위원을 통해 구체적 대안을 갖는 사상으로 점차 발전하였고, 현실 사회에 대한 문제 의식을 갖게 하는 역할을 하였다.

① 사고전서와 같은 대규모 편찬 사업으로 발달하였다.
② 후지와라 세이카가 강항과 교유하며 연구가 활발해졌다.
③ 주자가례와 소학의 보급으로 조선에서 널리 확산되었다.
④ 춘추공양전을 중시하였고 변법자강 운동에 영향을 주었다.
⑤ 심즉리, 치양지, 지행합일을 주장한 왕수인에 의해 집대성되었다.

[24017-0096]

08 다음 자료를 활용한 탐구 주제로 가장 적절한 것은?

> 처음 에도에서 이 학문을 시작하여 '해부'라고 오래도록 부르던 것을 새로이 '해체'라고 번역하였다. 한편으로 누군가가 '난학(蘭學)'이라는 새로운 이름을 제창하여 우리 나라 전역에 자연스레 통칭이 되었다. 이것이 현재와 같이 융성하게 된 효시이다. 지금 생각해 보면, 이제까지 200년간 그 외과법(外科法)은 전달되었지만 직접 그 의학서를 번역하지는 않았다. 이때 의도(醫道)의 근본이라 할 수 있는 신체 내부를 보는 책(해부서)이 새로운 번역의 기점이 된 것은 우연하게도 실로 하늘의 뜻이다.

① 전쟁을 통한 인적 교류와 문화 전파
② 춘추 전국 시대 제자백가 사상의 특징
③ 가마쿠라 막부 시기 신유학의 수용 과정
④ 네덜란드를 통해 일본에 전해진 서양 학문의 영향
⑤ 에도 시대 공자·맹자 시기 유학으로의 복귀 주장 배경

수능 실전 문제

정답과 해설 25쪽

[24017-0097]

1 **(가) 왕조에 대한 설명으로 옳은 것은?**

> 15세기 류큐 왕국은 조공을 하고 구매한 [(가)]의 비단과 자기 등 값비싼 물품을 일본과 동남아시아에 공급하고, 동남아시아의 산물과 일본의 물품을 [(가)]에 공급하는 중계 무역을 통해 큰 이익을 남겼다. …… 하지만 16세기 들어 [(가)]의 해금 정책이 느슨해지고, 포르투갈과 에스파냐 등이 동남아시아 지역에 진출하면서 류큐 왕국의 중계 무역은 쇠퇴하였다.

① 청해진을 설치하여 해상 무역을 장악하였다.
② 초량 왜관을 통해 일본에 인삼을 수출하였다.
③ 조공국에 감합을 발부하여 무역을 허가하였다.
④ 청 상선의 입항을 통제하고자 신패를 발급하였다.
⑤ 광저우의 공행을 통해 서양 상인과의 교역을 허용하였다.

[24017-0098]

2 **밑줄 친 '이 나라'에 대한 설명으로 옳은 것은?**

> 이 나라의 장군 레가스피는 우르다네타 등 5명의 아우구스티누스 수도회의 선교사들과 함께 멕시코를 출발하여 세부에 도착한 후 조직적인 선교 사업을 벌이고 루손섬에 식민지의 기반을 구축하였다. 그리고 이 지역의 명칭을 당시 이 나라의 국왕이던 펠리페 2세의 이름을 따서 필리핀으로 정하였다. 이후 이 나라는 마닐라를 건설하고 총독을 두어 이후 300년 이상 지속되는 식민 지배를 시작하였다.

① 바타비아를 거점으로 무역을 전개하였다.
② 이와미 은광을 본격적으로 개발하여 은을 대량 생산하였다.
③ 책문이나 중강에서의 개시와 후시를 통해 중국과 교역하였다.
④ 청에 매카트니 사절단을 파견하여 무역의 확대를 요구하였다.
⑤ 갈레온 무역을 통해 아메리카의 은을 중국 상품과 교환하였다.

[24017-0099]

3 **(가) 인물에 대한 설명으로 옳은 것은?**

> 대통력은 원대 허형 등이 제작한 수시력을 기반으로 만들어졌는데, 명 말년에 (가) 의 역법을 얻어 이를 고쳐 보려다가 미처 실행에 옮기지 못하였고, 그 뒤 청 사람들이 베이징에 들어오면서 비로소 (가) (으)로 하여금 개정하게 하였습니다. 예전에 죽은 김육이나 여이징은 역법을 상세히 알고 있었는데도 (가) 이/가 제작한 시헌력이 잘못되었다고 하지 않았습니다. 그리고 설령 그 법이 잘못되었다고 하더라도 저 나라에서 반포하였으니 폐기하기도 곤란합니다.

① 소현 세자와 교유하였다.
② 사서오경왜훈을 저술하였다.
③ 원명원을 설계하는 데 도움을 주었다.
④ 서광계와 함께 기하원본을 간행하였다.
⑤ 조선에 표착하여 서양 문물을 전하였다.

[24017-0100]

4 **밑줄 친 '순행' 당시 동아시아에서 볼 수 있는 모습으로 가장 적절한 것은?**

> 강희제는 타이완의 반청 세력을 진압한 이듬해에 푸젠성, 광둥성 등에서 주민들의 연해 이주를 허용하였다. 이로부터 5년 후에 실시한 강남 순행*을 통해 백성을 위무함으로써 명나라 유민들의 반청 감정을 무마시키고자 하였다. 더불어 만주 팔기의 위세를 보여 줌으로써 만주족 황제로서 자신의 위엄을 과시함과 동시에 반청 운동의 무모함과 명조 부흥의 불가능성을 강남 한인들에게 인식시키고자 하였다.
>
> * 순행 : 군주가 나라 안을 두루 보살피며 돌아다니는 행위

① 3포 왜란을 진압하는 조선 군인
② 데지마에 입항하는 포르투갈 상인
③ 천주실의를 집필하고 있는 예수회 선교사
④ 기유약조에 담길 세부 내용을 정하는 조선 관리
⑤ 비단 등의 물품을 싣고 나가사키로 출항하는 중국 선원

[24017-0101]

5 밑줄 친 '이 시기' 동아시아 각국의 문화에 대한 설명으로 옳은 것은?

이 그림은 풍속화가 김홍도가 그린 「벼 타작」입니다. 이 그림에는 볏단을 지거나 벼를 타작하는 일꾼들과 비스듬히 누워 이를 바라보는 사람의 모습이 담겨 있습니다. 이처럼 서민의 일상적인 모습을 담아낸 풍속화가 만들어져 유행한 이 시기에는 서민들의 취향과 의식을 반영한 민화도 많이 제작되었습니다.

① 한국 – 백운동 서원이 건립되었다.
② 중국 – 연화가 유행하였다.
③ 중국 – 룽먼 석굴이 조성되기 시작하였다.
④ 일본 – 도다이사가 창건되었다.
⑤ 일본 – 조몬 토기가 제작되었다.

[24017-0102]

6 밑줄 친 '이 학문'에 대한 학생의 설명으로 가장 적절한 것은?

우리 나라에 네덜란드인들이 처음 온 것은 수백 년 전의 일이다. 당시 우리 나라에는 학자가 셀 수 없이 많았는데도 그들의 말을 이해할 수 없었고, 통역자들도 글을 짓는 데 서툴렀다. 이러한 까닭에 일찍이 조리 있게 이 학문을 세상에 펼칠 수 있는 사람이 없었다. 이제 스기타 겐파쿠와 마에노 료타쿠가 호걸스러운 자질과 학문에 대한 독실한 의지로써 마음과 몸, 지혜와 기교를 다해 번역하여 여기에 이르렀다. 이로 말미암아 진실로 뜻이 있는 세상의 의사가 이 책으로 사람의 몸이 나서 자라는 것과 사람의 뼈가 있는 곳을 알고서 의술을 펼칠 것이다.

① 나가사키를 통해 들어온 서양 학문을 말해요.
② 춘추의 해설서 중 춘추공양전을 정통으로 삼았어요.
③ 정제두 등 일부 소론 학자들이 본격적으로 연구하였어요.
④ 사고전서, 고금도서집성 등의 편찬 사업을 통해 발달하였어요.
⑤ 하야시 라잔이 에도 막부의 의례를 정비하는 데 활용하였어요.

01
[24017-0103]

(가) 국왕에 대한 설명으로 옳은 것은?

▲『충렬록』 내 「의류사적도」

『충렬록』에 포함된 「의류사적도」는 사르후 전투에서 김응하가 버드나무에 기대어 최후의 일각까지 버티며 싸운 마지막 순간을 그린 판화이다. 후금과 대립하던 명의 원군 요청에 (가) 은/는 강홍립을 도원수로 삼아 파병하였지만 후금과의 사르후 전투에서 패배하였는데, 김응하는 끝까지 항전하다가 전사하였다. (가) 은/는 김응하의 순국을 기리기 위해 의주에 사당을 건립하고, 훈련도감에 『충렬록』을 간행하여 배포하도록 명하였다.

① 청 황제에게 항복하였다.
② 에도 막부를 수립하였다.
③ 센고쿠 시대를 통일하였다.
④ 서인 세력에 의해 폐위되었다.
⑤ 백등산에서 흉노에게 포위되었다.

02
[24017-0104]

밑줄 친 '침략'에 대한 설명으로 옳은 것은?

모문룡이 의리(義理)로써 일을 시작했으나 여러 해 동안 비난만을 받아 왔기 때문에 모든 사정을 일체 숨기고 있고, 우리나라가 오랑캐의 침략을 당한 소식도 언급하지 않았습니다. 신들이 베이징의 길거리에서 한 어린아이를 만나 이야기를 나누던 중에 그 아이가 "조선이 침략을 당하여 국왕과 신하들이 바다 가운데 있는 섬으로 옮겨 갔다고 하는데 사행들이 어째서 이처럼 태연합니까?"라고 하였습니다. 신들은 이 말을 듣고서야 본국이 침략당한 사실을 알았습니다.

① 장거정이 개혁을 추진하는 배경이 되었다.
② 전연의 맹약이 체결되는 데 영향을 주었다.
③ 조선과 명의 국교가 단절되는 결과를 낳았다.
④ 후금이 조선과 형제 관계를 맺고 철수하였다.
⑤ 일본이 강화 조건으로 조선 남부 4도의 할양 등을 요구하였다.

03
[24017-0105]

(가), (나) 시기 사이에 동아시아 각국에서 볼 수 있는 모습으로 가장 적절한 것은?

(가) 사신 나덕헌, 이확이 보고하기를, "후금의 도읍에 있을 적에 마침 그들이 제 분수에 넘치는 호칭을 칭하였는데, …… 그리고 돌아오는 길에 통원보에 도착하여 국서를 열어 보니, 말뜻이 패악 무례하고 방자하여 감히 싸 가지고 오지 못하고 몰래 잡물 속에 두고 왔습니다. 원본에서 베껴 옮기어 올립니다. 그 글에 '대청 황제'라 칭하였고, 우리나라를 '너희 나라'라고 칭하였습니다."라고 하였다.

(나) 신(臣)이 대군을 이끌고 베이징으로 나아가니 산하이관 서쪽의 각 성과 요새를 지키던 문무 관리가 모두 앞다투어 표문을 받들고 투항해 왔습니다. 4월 26일에 유적 이자성이 금은 폐백을 모조리 긁어모아 장안으로 실어 보냈고, 30일에는 궁궐을 불태우고 도망쳐 달아났습니다. 신은 내외의 번왕과 패륵 등을 보내 군대를 이끌고 추격하게 하였습니다. 신은 나머지 병사를 친히 이끌고 5월 2일 베이징에 도착하였습니다. 베이징에 입성할 때 문무 관원부터 일반 백성까지 모두 성을 나와 영접하며 항복하였습니다.

① 한국 – 남한산성에 피신하여 항전하는 국왕
② 한국 – 벽제관에서 일본군과 싸우는 명의 병사
③ 중국 – 천계령의 시행을 명하는 황제
④ 일본 – 다이호 율령을 반포하는 천황
⑤ 일본 – 몽골군의 침입을 격퇴하는 무사

04
[24017-0106]

밑줄 친 '사절단'에 대한 설명으로 옳은 것은?

사절단 일행이 책문을 나온 뒤에는 책문 밖에서 상호 간에 물품 교역을 하도록 해 주는데, 우리나라 상인들은 종이 · 부채 · 소가죽 · 면포 등을 의주에서 들여보내되 은 1만 냥어치를 한도로 정하여 그 이상은 함부로 들여오지 못하게 하였다. 책문의 상인들로부터 사들이는 물품은 면화 · 함석 등과 각종 자기들인데, 책문의 중국 물품은 모두 세금이 붙고, 우리나라 상품은 세금이 없다. 사절단 일행이 베이징에서 가지고 오는 물건도 세금이 없으나, 다만 나귀나 노새를 가진 사람에게는 포 몇 필을 반드시 받았고, 나귀나 노새의 크기에 따라 얼마의 증감이 있었다. 세금을 물지 않고서는 감히 책문 밖으로 나올 수 없는데, 이러한 일들을 모두 세관이 맡아 하였다.

① 당의 수도 장안을 목적지로 하였다.
② 조공 · 책봉 관계하에서 파견되었다.
③ 에도 막부의 쇼군에게 국왕의 외교 문서를 전달하였다.
④ 아시카가 요시미쓰를 일본 국왕으로 책봉하는 임무를 수행하였다.
⑤ 영락제 등의 명을 받아 함선을 이끌고 동남아시아 등지로 출항하였다.

05
[24017-0107]

(가) 국가에 대한 탐구 활동으로 가장 적절한 것은?

- (가) 사람 8명이 나가사키에 도착하여 스스로 말하기를, "우리는 조선국 전라도에 표류되어 있은 지 14년 만에 조그만 배 한 척을 빼앗아 타고 도망쳐 이곳까지 왔다."라고 하여, 일본어로 크리스트교도냐고 묻자 그들이 모두 기뻐하면서 그렇다고 하였다. 그리고 조선에서는 같은 나라 사람인 박연(벨테브레이)을 통해 심문받은 적이 있었다고 말하였다.
- (가) 동인도 회사가 아시아 무역의 중심지로 삼은 곳은 바타비아였다. 그들은 이곳에 요새화된 항구 도시를 건설하였다. 또한 이 회사는 허가증을 소지하지 않은 외국 선박의 화물을 몰수하거나 인근 항구 도시를 봉쇄하는 방법으로 자신이 지배하는 바다에서 항해하는 모든 선박을 바타비아로 집중시키려고 하였다. 그 결과 바타비아는 동북아시아－동남아시아－인도－유럽을 연결하는 무역항으로 크게 번창하였다.

① 갈레온을 활용한 무역의 경로를 파악한다.
② 청에 파견된 매카트니 사절단의 일정을 조사한다.
③ 명으로부터 마카오 거주권을 획득한 배경을 살펴본다.
④ 왜관을 설치하여 일본과 무역을 실시한 이유를 알아본다.
⑤ 18세기 데지마의 상관에서 교역을 벌인 서양 상인을 찾아본다.

06
[24017-0108]

(가) 인물에 대한 설명으로 옳은 것은?

(가) (이)라는 자가 있는데 그 나라에서부터 불국을 거쳐 동쪽으로 와서 4년 만에 광동 지역에 이르렀다. 그는 천주를 높이 받드는 것을 가르쳤는데 이 또한 유자들이 공자를 받들고 불자들이 석가를 받드는 것과 같았다. 그가 저술한 책 중에 『천주실의』가 있는데 종종 유교와 더불어 서로 깨달아 밝혀 주었지만 불교와 노자의 일체 허무한 말에 대해서는 모두 심하게 비난하였다. (가) 이/가 항상 말하기를, "저 불교라는 것은 우리 천주의 가르침을 훔쳐서 윤회설과 보응설*을 보태고 그것으로 세상을 현혹시킨다. 우리 가르침은 이러한 일이 하나도 없고 단지 사람을 선하게 만들려 할 따름이다. 선하면 천주에 이르게 되고 악하면 지옥으로 떨어진다."라고 하였다.
－『북원록』－

* 보응설 : 잘못을 했다면 마땅히 벌을 받아야 한다는 학설

① 세계 지도인 곤여만국전도를 만들었다.
② 고사기를 연구하여 고사기전을 저술하였다.
③ 청의 황실 정원인 원명원 설계에 참여하였다.
④ 서양의 의학서를 번역하여 해체신서를 간행하였다.
⑤ 이탈리아의 상인으로 중국을 방문한 후 여행기를 남겼다.

07
[24017-0109]

(가) 왕조 시기 동아시아 각국의 상황으로 옳지 않은 것은?

> 사은사 김수항 등이 통역관 김시징을 먼저 보내 (가) 의 사정을 보고하기를, "오삼계가 북쪽으로 되돌아가지 않으려고 사신을 붙잡아 놓고는 군사를 모아 반란을 일으켰습니다. …… 또 오삼계가 왕보신에게 은밀히 편지를 보내 함께 반기를 들자고 하니, 왕보신이 편지를 가지고 온 사람을 붙들어 놓고 그의 아들을 조정에 보내 이 사실을 아뢰면서 그 편지도 아울러 올리자, 황제가 칙지를 내려 칭찬하였다고 합니다."라고 하였다.

① 한국 – 대동법이 시행되었다.
② 한국 – 3포를 개방하여 일본과 교역하였다.
③ 중국 – 강남 지역에 시진이 성장하였다.
④ 중국 – 산시 상인이 회관을 운영하였다.
⑤ 일본 – 오사카, 에도 등이 대도시로 발달하였다.

08
[24017-0110]

(가) 막부 시기 동아시아 각국의 문화에 대한 설명으로 옳은 것만을 〈보기〉에서 있는 대로 고른 것은?

> (가) 막부 시대 사람들은 천연두에 걸리지 않도록, 또 걸린 경우에도 빨리 가볍게 낫기를 바라는 마음을 담아 호소에라 불리는 우키요에를 문이나 집 안에 붙이거나 병자의 머리맡에 놓아 부적 대신 사용하였다. 호소에는 옛날부터 질병이나 재난을 피하는 데 효과가 있다고 믿어져 온 붉은색을 이용하여 목판화로 제작된 것이 많았다. 또한 천연두의 발생 원인을 초자연적인 힘을 가지고 있는 신 때문이라 여겼기 때문에, 이 신이 두려워하는 건강함을 상징하는 동화 속 인물이나 질병을 이겨낼 수 있는 상징들이 그림에 자주 등장하였다.

● 보기 ●

ㄱ. 한국 – 춘향가, 흥부가, 심청가 등의 판소리 공연이 성행하였다.
ㄴ. 중국 – 윈강 석굴과 룽먼 석굴이 조성되기 시작하였다.
ㄷ. 일본 – 노래, 춤, 연기를 결합한 가부키가 공연되었다.

① ㄱ ② ㄴ ③ ㄱ, ㄷ ④ ㄴ, ㄷ ⑤ ㄱ, ㄴ, ㄷ

07 새로운 국제 질서와 근대화 운동~서양 문물의 수용

1. 서양 세력의 침략과 동아시아의 개항

(1) 아편 전쟁과 청의 개방 확대

① 아편 무역 : 영국이 대청 무역 적자를 만회하기 위해 인도산 아편을 청에 판매하는 삼각 무역 전개 → 청의 아편 중독자 증가, 은 유출에 따른 재정 악화

자료 플러스 청 정부의 아편 엄금과 은 유출 방지 노력

> 아편으로 인한 해로움이 더욱 심해지고, 현지에서 다른 물건으로 속여서 몰래 들여오고 있으며, 매년 교환되는 은이 수백만 냥(兩)에 이른다고 하니, 일상적인 유출과는 비할 바가 아니다. 만약 있는 힘을 다해 엄하게 금하지 않는다면 앞으로 폐해가 어디까지 이르러야 그칠 것인가. 광둥에서 통상할 때 규칙을 준수하고, 교역에 은의 사용을 불허하라.

인도와 동남아시아에서 세력을 확대한 영국은 동아시아로 진출하여 청과의 교역을 늘려 나갔다. 영국은 청과의 무역에서 차 구매량이 늘어나는 등 무역 적자가 심해지자 이를 타개하기 위해 18세기 말부터 청을 대상으로 아편 무역을 전개하였다. 이로 인해 청에서 아편 중독자가 증가하였고, 대규모 은 유출로 인해 재정이 악화되었다. 이에 청 정부는 아편 무역에 따른 심각한 은 유출을 막기 위해 노력하였다.

② 제1차 아편 전쟁(1840~1842)

구분	내용
경과	청이 임칙서를 광저우에 보내 아편 단속 → 영국의 청 침략(아편 전쟁 발발) → 청 패배 → 난징 조약 체결
조약	• 난징 조약(1842) : 홍콩 할양, 상하이 · 광저우 등 5개 항구 개항, 공행 무역 폐지 • 추가 조약을 통해 영사 재판권, 최혜국 대우 허용

③ 제2차 아편 전쟁(1856~1860)

구분	내용
경과	영국이 청에 무역 확대를 요구하며 침공, 프랑스도 전쟁에 가담 → 톈진 조약 체결 → 청의 비준 거부 → 영 · 프 연합군의 공격 → 베이징 조약 체결
조약	• 톈진 조약(1858) : 추가 개항, 크리스트교 포교 자유 인정, 서양 외교관의 베이징 주재 허용 • 베이징 조약(1860) : 톈진 조약 내용 비준, 영국에 주룽반도 할양

(2) 일본의 개국

① 에도 막부의 대외 정책 : 네덜란드 이외 서양 국가에 대한 쇄국 정책 고수 → 제1차 아편 전쟁 이후 외세에 대한 방어 태세 강화

② 경과 : 미국 페리 함대의 무력시위 → 미일 화친 조약 체결(1854) → 미국의 통상 확대 요구 → 미일 수호 통상 조약 체결(1858)

③ 조약

- 미일 화친 조약 : 시모다 · 하코다테 개항, 최혜국 대우 규정
- 미일 수호 통상 조약 : 가나가와(대신에 요코하마 개항) · 나가사키 등 추가 개항, 협정 관세 및 영사 재판권 규정

✪ 영사 재판권
영사 재판권을 가진 국가의 국민이 조약을 맺은 상대국 영토에서 범죄를 저질렀을 경우, 자국의 영사가 재판을 담당하도록 하는 것이다.

✪ 최혜국 대우
국가 간의 통상 조약 등에서 다른 국가에 허용한 가장 유리한 대우를 조약 상대국에도 적용하도록 하는 것이다.

✪ 베이징 조약
제2차 아편 전쟁 중에 맺어진 톈진 조약의 내용을 비준한 조약이다. 러시아는 베이징 조약을 통해 연해주를 차지하였다.

개념 체크

1. (　　)이 대청 무역 적자를 만회하기 위해 인도산 아편을 청에 판매하였다.
2. 청은 베이징 조약을 통해 (　　)의 내용을 비준하고 영국에 주룽반도를 할양하였다.
3. 에도 막부는 미일 화친 조약을 체결하여 시모다, (　　)를 개항하였다.

정답
1. 영국 2. 톈진 조약 3. 하코다테

(3) **베트남의 문호 개방**

① 대외 관계 : 16세기 이후 포르투갈, 네덜란드 등 서양 각국과 교역

② 경과 : 프랑스가 크리스트교 박해를 구실로 군대 파견 → 제1차 사이공 조약 체결(1862)

③ 제1차 사이공 조약 : 크리스트교 선교의 자유, 영토 할양, 다낭 등 3개 항구 개항, 배상금 지급 등 명시

(4) **조선의 문호 개방**

① 대외 관계 : 흥선 대원군의 통상 수교 거부 정책(프랑스와 미국의 침략 방어) → 고종의 친정 이후 통상 개화에 대한 관심 고조 → 일본이 운요호 사건을 빌미로 개항 요구 → 강화도 조약(조일 수호 조규) 체결(1876)

② 강화도 조약 : 부산 외 2개 항구 개항, 영사 재판권 등 규정

✪ 운요호 사건

1875년 일본 군함 운요호가 강화도와 영종도를 공격하여 조선의 군인과 민간인들을 살상한 사건이다.

✪ 폐번치현

다이묘가 다스리던 번을 폐지하고, 현을 설치하여 중앙 정부가 임명한 관리가 통치하게 한 정책이다. 이를 통해 메이지 정부의 중앙 집권 체제가 강화되었다.

2. 근대화 운동의 전개

(1) **청의 근대화 운동**

① 태평천국 운동(1851~1864)

- 홍수전 등이 주도, 청 왕조 타도 · 남녀평등 · 토지 균분 등을 내세우며 세력 확대 → 태평천국을 세우고 청과 대립
- 서양의 개입과 한인 관료, 신사층에 의해 진압

자료 플러스 | 태평천국 운동

조선에서 들려오는 바에 따르면, "청의 소란은 주도자가 홍씨 성을 갖고 있으며, 따르는 이들은 대부분 한인들이다. 청 왕조가 일어난 뒤 시행된 변발을 금지하고, 명 왕조의 구제도를 회복하려고 한다. 가는 곳마다 한결같이 부녀자를 공격하지 않으므로 서민들이 이에 의지하며 안도하고 있다."라고 합니다.

1851년 홍수전 등의 주도로 청 왕조 타도, 남녀평등, 토지 균분 등을 주장하며 태평천국 운동이 일어났다. 태평천국 운동이 전개될 당시 조선은 연행사 등을 통해 청의 소식을 접하고 있었다. 한편, 일본의 쓰시마 도주는 조선을 왕래하는 사람을 통해 태평천국 운동에 대한 정보를 수집하였다. 청의 개항 이후 전개된 태평천국 운동과 관련하여 조선과 일본에서 예의 주시하고 있었음을 알 수 있다.

② 양무운동

배경	아편 전쟁과 태평천국 운동 진압 과정에서 서양 무기의 우수성 실감
주도	증국번, 이홍장 등 한인 관료층
방식	중체서용(중국의 전통을 근본으로 삼고 서양의 과학 기술 수용)
내용	• 서양식 무기와 군함 도입, 금릉 기기국 등 군수 공장 설립 • 기선 회사, 방직 공장 등 근대적 기업 설립
한계	중앙 정부의 체계적 지원 부족, 양무파 내부의 분열, 청일 전쟁의 패배로 한계가 드러남

(2) **일본의 메이지 유신**

① 경과 : 개항 이후 물가 급등 등 경제 혼란 → 반막부 세력이 존왕양이 운동 전개 → 막부의 탄압을 받고, 서양과의 군사적 충돌에서 패배 → 서구 문물 수용과 막부 타도 운동으로 전환 → 막부를 무너뜨리고 천황 중심의 메이지 정부 수립(1868)

② 내정 개혁 : 폐번치현, 징병제 실시, 식산흥업 정책(서양식 군수 공장 설립 등), 사민평등 표방, 소학교 설립 등

개념 체크

1. 1862년 베트남은 (　　　) 을 통해 프랑스에 다낭 등 3개 항구 개항, 크리스트교 선교의 자유 등을 허용하였다.
2. 일본이 일으킨 운요호 사건을 계기로 1876년 조선과 일본 사이에 (　　　)이 체결되었다.
3. 증국번, 이홍장 등은 중체서용의 방식으로 (　　　) 을 주도하였다.

정답

1. 제1차 사이공 조약
2. 강화도 조약 3. 양무운동

✪ 이와쿠라 사절단

서양과의 불평등 조약을 개정하기 위한 예비 교섭을 추진하고, 서양 문물과 제도를 조사하기 위해 메이지 정부가 1871년에 파견한 사절단이다. 이들은 불평등 조약 개정을 위한 예비 교섭에는 실패했지만, 미국과 유럽의 여러 국가를 시찰하고 1873년에 귀국하여 서구 문물 수용에 기여하였다.

③ 대외 정책
- 청과 대등한 입장에서 청일 수호 조규 체결(1871)
- 불평등 조약 개정을 위한 예비 교섭과 서양 문물 시찰을 위해 이와쿠라 사절단 파견
- 정한론 대두, 타이완 침공, 류큐 병합 등 대외 침략 모색

(3) 조선의 개화 정책과 갑오개혁

① 임오군란(1882)
- 원인 : 별기군과의 차별 대우, 개화 정책에 대한 반발로 구식 군인들이 봉기
- 경과 : 구식 군인들의 봉기, 도시 하층민의 가담 → 청이 개입하여 진압
- 결과 및 영향 : 청의 내정 간섭 강화, 개화 세력이 온건 개화파와 급진 개화파로 분화

② 갑신정변(1884)

경과	청프 전쟁을 틈타 김옥균 등 급진 개화파가 정변 시도 → 청군의 개입으로 실패
개혁 주장	메이지 유신을 모델로 인민 평등권 확립, 조세 제도 개혁 등 제시

③ 갑오·을미개혁
- 배경 : 청일 전쟁을 계기로 일본의 지원을 받은 개화 세력이 정권 장악
- 갑오개혁 : 왕실과 정부 사무의 분리, 근대적 내각제 수립, 조세 제도 개혁, 신분제 폐지 등
- 을미개혁 : 태양력 채택, 단발령 시행 등

3. 국민 국가 수립을 위한 노력

(1) 자유 민권 운동과 대일본 제국 헌법

① 자유 민권 운동 : 1870년대부터 서양식 의회 제도의 도입과 헌법 제정을 요구하는 운동 본격화

② 메이지 정부의 대응 : 자유 민권 운동 탄압, 서양식 정치 제도의 필요성 인정

③ 대일본 제국 헌법 제정(1889) : 입헌제 국가의 제도적 기반 마련, 천황에게 막강한 권한 부여 → 제국 의회 구성(1890)

자료 플러스 대일본 제국 헌법과 제국 의회 소집 조서

- 제5조 천황은 제국 의회의 협찬(協贊)을 거쳐 입법권을 행사한다.
  제7조 천황은 제국 의회를 소집하고, 그 개회, 폐회, 정회 및 중의원의 해산을 명한다.
  제33조 제국 의회는 귀족원과 중의원의 양원으로 성립한다.
  제41조 제국 의회는 매년 소집한다.
  제64조 국가의 세출과 세입은 매년 예산으로 제국 의회의 협찬을 거쳐야 한다.

  – 대일본 제국 헌법 –
- 짐은 제국 헌법 제7조 및 제41조에 의거하여 본년 11월 25일 제국 의회를 도쿄에서 소집한다.

  – 제국 의회 소집 조서 –

일본 메이지 정부는 자유 민권 운동을 탄압하면서도 서양식 정치 제도의 필요성을 인정하였다. 1889년 대일본 제국 헌법을 제정하여 입헌제 국가의 제도적 기반을 마련하였으며, 이듬해 귀족원과 중의원으로 이루어진 제국 의회를 구성하였다. 그러나 이 헌법은 천황에게 입법권과 의회 소집 및 폐회, 중의원 해산권 등 막강한 권한을 부여하는 등 한계점도 지니고 있었다.

개념 체크

1. 청프 전쟁을 틈타 김옥균 등 급진 개화파가 (　　　)을 일으켰으나 청군의 개입으로 실패하였다.
2. 일본에서는 1870년대부터 서양식 의회 제도 도입과 헌법 제정을 요구하는 (　　　)이 본격화되었다.
3. 일본은 (　　　)을 제정하여 입헌제 국가의 제도적 기반을 마련하였으나, 이 헌법은 천황에게 막강한 권한을 부여하였다는 한계점이 있다.

정답

1. 갑신정변 2. 자유 민권 운동 3. 대일본 제국 헌법

(2) 대한 제국의 수립과 독립 협회의 활동

① 대한 제국

수립	을미사변(1895) → 고종의 아관 파천 → 고종이 경운궁으로 환궁 후 대한 제국 수립 선포(1897)
광무개혁	• 근대적 회사 설립, 근대 학교 설립 • 대한국 국제 반포(1899) : 대한 제국이 전제 군주정 국가임을 국내외에 선포

② 독립 협회(1896~1898) : 민중 계몽, 만민 공동회 개최(열강의 이권 침탈 비판 등), 의회 개설 운동 전개 → 보수 세력의 반발과 고종의 명령으로 강제 해산

(3) 변법자강 운동과 신해혁명

① 변법자강 운동 : 청일 전쟁 패배 이후 캉유웨이, 량치차오 등이 의회 도입을 비롯한 정치 개혁 운동 본격 전개 → 보수파의 반격으로 실패(1898)

② 청 정부의 신정

- 배경 : 의화단 운동 실패 이후 개혁 요구 고조
- 내용 : 신식 군대 편성, 과거제 폐지, 흠정 헌법 대강 반포(1908)

③ 신해혁명

배경	청 왕조 타도와 공화국 수립을 목표로 쑨원 등이 중국 (혁명) 동맹회를 조직하는 등 혁명 사상 확산
전개 및 결과	혁명파의 이념에 영향을 받은 우창 신군의 봉기(1911) → 각 성의 독립 선언 → 중화민국 수립(1912, 공화제 채택), 쑨원이 임시 대총통에 취임 → 쑨원이 공화제 실시와 청 황제 퇴위를 조건으로 군사적 실권을 쥐고 있던 위안스카이와 타협 → 청 황제 퇴위(청 멸망) 이후 위안스카이가 대총통에 취임
이후 정세	위안스카이의 제정 부활 시도 → 위안스카이 사망 → 군벌 난립

4. 서구적 세계관의 침투

(1) 만국 공법의 확산

① 개념

- 서양 국가들이 구축한 국제법 질서, 주권국 간의 대등한 관계 지향
- 모든 국가를 문명국, 반문명국, 미개국으로 서열화 → 불평등 조약과 침략 합리화

② 동아시아 각국의 수용

청	중화를 자처하며 서양 열강과의 외교 실무 지침으로 사용
일본	• 서양 열강과 맺은 불평등 조약을 개정하는 근거로 활용 • 강화도 조약을 체결할 때 조선이 자주국임을 주장하는 근거로 사용
한국	• 영국의 거문도 점령과 청의 내정 간섭으로 만국 공법에 대한 회의론 고조 • 일본의 침략을 비판하고 주권 수호를 위한 외교 활동의 근거로 활용

자료 플러스 | 대한 제국의 만국 공법 활용

나라가 아무리 약소하더라도 정도(正道)를 잃지 않았을 경우에는 이웃 강대국도 함부로 포학을 부릴 수 없는 것이 바로 만국의 공법입니다. …… 신(臣)은 이 을사조약을 인준해야 나라가 보전된다는 대신들의 생각이 옳다고 보지 않습니다. 가령 인준하지 않아 나라가 망한다면 오히려 천하만국에 할 말이 있게 되는 것이며, 천하만국도 필시 공의(公議)가 있을 것이므로 결코 망할 리가 없다고 하겠습니다. –『승정원일기』–

을사조약의 강제 체결을 주도했던 신하들의 처벌을 주장하는 내용이 담긴 상소이다. 이를 통해 당시 일본의 침략을 비판하고 주권 수호를 위한 외교 활동의 근거로 만국 공법을 활용하려는 세력이 있었음을 알 수 있다.

✪ 흠정 헌법 대강

'흠정 헌법'이란 황제가 직접 제정한 헌법을 일컫는 말이고, '대강'은 핵심 사항을 의미한다. 청의 흠정 헌법 대강은 입헌 군주제를 도입하고 군주의 권리를 명문화하였다.

✪ 혁명파와 입헌파

근대화를 추진하는 과정에서 중국의 개혁 세력은 혁명파와 입헌파로 나뉘어 대립하였다. 혁명파는 청 왕조 타도와 공화정 수립을, 입헌파는 입헌 군주제, 의회제 수용 등 점진적 개혁을 주장하였다.

개념 체크

1. 청일 전쟁 패배 이후 의회 도입 등을 주장하던 캉유웨이 등이 (   )을 전개하였다.
2. 1912년 1월 중화민국이 수립되어 (   )이 임시 대총통에 취임하였다.
3. 일본은 강화도 조약을 체결할 때 (   )을 근거로 조선이 자주국임을 주장하였다.

정답

1. 변법자강 운동 2. 쑨원
3. 만국 공법

✪ 신보
영국 상인이 상하이에서 발행한 근대적 신문으로 특파원을 파견하여 신속하게 정보를 제공하는 한편, 중국인들의 글을 많이 실어 큰 인기를 누렸다.

✪ 교육 칙어
유교적 덕목을 강조하면서 국가와 천황에 대한 충·효를 다할 것을 당부하는 내용으로 이루어져 있다. 메이지 정부는 이를 통해 천황제를 뒷받침하고자 하였다.

✪ 교육입국 조서
조선은 교육입국 조서를 통해 충군애국의 교육 목표와 지덕체를 겸비한 교육을 강조하였다. 이후 소학교, 사범 학교, 외국어 학교 등이 설립되었다.

(2) 사회 진화론의 수용

① 개념 : 인간 사회에 약육강식과 자연 도태의 원리 적용

② 특징

- 자강 운동의 근거로 한국 등 동아시아에서 수용, 서양을 모델로 한 전면적 개혁에 활용
- 제국주의 열강의 침략을 불가피한 것으로 수용하는 경향 등장

③ 동아시아 각국의 수용

일본	• 자유 민권 운동 비판, 천황에 대한 충성 강조, 제국주의적 팽창 정당화 • 가토 히로유키, 후쿠자와 유키치 등이 수용
청	• 변법자강 운동에 영향 • 옌푸의 『천연론』 출간
한국	• 애국 계몽 운동에 영향, 교육과 산업을 진흥하자는 논리로 활용 • 유길준, 윤치호 등이 수용

5. 근대 지식의 확산

(1) 근대 신문의 발행

① 역할 : 국내외 소식의 전달, 민권 관념의 보급, 여론 형성 등에 기여

② 동아시아 각국의 신문 : 각국 정부는 허가제, 검열제 등으로 탄압

청	• 영국 상인이 상하이에서 신보 창간(1872) • 청 정부가 등록제, 검열제 등으로 탄압
일본	• 요코하마 마이니치 신문 : 일본 최초의 일본어 일간지 • 요미우리 신문 : 흥미 위주, 청일 전쟁과 러일 전쟁을 보도하며 성장
조선	• 한성순보 : 정부가 발행한 조선 최초의 근대적 신문 • 독립신문 : 민간 신문으로 창간(1896), 한글과 영문으로 발행, 국권 수호를 위한 여론 조성

자료 플러스 근대 신문의 발행

- 국가의 정치, 풍속의 변천, 중국과 외국의 교섭에 중요한 일, 상업과 무역의 장점과 폐단, 그리고 무릇 새로 듣는 사람의 귀를 놀라게 하거나 또는 기쁘게 할 수 있는 모든 사건들을 남김없이 게재하겠다.
 – 신보(申報) 창간호 –
- 우리 조정에서도 박문국을 설치하고 관리를 두어 외국의 신문을 폭넓게 번역하고 아울러 국내의 일까지 기재하여 나라 안에 알리는 동시에 다른 나라에까지 공포하기로 하였다. …… 세계 속의 법, 재정, 기계, 빈부, 식량 사정 등만이 아니라 인품의 선악, 물가의 높고 낮음까지를 사실대로 정확히 실어 밝게 알 수 있을 뿐만 아니라 그에 대한 평가도 사이사이에 포함시켰다.
 – 한성순보 창간호 –

동아시아 각국은 국내외 소식을 전달하고, 민권 관념을 보급하며 여론 형성에 기여하는 근대 신문을 발행하였다. 중국에서는 개항장인 상하이에서 영국 상인에 의해 신보가 발행되었다. 조선에서는 정부가 박문국에서 열흘에 한 번씩 발간되는 한성순보를 발행하였다.

(2) 근대 교육의 확산

① 배경 : 서양 문물 수용의 필요성 대두 → 교육 제도 개편, 서양식 학교 설립, 교육 기회 확대

② 일본 : 근대 학제 제정(1872, 소학교 의무 교육 제도 도입), 도쿄 대학 설립(1877), 교육 칙어 반포(1890)

③ 조선 : 육영 공원 설립(1886), 교육입국 조서 발표(1895)

④ 청 : 베이징에 경사 대학당 설립(1898), 근대 학제 마련

개념 체크

1. (　　　)는 19세기 말에 『천연론』을 출간하여 사회 진화론을 중국에 본격적으로 소개하였다.
2. (　　　)은 일본 최초의 일본어 일간지로 요코하마에서 창간되었다.
3. 메이지 정부는 1890년에 천황에 대한 충성을 강조하는 (　　　)를 반포하였다.

정답
1. 옌푸
2. 요코하마 마이니치 신문
3. 교육 칙어

(3) 여성 교육과 여성 권리 의식의 성장
① 특징 : 여성 권리 의식이 향상되고, 여학교가 설립
② 일본 : 부인 교풍회가 여성 운동 전개
③ 대한 제국 : 서울의 여성들이 여권통문 발표(여학교 설립 청원)
④ 중국 : 신해혁명과 신문화 운동 이후 여성 권리 신장 요구 증가

6. 근대적 생활 방식의 확산
(1) 근대 도시의 형성
① 조계(거류지) : 개항장 내 외국인의 거주와 영업이 허용된 지역, 치외 법권 적용 → 전신·전화·전차 등 서구 문물의 수용 통로로 기능, 도시화 진행
② 동아시아 각국의 도시화

청	상하이에 영국, 미국, 프랑스 등이 조계 설정·관리 → 무역과 경제, 문화의 중심지로 성장
일본	• 시모다와 하코다테를 시작으로 개항, 개항장에 외국인 거류지 건설 • 요코하마 : 미일 수호 통상 조약을 계기로 개항, 상하이·샌프란시스코와 연결되는 항로 개설 • 도쿄 : 긴자에 대화재가 난 이후 서양식 거리 조성
한국	• 부산, 인천 등 개항장에 조계 형성 • 한성 : 외국인 거주 증가, 대한 제국 시기에 황성 만들기 사업 추진

(2) 철도의 부설
① 철도 : 인구 이동과 물자 유통 촉진, 활동 공간과 시야 확대, 한편 서양 열강의 침략 도구로 인식되어 갈등 초래
② 청 : 열강의 경제적·군사적 침탈, 크리스트교의 전파 및 풍수 문제 등을 우려하여 철도 부설에 부정적 → 청일 전쟁 이후 열강이 철도 부설권 침탈 → 이권 회수 운동 확산
③ 일본 : 철도를 문명의 이기로 보고 일찍부터 관심 → 도쿄와 요코하마 사이에 부설(1872) → 각 지역에서 철도 부설 유치 운동 전개
④ 대한 제국 : 일본에 의해 철도 건설, 러일 전쟁에서 일본의 병력과 물자 수송에 활용, 부설 과정에서 일본은 철도 주변의 토지 약탈 → 의병들이 철도 공사장 공격

자료 플러스 철도 부설과 근대적 시간관념의 확산

여객 열차는 표에 나와 있는 시각에 출발하고 도착하며, 매일 신바시와 요코하마 각 역 사이를 왕복한다. 승차를 원하는 사람은 늦어도 표시된 시각의 10분 전까지 역에 와서 표를 사야 한다. …… 출발 시간이 지연되지 않도록 하기 위해 표시된 시각의 3분 전에는 역의 문을 닫는다.

도쿄와 요코하마 사이에 부설된 철도 시간표에 쓰여 있는 안내문의 일부이다. 열차가 정해진 시간에 운영될 수 있도록 이용객들에게 분 단위로 해야 할 것들을 안내하고 있다. 이러한 철도의 운영과 보급은 근대적 시간관념 확산에 영향을 끼쳤다.

(3) 서양식 생활 방식의 수용
① 의복의 변화 : 서양식 복장과 단발 확산
② 서양식 시간관념의 도입
- 양력 사용 시작 : 일본(1873), 조선(1896), 중국(1912)
- 하루를 24시간, 일주일을 7일로 하는 공통의 시간관념이 전국으로 확산

✪ 시모다와 하코다테

미일 화친 조약으로 시모다와 하코다테가 개항되었다. 시모다는 에도와 상대적으로 가까운 곳에 있는 항구이며, 하코다테는 홋카이도 남단에 있는 항구이다.

✪ 청의 철도 부설 노력

청 정부는 1889년 철도 부설을 기본 정책으로 확정하였다. 그러나 1901년 신축 조약의 체결로 철도 부설권은 대부분 열강의 손으로 넘어갔다. 한편 청 정부가 철도를 국유화하고 이를 담보로 차관을 도입하려 하자, 이에 반대하는 투쟁이 일어나 신해혁명에 영향을 주었다.

개념 체크

1. 개항장에 설정된 (　　) 는 외국인의 거주와 영업이 허용된 지역으로, 치외 법권이 적용되었다.
2. 1872년 일본에서는 (　　) 와 요코하마를 잇는 철도가 부설되었다.
3. (　　)에서는 을미개혁으로 1896년부터 양력을 사용하기 시작하였다.

정답
1. 조계(거류지) 2. 도쿄 3. 조선

대표 기출 확인하기 | 난징 조약

정답과 해설 29쪽

대표 기출 문제 밑줄 친 '이 조약'에 대한 설명으로 옳은 것은? 2024학년도 수능 6월 모의평가

> 우리는 광저우 외에 추가로 4개의 항구에 개항장을 설치하였습니다. 이 조약으로 공행만을 통한 무역에서 벗어나 자유로운 교역이 가능해졌습니다. 그러나 청으로의 수출은 모두가 기대했던 것만큼 늘지 않았습니다. 중국 노동자는 두툼하고 질긴 의복을 입기 때문에 우리의 얇은 면직물은 필요가 없습니다. 농민들은 추수가 끝나고 농한기가 되면 집에 있는 베틀로 의복을 스스로 만들어 입기 때문에 우리 영국산 제품을 굳이 살 이유가 없습니다.

① 미국의 중재로 조인되었다.
② 홍콩 할양 규정을 포함하였다.
③ 운요호 사건을 계기로 체결되었다.
④ 조선이 자주 독립국임을 명시하였다.
⑤ 서양 외교관의 베이징 주재를 허용하였다.

정답 | ②

풀이 | 광저우 외에 추가로 4개 항구에 개항장을 설치하였다는 점, 공행만을 통한 무역에서 벗어나 자유로운 교역이 가능해졌다는 점 등을 통해 밑줄 친 '이 조약'이 제1차 아편 전쟁 결과 1842년 청과 영국이 체결한 난징 조약임을 알 수 있다. ② 난징 조약은 홍콩 할양 규정을 포함하였다.
① 1905년 미국의 중재로 포츠머스 조약이 체결되어 러일 전쟁이 종결되었다. ③ 운요호 사건을 일으킨 일본은 조선에 개항을 요구하였고, 이듬해인 1876년에 강화도 조약이 체결되었다. ④ 청일 전쟁 결과 체결된 시모노세키 조약에서 청은 조선이 독립 자주국임을 확인한다는 내용을 명시하였다. ⑤ 제2차 아편 전쟁의 결과 톈진 조약(1858)과 베이징 조약(1860)이 체결되어 크리스트교 포교의 자유 인정과 서양 외교관의 베이징 주재 허용 등이 규정되었다.

닮은꼴 문제 1 밑줄 친 '이 조약'에 대한 설명으로 옳은 것만을 〈보기〉에서 있는 대로 고른 것은? [24017-0111]

> **동아시아사 신문**
> 제○○호
>
> **홍콩 주권 반환식 거행**
>
> 장쩌민 중국 국가 주석은 영국 여왕을 대리하여 홍콩에 온 찰스 왕세자로부터 이날 0시를 기해 영국으로부터 홍콩의 주권을 정식 인수한 뒤 '중화 인민 공화국 홍콩 특별 행정구'의 성립을 선포하였다. 이로써 홍콩은 식민지 시대를 마감하고 특구로서 새로운 시대의 막을 올렸다. 이 조약을 통해 영국에 홍콩섬을 할양하였던 중국은 155년 만에 홍콩에 대한 주권을 정식으로 회복하였다. 주권 교대 시점에 앞서 30일 오후 인민 해방군 선발대가 육로를 통해 진주하였다.

보기
ㄱ. 상하이 등 5개 항구 개항을 규정하였다.
ㄴ. 크리스트교 선교를 인정하는 내용을 담고 있다.
ㄷ. 미국 페리 함대의 무력시위에 영향을 받아 체결되었다.

① ㄱ ② ㄴ ③ ㄱ, ㄷ ④ ㄴ, ㄷ ⑤ ㄱ, ㄴ, ㄷ

대표 기출 확인하기

메이지 정부의 활동

정답과 해설 29쪽

대표 기출 문제 밑줄 친 '조서'가 반포된 시기의 동아시아 상황으로 옳은 것은? 2024학년도 수능 6월 모의평가

> 그해 1월, 미국인인 나는 과학 교사로 후쿠이성에 머물면서 일본에서 일어난 격동의 흐름을 목격하였다. 당시 천황은 통치 체제를 혁신하기 위한 조서를 반포하였다. 이에 따라 후쿠이현이 설치되자 내부에서 큰 동요가 일었으나, 번주는 대의를 위해 수백 명이나 되는 세습 가신을 소집하여 번주를 향한 충성심 대신 애국심을 가질 것을 명하였다. 번주는 조상 대대로 물려받은 성을 뒤로 한 채 모든 권력을 내려놓고 도쿄로 떠났다. 백성들은 모두 거리로 나와서 그의 마지막 길을 배웅하였다. 이듬해에는 도쿄 신바시와 요코하마를 잇는 철도의 개통식이 열리는 등 일본이 새로운 시대로 나아가는 것을 직감할 수 있었다.

① 이홍장의 주도로 군수 산업이 육성되었다.
② 광무개혁을 통해 식산흥업 정책이 실시되었다.
③ 근대 교육을 실시하는 경사 대학당이 운영되었다.
④ 대일본 제국 헌법에 따라 중의원 선거가 시행되었다.
⑤ 하급 무사들을 중심으로 막부 타도 운동이 전개되었다.

정답 | ①

풀이 | 통치 체제 혁신을 위해 천황이 반포하였다는 점, 후쿠이현이 설치되자 번주는 모든 권력을 내려놓았다는 점, 이듬해 도쿄와 요코하마를 잇는 철도의 개통식이 열렸다는 점 등을 통해 밑줄 친 '조서'는 1871년 반포된 것임을 알 수 있다. ① 19세기 중엽부터 청에서는 이홍장 등이 양무운동을 전개하여 금릉 기기국 설립 등의 성과를 거두기도 하였으나, 청일 전쟁(1894~1895)의 패배로 한계가 드러났다.

② 고종은 1897년 국호를 대한 제국으로 변경하고 황제로 즉위하였다. 또한 광무개혁을 통해 식산흥업 정책을 실시하는 등 근대 국가를 건설하려고 노력하였다. ③ 청은 근대 교육을 위해 1898년 베이징에 경사 대학당을 설립하였다. ④ 메이지 정부는 1889년 대일본 제국 헌법을 제정하고 이듬해 중의원 선거를 시행하여 제국 의회를 설립하였다. ⑤ 개항 과정에서 막부에 대한 불만이 고조되는 가운데 하급 무사들을 중심으로 막부 타도 운동이 전개되어 에도 막부가 붕괴되고 1868년 메이지 정부가 수립되었다.

닮은꼴 문제 **2** 밑줄 친 '정부'에 대한 설명으로 옳은 것은? [24017-0112]

> 사료로 보는 동아시아사
>
> 애초에 저희가 있는 곳은 천황의 토지이며, 저희가 다스리고 있는 백성은 천황의 백성입니다. 어찌하여 저희가 이를 가질 수 있겠습니까. 지금 삼가 그 토지와 인민을 조정에 헌상합니다.
>
> 해설 자료는 사쓰마, 조슈, 도사, 히젠 등 4개 번의 다이묘가 자신들이 가진 영지 등에 대한 권리를 천황에게 바치겠다는 내용이 담긴 건의서의 일부이다. 이 건의서는 막부가 무너지고 천황 중심으로 새로운 정부가 들어선 이듬해 제출되었다. 이후 정부는 중앙 집권 체제 확립을 위해 폐번치현을 단행하였다.

① 대한국 국제를 제정하였다.
② 태평천국 운동을 진압하였다.
③ 청일 수호 조규를 체결하였다.
④ 흠정 헌법 대강을 반포하였다.
⑤ 미일 수호 통상 조약을 맺었다.

수능 기본 문제

[24017-0113]

01 밑줄 친 '이 전쟁'의 결과로 옳은 것은?

사료로 보는 동아시아 전쟁

> 청에서는 영국인들에 대한 도리에 어긋나는 일이 벌어졌다. 이에 영국은 군대를 청으로 보냈으며, …… 영국령에 있는 병사를 모아 청에 대한 보복을 준비하고 있다.

해설 네덜란드 상관장이 일본에 제출한 「화란풍설서」의 일부이다. 당시 일본은 임칙서의 아편 단속을 빌미로 시작된 이 전쟁이 일어나게 된 배경과 관련된 정보 등을 네덜란드 상관장을 통해 얻을 수 있었다. 아편 단속과 관련된 사건이 '도리에 어긋나는 일'로만 표현되어 있는 것처럼 상세한 내용보다는 간단한 정보 위주였던 것으로 보인다.

① 천계령이 해제되었다.
② 오닌의 난이 일어났다.
③ 매카트니 사절단이 파견되었다.
④ 제1차 사이공 조약이 체결되었다.
⑤ 상하이 등 5개 항구가 개항되었다.

[24017-0114]

02 밑줄 친 '이 조약'에 대한 설명으로 옳은 것은?

사진은 하코다테에 있는 고료카쿠의 모습이다. 하코다테는 시모다와 함께 이 조약으로 개항되었으며, 일본은 이 조약에서 미국에 제한적 무역을 허용하고 최혜국 대우를 인정하였다. 미국 등 서양 세력의 접근과 위협에 대비하기 위해 일본은 서양식 요새를 만들 목적으로 고료카쿠를 짓기 시작하였으며, 성곽이 별 모양을 띠고 있는 것이 특징이다.

① 영사 재판권을 명시하였다.
② 일부 영토 할양을 규정하였다.
③ 메이지 정부가 주도하여 맺어졌다.
④ 크리스트교 선교의 자유를 인정하였다.
⑤ 페리 함대의 무력시위를 계기로 체결되었다.

[24017-0115]

03 (가) 운동에 대한 설명으로 옳은 것은?

자료는 강남 기기제조총국의 부속 기관에서 담당하였던 서양 군사 서적 번역에 대한 글로 증국번이 쓴 것입니다. 강남 기기제조총국은 (가) 이/가 전개됨에 따라 금릉 기기국이 설립된 해 상하이에 만들어진 군수 공장입니다.

> 서양 군사 서적을 번역하는 일은 군사 무기를 제조하는 일에 있어 근본이 됩니다. 서양 사람들이 군사 무기를 제조하는 일은 산학(算學)에 기반을 두고 있는데, 그 산학에 관련된 내용 가운데 난해한 부분은 모두 그림을 곁들여 설명하고 있습니다. …… 올해 강남 기기제조총국 위원들이 많은 노력을 기울여 4종의 서적이 번역되었습니다.

① 을미개혁의 영향을 받았다.
② 중체서용을 기치로 내세웠다.
③ 기유약조 체결의 계기가 되었다.
④ 대한국 국제의 반포로 이어졌다.
⑤ 우창 신군의 봉기로 본격화되었다.

[24017-0116]

04 밑줄 친 '군란'이 발생한 이후 나타난 사실로 옳은 것은?

자료는 청에 납치된 흥선 대원군이 구금될 때까지의 경로를 보여 주고 있습니다. 조선에서 신식 군대와의 차별 대우에 불만을 품은 구식 군인들의 주도로 군란이 일어나자 청은 군대를 동원하여 진압하고 고종의 아버지인 흥선 대원군을 납치하였으며, 조선에 대한 내정 간섭을 강화하였습니다. 흥선 대원군은 약 3년 동안 청의 바오딩부에서 지내야만 했습니다.

흥선 대원군의 이동 경로

- 7. 13. 청 군대에 의해 납치
- 7. 14. 마산포로 호송
- 7. 19. 톈진 도착
- 7. 25. 퉁저우 도착
- 7. 26. 톈진 회항
- 8. 15. 바오딩부 구금 결정

① 운요호 사건이 일어났다.
② 미일 수호 통상 조약이 체결되었다.
③ 오삼계 등이 삼번의 난을 일으켰다.
④ 급진 개화파가 갑신정변을 주도하였다.
⑤ 반막부 세력이 존왕양이 운동을 전개하였다.

[24017-0117]

05 (가)에 들어갈 내용으로 가장 적절한 것은?

탐구 학습 활동지

1. 탐구 주제 : (가)
2. 수집 자료 : 캉유웨이가 쓴 글

최근 갑오년 전쟁에서 패배한 후, 중국인들이 패배에 대한 대책을 연구하면서 서구의 강함을 대략 알게 되었습니다. 서구의 강함이 포대 무기와 군사 병력에 있는 것이 아니라, 학교에 있다고 말하는 사람들이 점차 많아졌습니다. 그러나 실제로 서구가 강하게 된 것은 정치 체제의 훌륭함에 있다는 사실을 알지 못합니다. 저들은 정치 권력에 셋이 있다고 말하는데, 입법관, 행정관, 사법관입니다. 입법관은 논의하는 관으로 주로 제도를 만들고, 규정을 짓고 정하는 기관입니다. …… 3관이 정립돼야 정치 체제가 세워지고, 3관은 서로 침범하지 않아야 정사(政事)가 일어납니다.

① 변법자강 운동 추진 세력의 지향점
② 조선의 통상 수교 거부 정책 사례 분석
③ 회취법 도입을 통한 은 생산량의 변화 파악
④ 다이묘 통제를 위한 산킨코타이 제도의 실시
⑤ 곤여만국전도 제작이 끼친 동아시아 세계관의 변화

[24017-0118]

06 밑줄 친 '이 이론'에 대한 설명으로 옳은 것은?

이타가키 다이스케 등이 제출한 민선 의원 설립 건백서에 대해 가토 히로유키는 "모든 인민의 지식이 아직 열리지 않았는데 크게 자유의 권리를 얻게 된다면, 이를 시행할 올바른 방도를 몰라서 도리어 이로 인하여 자포자기에 빠지고, 마침내 국가의 치안을 상해할 우려가 있다. 어찌 두려워하지 않을 수 있겠는가."라며 의문을 제시하였다. 즉, 그는 스펜서가 인간 사회에 약육강식의 원리를 적용하여 제기한 이 이론에 따라 민선 의원은 서구의 개화한 나라들에서 반드시 필요하지만, 일본과 같은 개화가 미진한 나라에서는 유해무익하다고 주장한 것이다.

① 치양지와 지행합일을 강조하였다.
② 다이호 율령 반포의 배경이 되었다.
③ 사서집주의 편찬으로 집대성되었다.
④ 에도 막부의 제도와 의례 정비에 이용되었다.
⑤ 청의 옌푸가 천연론을 통해 상세히 다루었다.

[24017-0119]

07 다음 두 자료가 발표된 해에 있었던 사실로 옳은 것은?

- 국가의 정치, 풍속의 변천, 중국과 외국의 교섭에 중요한 일, 상업과 무역의 장점과 폐단, 그리고 무릇 새로 듣는 사람의 귀를 놀라게 하거나 또는 기쁘게 할 수 있는 모든 사건들을 남김없이 게재하겠다. – 신보(申報) 창간호 –
- 지금부터 일반 인민(화족, 사족, 농공상 및 부녀자)은 반드시 마을에서 아이를 학교에 보내지 않는 가구가 없도록 하고, 가정에서 학교에 가지 않는 사람이 없기를 기대한다. …… 어린아이들이 남녀 함께 소학교에 다니게 하는 것은 부모의 책임이다. – 학제 서문 –

① 독립신문이 창간되었다.
② 대한 제국이 수립되었다.
③ 교육입국 조서가 발표되었다.
④ 흠정 헌법 대강이 반포되었다.
⑤ 도쿄와 요코하마 사이에 철도가 개통되었다.

[24017-0120]

08 (가) 도시에 대한 설명으로 옳은 것은?

동아시아 역사 탐험대 모집

떠나자! 난징 조약으로 개항된 (가) 의 역사 유적을 찾아

주요 활동
- 대한민국 임시 정부 청사 찾아 가기
- 미국, 프랑스 등의 조계 흔적 찾기
- 황푸강과 인접한 와이탄에서 근대 서양식 건축물 찾기

① 데지마가 건설된 곳이다.
② 여권통문이 발표된 곳이다.
③ 영국 상인이 신문을 발행한 곳이다.
④ 조선에서 온 통신사의 최종 목적지였다.
⑤ 에스파냐가 갈레온 무역의 거점으로 삼았다.

[24017-0121]

1 **교사의 질문에 대한 학생의 답변으로 가장 적절한 것은?**

> 아편으로 인한 해로움이 더욱 심해지고, 현지에서 다른 물건으로 속여서 몰래 들여오고 있으며, 매년 교환되는 은이 수백만 냥(兩)에 이른다고 하니, 일상적인 유출과는 비할 바가 아니다. 만약 있는 힘을 다해 엄하게 금하지 않는다면 앞으로 폐해가 어디까지 이르러야 그칠 것인가. 광둥에서 통상할 때 규칙을 준수하고, 교역에 은의 사용을 불허하라.

이 글은 도광제가 아편의 해로움을 막고, 은 유출로 인한 재정 악화를 개선하기 위해 내린 조치입니다. 결국 그는 임칙서를 광저우에 보내 아편 단속을 실시합니다. 이로 인해 일어난 일에 대해 말해 볼까요?

① 기유약조가 체결되었습니다.
② 병자호란이 발발하였습니다.
③ 영국이 청을 침략하였습니다.
④ 조 · 명 연합군이 결성되었습니다.
⑤ 무로마치 막부가 수립되었습니다.

[24017-0122]

2 **다음 조치가 내려진 배경으로 옳은 것은?**

> 작년 요코하마 개항으로 외국과의 무역이 진행되면서 지방 상인들이 자신들의 이익만을 추구하고 경쟁이 심해져서 물가가 오르게 되었다. 또한 상품을 매매하여 직접 개항장 요코하마로 보내 에도로 들어오는 상품이 감소하고 상품이 부족해지는 현상이 나타나 어려움이 크다. 이에 당분간 다음과 같이 통제한다.
>
> 잡곡, 등유, 밀랍, 포목, 생사
>
> 위 다섯 가지 상품에 한해서 무역 물품은 모두 에도를 경유해서 요코하마로 보내야 한다.
>
> 만엔[万延] 원년 3월

① 임오군란이 일어났다.
② 육영 공원이 설립되었다.
③ 운요호 사건이 발생하였다.
④ 의화단 운동이 실패하였다.
⑤ 미일 수호 통상 조약이 체결되었다.

[24017-0123]

3 (가)에 들어갈 내용으로 가장 적절한 것은?

사료로 보는 동아시아 근대화 운동

조선에서 들려오는 바에 따르면, "청의 소란은 주도자가 홍씨 성을 갖고 있으며, 따르는 이들은 대부분 한인들이다. 청 왕조가 일어난 뒤 시행된 변발을 금지하고, 명 왕조의 구제도를 회복하려고 한다. 가는 곳마다 한결같이 부녀자를 공격하지 않으므로 서민들이 이에 의지하며 안도하고 있다."라고 합니다.

해설 자료는 일본의 쓰시마 도주가 ○○○○ 운동에 대해 조선을 통해 습득한 정보를 기록한 것의 일부이다. 1851년 홍수전 등의 주도로 청 왕조 타도, 남녀평등, 토지 균분 등을 주장하며 일어난 이 운동은 결국 (가) 에 의해 진압되었다. 이 자료를 통해 청의 개항 이후 급변하는 동아시아 정세를 파악하기 위해 동아시아 각국이 관심을 기울이고 있었음을 알 수 있다.

① 명군의 파견과 의병
② 일본의 지원과 개화 세력
③ 쿠빌라이가 편성한 연합군
④ 네덜란드 상인의 활동과 조닌층
⑤ 서양의 개입과 한인 관료 및 신사층

[24017-0124]

4 다음 자료를 포고한 정부에 대한 설명으로 옳은 것만을 〈보기〉에서 고른 것은?

태정관 포고

사농공상의 사민이 드디어 자유의 권리를 갖게 되었다. 이렇게 상하의 신분 차이를 없애고 인권을 평등하게 쓰는 것은 바로 무사와 농민을 일체화하는 기초가 된다. …… 지금 서양의 장점을 받아들여 예전부터 있었던 병제(兵制)를 보완하고 해군과 육군을 마련하며, 전국의 사민(四民) 남성으로 20세가 된 자는 모두 병적(兵籍)에 편입하고 국가의 위급 상황에 대비해야 한다.

보기

ㄱ. 미일 화친 조약을 맺었다.
ㄴ. 금릉 기기국을 설립하였다.
ㄷ. 청일 수호 조규를 체결하였다.
ㄹ. 번을 폐지하고 현을 설치하였다.

① ㄱ, ㄴ ② ㄱ, ㄷ ③ ㄴ, ㄷ ④ ㄴ, ㄹ ⑤ ㄷ, ㄹ

[24017-0125]

5 다음 글이 작성된 시기를 연표에서 옳게 고른 것은?

김옥균, 박영효의 무리가 서로 단결하여 개화당이라 칭하고 민씨를 공격하여 불행하게도 갑신년 겨울 끝내 변란이 일어났다. 그리고 그 당시 김옥균과 박영효 등은 전적으로 일본 공사에게 의지하였으므로 일본당으로 지목되었다. 변란이 있은 지 10년 후였던 작년의 왕궁 변란에 이르러서는 뜻밖에도 일본군은 애초부터 일본을 적대시했던 대원군을 추대하여 왕궁으로 들여보내 다시 정권을 잡게 하였으며 대군주는 허위를 지킬 뿐이었다. 그 후 귀 공사의 진력에 의해 대원군은 정권에서 물러났고 구체제로 되돌아갔다고는 하지만 잇따라 관제를 설정하고 이에 따라 내각을 조직하기에 이르러 내각의 권력이 항시 군주를 압제하고 모든 정무가 내각의 전권으로 일변하여 군주는 다만 내각의 상소에 따라 재가를 하지 않을 수 없게 된 것이 요즈음의 실상이다.

	(가)	(나)	(다)	(라)	(마)	
제1차 사이공 조약 체결	도쿄 대학 설립	일본, 교육 칙어 반포	대한 제국 수립	대한국 국제 반포	청 멸망	

① (가)　② (나)　③ (다)　④ (라)　⑤ (마)

[24017-0126]

6 밑줄 친 '이 헌법'이 제정될 당시 볼 수 있는 모습으로 가장 적절한 것은?

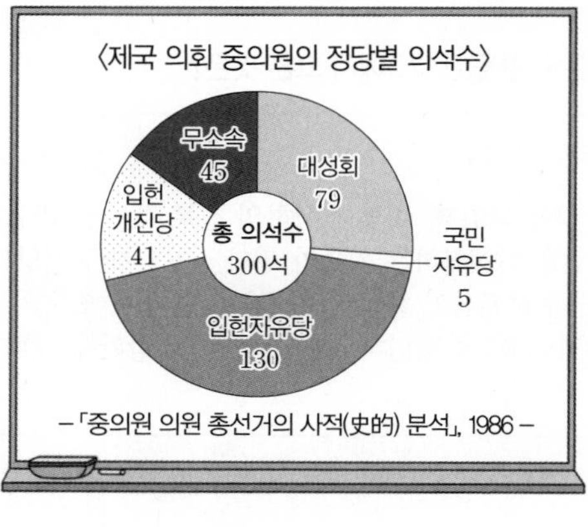

그래프는 이 헌법에 근거하여 처음 구성된 제국 의회 중의원의 정당별 의석수를 나타낸 것입니다. 자유 민권 운동의 영향으로 이 헌법이 제정되고, 이듬해 치러진 첫 번째 민선으로 300명의 중의원이 선출되었습니다. 가장 많은 의석수를 확보한 입헌자유당은 이타가키 다이스케가 이끌었습니다.

① 행성으로 파견되는 다루가치
② 난징을 점령하는 태평천국군
③ 소학교에 다니는 일본 여학생
④ 교육입국 조서를 반포하는 국왕
⑤ 미국을 시찰하는 이와쿠라 사절단

[24017-0127]

7 **밑줄 친 '이 혁명'의 전개 과정에서 있었던 사실로 옳은 것은?**

삽화로 보는 동아시아 역사

이 삽화는 중화민국이 채택한 공화제를 표현한 것이다. 이 혁명으로 수립된 중화민국에서는 공화제를 채택하였고, 중화민국에서는 '공화', '민권' 등의 근대적 관념을 민중들이 쉽게 이해할 수 있도록 하기 위한 삽화가 다수 제작되었다. 이 삽화는 중화민국의 오색기(왼쪽에서 첫 번째)가 미국 국기(가운데), 프랑스 국기와 나란히 걸려 있는 것을 통해 중화민국이 미국, 프랑스와 같이 공화제로 운영된다는 것을 보여 주고 있다.

① 우창에서 신군이 봉기하였다.
② 한성에서 을미사변이 일어났다.
③ 오삼계 등이 삼번의 난을 일으켰다.
④ 사르후 전투에 강홍립이 참전하였다.
⑤ 요코하마 마이니치 신문이 창간되었다.

[24017-0128]

8 **다음 자료를 활용한 탐구 활동으로 가장 적절한 것은?**

나라가 아무리 약소하더라도 정도(正道)를 잃지 않았을 경우에는 이웃 강대국도 함부로 포학을 부릴 수 없는 것이 바로 만국의 공법입니다. …… 신(臣)은 이 을사조약을 인준해야 나라가 보전된다는 대신들의 생각이 옳다고 보지 않습니다. 가령 인준하지 않아 나라가 망한다면 오히려 천하만국에 할 말이 있게 되는 것이며, 천하만국도 필시 공의(公議)가 있을 것이므로 결코 망할 리가 없다고 하겠습니다.

① 흉노가 한에 공물을 요구한 배경을 알아본다.
② 당이 토번에 화번공주를 보낸 목적을 정리한다.
③ 조선에서 친명배금 정책이 시작된 시기를 조사한다.
④ 에도 막부가 포르투갈 상인을 추방한 이유를 찾아본다.
⑤ 청이 서양 열강과의 외교 실무 지침으로 사용한 개념을 분석한다.

[24017-0129]

9 **밑줄 친 '이곳'을 지도에서 옳게 고른 것은?**

> **○○ ○○ 조약**
>
> 제2조
> 이곳 항구는 조약 조인 후 즉시 개항하고, 하코다테는 내년 3월부터 개항하는 것으로 한다.

> **△△ △△ △△ 조약**
>
> 제3조
> 이곳, 하코다테 외에 다음 장소를 개항한다. 가나가와, 나가사키, 니가타, 효고 …… 가나가와 개항 6개월 후에 이곳은 폐쇄한다.

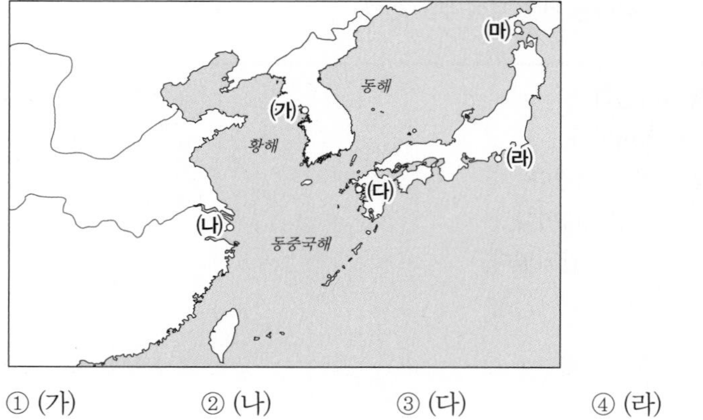

① (가) ② (나) ③ (다) ④ (라) ⑤ (마)

[24017-0130]

10 **다음 자료를 활용한 탐구 주제로 가장 적절한 것은?**

신바시	시나가와	가와사키	쓰루미	가나가와	요코하마(도착)
오전 8시	8시 8분	8시 26분	8시 34분	8시 45분	8시 53분

※ 신바시 기준, 오전 8시 · 9시 · 10시 · 11시, 오후 2시 · 3시 · 4시 · 5시 · 6시 출발

메이지 5년 9월부터 여객 열차는 표에 나와 있는 시각에 출발하고 도착하며, 매일 신바시와 요코하마 각 역 사이를 왕복한다. 승차를 원하는 사람은 늦어도 표시된 시각의 10분 전까지 역에 와서 표를 사야 한다. …… 출발 시간이 지연되지 않도록 하기 위해 표시된 시각의 3분 전에는 역의 문을 닫는다.

① 신문의 발행과 여론 형성
② 조총의 전래와 전쟁 양상의 변화
③ 철도 부설과 근대적 시간관념의 확산
④ 여학교 설립과 여성 권리 의식의 향상
⑤ 독립 협회의 활동과 만민 공동회 개최

08 제국주의 침략 전쟁과 민족 운동

1. 제국주의 침략과 동아시아 질서의 변화

(1) 청일 전쟁(1894~1895)

① 배경 : 임오군란, 갑신정변 이후 조선을 둘러싼 청과 일본의 대립 격화

② 전개 : 동학 농민 운동 당시 청·일 양국군 파병 → 조선의 철병 요구를 무시한 일본이 경복궁을 점령하고 풍도 앞바다에서 청군을 공격하면서 전쟁 발발 → 일본이 평양 전투, 황해 해전 등에서 승리하고 랴오둥반도와 산둥반도 일부 점령

③ 결과 : 일본이 승리하여 청과 시모노세키 조약 체결(1895) → 삼국 간섭(1895)으로 일본이 랴오둥반도 반환 → 러·일 대립 본격화

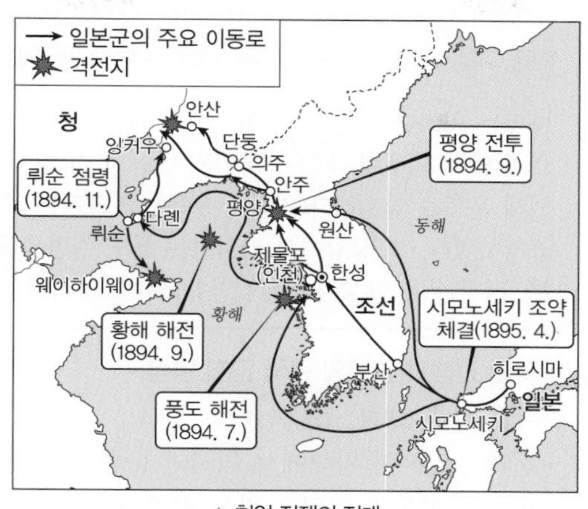

▲ 청일 전쟁의 전개

④ 영향 : 조선에 대한 청의 영향력 약화, 중국 중심의 전통적인 동아시아 질서 붕괴, 청에 대한 열강의 분할 경쟁 가속화(청의 철도 부설권, 광산 채굴권 등 차지)

자료 플러스 시모노세키 조약

제1조 청국은 조선국이 완전무결한 독립 자주국임을 확인한다.
제2조 청국은 아래 기록한 지역의 관리 권한 및 해당 지방에 있는 성루, 무기 공장과 모든 공공 기물을 영원히 일본국에 할양한다.
1. 봉천성 남부의 땅(랴오둥반도)
2. 타이완 전체와 그에 딸린 여러 섬
제4조 청국은 군비 배상금으로 은 2억 냥을 일본국에 지급할 것을 약속한다.

청일 전쟁의 결과 체결한 시모노세키 조약으로 청은 조선이 독립 자주국임을 인정하였다. 이로써 중국 중심의 동아시아 질서도 무너졌다. 이때 일본이 시모노세키 조약으로 받은 배상금은 당시 일본 1년 재정 수입의 수배에 달하는 막대한 금액이었다. 일본은 배상금 대부분을 군비 증강과 관련된 산업에 투자하였다. 이는 이후 일본이 제국주의 침략을 확대하는 기반이 되었다.

(2) 의화단 운동

① 배경 : 청일 전쟁 이후 청에 대한 열강의 침탈 가속화

② 전개 : 산둥성에서 의화단이 부청멸양을 내걸고 봉기(교회, 철도 등 공격) → 베이징, 톈진 등지로 확대 → 8개국 연합군에 의해 진압

③ 결과

- 신축 조약 체결(1901) : 열강에 막대한 배상금 지불, 외국 군대의 베이징 주둔 허용
- 러시아군의 만주 주둔 : 일본의 반발 → 러·일 간의 갈등 고조

✪ 청일 전쟁 직전의 상황

1894년 동학 농민 운동이 일어나자 조선의 요청으로 청이 파병하였고, 일본도 공사관과 거류민 보호 등을 내세워 조선에 파병하였다.

✪ 삼국 간섭

러시아가 독일, 프랑스와 함께 일본이 랴오둥반도를 청에 반환하도록 압력을 행사한 사건이다. 이에 일본이 굴복하였다.

✪ 부청멸양

청 왕조를 도와 서양 세력을 몰아내자는 뜻이다. 이 구호를 내걸고 의화단 운동이 전개되었다.

개념 체크

1. 1894년 (　　) 운동이 일어나자 조선의 요청으로 청이 파병하였고, 일본도 공사관과 거류민 보호 등을 내세워 조선에 파병하였다.
2. (　　)의 결과 시모노세키 조약이 체결되어 일본이 막대한 배상금을 받았다.
3. (　　)가 독일, 프랑스와 함께 일으킨 삼국 간섭으로 일본은 랴오둥반도를 청에 반환하였다.
4. 의화단 운동의 결과 (　　) 조약이 체결되어 외국군의 베이징 주둔이 허용되었다.

정답
1. 동학 농민 2. 청일 전쟁
3. 러시아 4. 신축

✪ 애국 계몽 운동
을사조약을 전후하여 사회 진화론의 영향을 받은 사람들이 실력을 키워 국권을 회복하기 위해 전개한 운동이다. 학교 설립, 신문 발간, 회사 설립 등의 활동이 있었다.

✪ 베르사유 조약
1919년 베르사유 궁전에서 제1차 세계 대전 후의 국제 관계를 확정하기 위해 맺은 평화 조약이다. 전쟁 책임이 독일에 있다고 규정하고 독일의 영토 축소, 군비 제한, 배상 의무, 해외 식민지 포기 등의 조항과 함께 국제 연맹의 설립안이 포함되었다.

자료 플러스 | 의화단 운동 이후 동아시아 정세

> 산둥반도에서 대대적으로 일어난 봉기는 현재 중국 여러 지역으로 퍼지고 있습니다. 본관이 살핀 바에 의하면 러시아는 봉기 진압을 핑계로 대군을 파견하겠지만, 이는 쉽지 않을 것입니다. 하지만 러시아의 개입으로 사태가 진정되면 러시아는 청으로부터 충분한 보상을 받아 낼 것이고 한반도로 영향력을 확대할 수 있습니다. 그렇기에 제국 정부는 사태의 변천에 따라 한국에 대한 이익을 지키기 위한 계획을 세워야 합니다.

자료는 의화단 운동 당시 일본에서 작성한 동아시아 정세에 관한 글이다. 서구 열강과 일본의 이권 침탈로 외세에 대한 중국인의 반감이 커지는 상황에서 산둥성을 중심으로 조직된 의화단이 반외세 운동을 일으켰다(의화단 운동). 의화단은 교회, 학교, 철도 등 서양 문물과 관련된 모든 것을 공격하였다. 이 상황에서 러시아는 철도 주변을 방어한다는 구실로 만주에 군대를 주둔시켰고, 일본, 러시아 등 열강은 8개국 연합군을 구성하여 의화단을 진압하였다.

(3) 러일 전쟁과 일본의 한국 강제 병합

① 러일 전쟁(1904~1905)
- 전개 : 일본이 황해에서 러시아 군함을 선제공격 → 미국과 영국의 지원을 받은 일본의 우세(뤼순 전투, 봉천 전투, 동해 해전 등에서 일본 승리)
- 결과 : 미국의 중재로 포츠머스 조약 체결

② 일본의 한국 강제 병합
- 과정 : 을사조약 강제 체결(1905, 외교권 박탈) → 한국 강제 병합(1910, 식민지화)
- 한국의 저항 : 의병 운동, 애국 계몽 운동 등 전개

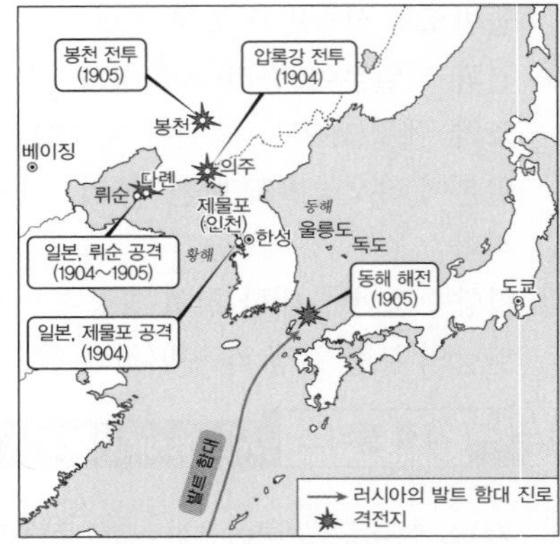

▲ 러일 전쟁의 전개

자료 플러스 | 포츠머스 조약

> 제2조 러시아 제국 정부는 일본 제국이 한국에서 정치·군사·경제상으로 탁월한 이익을 가진다는 것을 인정하고, 일본 제국 정부가 한국에서 필요하다고 인정하는 지도, 보호 및 관리 감독의 조치를 취하는 데 이를 저지하거나 간섭하지 않을 것을 약정한다.
> 제5조 러시아 제국 정부는 청국 정부 승낙하에 뤼순·다롄과 그 부근 영토 및 바다의 조차권, 해당 조차권과 관련되거나 일부를 조성하는 모든 권리 및 특권을 일본 제국 정부에 이전 양도한다.
> 제9조 러시아 제국 정부는 사할린섬 남부 및 그 부근에 있는 모든 도서와 해당 지방에 있는 모든 공공 조영물 및 재산을 완전한 주권과 함께 영원히 일본 제국 정부에 양여한다.

1904년 일본이 황해에서 러시아 군함을 공격하며 시작된 러일 전쟁은 결국 미국의 중재로 포츠머스 조약이 체결되면서 종료되었다(1905). 이 조약으로 일본은 한반도에 대한 독점적 지위를 인정받았다. 또한 뤼순과 다롄의 조차권, 창춘 이남의 철도 부설권을 확보하였으며, 북위 50도 이남의 사할린섬을 할양받았다.

2. 제1차 세계 대전과 동아시아

(1) 제1차 세계 대전(1914~1918)

① 일본의 참전 : 영일 동맹을 구실로 참전 → 독일의 조차지인 산둥반도의 칭다오 일대 점령 → 중국에 '21개조 요구' 제출(1915) → 베이징 정부가 대부분 수용

② 파리 강화 회의(1919~1920) : 연합국의 승리로 베르사유 조약 등 체결, 열강이 산둥반도에 대한 일본의 권리 인정 → 베이징 지역의 대학생들이 반발

개념 체크

1. 러일 전쟁은 미국의 중재로 (　　　) 조약이 체결되어 종료되었다.
2. 일본은 러일 전쟁 이후 (　　　)을 강제로 체결하여 대한 제국의 외교권을 박탈하였다.
3. 제1차 세계 대전이 발발하자 일본은 (　　　)을 구실로 참전하였다.
4. (　　　) 회의에서 열강은 산둥반도에 대한 일본의 권리를 인정하였다.

정답
1. 포츠머스 2. 을사조약
3. 영일 동맹 4. 파리 강화

자료 플러스 일본의 '21개조 요구'

1-1. 중국 정부는 독일국이 산둥성에 관한 조약, 기타 관계에 기초하여 중국에 대해 소유하는 일체의 권리와 이익을 양도하는 등의 처분에 대하여 일본국 정부가 독일국 정부와 협정할 모든 사항을 승인할 것
2-1. 양 조약국이 서로 약정하여 뤼순·다롄의 조차 기한 및 남만주 및 안봉 철로의 기한을 모두 99년을 기한으로 연장할 것

제1차 세계 대전 중 일본군은 독일의 조차지인 산둥반도의 칭다오 일대를 점령하고 중국 정부에 '21개조 요구'를 제출하였다. 그 핵심은 독일의 산둥반도 이권을 일본에 양도하고 뤼순과 다롄의 조차 기한을 연장하는 것 등이었다. 베이징 정부는 일본의 강압에 굴복하여 대부분의 요구를 받아들였다.

(2) 워싱턴 회의(1921~1922)

① 목적 : 중국 문제 등을 둘러싼 열강 간 이해관계 조정, 일본 등 5개국의 해군 군비 축소
② 내용 : 일본이 산둥반도에 대한 이권을 중국에 반환, 중국의 주권과 영토 보전 결정

자료 플러스 워싱턴 회의

• **중국에 관한 9개국 조약**
1. 중국의 주권, 독립, 영토적·행정적 보전의 존중　3. 중국에 있어서 각국 상공업의 기회 균등
• **해군 군비 제한 조약(해군 군비 제한에 관한 5개국 조약)**
주력함의 보유 비율을 영국 5, 미국 5, 일본 3, 프랑스 1.67, 이탈리아 1.67로 정하고, 이 비율을 초과하는 주력함은 기존의 것과 건조 중인 것을 불문하고 모두 폐기한다.

워싱턴 회의(1921~1922)의 결과 체결된 중국에 관한 9개국 조약에서는 중국의 주권과 독립을 존중하고 영토를 보전하며, 중국에서 특정 국가의 우월권과 독점권을 부인하고 기회 균등을 위해 노력할 것을 규정하였다. 그 결과 일본은 산둥반도에 대한 이권을 중국에 반환하는 등 '21개조 요구' 가운데 일부를 철회하였다. 이외에도 주력함의 보유량을 제한하는 조치에 동의해야 하였다.

(3) 한국의 민족 운동

① 3·1 운동(1919)
• 배경 : 헌병 경찰을 앞세운 일제의 가혹한 무단 통치, 미국 대통령 윌슨의 민족 자결주의 제창
• 전개 : 만세 시위가 전국, 국외로 확산 → 일제의 무력 진압
② 대한민국 임시 정부 수립(1919) : 민주 공화제 채택, 외교 활동 전개
③ 무장 투쟁
• 만주의 독립군 : 봉오동 전투와 청산리 전투에서 일본군 격파(1920)
• 의열단 : 김원봉 주도로 결성, 식민 통치 기관을 파괴하고 주요 인물 암살
④ 민족 유일당 운동 : 민족주의와 사회주의 진영의 갈등 극복 노력 → 신간회 결성(1927)

(4) 중국의 민족 운동

① 5·4 운동(1919)

배경	신문화 운동의 전개, 3·1 운동의 영향, 파리 강화 회의에서 중국의 요구('21개조 요구' 철폐와 산둥반도의 이권 반환 등) 거부
전개	베이징의 대학생들이 반군벌·반일 시위 전개 → 각지로 확산
결과	베이징 정부의 베르사유 조약 조인 거부
영향	쑨원이 중국 국민당 조직(1919), 천두슈 등이 중국 공산당 창당(1921)

✪ 워싱턴 체제
제1차 세계 대전 이후 미국의 주도로 이루어진 워싱턴 회의에 따라 형성된 새로운 국제질서를 의미한다.

✪ 민족 자결주의
1918년 미국 대통령 윌슨이 발표한 14개조 평화 원칙 중 하나로, 각 민족은 정치적 운명을 스스로 결정할 권리가 있음을 강조하였다.

✪ 신문화 운동
중화민국 초기 위안스카이의 독재에 대한 반발로 천두슈 등의 지식인들이 잡지 『신청년』을 발행하여 유교 문화를 비판하고, 서구의 과학과 민주주의를 강조하였다.

개념 체크

1. 제1차 세계 대전이 끝난 후 (　　)의 주도로 중국에서 열강의 경쟁을 제한하고 일본의 팽창을 막기 위해 1921년 워싱턴 회의가 개최되었다.
2. 1918년 미국 대통령 윌슨은 각 민족은 정치적 운명을 스스로 결정할 권리가 있다는 (　　)를 발표하였다.
3. 파리 강화 회의에서 중국이 주장한 산둥반도의 권리 회복과 '21개조 요구' 철폐 등이 거부되자, 베이징에서 학생들이 주도하여 (　　)을 일으켰다.

정답
1. 미국 2. 민족 자결주의
3. 5·4 운동

✪ 5·30 사건
상하이의 일본인이 운영하는 방적 공장에서 파업 중이던 중국인 노동자가 피살된 데 대한 항의 시위 도중 공공 조계의 영국 경찰이 발포 명령을 내려 10여 명이 사망하고 부상자가 다수 발생하였다. 이 사건을 계기로 확산된 반제국주의 운동을 5·30 운동이라고 한다.

✪ 루거우차오 사건
1937년 7월 7일 밤, 베이징 교외의 루거우차오에서 일본군 병사의 실종을 구실로 일본군이 중국군과 충돌한 사건이다. 중일 전쟁이 일어나는 계기가 되었다.

✪ 미드웨이 해전
1942년 6월 미드웨이섬 부근에서 미군과 일본군이 벌인 전투로, 미군이 승리하면서 태평양 전쟁의 주도권을 잡게 되었다.

✪ 삼광 작전
모조리 불태우고 죽이고 약탈하는 작전으로, 철저히 초토화시킨다는 의미이다.

개념 체크

1. 쑨원 사후 1926년 실권을 장악한 (　　　)는 군벌 타도를 목적으로 국민 혁명(북벌)을 전개하였다.
2. 일본군은 (　　　)을 일으켜 만주 일대를 점령하고 만주국을 수립하였다.
3. 일본은 1937년 (　　　) 사건을 구실로 중일 전쟁을 일으켰다.
4. 1941년 일본이 하와이 진주만의 미국 태평양 함대를 기습 공격하면서 (　　　)이 발발하였다.

정답
1. 장제스 2. 만주 사변
3. 루거우차오 4. 태평양 전쟁

② 제1차 국공 합작(1924) : 군벌 타도를 위해 쑨원의 중국 국민당이 소련의 지원을 받아들여 중국 공산당과 제휴

③ 국민 혁명(북벌)

- 배경 : 5·30 사건(1925)을 계기로 반제국주의·반군벌 분위기 고조
- 전개 : 쑨원 사후 실권을 장악한 장제스가 북벌 시작(1926) → 중국 국민당과 중국 공산당 사이의 갈등 고조 → 중국 국민당의 중국 공산당 탄압(1927) → 장제스가 난징을 수도로 국민당 정부 수립 → 국민 혁명군의 베이징 점령(1928)

3. 침략 전쟁의 확대

(1) 만주 사변(1931)

① 배경 : 대공황에 따른 세계 경제 침체, 일본 군부와 우익 세력이 대외 침략 주장

② 전개 : 관동군을 비롯한 일본군이 만주 일대 점령(1931) → 만주국 수립(1932)

③ 국제 사회의 반응 : 국제 연맹이 리튼 조사단 파견 → 일본 규탄 및 군대 철수 요구 → 일본의 국제 연맹 탈퇴(1933)

(2) 중일 전쟁

① 전개 : 베이징 교외의 루거우차오에서 중국군과 일본군 충돌(루거우차오 사건, 1937) → 일본군의 총공격으로 상하이와 난징 등 주요 도시 함락(전선 확대)

② 중국의 대응 : 제2차 국공 합작 성립(1937), 충칭으로 수도 이전 → 항일전 지속

(3) 태평양 전쟁

배경	• 제2차 세계 대전 발발(1939) 이후 일본이 독일·이탈리아와 동맹 체결, 일본의 동남아시아 침공 • 미국이 일본으로의 석유와 철강 자원 수출 금지 조치 단행
전개	일본이 하와이 진주만의 미국 태평양 함대 기습 공격 → 일본이 동남아시아와 남태평양 일대 점령 → 미드웨이 해전(1942)에서 미국이 승리하여 전세 역전 → 미국이 히로시마와 나가사키에 원자 폭탄 투하, 소련의 대일전 참전
결과	일본의 무조건 항복(1945)

(4) 침략 전쟁으로 인한 피해와 고통

① 국가 총동원법(1938) : 전쟁에 필요한 자원을 수탈하기 위해 일본 본토와 식민지에 적용

② 전쟁에 따른 피해

인적 피해	• 중일 전쟁 당시 난징 대학살, 삼광 작전 등으로 대규모 사상자 발생 • 지원병, 징용, 징병 등으로 청년들이 노동자나 병사로 강제 동원 • 각국의 여성들이 일본군 '위안부'나 군수 공장 노동자로 강제 동원
물적 수탈	한국, 만주국 등지에서 곡물, 금속 등 강제 공출

자료 플러스 중일 전쟁 당시의 피해

약탈은 시 전체의 83% 가구에 이르며, 특히 감구에서는 약탈당한 세대수가 96%에 달하였다. 전체 가옥의 89%가 파괴되었으며, 백하로·중화로·건강로·태평로의 손실은 98%가 방화로 인한 것이었다. 난징시의 가구당 손실액은 838원이며, 총 손실액은 2만 4,600원에 이르렀다. – 난징전화사진 –

자료는 중일 전쟁 당시 난징의 피해에 관한 것이다. 1937년 중일 전쟁 발발 이후 3개월 만에 상하이를 점령한 일본군은 중국의 수도인 난징을 비롯해 주요 도시를 빠르게 장악해 나갔다. 특히 난징을 점령하는 과정에서 수십만의 포로와 민간인을 학살하는 만행을 저질렀다.

4. 항일 전쟁과 국제 연대

(1) 만주 사변 이후 항일 투쟁과 한·중 연대

① 만주 : 한·중 연합 작전의 전개
- 조선 혁명군과 한국 독립군이 각각 남만주와 북만주에서 중국 군대와 연합하여 일본군과 전투
- 동북 항일 연군 : 한국과 중국 사회주의 세력의 연대 → 항일 무장 투쟁 전개

② 중국 본토
- 대한민국 임시 정부의 김구가 조직한 한인 애국단 소속 윤봉길 등의 의거(1932) → 중국 국민당의 대한민국 임시 정부 지원
- 한중 민족 항일 대동맹 : 대한민국 임시 정부와 중국 국민당 인사들이 결성한 비밀 결사

(2) 중일 전쟁 이후 항일 투쟁과 한·중 연대

① 중국 공산당의 대장정과 제2차 국공 합작
- 중국 국민당의 탄압을 피해 중국 공산당이 대장정 감행(1934) → 옌안으로 이동
- 만주 사변 이후 일본군의 세력 확대 → 시안 사건(1936) → 중일 전쟁 발발(1937) → 제2차 국공 합작 결성

② 조선 의용대 : 김원봉이 중국 국민당 정부의 지원을 받아 한커우(우한)에서 창설(1938), 일본군에 대한 심리전과 후방 공작 활동 전개 → 일부는 화북으로 이동하여 조선 의용군으로 편성, 일부는 한국광복군에 합류

③ 한국광복군 : 중국 국민당 정부의 지원을 받아 대한민국 임시 정부 산하의 군대로 충칭에서 창설(1940), 국내 진공 작전 계획

자료 플러스 한국광복군 창설

> 대한민국 임시 정부는 대한민국 원년(1919) 정부가 공포한 군사 조직법에 의거하여 중화민국 총통 장제스 원수의 특별 허락으로 중화민국 영토 내에서 광복군을 조직하고 대한민국 22년(1940) 9월 17일 한국광복군 총사령부를 창설함을 선언한다. 한국광복군은 중화민국 국민과 합작하여 우리 두 나라의 독립을 회복하고자 공동의 적인 일본 제국주의자들을 타도하기 위해 연합군의 일원으로 항전을 계속한다.

자료는 1940년에 발표된 대한민국 임시 정부 산하 군사 조직인 한국광복군 선언문이다. 1940년에 중국 국민당 정부의 지원을 받아 창설된 한국광복군은 연합군의 일원으로 인도·미얀마 전선에서 영국군과 연합 작전을 전개하였고, 미국 전략 정보국[OSS]과 국내 진공 작전을 준비하였다.

(3) 반제·반전·평화를 위한 연대

① 아주 화친회 : 도쿄에서 결성(1907), 반제국주의를 목표로 한 국제 조직, 고토쿠 슈스이·판보이쩌우 등 참여

② 안중근의 「동양 평화론」 집필(1910) : 동아시아 평화를 위한 한·중·일의 상호 협력 주장

③ 박열과 가네코 후미코 : 일본에서 반전·반제국주의 운동 전개

④ 동방 무정부주의자 연맹 : 한·중·일 등의 무정부주의자 참여, 이상 사회 건설을 위한 연대 강조

⑤ 일본 반제 동맹 : 일본에서 조직(1929), 일본 제국주의 타도를 위한 한·일 공동 투쟁 강조, 반제신문의 한국어판 발간

⑥ 일본 병사(일본군) 반전 동맹 : 중일 전쟁 이후 중국군의 포로가 된 일본군 중심으로 결성, 일본군에 투항과 탈영 호소

✪ 동북 항일 연군

1936년 만주 지역에서 항일 연합 전선을 형성하기 위해 동북 인민 혁명군을 확대·개편하여 만든 항일 무장 단체이다.

✪ 대장정

중국 공산당이 중국 국민당의 포위와 추격을 피해 근거지인 루이진을 탈출하여 옌안에 도착하기까지 1만 km가 넘는 거리를 이동한 사건을 말한다. 이 과정에서 중국 공산당은 토지 개혁 등으로 농민층의 지지를 얻었다.

✪ 시안 사건

중국 국민당 정부가 중국 공산당 토벌에만 전념하자, 1936년 장제스가 시안을 방문했을 때, 장쉐량이 장제스를 감금하고 내전 중지와 항일을 호소한 사건이다.

✪ 아주 화친회

러일 전쟁에서 승리한 일본이 제국주의적 속성을 계속 드러내자, 한국, 중국, 일본, 베트남, 인도, 필리핀 등 아시아 각국의 민족 운동가들이 도쿄에 모여 결성한 단체이다. 아시아 각 민족의 독립과 국제 연대를 강조하였다.

개념 체크

1. 중국 공산당은 중국 국민당의 공격을 피해 1934년 근거지인 루이진을 떠나 (　　　)을 감행하였다.
2. 중일 전쟁이 일어나자 (　　　)은 중국 국민당 정부의 지원을 받아 조선 의용대를 조직하였다.
3. 1907년 도쿄에서 결성된 (　　　)는 아시아 각 민족의 독립과 국제 연대를 강조하였다.

정답

1. 대장정 2. 김원봉
3. 아주 화친회

대표 기출 확인하기

청일 전쟁 시기의 사실

정답과 해설 33쪽

대표 기출 문제 ㉠~㉣ 시기 사이에 동아시아에서 볼 수 있는 모습으로 가장 적절한 것은? 2024학년도 수능 9월 모의평가

〈어느 영국 학자의 여행기〉

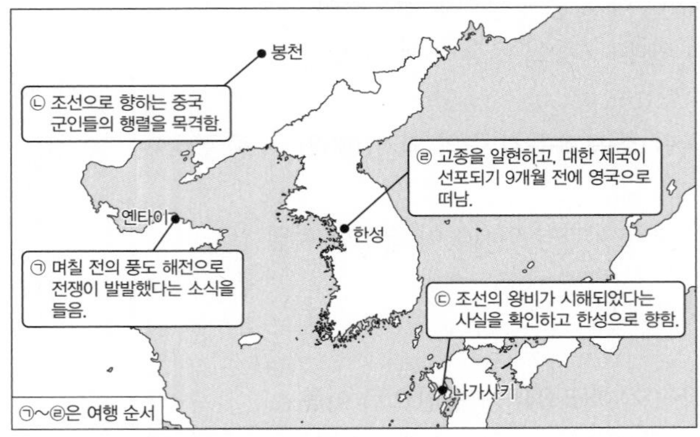
봉천
㉡ 조선으로 향하는 중국 군인들의 행렬을 목격함.
㉣ 고종을 알현하고, 대한 제국이 선포되기 9개월 전에 영국으로 떠남.
옌타이
한성
㉠ 며칠 전의 풍도 해전으로 전쟁이 발발했다는 소식을 들음.
㉢ 조선의 왕비가 시해되었다는 사실을 확인하고 한성으로 향함.
나가사키
㉠~㉣은 여행 순서

① 경인선 개통식을 구경하는 학생
② 태양력 시행을 포고하는 중국 관리
③ 신보(申報) 창간을 알리는 영국 언론인
④ 도쿄 대학의 개교식 초청장을 받은 학자
⑤ 교육입국 조서의 발표를 듣는 정부 관리

정답 | ⑤

풀이 | ㉠은 며칠 전의 풍도 해전으로 전쟁이 발발했다는 소식을 들었다는 점을 통해 청일 전쟁이 발발한 1894년의 사실임을 알 수 있다. ㉣은 고종을 알현하고 대한 제국이 선포되기 9개월 전에 영국으로 떠났다는 점을 통해 1896년부터 1897년 사이의 사실임을 파악할 수 있다. ⑤ 조선 정부는 갑오개혁을 추진하면서 근대 교육의 기반을 마련하기 위해 1895년에 교육입국 조서를 발표하였다. ① 경인선은 1899년에 개통식을 거행하였다. ② 중국은 1912년부터 태양력을 사용하기 시작하였다. ③ 신보는 1872년 상하이에서 영국 상인이 창간하였다. ④ 도쿄 대학은 1877년에 설립되었다.

닮은꼴 문제 1 밑줄 친 '전쟁'이 전개되던 시기에 볼 수 있는 모습으로 가장 적절한 것은? [24017-0131]

> 혼성 9여단 11연대가 동대문 등을 점령하였고, 21연대 1대대는 경복궁을 침입하였다. 조선군은 신무문을 중심으로 저항하였지만 약 4배 규모의 일본군에게는 열세에 있었다. 결국 일본군이 고종의 신병을 확보하면서 상황은 종료되었다. …… 7월 23일 경복궁을 점령한 일본군은 성환으로 이동하여 전투를 준비하였다. 풍도 해전에서 적의 증원군을 차단한 일본군은 성환·아산 일대에서 승리를 거두고 그 일대를 점령하였다. 그리고 8월 1일 일본 정부는 선전 포고하고 <u>전쟁</u>을 본격화하였다.

① 정부군과 전투를 벌이는 태평천국군
② 리튼 조사단을 맞이하는 만주국의 관리
③ 동해에서 발트 함대를 공격하는 일본군
④ 베이징에서 교회를 약탈하는 의화단의 단원
⑤ 전주 화약에 따라 개혁을 추진하는 동학교도

대표 기출 확인하기 조선 의용대의 활동

정답과 해설 33쪽

대표 기출 문제 (가) 군대에 대한 설명으로 옳은 것은? 2024학년도 수능 9월 모의평가

중국 한커우(한구)*에서 조직된 (가) 의 임무 중 하나는 후방 교란 및 일본군 포로 심문이었다. 부대원은 일본군 포로에게 일제가 왜 중국을 침략하고 중국은 왜 항전하는지, 조선 민족은 해방을 위해 어떻게 투쟁하는지, 그리고 제국주의의 암흑상과 미래의 광명 등을 알려 주었다. 그 결과 일본군 포로들은 이들과 함께 중국의 항전에 참가하여 한·중·일 민족의 적인 일본 제국주의 소멸에 적극 나섰다. (가) 의 일부는 화북으로 이동하여 조선 의용군을 조직하였다.

* 한커우(한구) : 우한에 속하는 지역

① 과달카날 전투에 참전하였다.
② 제1차 국·공 합작에 참여하였다.
③ 봉오동 전투에서 일본군에 승리하였다.
④ 대한민국 임시 정부에 의해 창설되었다.
⑤ 한국광복군에 대원의 일부가 합류하였다.

정답 | ⑤

풀이 | 중국 한커우(한구)에서 조직되었다는 점, 임무 중 하나는 후방 교란 및 일본군 포로 심문이라는 점, 일부는 화북으로 이동하여 조선 의용군을 조직하였다는 점 등을 통해 (가) 군대는 조선 의용대임을 알 수 있다. ⑤ 조선 의용대의 일부 병력은 화북 지방으로 이동하여 1942년 조선 의용군으로 개편되었고, 나머지 병력은 한국광복군에 합류하였다.
① 미국 등 연합국은 1943년 과달카날 전투에서 승리하였다. ② 1924년 중국 국민당과 중국 공산당은 제1차 국공 합작을 하였다. ③ 한국의 독립군 연합 부대는 1920년 봉오동 전투에서 일본군에 승리하였다. ④ 한국광복군은 대한민국 임시 정부에 의해 창설되었다.

닮은꼴 문제 **2** (가) 군대에 대한 설명으로 옳은 것만을 〈보기〉에서 있는 대로 고른 것은? [24017-0132]

전략 정보국[OSS]의 계획이 성공하기 위해서는 비밀 훈련 부서의 설치가 필요하다. 지하 조직에 관한 계획을 실행하기 위해 적합한 요원 교육이 필요하기 때문이다. 처음에 훈련을 받을 자들은 임시 정부 요원 및 임시 정부 산하의 (가) , 그리고 다른 한국인 부대들이나 집단들에서 선발할 것이다. 훈련의 지속과 증가, 확대를 위해 피점령 지역인 중국 본토, 만주, 한반도에서 모병되어질 것이다. 이들이 한반도에서 일본군의 교란에 성공한다면 분명 우리에게 큰 도움이 될 것이다.

보기
ㄱ. 한커우에서 창설되었다.
ㄴ. 조선 의용대 일부를 받아들였다.
ㄷ. 청산리 전투에서 일본군을 물리쳤다.

① ㄱ ② ㄴ ③ ㄱ, ㄷ ④ ㄴ, ㄷ ⑤ ㄱ, ㄴ, ㄷ

[24017-0133]

01 밑줄 친 '변란'이 일어난 해에 있었던 사실로 옳은 것은?

> 갑신년 사건으로 맺어진 조약에 장래 조선에 사건이 있어 청병 파견을 요청하면 먼저 문서로 서로 알리고, 사건이 안정되면 철병하고 주둔하지 않는다는 구절이 있다. 본 대신이 지금 조선의 문서를 접하니 조선에 변란이 일어나 전주가 함락되었고, 우리에게 군대 파병을 청하고 있다. 이에 본 대신은 직예 제독에게 뤼순에서 충청 일대로 가서 변란을 진압하고, 사태가 진정되면 철수하도록 명했다. 조약에 따라 문서로 서로 알려야 하므로 귀 대신에게 알리니 속히 외무성에 조회하길 청한다.

① 풍도 해전이 일어났다.
② 우창의 신군이 봉기하였다.
③ 막부 타도 운동이 확산되었다.
④ 청일 수호 조규가 체결되었다.
⑤ 대일본 제국 헌법이 제정되었다.

[24017-0134]

02 밑줄 친 '봉기'에 대한 설명으로 가장 적절한 것은?

> 산둥반도에서 대대적으로 일어난 봉기는 현재 청 조정의 묵인하에 베이징 등 중국 여러 지역으로 퍼지고 있습니다. 본관이 살핀 바에 의하면 러시아는 봉기 진압을 핑계로 대군을 파견하겠지만, 이는 쉽지 않을 것입니다. 하지만 러시아의 개입으로 사태가 진정되면 러시아는 청으로부터 충분한 보상을 받아 낼 것이고 한반도로 영향력을 확대할 수 있습니다. 그렇기에 제국 정부는 사태의 변천에 따라 한국에 대한 이익을 지키기 위한 계획을 세워야 합니다.

① 공화정의 수립을 지향하였다.
② 공행 무역의 폐지를 초래하였다.
③ 8개국 연합군에 의해 진압되었다.
④ 남녀평등과 토지 균분을 내세웠다.
⑤ 메이지 정부 수립에 영향을 주었다.

[24017-0135]

03 밑줄 친 '전쟁'의 영향으로 옳은 것은?

> 한국에 대한 우리의 보호권을 확립하는 것은 이미 정부에서 결정한 내용이다. 이에 대해 영국과 미국 양국은 이미 동의하였다. 또한 이외의 여러 나라도 양국의 특수한 관계와 전쟁의 결과로 발표된 포츠머스 조약의 조문에 비추어 볼 때 한국이 일본의 보호국이라는 것은 피할 수 없음을 묵인하였다. 특히 이번 강화에 있어서 우리가 행한 양보는 열국도 인정하는 결단이다.

① 변법자강 운동이 시작되었다.
② 청이 일본에 타이완을 할양하였다.
③ 서양 외교관의 베이징 주재가 허용되었다.
④ 일본이 다롄에 대한 조차권을 차지하였다.
⑤ 흥선 대원군이 통상 수교 거부 정책을 시행하였다.

[24017-0136]

04 다음 선언문을 활용한 탐구 활동으로 가장 적절한 것은?

> 오호라! 국민 여러분! …… 악몽과 같은 소식이 전해져 오니 하늘의 색조차 캄캄하게 느껴집니다. 무릇 파리 강화 회의가 열렸을 때 우리가 희망하고 경축한 것은 세계에 정의가 있고 인도가 있고 공리가 있어서였습니다. 칭다오를 우리에게 돌려주고 중국과 일본 사이의 밀약과 군사 협정뿐만 아니라 기타 불평등 조약까지 취소하는 것이 바로 공리이고 정의입니다. 공리를 어기고 강권하여 우리의 토지를 다섯 나라가 공동 관리하여 우리를 독일이나 오스트리아와 같은 패전국 대열로 치부하는 것은 공리가 아니고 정의도 아닙니다.

① 홍수전의 활동을 파악한다.
② 5·4 운동의 배경을 알아본다.
③ 청이 추진한 신정의 내용을 분석한다.
④ 의열단 창설을 주도한 인물을 조사한다.
⑤ 일본이 국제 연맹을 탈퇴한 계기를 찾아본다.

[24017-0137]

05 다음 연설을 한 인물에 대한 설명으로 옳은 것은?

> 우리 중화민국의 기반은 거의 존재하지 않았다. 그 이유는 간단하다. 우리들의 혁명이 혁명당의 투쟁을 통해 이루어졌을 뿐이지 혁명군으로서 수행되지 않았기 때문이다. 혁명군을 갖지 못했기에 민국은 내가 임시 대총통에서 물러난 이후 군벌이나 관료의 손에 놀아났다. 이런 상태가 계속되면 우리들의 혁명은 결코 성공하지 못할 것이다. 이 황푸 군관 학교를 설립함으로써 우리에게 새로운 희망이 생겼다. 이제 혁명의 새로운 시대가 왔다. 이 학교는 혁명군의 기초이고, 학생 여러분이 혁명의 주체가 되는 것이다.

① 양무운동을 추진하였다.
② 리튼 조사단에 참여하였다.
③ 조선 의용대를 창설하였다.
④ 흠정 헌법 대강을 반포하였다.
⑤ 제1차 국공 합작을 주도하였다.

[24017-0138]

06 다음 기사가 작성된 배경으로 가장 적절한 것은?

> 제○○호 **동아시아사 신문**
>
> **조난민 50명 귀국**
>
> 예전 우리나라의 궁핍한 농민들이 생활의 터전을 찾아 만주로 들어갔다. 하지만 이들은 농토와 재산을 다 잃어버리고 남루한 의복에 주린 배를 움켜쥐고, 지난 15일에 30여 명, 17일에 20여 명이 포항에 도착하였다. 얼마 전 일본 관동군이 점령한 만주를 탈출하여 천신만고 끝에 포항까지 왔으나 멀지 않은 고향을 앞두고 단 몇십 전 여비가 없어서 포항 시가에 흩어져 구걸하는 형상은 눈물이 있는 인간으로서 동정을 금할 수 없는 형국이었다.

① 만주 사변이 일어났다.
② 청일 전쟁이 발발하였다.
③ 태평천국 운동이 시작되었다.
④ 미드웨이 해전이 발발하였다.
⑤ 국민 혁명군이 베이징을 점령하였다.

[24017-0139]

07 다음 상황이 있었던 전쟁에 대한 설명으로 옳은 것은?

> 상하이를 거쳐 난징에 진출한 일본군에 의해 약탈이 자행되었다. 약탈은 시 전체의 83% 가구에 이르며, 특히 감구에서는 약탈당한 세대수가 96%에 달하였다. 전체 가옥의 89%가 파괴되었으며, 백하로 · 중화로 · 건강로 · 태평로의 손실은 98%가 방화로 인한 것이었다. 난징시의 가구당 손실액은 838원이며, 총 손실액은 2만 4,600원에 이르렀다. 그러나 이 통계보다 실제 피해 액수는 이루 헤아릴 수 없을 것이다.
>
> – 난징전화사진 –

① 제2차 국공 합작의 배경이 되었다.
② 일본의 하와이 진주만 기습으로 시작되었다.
③ 일본이 랴오둥반도를 차지하는 계기가 되었다.
④ 러시아가 만주로 진출하는 원인을 제공하였다.
⑤ 미국이 중재한 포츠머스 조약의 체결로 종결되었다.

[24017-0140]

08 (가) 군사 조직에 대한 설명으로 옳은 것은?

> 사진은 대한민국 임시 정부가 창설한 (가) 부대원들의 훈련 모습이다. (가) 은/는 미국 전략 정보국[OSS]의 지원을 받아 국내 진공 작전을 준비하는 등 연합국과 합동 작전을 수행하였다.

① 도쿄에서 결성되었다.
② 시안 사건을 일으켰다.
③ 중국 국민당 정부의 지원을 받았다.
④ 일부는 조선 의용군으로 편성되었다.
⑤ 무정부주의자들의 주도로 만들어졌다.

[24017-0141]

1 **밑줄 친 '전쟁' 중에 있었던 사실로 옳은 것은?**

> 대청흠명총리각국사무아문 왕대신이 조회함
> 예전에 조선과 관련한 사안은 본국과 귀국의 의견이 같지 않았지만, 그래도 천천히 해결 방법을 모색해서 서로의 친교를 해치지 않기를 바랐거늘, 귀국 군함이 갑자기 이번 달 말에 조선의 아산 부근 풍도 앞바다에서 우리 운송선을 손상시킴으로써 전쟁이 시작되었다. 귀국이 먼저 틈을 만들어서 양국의 약속이 이로부터 폐기되는 결과를 초래하였다. 앞으로 본국과 귀국 대신은 다시 상의할 일이 없을 것이니 매우 애석하다.
> 이상과 같이 대일본서리흠차대신 고무라에게 조회함

① 베이징 조약이 체결되었다.
② 아주 화친회가 결성되었다.
③ 태평천국 운동이 일어났다.
④ 동학 농민 운동이 전개되었다.
⑤ 대일본 제국 헌법이 반포되었다.

[24017-0142]

2 **다음 자료를 활용한 탐구 활동으로 가장 적절한 것은?**

> 강화 조건을 살펴본 프랑스 공화국 정부의 의견은 일본이 랴오둥반도를 영유하는 것은 청국의 수도를 위태롭게 만드는 것이며 또한 조선국의 독립을 유명무실하게 만들고 영구적인 극동의 평화에 장애를 준다고 생각한다. 프랑스 공화국 정부는 여기에서 다시 한번 일본 제국 정부와의 우정을 표하고자 하니, 제국 정부에 랴오둥반도를 완전히 소유하는 것을 포기하도록 우의를 가지고 권고하는 것이 프랑스 공화국 정부의 의무라고 생각한다.

① 신간회 결성에 참여한 주요 세력을 파악한다.
② 러시아가 주도한 삼국 간섭의 배경을 조사한다.
③ 일본이 뤼순의 조차권을 확보한 조약을 분석한다.
④ 8개국 연합군이 베이징을 점령한 사건을 찾아본다.
⑤ 일본이 국제 연맹을 탈퇴하게 되는 과정을 알아본다.

[24017-0143]

3 밑줄 친 '전쟁'에 대한 설명으로 옳은 것은?

사료로 보는 동아시아사

조금 전 살펴보신 세계 교통 지도와 동양·남양 각지의 여행 안내서를 수록한 책에는 다롄을 세계 교통 대동맥의 한 거점으로 삼아 일본과 접속시킵니다. 또 미국과 연결시키고, 남양과 연결한 후 대동맥의 입구는 다롄으로 삼습니다. 이는 전 세계의 문명과 물화를 만주에서 흡수하여 경제 발전의 편의를 도모한다는 사명의 완수를 위해 필요하다고 생각합니다. 또 다롄을 대동맥 일부의 자유항으로 개방하는 것입니다.

해설 자료는 남만주 철도 주식회사 초대 총재로 예정되었던 고토 신페이가 만주 경영책을 구상할 당시 항로와 철도의 중요성에 대해 언급한 글이다. 그는 이 글에서 전쟁으로 얻은 다롄에 대한 조차권과 남만주 철도 경영권을 이용해 식민지와 식민 모국을 연결한 다음, 해외 여러 국가와도 연결함으로써 해외 무역을 통해 경제 발전을 도모해야 한다는 의견을 밝혔다.

① 임칙서의 아편 단속이 빌미가 되었다.
② 포츠머스 조약의 체결로 마무리되었다.
③ 일본의 하와이 진주만 기습으로 시작되었다.
④ 베이징에 서양 외교관이 처음 주재하는 원인이 되었다.
⑤ 중국 국민당 정부가 한국광복군 창설을 지원하는 계기가 되었다.

[24017-0144]

4 밑줄 친 '회의'가 진행되던 시기에 있었던 사실로 옳은 것은?

조선인과 조선은 일본의 강요 아래 1910년 8월 22일에 승인한 조약을 무효화해 줄 것을 청원하는 바이다. 현재 진행 중인 회의는 윌슨 대통령의 14개조 평화 원칙을 적용하여 분쟁 해결을 보장하기 위해 개최되었다. 전체 프로그램을 관통하는 분명한 원칙은 미국 대통령이 국회에 보낸 메시지에 명시했듯이, 모든 민족과 국적에 대한 공평한 정의의 원칙과 한 국가가 강대국이거나 약소국이거나 관계없이 상호 자유와 안전을 보장하는 동등한 조건으로 살 수 있는 권리를 말한다. 이 정의의 원칙은 일본 천황이 조선인과 조선의 동의 없이 조선 전체에 대한 주권의 모든 권리를 행사함으로써 명백히 위반되었으므로, 전술한 1910년 8월 22일 조약의 무효화를 즉시 선언하는 것은 이 회의의 권리이자 의무이다.

① 조선 의용대가 창설되었다.
② 일본 반제 동맹이 결성되었다.
③ 시모노세키 조약이 체결되었다.
④ 중국에서 5·4 운동이 전개되었다.
⑤ 중국 공산당이 대장정을 감행하였다.

[24017-0145]

5 **밑줄 친 '운동'에 대한 설명으로 옳은 것은?**

> 1989년, 과거 70년 전의 운동에서 주도적인 역할을 하였던 영광스러운 전통을 지닌 베이징의 대학생들은 베이징시 대학 자치 연합회의 명의로 다시 다음과 같이 호소하였다. "70년 전 신문화 운동의 영향을 받아 군벌에 맞서 시작한 운동에서 추구한 이상은 아직 중국에서 실현되지 않고 있습니다. 70년의 역사는 우리에게 말하고 있습니다. 민주주의와 과학은 한 번에 성취될 수 없으며, 초조와 실망감은 아무런 쓸모도 없는 것이라고. …… 동학·동포 여러분, 우리들의 상징인 톈안먼[天安門] 아래에서 다시 민주주의·과학·자유·인권·법제를 위해, 중국의 부강을 위해, 탐구하고 분투합시다. 우리들의 외치는 소리로 젊은 공화국을 자각시킵시다!"

① 부청멸양을 구호로 내세웠다.
② 변법자강 운동의 원인이 되었다.
③ 일본의 산둥반도 이권 차지에 반대하였다.
④ 남녀평등, 토지 균분 등을 구호로 내세웠다.
⑤ 고종의 교육입국 조서 발표에 영향을 주었다.

[24017-0146]

6 **다음 협정을 활용한 탐구 주제로 가장 적절한 것은?**

> 1. 둥벤다오 일대(즉 중국군 관할지)에 조선 혁명군의 활동을 정식으로 승인할 것
> 2. 중국군 관할 내에 예속하는 각급 관공서 및 민중은 조선 혁명군의 활동에 관한 일체에 대하여 적극 협조해 줄 것을 중국군 사령부로부터 통령할 것
> 3. 조선 혁명군의 군량 및 장비에 관하여 중국 당국에서 공급할 것
> 4. 일본군을 향하여 작전할 때 쌍방이 호응, 원조함으로써 작전의 임무를 완성할 것
> 5. 조선 혁명군이 압록강을 건너 한국 본토 작전을 전개할 때 중국군은 그 전력을 기울여 한국 독립 전쟁을 원조할 것

① 제1차 영일 동맹의 배경
② 워싱턴 회의의 주요 목적
③ 베르사유 조약의 주요 내용
④ 항일 투쟁을 위한 제2차 국공 합작
⑤ 만주 사변 이후의 한·중 연합 작전

[24017-0147]

7 밑줄 친 '전쟁' 중에 있었던 사실로 옳은 것은?

7월 8일 일본군은 루거우차오에 이어 완핑청을 공격하였다. 이후 일본군이 대거 중국 관내로 들어오고 가와구치 사단이 전부 톈진에 도착하였으며, 적극적으로 군사를 배치하여 북평(베이징)을 포위하는 형세를 초래하였다. 18~20일, 일본군은 병력을 계속 증강하고 공세를 강화하였다. …… 이후 일본군은 집중적으로 북평 교외 및 톈진을 포격하였다.

자료는 일본군의 침략 행위를 자세히 소개하고 있는 신문 기사입니다. 기사는 루거우차오 사건을 계기로 일본군의 공격이 체계적으로 이루어졌음을 설명하고 있습니다. 이는 루거우차오 사건이 우발적인 사건이 아니며, 이를 계기로 일어난 전쟁이 일본의 치밀한 계획으로 진행되고 있음을 보여 줍니다.

① 국가 총동원법이 제정되었다.
② 제1차 국공 합작이 이루어졌다.
③ 우창에서 신군의 봉기가 일어났다.
④ 동방 무정부주의자 연맹이 조직되었다.
⑤ 만주에서 동북 항일 연군이 창설되었다.

[24017-0148]

8 다음 기사가 작성된 시기에 볼 수 있는 모습으로 가장 적절한 것은?

제○○호 **○○ 신문**

우리의 동지는 누구인가?

이번에 일본 제국주의의 요인들을 제거하기 위해 폭탄을 투척한 이는 망국민인 한국인이다. 세상 사람들을 놀라게 한 그의 장한 거사는 누구의 청탁이나 애걸에 의한 것이 아니다. 동아시아의 평화를 파괴하는 인간 말종들을 깨끗이 청소하고, 조선의 독립을 회복하기 위해 의연히 일어선 것이다. 9·18 사변 이후 우리는 온갖 수단과 방법을 총동원하여 국제 연맹에 도움을 애걸하였다. 그 결과는 어떠한가? 우리가 얻은 것은 무엇인가? 한국인이 훙커우 공원에서 던진 폭탄 하나만도 못하지 않은가! 우리와 똑같은 적을 향해 우리와 똑같은 적개심을 가진 피압박 민족이야말로 대일 관계를 풀어 나가는 과정에서 우리가 마땅히 외교적 동맹군으로 끌어들여야 할 존재이다.

① 미드웨이 일대에서 일본군과 싸우는 미국 군대
② 중국군과 함께 작전을 전개하는 한국의 독립군
③ 조선 의용대 창설식에 참여한 중국 국민당 인사
④ 청산리 일대에서 일본군에 승리한 독립군 연합 부대
⑤ 일본군에 투항을 호소하는 일본 병사 반전 동맹의 단원

01
[24017-0149]

다음 편지를 보낸 국가에 대한 설명으로 옳은 것은?

만약 귀국이 대외 무역을 금지하는 현행법을 폐기하는 것이 안전하지 않다고 생각하신다면 5년에서 10년 동안만 대외 무역을 허용하는 것도 하나의 방법입니다. 그것이 기대만큼 유익하지 않다면 현행법을 다시 복원시키면 될 것입니다. …… 우리의 증기선이 바다를 건너기 위해서는 많은 양의 석탄을 필요로 합니다. 우리의 증기선과 다른 선박들이 귀국에서 석탄과 물자 등을 보충할 수 있도록 허락해 주시길 바랍니다. 우리 선박들이 정박할 수 있는 편리한 항구를 귀국의 남쪽에 지정해 주실 것을 요청드립니다. 제가 페리 제독과 막강한 함대를 보낸 것은 이러한 목적 외에는 없습니다.

① 삼국 간섭을 주도하였다.
② 국제 연맹을 탈퇴하였다.
③ 제1차 아편 전쟁에서 승리하였다.
④ 포츠머스 조약 체결을 중재하였다.
⑤ 산둥반도의 칭다오 일대를 조차하였다.

02
[24017-0150]

밑줄 친 '신정부'의 정책으로 옳은 것은?

사료로 보는 동아시아사

전함을 사들이고 병기를 구입하는 등의 일은 예로부터 불가결한 일이지만, 원래 나라가 부유하게 된 연후에 군대가 강해지는 것이 도리로서, 나라가 피폐한데 군대만 홀로 강하게 되는 것은 있을 수 없는 일이다. 따라서 오늘날의 방책은 전함, 병기 등은 잠시 뒤로 돌리고, 당장 우선은 국력을 양성해야 한다고 생각한다.

해설 이 글에는 부국을 위한 과제 수행에 집중해야 한다는 이와쿠라 도모미의 주장이 담겨 있다. 그는 <u>신정부</u> 방침에 따라 사절단을 이끌고 미국과 유럽을 돌아보며 서양의 근대 문물을 시찰하고 돌아온 후, 철도 회사 설립에 적극적으로 관여하는 등 부국을 위한 다양한 정책을 추진하였다.

① 독립신문을 발행하였다.
② 흠정 헌법 대강을 반포하였다.
③ 미일 수호 통상 조약을 체결하였다.
④ 중체서용의 방식으로 개혁을 추진하였다.
⑤ 청과 대등한 입장에서 수호 조규를 체결하였다.

03
[24017-0151]

밑줄 친 '이 헌법'을 활용한 탐구 활동으로 적절한 것은?

> 국가 통치의 대권은 짐이 선조로부터 이어받아 이를 자손에게 전하노라. 짐과 짐의 자손은 이 헌법의 조와 장을 행함에 틀림이 없도록 하여라. 짐은 짐의 신민의 권리 및 재산의 안전을 존중하며 또한 이를 보호하여 헌법 및 법률의 범위 내에서 그것을 완전히 향유할 수 있게 선언하노라. 제국 의회는 메이지 23년부터 소집하여 의회 개회와 함께 이 헌법이 유효하도록 하여라. 만일 장래에 어떠한 조항을 개정할 필요가 있을지라도 짐과 짐의 뒤를 잇는 자손과 신민은 분별없이 이를 바꾸지 말도록 하여라.

① 자유 민권 운동의 영향을 조사한다.
② 양무운동을 주도한 세력을 알아본다.
③ 하야시 라잔이 정비한 제도를 파악한다.
④ 신해혁명으로 수립된 정치 체제를 분석한다.
⑤ 임오군란 당시 구식 군인들의 요구를 찾아본다.

04
[24017-0152]

다음 서신이 작성된 시기를 연표에서 옳게 고른 것은?

> 조선의 변란이 이미 진정되었다면 조속히 일본이 청국 병사를 대신하여 토벌한다거나 양국이 직접 진압해야 한다는 논의는 필요 없는 것입니다. 일본이 제안한 뒷수습 방법의 취지는 좋으나 조선은 스스로 개혁을 실행해야만 하고 청국은 조선 내정에 간섭하지 않을 것입니다. 일본은 처음부터 조선의 자주를 인정했기 때문에 더욱더 그 내정에 간섭할 권리가 없습니다. 변란을 평정한 이후 병력을 철수한다는 것은 을유년에 양국이 정한 톈진 조약에 구체적으로 명시되어 있으므로 논의할 필요가 없습니다.

	(가)		(나)		(다)		(라)		(마)	
강화도 조약		갑신정변		동학 농민 운동 발발		시모노세키 조약 체결		신축 조약 체결		을사조약 강제 체결

① (가) ② (나) ③ (다) ④ (라) ⑤ (마)

05
[24017-0153]

밑줄 친 '회의'가 진행되던 시기에 동아시아에서 볼 수 있는 모습으로 가장 적절한 것은?

> 미국 전문 위원은 미국에서 열린 이번 회의에서 주력함 톤수로 각 해군 세력비를 공평하게 표준화하고, 보조 함정에 관한 규정은 주력함 할당 톤수와 적당한 비례로 하기를 제안한다. 해군의 휴식도 해군 군비 제한의 중요한 목적으로 생각되므로 10년간 주력함 건조를 정지하기로 제의한다. 이와 같은 개괄적 제의에 그치지 않고 미국 대통령의 훈령에 기초하여 해군 군비 제한에 관한 구체안을 제안한다. 그 제안은 영국, 일본 및 미국에 관계가 있다. …… 합리적이고 실제적인 기초에 입각하여 문제를 처리할 것을 절실히 원하여 다음 4개의 일반 원칙을 적용한다.
> 첫째. 실행 중이거나 혹은 이미 수립된 주력함 건조 계획은 전부 포기한다.
> 둘째. 노후함을 폐기함으로써 감축을 더 이행한다.
> 셋째. 일반적으로 관계 열강의 현재 해군력에 대한 고려를 한다.
> 넷째. 주력함의 톤수를 해군력 측정의 기준으로 하고, 일정한 보조 함정의 세력을 거기에 비례하여 할당한다.

① 제1차 사이공 조약을 체결하는 프랑스 관리
② 민선 의원 설립 건백서를 제출하는 일본 정치인
③ 베이징 정부에 21개조 요구를 제출하는 일본 외교관
④ 일본의 국가 총동원법에 따라 징용되는 타이완 청년
⑤ 상하이의 조계에서 활동하는 대한민국 임시 정부의 요인

06
[24017-0154]

다음 문서가 작성된 배경으로 가장 적절한 것은?

> 일본 비적들이 무력으로 화베이를 빼앗을 속셈으로 우리를 공격했다. 이 소식을 들었을 때 우리의 슬픔과 분노는 이루 말할 수 없었다. 우리는 제29군에게 모든 용기와 힘을 다하여 항전하도록 지시할 것과, 국가 총동원령을 선포할 것을 삼가 요청한다. …… 현재 중국 공산당의 홍군 장병들은 장제스 위원장의 영도 아래 나라를 위해 목숨을 바쳐 적과 싸우고 있다.

① 장제스가 국민 혁명(북벌)을 시작하였다.
② 조선 혁명군이 중국 의용군과 연합하였다.
③ 루거우차오 사건을 계기로 전쟁이 본격화되었다.
④ 한국의 독립군이 봉오동에서 일본군을 격퇴하였다.
⑤ 베이징 정부가 베르사유 조약의 조인을 거부하였다.

07
[24017-0155]

밑줄 친 '전쟁' 중에 있었던 사실로 옳은 것은?

전쟁의 전선은 솔로몬 군도에서 길버트 군도로 중점이 옮겨진 형세이다. 미국은 비록 미드웨이 해전에서 승리했지만 막대한 손실을 입었다. …… 이러한 상황에서 카이로에서 장제스, 루스벨트, 처칠이 아시아 반추축 회의를 열고, 또 테헤란에서 스탈린, 처칠, 루스벨트가 유럽 반추축 회의를 열었다고 보도되고 있다. 이것은 말할 것도 없이 추축국에 대한 역사적인 대항으로 봐도 좋다. 이러한 대전환기를 맞이한 우리는 희망과 행복을 느끼는 동시에 비상한 각오도 해야 한다.

① 제1차 국공 합작이 결렬되었다.
② 운요호가 강화도 일대를 침범하였다.
③ 안중근이 동양 평화론을 저술하였다.
④ 한국광복군이 국내 진공 작전을 준비하였다.
⑤ 장제스의 국민 혁명군이 베이징을 점령하였다.

08
[24017-0156]

(가) 군사 조직에 대한 설명으로 옳은 것은?

7월 초 김원봉은 중국 군사 위원회에 조선 민족 전선 연맹 청년으로 구성된 (가) 을/를 조직하여 이를 각 전선에 배치하고 싶다는 희망안을 상신하였다. 중국 군사 위원회는 조선 민족 단체 전부의 가맹을 전제 조건으로 이를 허용하겠다는 답을 알려 왔다. …… 7월 1일 이후, 중국 군사 위원회 정치부원 5명은 조선 민족 전선 연맹의 김원봉, 최창석, 김규광, 유자명과 연일 회의를 개최하였다. 회의에서 규약, 강령 기초, 경비 문제, 조직 방법 등에 대해 협의를 거듭한 결과, 10월 8일 만반의 준비를 완료하고 10월 10일 쌍십절에 (가) 성립 대회를 거행하였다.

① 의화단 운동 진압에 참여하였다.
② 청산리 전투에서 일본군을 물리쳤다.
③ 인도 · 미얀마 전선에서 영국군과 함께 활동하였다.
④ 만주 사변을 계기로 한 · 중 연합 작전을 전개하였다.
⑤ 일부가 화북 지역으로 이동해 조선 의용군으로 편성되었다.

제2차 세계 대전 전후 처리와 냉전 체제

1. 제2차 세계 대전의 종결과 전후 처리

(1) 연합국의 전후 처리 구상

① 제2차 세계 대전 중의 국제 회담

구분	참가국	주요 내용
카이로 회담(1943. 11.)	미국, 영국, 중국	일본 점령지의 반환과 한국의 독립 결정
얄타 회담(1945. 2.)	미국, 영국, 소련	• 전후 독일의 처리 문제 • 소련의 대일전 참전 결정
포츠담 선언(1945. 7.)	미국, 영국, 중국, 소련(8월에 동참)	• 일본의 무조건 항복 요구 • 카이로 선언의 이행 재확인

자료 플러스 카이로 선언에 대한 김구의 대응

연합 통신사의 보도에 의하면 아프리카에서 발표된 카이로 선언에서 한국의 독립을 '적당한 시기에' 되게 하리라 약속한 데 대하여 이곳 충칭에 있는 대한민국 임시 정부 주석 김구는 이를 부정하는 동시에 다음과 같이 경고하였다. "한인은 일본이 항복하는 그 시간에 독립을 얻지 못하면 전쟁을 계속할 것이다." 이 성명은 미국의 루스벨트 대통령과 처칠 영국 수상, 중국 장제스 총통이 서명하고 발표한 카이로 선언에 대해 이해관계를 가진 각국 중에서 처음으로 정식 발표된 반대 의견이다.
충칭 언론계나 정부의 인사들은 카이로 선언을 절대 찬성하지만 일반 대중들은 이 선언이 온당치 못한 점에 대해 문제 제기를 하고 있다. 김구는 신문 기자에게 이에 대해 말하기를, "자유 중국 안에 있는 일천여 명의 자유 한인은 '적당한 시기에'라는 발표에 격분하였다."라고 하였다. -『한국 독립운동사 자료』-

1943년 11월에 진행된 카이로 회담에서는 미국, 영국, 중국이 일본에 대한 전략과 처리 방침을 논의하였다. 이 회담에서 세 나라는 일본이 '폭력과 탐욕으로 약탈한' 일체의 지역에서 일본을 완전히 몰아낼 것을 선언하였다. 또한 카이로 선언에는 '한국인의 노예 상태에 유의하여 적당한 시기에 한국을 자주·독립시킬 것을 결의한다.'는 내용을 포함시켰다. 이에 대해 대한민국 임시 정부의 김구는 일본이 항복하는 즉시 독립을 원한다며 반대 의견을 표출하였다.

② 일본의 항복 : 미국의 원자 폭탄 투하, 소련군의 대일전 참전 → 무조건 항복(1945. 8. 15.)

③ 국제 연합[UN]의 결성(1945. 10.) : 국제 평화와 안전 유지를 목적으로 결성

(2) 일본의 전후 처리

① 미군의 일본 점령 : 도쿄에 미군 주도의 연합국 최고 사령부[SCAP/GHQ] 설치, 비군사화·민주화를 목표로 개혁 추진

② 전후 개혁 정책 : 군국주의자의 공직 추방, 군대 해체, 재벌 개혁, 농지 개혁 등 실시

③ 극동 국제 군사 재판(도쿄 재판)
- 목적 : 포츠담 선언에 따른 일본의 주요 전쟁 지도부 처벌
- 한계 : 주요 피해국인 아시아 국가의 의견이 제대로 반영되지 않았고, 천황 및 전쟁에 협력한 관료와 재벌의 책임을 묻지 않음

④ 신헌법(평화 헌법) 제정(1946) : 천황을 상징적 존재로 규정, 일본의 군사력 보유 금지, 주권 재민의 원칙에 따른 인권 보호 조항 강화

✪ 국제 연합[UN]
대서양 헌장에 따라 제2차 세계 대전이 끝난 직후 결성되었다. 이전의 국제 연맹과는 달리 국제 연합의 결정에 반한 침략 행위에 대해 군사적 제재를 할 수 있다.

✪ 신헌법(평화 헌법)
전후 일본이 연합국 최고 사령부의 제안에 따라 주권 재민, 평화주의, 인권 존중의 3개 원칙을 기반으로 제정한 헌법이다. 특히 헌법의 9조에서 일본의 군사력 보유를 금지하여 '평화 헌법'이라고도 불린다.

개념 체크

1. 1945년 미국, 영국, 중국은 (   ) 선언을 통해 일본의 무조건 항복을 요구하였다.
2. 포츠담 선언에 따라 1946년부터 일본의 주요 전쟁 지도부를 처벌하기 위한 (   )이 개최되었다.
3. 1946년 일본에서 (   )이 제정되어 일본의 군사력 보유가 금지되었다.

정답
1. 포츠담 2. 극동 국제 군사 재판(도쿄 재판) 3. 신헌법(평화 헌법)

⑤ 미국의 대일본 정책 변화
- 배경 : 소련과의 대립 격화, 북한과 중국의 공산화 등
- 정책 방향 : 일본을 동아시아에서 공산 세력에 대항하는 전략 거점으로 삼고자 함
- 내용 : 일본 경제의 재건 강조, 군국주의 세력의 복귀 허용, 경찰 예비대 창설(1950) 등

⑥ 샌프란시스코 강화 조약 체결(1951) : 일본의 주권 회복, 조약 체결 직후 미일 안보 조약(미일 안전 보장 조약) 체결

자료 플러스 **샌프란시스코 강화 조약**

연합국과 일본은 이후 관계에서 동등한 주권 국가로서 당사국 간에 그들의 공동 복지를 증진시키고, 국제 평화 및 안보를 유지하기 위해 우호적으로 협력하는 관계가 될 것이라고 결의한다. 그리고 아직도 전쟁 상태에 있음으로 인해서 여전히 미해결 중인 여러 문제들을 해결할 평화 조약을 체결하기를 희망한다.
따라서 국제 연합의 회원으로 지원할 의도를 천명한 일본은 어떤 상황에도 유엔 헌장의 원칙을 준수하려 하며, 세계 인권 선언의 목표를 구현하려 애쓰며, 유엔 헌장 55항과 56항에서 규정된, 그리고 일본이 항복한 이후 일본 헌법에 의해 시작된 안정과 복지 등을 조성하기 위해 노력하려 한다. 또한 공적·사적인 무역 및 통상에서 국제적으로 수용되는 공정한 관행들을 준수할 의향이 있다.
그러므로 우리 연합국은 위에서 언급된 일본의 의도를 환영하는 바이다. 따라서 연합국과 일본은 현재의 평화 조약을 체결하기로 결정하였다.
제1장
제1조 (a) 일본과 각 연합국들과의 전쟁 상태는 제23조에 규정된 바와 같이, 일본과 관련된 연합국 사이에서 조약이 시행되는 날부터 중지된다.
(b) 연합국들은 일본과 그 영해에 대한 일본 국민들의 완전한 주권을 인정한다.

6·25 전쟁 중인 1951년 9월 8일 일본은 샌프란시스코에서 미국의 주도 아래 연합국의 여러 나라와 강화 조약을 체결하였다. 이를 계기로 일본은 과거 전쟁과 침략 범죄에 대해 제대로 된 사과나 처벌도 없이 국제 사회에 주권 국가로 복귀할 수 있게 되었다. 그러나 강화 조약은 체결 과정에서 한국과 중국 등 피해국이 참여하지 못했다는 한계를 가지고 있다.

(3) 한반도의 전후 처리

① 전개 : 일본군 무장 해제를 명분으로 북위 38도선을 경계로 하여 남쪽은 미군, 북쪽은 소련군이 주둔 → 국제 연합 감시 아래 선거가 가능한 지역에서만 총선거 실시(1948. 5.)

② 결과 : 대한민국 정부 수립(1948. 8.), 조선 민주주의 인민 공화국 정부 수립 (1948. 9.)

2. 냉전과 동아시아의 전쟁

(1) 동아시아 냉전 체제의 형성

① 냉전 체제 : 제2차 세계 대전 이후 미국과 소련이 중심이 되어 체제와 이념을 둘러싸고 대립한 국제 질서

② 영향 : 미국과 소련이 동아시아에서 각기 자기 진영에 유리한 정부가 수립되도록 자본주의 진영과 사회주의 진영을 지원

(2) 중국의 국공 내전

① 원인 : 일본 패망 이후 중국 국민당과 중국 공산당이 대립 → 미국의 중재로 평화 협상 전개 → 협상 실패 → 내전 본격화(1946)

✪ 경찰 예비대

평화 헌법에 의해 육·해·공군 전력을 보유할 수 없었던 일본은 한반도에서 6·25 전쟁이 발발하자, 치안 유지를 명목으로 경찰 예비대를 창설하였다. 이어 1952년 보안대로 재편한 뒤, 1954년 자위대로 명칭을 변경하였다.

✪ 미일 안보 조약(미일 안전 보장 조약)

1951년 샌프란시스코 강화 조약의 체결 직후 같은 날 체결된 조약으로 일본의 안보를 위해 미군이 일본에 주둔할 것을 규정하였다. 이 조약은 1960년에 한 차례 개정되었다.

✪ 냉전(Cold War)

제2차 세계 대전 이후 자본주의 진영과 사회주의 진영 간에 직접적인 무력을 사용하지 않고 경제, 외교, 정보 등을 수단으로 전개된 국제적 대립을 가리킨다. 직접적인 싸움을 의미하는 '열전(Hot War)'과 대비되는 개념이다.

개념 체크

1. 전후 연합국 최고 사령부의 통치를 받던 일본은 (　　) 체결을 계기로 주권을 회복하였다.
2. 제2차 세계 대전 이후 한반도에서는 (　　) 감시 아래 선거가 가능한 지역에서만 총선거가 실시되어 대한민국 정부가 수립되었다.
3. 제2차 세계 대전 이후 미국과 소련이 중심이 되어 체제와 이념을 둘러싸고 대립한 국제 질서를 (　　) 체제라고 한다.

정답
1. 샌프란시스코 강화 조약
2. 국제 연합[UN] 3. 냉전

② 전개 과정

초기	병력과 장비에서 우세한 중국 국민당군이 주도 → 중국 공산당의 근거지였던 옌안, 만주와 화베이(화북)의 주요 도시 대부분 점령
경과	• 중국 공산당 : 점령 지역에서 토지 개혁 실시 → 농민들의 적극적인 지지 획득 • 중국 국민당 : 관료들의 부패와 심각한 인플레이션 → 민심 잃음
결과	• 중국 공산당이 중국 본토 대부분을 장악 → 중화 인민 공화국 수립(1949) • 중국 국민당 정부는 타이완으로 근거지 이동

③ 미국의 대응 : 중국 대륙에 대한 경제 봉쇄 실시, 일본의 방공 기지 역할 강화

(3) 6·25 전쟁

① 배경 : 미국의 애치슨 라인 발표, 북한이 소련과 중국의 동의를 받아 전쟁 준비

② 전개 : 북한의 전면적인 남침(1950. 6. 25.) → 미군 주도의 유엔군 참전 → 인천 상륙 작전(1950. 9.), 한국군과 유엔군의 전세 역전 → 중국군의 참전 → 한국군과 유엔군의 후퇴 → 북위 38도선 부근에서 공방전 전개 → 정전 협정 체결(1953)

③ 영향

미국	샌프란시스코 강화 조약과 미일 안보 조약 체결(1951), 오키나와 미군 기지를 중심으로 군사적 방공망 구축
일본	유엔군에 각종 보급품과 장비 공급 → 경제 회복
타이완	미국과 중국의 대립 → 미국의 전면적인 지지 획득
중국	사회주의권에서 정치적 위상 상승, 내부 정치 통합의 기반 마련

(4) 베트남 전쟁

① 베트남·프랑스 전쟁
- 배경 : 일본의 무조건 항복 선언 이후 호찌민이 베트남 민주 공화국 수립 선포(1945) → 프랑스가 베트남의 독립을 인정하지 않음 → 베트남과 프랑스의 전쟁 → 베트남 민주 공화국 승리
- 제네바 협정(1954. 7.) : 프랑스군의 철수, 북위 17도선을 경계로 한 남북 분단, 통일을 위한 2년 내의 총선거 실시 등 합의

② 베트남 공화국 수립
- 통일 정부 수립 무산 : 미국의 지원을 받은 남베트남의 총선거 거부 → 베트남 공화국 수립(1955)
- 남베트남 민족 해방 전선(베트콩)의 저항, 북베트남 정부가 지원

③ 미국의 참전과 베트남 전쟁의 확대
- 미국의 참전 : 통킹만 사건을 빌미로 북베트남 폭격 본격화, 전투 부대 파병
- 전쟁의 확산 : 미국 외에 한국 등도 미국의 동맹국으로서 파병, 북한·중국·소련은 북베트남 지원
- 전쟁의 종결 : 전쟁의 장기화 등으로 인한 반전 운동 확산, 막대한 재정 부담, 인명 피해 등 미국의 어려움 가중 → 닉슨 독트린 발표(1969), 미군의 단계적 철수 추진 → 파리 평화 협정(베트남 평화 협정) 체결(1973) → 미군 철수 후 북베트남이 사이공 점령(1975) → 베트남 사회주의 공화국 수립(1976)

✪ 유엔군의 참전
6·25 전쟁이 일어나자 미국은 즉각 참전을 결정하였다. 먼저 유엔 안전 보장 이사회를 소집하여 북한을 침략자로 규정하고 북위 38도선의 원상회복을 요구하는 결의안을 채택하였다. 그리고 미국의 주도로 유엔군이 조직되어 전쟁에 개입하였다.

✪ 남베트남 민족 해방 전선
미국이 지원하는 베트남 공화국에 저항하기 위해 1960년에 결성된 무장 조직으로 베트콩이라 불리기도 하였다. 베트남 민주 공화국(북베트남)의 지원을 받아 남베트남 지역에서 활동하였다.

✪ 통킹만 사건
미국은 1964년 베트남 동쪽의 통킹만에서 북베트남의 어뢰정이 미국 군함을 공격했다고 발표하였다. 이를 계기로 미국은 베트남 전쟁에 지상군을 파병하였다. 그러나 후일 이 사건은 조작된 것으로 밝혀졌다.

✪ 파리 평화 협정(베트남 평화 협정)
1973년 1월 미국과 북베트남 등이 체결한 것으로 미군이 베트남에서 철수하는 것을 합의한 협정이다.

개념 체크

1. 중국의 국공 내전 과정에서 중국 공산당이 중국 본토의 대부분을 장악하고, (　　)을 수립하였다.
2. 6·25 전쟁 과정에서 (　　)의 참전으로 한국군과 유엔군은 후퇴하게 되었다.
3. (　　) 체결을 통해 미국은 베트남 전쟁에서 미군 철수를 합의하였다.

정답
1. 중화 인민 공화국 2. 중국군
3. 파리 평화 협정(베트남 평화 협정)

자료 플러스 한국군의 베트남 파병

귀하께서는 대한민국 정부가 베트남 공화국 정부로부터 베트남에 대한 한국 전투 부대 증파에 관한 요청을 접수했음을 본인에게 통고하였습니다. 귀하는 또한 대한민국 정부가 한국의 헌법 절차에 따라 국회의 승인을 얻는 대로 1개 연대의 전투 부대를 4월에, 1개 사단 병력을 7월에 각각 도착시키도록 하는 방식으로 베트남 공화국 정부에서 요청한 원조를 제공키로 결정했다고 하였습니다. 본인은 대한민국 정부가 베트남 전선을 한국의 안전과 직결된 한국의 제2전선이라고 생각하고 있기 때문에 대한민국이 그 같은 결정을 내린 것이라는 귀하의 설명에 유의하였습니다. 미국 정부는 베트남에서 싸우고 있는 자유 세계 군대에 대한 고도의 효과적인 기여를 다시 높이려는 대한민국 정부의 결정을 충심으로 환영합니다.
A. 군사 원조
1. 한국에 있는 한국군의 현대화 계획을 위하여 앞으로 수년 동안에 걸쳐 상당량의 장비를 제공한다.
B. 경제 원조
4. 수출을 진흥시키기 위한 모든 분야에서 한국에 대한 기술 원조를 강화한다.

자료는 1966년 주한 미국 대사 윈스럽 길먼 브라운이 한국 정부에 전달한 공식 통고서로, 「브라운 각서」라고 불린다. 이 문서는 한국의 베트남 추가 파병에 대한 대가로 미국 정부가 한국에 제공할 군사·경제 지원 사항들을 명시하였다. 미국은 1964년 통킹만 사건을 빌미로 대규모 전투 부대를 파병하면서 본격적으로 베트남 전쟁에 참전하였다. 당시 베트남은 북베트남과 남베트남으로 분단되어 충돌이 끊임없이 지속되고 있었다. 동남아시아 지역에서 공산주의 확산을 막고자 한 미국은 남베트남을 적극 지원하였다.

④ 미국의 대응 : 소련을 견제하고 베트남 전쟁을 마무리하기 위해 중국과의 관계 개선 시도 → 미국의 닉슨 대통령이 중국을 방문

3. 동아시아 각국의 국교 수립

(1) 중국과 미국의 수교

① 배경 : 닉슨 독트린 발표 이후 미국의 대중국 정책 변화
② 내용 : 미국 대통령 닉슨의 중국 방문, 미중 공동 성명 발표(1972) → 미국과 중국의 국교 수립(1979), 미국은 타이완과 국교 단절

(2) 일본의 국교 수립

① 중화민국(타이완)과 일화 평화 조약 체결(1952)
② 중일 공동 성명(1972) : 중국을 유일한 합법 정부로 인정, 타이완과 국교 단절, 중국은 일본에 대한 전쟁 배상 청구권 포기 → 중일 평화 우호 조약 체결(1978)

(3) 한국의 국교 수립

일본과의 수교	• 배경 : 동아시아 안보 체제 강화를 위한 한·일 협력 요구(미국), 경제 개발을 위해 일본의 자본과 기술 필요(한국), 수출 시장 확대를 위해 한국과의 교역 필요(일본) • 결과 : 한일 기본 조약 체결(1965)
중국과의 수교	냉전 붕괴 이후 중국과 국교 수립(1992), 타이완과 국교 단절
베트남과의 수교	냉전 붕괴 이후 베트남과 국교 수립(1992)

(4) 북한의 대외 관계

① 소련과 관계가 멀어지며 중국에 대한 의존도 심화
② 일본과 국교 수립 추진 : 북핵 문제와 일본인 납치 문제로 실패

✪ 닉슨 대통령의 중국 방문
베트남 전쟁과 중소 분쟁으로 각각 어려움을 겪던 미국과 중국은 1971년 세계 탁구 선수권 대회에 참가했던 미국 대표단의 중국 방문을 계기로 비밀리에 접촉하게 되었다. 그리고 1972년 닉슨 대통령이 중국을 방문하고 미중 공동 성명을 발표하면서 양국 관계가 개선되었다.

✪ 한일 기본 조약
1965년 6월 한국과 일본 사이에 조인된 '대한민국과 일본국 간의 기본 관계에 관한 조약'(한일 기본 조약)과 이에 부속된 4개의 협정 및 25개 문서의 총칭이다. 부속 협정은 ① 어업에 관한 협정, ② 재일 교포의 법적 지위 및 대우에 관한 협정, ③ 재산 및 청구권에 관한 문제의 해결과 경제 협력에 관한 협정, ④ 문화재 및 문화 협력에 관한 협정 등이다.

✪ 일본인 납치 문제
1970년대부터 1980년대 초반까지 북한이 대남 공작에 활용하기 위한 목적으로 다수의 일본인을 납치하였다. 현재 납치된 일본인 귀환을 둘러싸고 북한과 일본 사이에 갈등을 빚고 있다.

개념 체크

1. 1972년 미국 대통령 닉슨이 중국을 방문하고 ( ) 을 발표하였다.
2. 1972년 일본은 중일 공동 성명을 발표하면서 중국을 유일한 합법 정부로 인정하여 ( )과의 국교가 단절되었다.
3. 미국의 동아시아 안보 체제 강화를 위한 두 나라의 협력 요구 등을 배경으로 한국은 1965년 ( )과 국교를 수립하였다.

정답
1. 미중 공동 성명 2. 타이완
3. 일본

대표 기출 확인하기

베트남 전쟁 시기 동아시아 정세

정답과 해설 39쪽

대표 기출 문제 다음 뉴스를 활용한 탐구 주제로 가장 적절한 것은?

2024학년도 수능 6월 모의평가

미국 대통령 닉슨은 중국의 총리 저우언라이와 함께 어제 상하이에서 공동 성명을 발표하였습니다. 미국은 타이완에서 미군을 점진적으로 철수할 것을 약속하였습니다. 또한, 고위 대표를 베이징에 수시로 파견할 것을 밝히며 국교 수립을 위한 소통의 창구를 마련하였습니다.

① 냉전 체제의 완화
② 신간회 결성의 계기
③ 국·공 내전의 배경
④ 태평천국 운동의 과정
⑤ 교육 칙어 반포의 목적

정답 | ①

풀이 | 자료는 미국 대통령 닉슨이 중국의 총리 저우언라이와 함께 상하이에서 공동 성명을 발표하였다는 점, 미군을 타이완에서 철수하기로 약속하였다는 점 등을 통해 1972년에 미국 대통령 닉슨이 중국을 방문하여 공동 성명을 발표한 상황임을 알 수 있다. ① 1969년 닉슨 독트린을 발표한 미국의 닉슨 대통령은 1972년 중국을 방문하였다. 이는 냉전 체제가 완화되는 계기로 작용하였다.
② 한국에서 민족 유일당 운동의 결과 1927년 민족주의 진영과 사회주의 진영의 좌우 합작으로 신간회가 결성되었다. ③ 일본 패망 이후 중국 국민당과 중국 공산당이 다시 대립하였다. 미국이 평화 협상을 주선하였지만 큰 성과를 내지 못하였고 1946년부터 국공 내전이 본격화되었다. ④ 홍수전 등은 청 왕조 타도를 구호로 내세우면서 1851년 태평천국을 수립하였고, 1853년 난징을 점령하였다. 하지만 서양의 개입과 증국번, 이홍장 등의 한인 관료, 신사층에 의해 1864년 진압되었다. ⑤ 교육 칙어는 1890년에 반포되었다. 일본은 이를 통해 충과 효를 중시하는 도덕 교육을 강조하여 천황 중심의 국가 체제를 확립하려 하였다.

닮은꼴 문제 **1** 다음 자료에 대한 탐구 활동으로 가장 적절한 것은? [24017-0157]

> 닉슨은 나를 베이징에 보냈다. 나의 두 번째 방문이었다. 그때부터 의견을 나누면서 이 방문의 암호명을 '폴로(Polo) 2'로 하기로 결정하였다. 첫 번째 비밀 방문이 '폴로 1'이라 불렸으니, 우리의 상상력은 다 말라 버렸던 모양이다. 폴로 2의 주된 목적은 4개월 후에 있을 닉슨의 방문이 끝날 때 중국 지도부와 닉슨 대통령이 승인할 수 있는 공동 성명의 내용에 합의하는 것이었다.
>
> – 헨리 키신저의 회고 –

① 리튼 조사단의 활동 결과를 조사한다.
② 6월 민주 항쟁이 발발한 계기를 살펴본다.
③ 제1차 국공 합작의 체결 배경을 파악한다.
④ 베트남 전쟁 시기의 동아시아 정세를 알아본다.
⑤ 한국과 중국의 국교 수립이 끼친 영향을 분석한다.

[24017-0158]

01 밑줄 친 '선언'에 대한 설명으로 옳은 것은?

> 쇼와 천황은 전쟁을 치르고 있는 육·해군 상층부로부터 연일 보고를 받고 있으며 독일이 항복한 이후 더욱 악화되는 전황을 파악하고 있었다. …… 당시 쇼와 천황은 신중하게 종전으로의 길을 모색하기 시작하였다. …… 쇼와 천황이 연합국 대표들이 항복을 촉구한 선언의 수락을 결의한 것은 소련이 참전하였다는 정보를 접한 날 오전이었다.

① 카이로 선언의 이행을 재확인하였다.
② 5·4 운동이 일어나는 배경이 되었다.
③ 베트남에서 미군의 전면 철수를 합의하였다.
④ 타이완을 일본에 할양하는 것을 인정하였다.
⑤ 일본이 국제 연맹을 탈퇴하는 계기가 되었다.

[24017-0159]

02 밑줄 친 '이 재판'에 대한 설명으로 옳은 것은?

> 키넌 수석 검사는 도조 히데키 등 전쟁 범죄자에 대하여 사형을 요구하는 다음과 같은 요지의 주장을 하였다.
> "검사 측은 이 재판의 법정에 대하여 일본을 침략 전쟁으로 인도한 도조 히데키 등 전쟁 범죄자에게 극형을 언도할 것을 요구하는 바이다. 그들의 행동은 존엄한 인간성의 고려가 전혀 없었다. …… 일본의 침략 행위는 세계로부터의 허다한 경고를 거역한 것이 분명하다. 그리고 일본 군벌들이 이와 같은 경고를 무시하였던 사실이 기록에 의하여 명백히 드러났다."

① 천황을 재판 대상에서 제외시켰다.
② 파리 평화 협정 체결의 배경이 되었다.
③ 대일본 제국 헌법 제정에 영향을 주었다.
④ 워싱턴 체제가 성립되는 결과를 가져왔다.
⑤ 유엔군이 한반도에 파견되던 시기에 진행되었다.

[24017-0160]

03 교사의 질문에 대한 학생의 답변으로 적절한 것은?

> 연합국 최고 사령부의 초안을 기초로 새롭게 만들어진 헌법이 일본 우파의 노력에도 불구하고 개정되지 않았던 요인은 재적 의원, 즉 중의원과 참의원 양쪽에서 3분의 2 이상의 찬성을 필요로 하는 등 개정 요건이 엄격했기 때문이에요. 자료는 그 근거가 되는 헌법의 조항이에요. 이 헌법에 대해 말해 볼까요?

> 제96조 이 헌법의 개정은 각 의원의 재적 의원 3분의 2 이상의 찬성으로 국회가 발의하고 국민에 제안하여 승인받지 않으면 안 된다. 이 승인은 특별 국민 투표 또는 국회가 정하는 선거 때에 행하는 투표에서 과반수의 찬성을 필요로 한다.

① 군사력 보유 금지를 규정하였어요.
② 제국 의회 설립의 토대가 되었어요.
③ 대한국 국제 반포에 영향을 주었어요.
④ 신문화 운동이 시작되는 배경이 되었어요.
⑤ 안중근이 동양 평화론을 집필하는 계기가 되었어요.

[24017-0161]

04 밑줄 친 '이 조약'에 대한 설명으로 옳은 것은?

> 이 조약은 일본 국민에게 완전한 주권, 평등, 자유를 회복시킬 것이며 우리 일본을 국제 공동체에 자유롭고 평등한 회원국으로 복귀시킬 것이다. 이 조약은 전쟁에 대한 보복의 조약이 아니라 화해의 도구이다. 일본 대표단은 이러한 정당하고 관대한 조약을 기쁘게 받아들인다.

① 6·25 전쟁 중에 체결되었다.
② 영사 재판권 조항을 포함하였다.
③ 미중 공동 성명을 배경으로 이루어졌다.
④ 러시아가 주도하는 삼국 간섭을 초래하였다.
⑤ 일본이 뤼순과 다롄의 조차권을 확보하는 계기가 되었다.

[24017-0162]

05 밑줄 친 '내전' 중에 동아시아에서 볼 수 있는 모습으로 가장 적절한 것은?

> 일본군을 무장 해제시킨 이후 현재 진행 중인 중국의 <u>내전</u> 상황에 대해 알려진 바로는 공산주의 세력이 전략적으로 주도권을 잡고 있다고 평가된다. 군사력으로 볼 때, 공산주의 세력은 135만 명 정도이고, 장제스의 군사력은 220만 명 정도로, 장제스 측이 수적으로는 우세하다. 그러나 장제스의 군대는 남쪽으로 밀려 반 이상이 10개 지역에 고립되어 있고, 나머지 병력도 크게 유용하지 못하다.
>
> – 미 합동 참모 본부 –

① 만주에 파견되는 리튼 조사단원
② 금속 공출 현황을 보고받는 조선 총독
③ 대한민국 정부 수립을 선포하는 대통령
④ 동해에서 발트 함대를 공격하는 일본군
⑤ 대일전에 참전하여 만주에서 작전을 수행 중인 소련군

[24017-0163]

06 밑줄 친 '전쟁' 중에 동아시아에서 있었던 사실로 옳은 것은?

> 현재의 상황을 볼 때 북한군과의 싸움으로 국한시켜 보려는 희망은 이제 완전히 포기해야 할 국면을 맞이하였다. 중국군은 대거 북한에 투입되었으며 그 수는 증가하고 있다. 그들은 북한군을 본격적으로 지원하지 않는 것처럼 위장하고 있지만 우리는 이를 전혀 믿을 수 없게 되었다. 이제 <u>전쟁</u>은 전적으로 새로운 국면을 맞이하게 된 것이다.

① 장제스가 북벌을 단행하였다.
② 제2차 국공 합작이 이루어졌다.
③ 메이지 정부가 징병제를 실시하였다.
④ 일본에서 경찰 예비대가 창설되었다.
⑤ 애치슨이 태평양 지역 방위선을 발표하였다.

[24017-0164]

07 다음 전쟁의 결과로 옳은 것은?

> 프랑스군은 하노이 서남방 교외 일대를 공격 중이며 공화국 군대의 중요한 탄약고를 폭파하였다. 공화국 군대는 시신을 유기한 채 퇴각하였다. 랑선 부근에서는 공화국 군대가 하노이–랑선 간 도로를 따라 박닌 근방까지 접근하여 전투를 벌였고, 패잔병이 프랑스군 진지에 투항하기도 하였다. 하지만 공화국 군대는 의연하게 계속 사투를 벌이고 있다.

① 얄타 회담이 개최되었다.
② 제네바 협정이 체결되었다.
③ 한국과 중국의 국교가 수립되었다.
④ 베트남 민주 공화국이 수립되었다.
⑤ 중국 공산당이 대장정을 감행하였다.

[24017-0165]

08 밑줄 친 '선언'의 배경으로 가장 적절한 것은?

> 타이완 정부는 29일 일본과의 외교 관계를 단절한다고 <u>선언</u>하였다. 타이완 정부는 강경한 어조로 된 성명을 발표하고 '양국 간의 조약 의무를 전적으로 외면한 일본 정부의 불성실한 태도'로 인한 일본과 타이완 간의 외교 관계 단절에 관해 일본 정부가 모두 책임져야 할 것이라고 주장하였다.

① 만주 사변이 발발하였다.
② 미일 안보 조약이 맺어졌다.
③ 중일 공동 성명이 발표되었다.
④ 시모노세키 조약이 체결되었다.
⑤ 미국과 중화 인민 공화국이 국교를 수립하였다.

[24017-0166]

1 **다음 자료가 작성된 시기를 연표에서 옳게 고른 것은?**

연합 통신사의 보도에 의하면 아프리카에서 발표된 이 선언에서 한국의 독립을 '적당한 시기에' 되게 하리라 약속한 데 대하여 충칭에 있는 대한민국 임시 정부 주석 김구는 이를 부정하는 동시에 다음과 같이 경고하였다. "한인은 일본이 항복하는 그 시간에 독립을 얻지 못하면 전쟁을 계속할 것이다." 이 성명은 지난달 미국의 루스벨트 대통령과 영국의 처칠 수상, 중국의 장제스 총통이 서명하고 발표한 이 선언에 대해 이해관계를 가진 각국 중에서 처음으로 정식 발표된 반대 의견이다. …… 김구는 신문 기자에게 이에 대해 말하기를, "자유 중국 안에 있는 일천여 명의 자유 한인은 '적당한 시기에'라는 발표에 격분하였다."라고 하였다.

	(가)	(나)	(다)	(라)	(마)
태평양 전쟁 발발	미드웨이 해전	히로시마에 원자 폭탄 투하	대한민국 정부 수립	애치슨 라인 발표	베트남 공화국 수립

① (가) ② (나) ③ (다) ④ (라) ⑤ (마)

[24017-0167]

2 **(가) 헌법이 제정되던 당시에 볼 수 있는 모습으로 가장 적절한 것은?**

국민이 권력을 소유한다는 사실은 구헌법에서는 절대로 인정되지 못하는 것이기 때문에, (가) 이/가 구헌법에 기초하여 제정된 것이 아니라는 점은 명백하다. 국민은 구헌법에 의해서가 아니라 포츠담 선언 수락에 기초하여 새롭게 나라의 최고권자로서 헌법 제정의 권력을 부여받은 것이다. 즉 포츠담 선언의 수락은 이 점에서 구헌법을 뒤집은 혁명적 행위로 간주되어야 한다. …… (가) 은/는 국민 주권에 기초하여 제정된 것이다.

– 미노베 다츠키치 –

① 베트남 전쟁에 파병되는 한국군
② 정전 협상에 참석하는 유엔군 대표
③ 제2차 국공 합작을 추진하는 중국 공산당원
④ 38도선을 경계로 남한에 주둔하고 있는 미군
⑤ 게릴라 작전을 전개하는 남베트남 민족 해방 전선 소속 유격 대원

[24017-0168]

3 **밑줄 친 '이 회의'에 대한 설명으로 옳은 것은?**

패전국이며 재무장이 헌법상 부인되어 있는 우리 일본으로서 국가의 안전을 보장할 수 있는 방어 정책을 확립하는 것은, 독립을 위한 평화 조약을 체결하는 것과 함께 중요한 문제이며 고도의 외교적인 기술을 필요로 하는 어려운 문제였습니다. 그러므로 주권 회복의 내용을 담은 이 회의는 매우 중요하였습니다.

① 삼국 간섭을 초래하였다.
② 일본의 무조건 항복을 요구하였다.
③ 극동 국제 군사 재판의 개최로 이어졌다.
④ 베트남에서 미군의 전면 철수를 합의하였다.
⑤ 한국과 중국 등 피해 당사국이 참여하지 못하였다.

[24017-0169]

4 **밑줄 친 '내전'에 대한 설명으로 옳은 것은?**

내전 상황에서 장제스 총통이 무엇보다도 먼저 취해야 할 조치 중의 하나는 중국 동남부로 진출하고 있는 공산주의 세력을 저지하는 대책을 강구하는 것이다. 한편 공산주의 세력은 11월 30일 오후에 충칭을 완전히 점령하였는데, 그때 우리 신문의 전신국은 충칭과의 연락이 두절되었다고 정식으로 발표하였다. 한편 홍콩의 모든 신문은 충칭이 공산주의 세력의 수중에 들어갈 때의 상황을 게재하였는데, 충칭뿐만 아니라 난징 및 광저우를 포함하여 중국 국민당 정부가 장악하던 도시의 시민들은 공산주의 세력을 환영하였다고 한다.

① 제1차 국공 합작 결렬을 초래하였다.
② 시모노세키 조약 체결로 종결되었다.
③ 5·4 운동이 전개되는 데 영향을 주었다.
④ 루거우차오 사건을 배경으로 전개되었다.
⑤ 중화 인민 공화국이 수립되는 결과를 낳았다.

[24017-0170]

5 **밑줄 친 '최근'에 볼 수 있는 모습으로 가장 적절한 것은?**

> 정부는 일찍이 치안 유지를 위한 경찰 제도에 대해서 깊이 유의하여 그 연구를 계속해 왔습니다. 그리고 지난 8일 우리 나라의 경찰 및 해상 보안 제도에 대해 연합국 최고 사령부의 맥아더 원수로부터 최근의 치안 상황에 비추어 더욱 우리 나라의 경찰력을 민주적 국가들 수준에 도달할 때까지 그 수를 증가할 것을 허용받았습니다. 또한 해상 보안청도 우리 나라의 긴 해안선을 불법 입국자나 또는 밀무역으로부터 보호하기 위해 더욱 많은 인원이 필요하다는 것은 분명합니다. …… 주어진 권한에 근거하여 7만 5천 명 규모의 경찰 예비대를 창설하고 또한 해상 방위청 정원을 8천 명 증원하여 기존의 국가 지방 경찰, 자치 경찰과 함께 우리 나라의 치안 유지에 최선을 다하고자 합니다.

① 미일 안보 조약 체결을 보도하는 기자
② 국제 연맹 탈퇴를 선언하는 일본 정치인
③ 타이완에서 군대 시설을 시찰하는 장제스
④ 동방 무정부주의자 연맹의 결성을 발표하는 남성
⑤ 베트남 사회주의 공화국 수립을 선포하는 호찌민

[24017-0171]

6 **다음 자료에 나타난 전쟁이 전개된 시기에 있었던 사실로 옳은 것은?**

> 압록강에서 자기 본대인 6사단으로 돌아온 3명의 한국군 장교들이 말하기를 중국군이 압록강의 남쪽 지역부터 청천강에 이르는 지역에서 전투하고 있다고 하였다. 장교들은 적진에 보이던 북한군은 중국군이 만주 국경으로 몰아 놓은 낙오병들이었다고 말하였다. 이 장교들의 보고는 중국군이 서북 전선에서 유엔군에 대항하여 싸우고 있다는 유엔군 소식통의 의견에 대한 유력한 자료를 제공하였다.

① 통킹만 사건이 발발하였다.
② 한일 기본 조약이 체결되었다.
③ 일본과 타이완이 국교를 수립하였다.
④ 김원봉을 중심으로 조선 의용대가 창설되었다.
⑤ 미국의 주도로 워싱턴에서 군축 회의가 열렸다.

[24017-0172]

7 밑줄 친 '전쟁'에 대한 탐구 활동으로 가장 적절한 것은?

> 제네바 협정 체결 이후 캄보디아는 용감하고 현명하게 이 협정을 따르는 중립 정책을 택하였고, 이때부터 프랑스의 책임은 더 이상 작동하지 않았다. …… 중립 정책으로 여러분의 나라는 주권국으로 육체와 영혼을 보호할 수 있었던 반면에, 남베트남에서는 미국의 정치적 권위가 확립되고 군대가 주둔하게 되었다. 이후 민족적 저항이 일어나 전쟁이 본격적으로 전개되었다. 전쟁이 본격화되자 무력 사용에 대한 환상이 원정군의 지속적인 증가와 전쟁 확대를 가져왔다.
> – 드골의 연설 –

① 중국 공산당의 대장정 경로를 살펴본다.
② 파리 평화 협정의 주요 내용을 분석한다.
③ 일본이 진주만을 공격한 결과를 알아본다.
④ 리튼 조사단이 작성한 보고서의 내용을 찾아본다.
⑤ 일본이 여러 차례 산둥 출병을 감행한 목적을 조사한다.

[24017-0173]

8 교사의 질문에 대한 학생의 답변으로 가장 적절한 것은?

> • 중국과 미국의 관계 정상화를 향한 진전은 모든 국가들의 이해에 부합한다.
> • 양국은 국제적 군사 분쟁의 위험을 줄이기를 희망한다.
> • 양국은 아시아·태평양 지역에서 패권을 추구하지 않을 것이며, 다른 국가 또는 국가들이 그러한 패권을 구축하려는 시도에 반대한다.

닉슨 대통령이 중국을 방문한 이후 다음과 같은 합의문을 도출하였어요. 이에 대해 발표해 볼까요?

① 얄타 회담의 내용이에요.
② 한·일 수교의 배경이 되었어요.
③ 베트남 전쟁이 전개되던 시기에 발표된 것이에요.
④ 일본이 내세운 대동아 공영권 건설의 본질을 보여 주고 있어요.
⑤ 중국 국민당 정부가 타이완으로 근거지를 옮기는 결과를 가져왔어요.

동아시아의 경제 성장과 정치 발전~갈등과 화해

1. 자본주의 국가의 경제 성장

(1) 일본의 경제 발전

제2차 세계 대전 직후	전쟁 패배로 극심한 경제난
1950년대 중반 ~1970년대 초	• 미국의 지원과 6·25 전쟁 시기 군수품 생산으로 경제 회복 • 연평균 10% 이상의 고도성장(1955~1973) • 자본주의 국가 중 세계 2위의 경제 대국으로 발전
1970년대	두 차례 석유 파동 → 기술 개발, 경영 합리화로 경제 위기 극복
1980년대	• 첨단 제품의 생산 확대, 수출 증가로 최대의 경제 호황 • 미국과 무역 마찰 → 플라자 합의로 엔화 평가 절상, 국내 시장 개방 • 정부가 수출 기업을 보호하고자 금리 인하 단행 → 경기가 과열되면서 주가와 부동산 가격 폭등 → 거품 경제 형성
1990년대 이후	• 주가와 부동산 가격의 폭락으로 거품 경제 붕괴 • 장기 불황에 따른 실업률 증가 등 사회 문제 발생

자료 플러스 일본 거품 경제의 형성과 붕괴

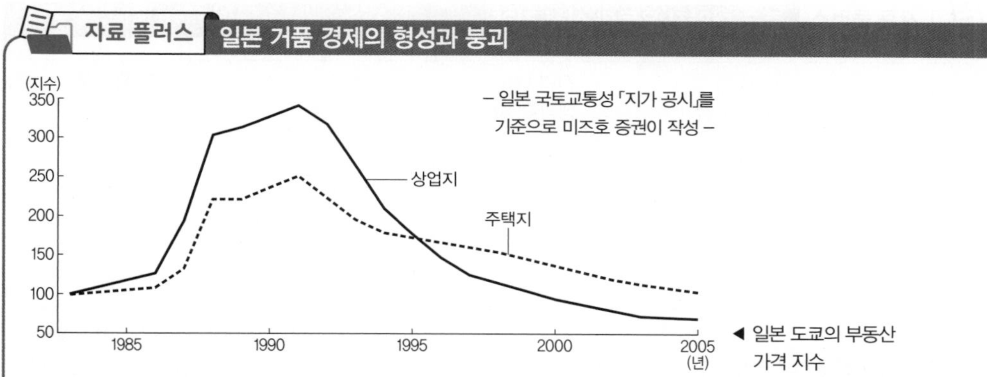

◀ 일본 도쿄의 부동산 가격 지수

1980년대 일본은 미국과의 무역 마찰을 겪었다. 이를 해결하기 위해 1985년에 플라자 합의가 이루어졌고, 이후 엔화의 가치가 상승하자 일본 정부는 수출 기업을 보호하기 위해 금리를 대폭 낮추었다. 이에 일본 국민은 낮은 이자로 대출을 받아 주식과 부동산 등에 투자하였고, 이러한 현상이 과열되어 거품 경제가 형성되었다. 그러나 1990년대 부동산 가격과 주가가 폭락하면서 거품 경제는 붕괴되었고, 이는 장기 불황으로 이어지는 원인이 되었다.

(2) 한국의 경제 발전

1950년대	• 남북 분단과 6·25 전쟁으로 경제 혼란 • 미국의 원조 물자에 기반을 둔 소비재 공업(제분, 제당, 섬유) 발달
1960년대	• 제1차 경제 개발 5개년 계획 실시(1962~1966) : 외국 자본과 기술, 국내의 값싼 노동력을 이용한 수출 주도형 경제 정책 추진 • 1960년대 말 연 10% 이상의 경제 성장
1970년대	• 철강, 조선, 기계 등의 중화학 공업 발전 • 중화학 공업에 대한 지나친 투자와 제2차 석유 파동으로 어려움 겪음
1980년대	• 3저 호황(저유가, 저달러, 저금리)의 영향으로 경제 성장 • 아시아의 4대 신흥 공업국으로 발전
1990년대 이후	• 외환 위기 발생(1997), 외자 유치와 구조 조정으로 극복 • 여러 나라와 자유 무역 협정[FTA] 체결

✪ 석유 파동
국제 유가가 폭등한 상황을 말한다. 1970년대 두 차례에 걸쳐 발생하였는데, 석유를 비롯해 원자재에 대한 해외 의존도가 높았던 한국 경제는 당시 큰 위기를 맞았다.

✪ 플라자 합의
1985년 미국, 프랑스, 서독, 영국, 일본의 재무 장관과 중앙은행 총재 등이 미국 달러화 강세를 완화시키기 위해 일본 엔화와 서독 마르크화의 평가 절상 등에 합의하였다. 이 합의가 뉴욕 플라자 호텔에서 이루어져 플라자 합의라고 부른다.

✪ 아시아의 4대 신흥 공업국
제2차 세계 대전 이후 경제가 급속도로 발전한 아시아의 신흥 공업국이었던 대한민국, 홍콩, 싱가포르, 타이완을 일컫는다. 이들을 합쳐 '아시아의 네 마리 용'이라 부르기도 하였다.

개념 체크

1. (　　)은 1990년대 거품 경제가 붕괴되면서 장기 불황 상태가 지속되었다.
2. 한국은 1980년대 후반 저유가, 저달러, 저금리의 이른바 (　　)의 영향으로 경제 성장을 이루었다.
3. (　　)은 1997년에 외환 위기가 발생하여 경제적인 어려움을 겪었다.

정답
1. 일본 2. 3저 호황 3. 한국

(3) **타이완의 경제 발전**

① 중소기업을 중심으로 제조업, 무역, 서비스업에 기초한 시장 경제 발달

② 2000년대 들어 마이너스 성장률을 기록하였으나, 점차 안정적 성장

2. 사회주의 국가의 경제 정책과 개방

(1) **중국의 경제 변화**

① 사회주의 계획 경제 정책 추진 : 토지 개혁으로 농민에게 토지 분배, 주요 기업 국영화 실시, 합작사 등의 집단화 진행

② 대약진 운동

목적	농업과 공업의 대규모 증산 추진
내용	인민공사를 조직하여 농업 집단화, 철강 증산을 위한 노동력 동원
결과	집단화에 따른 농민의 불만, 근로 의욕 감소, 기술력의 부족, 자연재해 등으로 실패
영향	류사오치 등이 사회주의 경제의 수정 요구

자료 플러스 중국 대약진 운동의 실행 결과

연도(년)	농·공업 총 생산액(억 위안)	전년 대비 성장률(%)	강철 생산량 (만 톤)	식량 생산량 (만 톤)
1959	1,980	19.5	1,387	17,000
1960	2,094	5.4	1,866	14,350
1961	1,621	−31	870	14,750
1962	1,504	−10.1	667	16,000

－『중국공산당역사대사기(1919. 5.~2009. 9.)』－

중국의 마오쩌둥은 농업과 공업의 대규모 증산을 목표로 삼아 대약진 운동을 추진하였다. 그러나 대약진 운동은 농민 재산의 무상 몰수와 이에 따른 농민들의 근로 의욕 감소, 반항, 자연재해 등이 일어나면서 어려움을 겪게 되었고 강철 생산에 투입하는 농촌 인력의 증가에 따라 식량 부족의 문제가 더욱 심각해졌다. 이와 더불어 강철 생산량이 감소하는 등 대약진 운동은 실패하였다.

③ 개혁·개방 정책 : 마오쩌둥 사후 덩샤오핑이 추진

- 목표 : 농업, 공업, 국방, 과학 기술의 4개 부문 현대화, 시장 경제 체제의 일부 도입
- 농촌에서 인민공사 사실상 해체 → 가족농업으로 전환, 사기업의 설립 허용, 국영 기업을 민간에 매각, 대외 개방 정책 진행, 경제특구 설치
- 남순 강화(1992)를 통해 개혁 가속화 → 경제 대국으로 성장

(2) **북한의 경제 변화**

1950년대	• 사회주의 경제 체제 확립 : 사유제 부정, 협동 농장과 국영 기업 중심 • 중공업 중심의 경제 발전, 천리마 운동 추진
1970년대	경제 침체 : 경직된 경제 체제, 소련의 원조 중단, 과도한 군사비 지출
1980년대	합영법 제정 : 외국 자본 유치 노력
1990년대	무리한 중공업 우선 정책, 동유럽 사회주의권 몰락, 자연재해 등 → 마이너스 성장, 극심한 식량난
2000년대	남한과의 경제 교류 : 금강산 관광 사업(1998~2008), 개성 공단 사업

✪ 덩샤오핑
류사오치와 함께 경제 발전을 위해 실용주의 노선을 취하였으나, 1966년 문화 대혁명이 시작되자 홍위병으로부터 '반모주자파(反毛走資派 : 마오쩌둥을 반대하는 자본주의 추종파)의 수괴'라는 비판을 받고 실각하였다. 1976년 마오쩌둥 사망 후 실권을 장악하였고, 중국의 개혁·개방 정책을 이끌었다.

✪ 남순 강화
덩샤오핑이 1992년 선전, 상하이 등지를 다니며 개혁·개방을 강조한 것을 말한다. 이를 통해 경제 개혁과 개방이 가속화되었다.

✪ 합영법
북한이 외국 자본을 유치하기 위해 1984년에 제정한 법령이다. 주요 내용은 합작 회사에서 일하는 외국인이 얻는 임금과 출자자의 소득에 대해 북한 소득세법에 따라 과세하며, 소득의 일부를 해외 송금할 수 있다는 것으로, 북한 개방 정책의 상징적인 법령이다.

개념 체크

1. 중국은 대약진 운동을 추진하며 (   )를 조직하고 농업의 집단화를 시도하였다.
2. (   )은 농업, 공업, 국방, 과학 기술의 4개 부문의 현대화를 추진하는 등 중국의 개혁·개방 정책을 주도하였다.
3. 북한은 1980년대 (   )을 제정하여 외국 자본을 유치하고자 노력하였다.

정답
1. 인민공사 2. 덩샤오핑
3. 합영법

(3) 베트남의 경제 변화

① 통일 이후 : 토지 개혁과 농업 집단화 등의 사회주의 정책 시행 → 캄보디아 내전에 개입, 중국과의 국경 분쟁 등으로 재정 악화, 사회주의 정책의 실패 → 경제 악화, 식량난 가중

② 도이머이 정책 추진(1986년 이후)

- 시장 경제 체제의 일부 도입 : 국유제 → 국유, 협동조합, 사유 등으로 전환
- 농업 : 개인 농가에 농지 대여, 농업세 경감, 농업에 투자 집중 → 세계적인 쌀 수출국으로 성장
- 자본주의 국가와의 교역 확대, 외국 자본을 적극적으로 유치하며 공업 발전에 노력

✪ 도이머이
1986년 베트남 공산당 제6차 대회에서 제기된 슬로건으로 사회주의에 기반을 두고 시장 경제 요소를 도입하자며 주창된 개념이다. 도이머이는 베트남어로 개혁, 쇄신이라는 의미이다.

✪ 55년 체제
자유민주당(자민당)의 장기 집권 속에 일본 사회당이 견제하는 양당 체제이다. 1955년 이후 1993년 비자민당 연립 정권이 수립될 때까지 유지되었다.

3. 동아시아 역내 교역의 활성화

(1) **동아시아 교역의 변화** : 냉전 시기 미국을 중심으로 교역 → 중국의 개혁·개방 정책 이후 동아시아 내 한·중·일 교역 규모 급증

(2) **세계 경제에서 동아시아의 경제 비중 증가** : 2001년 중국이 세계 무역 기구[WTO]에 가입한 이후 중국에 대한 투자 증가, 중국을 중심으로 한 동아시아 역내 교역량 증가

4. 자본주의 국가의 정치 발전

(1) 일본의 정치 변화

55년 체제	미일 안보 조약 체결 이후 일본 내부에서 보수와 진보의 대립 심화, 보수 정당들이 신헌법(평화 헌법) 개정 시도 → 일본 사회당의 좌·우파가 통합하자 보수 정당인 자유당과 일본 민주당이 자유민주당(자민당)으로 통합 → 1955년 자민당의 정권 장악 이후 자민당과 일본 사회당의 양당 체제가 지속됨
1970년대	두 차례 석유 파동, 록히드 사건 등의 부패 문제로 자민당이 위기를 겪음
1990년대	경제 침체와 부패 사건으로 자민당이 의회의 과반 의석 획득 실패 → '55년 체제' 붕괴, 비자민당 연립 정권 수립
2000년대	민주당 집권(2009)으로 정권 교체, 자민당 재집권(2012)

(2) 한국의 정치 변화

① 4·19 혁명(1960) : 이승만 정권의 장기 집권 추구, 3·15 부정 선거에 저항 → 장면 정부 수립

② 박정희 정부 : 5·16 군사 정변 이후 권력 장악(1961) → 3선 개헌(1969), 10월 유신 선포(1972)로 장기 집권 → 국민의 저항과 집권 세력의 분열, 대통령 피살로 유신 체제 사실상 붕괴(1979)

③ 1980년대 : 신군부 세력이 권력 장악 후 광주에서 일어난 민주화 운동을 유혈 진압하여 많은 시민이 희생됨(5·18 민주화 운동, 1980) → 6월 민주 항쟁(1987)의 영향으로 대통령 직선제 개헌

④ 김대중 정부 출범 : 1997년에 야당 후보 김대중이 대통령 당선, 최초의 평화적 여야 정권 교체

(3) 타이완의 정치 변화

① 계엄 통치 : 장제스가 이끄는 중국 국민당이 계엄령하에 일당 지배

② 민주주의 발전 : 일부 섬을 제외하고 계엄령 해제(1987), 복수 정당제 도입, 총통 직선제 개헌 → 민주진보당(민진당)의 천수이볜 총통 당선(2000), 타이완 최초의 여야 정권 교체

개념 체크

1. 베트남은 (   ) 정책을 추진하여 사회주의에 기반을 두고 시장 경제 요소를 도입하였다.
2. 일본에서는 (   )의 장기 집권 속에 일본 사회당이 경쟁하는 양당 체제가 형성되었는데, 이를 '55년 체제'라 한다.
3. 2000년 민진당의 천수이볜이 총통에 당선되어 (   ) 최초의 여야 정권 교체가 이루어졌다.

정답
1. 도이머이 2. 자유민주당(자민당) 3. 타이완

✪ 홍위병
문화 대혁명 당시 중국 공산당 청년 운동에 가담한 조직원들이다. 대부분 대학생과 10대 학생들로 구성되었으며, 공산당의 이념보다 마오쩌둥에 대한 개인숭배가 강하였다. 마오쩌둥의 반대파나 부르주아적이라고 간주된 것들을 공격하고 탄압하였다.

✪ 고노 담화
1993년 일본의 관방 장관이었던 고노 요헤이가 일본군 '위안부'에 대한 일본군의 관여와 강제성을 인정한 담화이다.

✪ 야스쿠니 신사
메이지 유신 직후인 1869년 막부군과 싸우다가 죽은 군인들의 영혼을 '일본의 신'으로 추앙하기 위해 건립되었다. 1978년에는 도조 히데키를 비롯한 A급 전범 14명이 합사되어 전쟁을 일으킨 전범자들을 국가적 영웅으로 추앙하는 곳이 되었다는 비판을 받고 있다.

개념 체크

1. 대약진 운동의 실패로 정치적 위기에 몰린 마오쩌둥은 (　　　)을 통해 반대파를 제거하고자 하였다.
2. 센카쿠 열도(댜오위다오)는 중국, 타이완, (　　　)이 서로 영유권을 주장하고 있다.
3. 중국은 (　　　)을 통해 고조선, 부여, 고구려, 발해의 역사를 자국의 지방사로 인식하고 있다.

정답
1. 문화 대혁명 2. 일본
3. 동북 공정

5. 사회주의 국가의 체제 변화

(1) 중국의 정치 변화

① 특징 : 중화 인민 공화국 수립 이후 중국 공산당이 권력을 독점

② 문화 대혁명(1966~1976)

배경	대약진 운동의 실패로 인해 마오쩌둥이 정치적 위기에 몰림
내용	자본주의 사상과 문화에 대한 투쟁 주장 → 마오쩌둥이 홍위병을 동원하여 반대파 제거
영향	마오쩌둥의 권력 장악, 홍위병을 둘러싼 갈등과 저항으로 사회 혼란 야기

③ 톈안먼 사건(1989) : 정치 민주화를 요구하는 대규모 시위 발생 → 정부의 무력 진압

(2) 북한의 정치 변화

① 일당 지배 체제 : 조선 노동당이 권력을 독점, 주체사상 표방

② 김일성 독재 체제 강화 : 반대파 숙청, 사회주의 헌법 제정(1972)

③ 김일성 사후 김정일, 김정은의 권력 승계 → 핵무기 개발로 국제적 고립 심화

6. 동아시아의 갈등과 화해

(1) 동아시아의 영토 문제

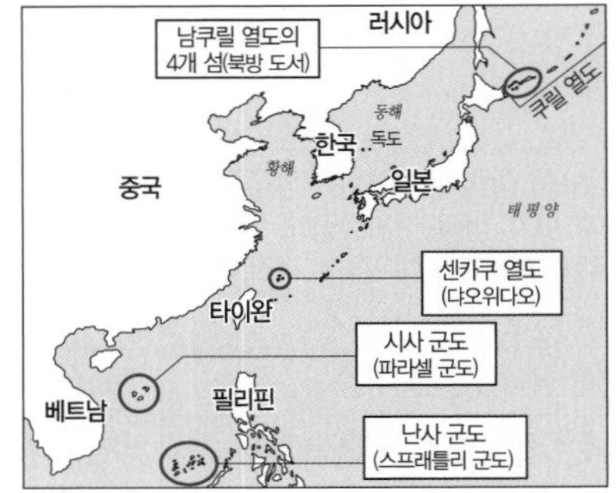

남쿠릴 열도의 4개 섬(북방 도서)	• 일본, 러시아가 영유권 주장 • 제2차 세계 대전 이후 소련이 점령 → 현재 러시아가 영유
센카쿠 열도 (댜오위다오)	• 중국, 타이완, 일본이 영유권 주장 • 현재 일본이 실효 지배
시사 군도 (파라셀 군도)	제2차 세계 대전 이후 베트남이 관리 → 1974년 중국이 무력으로 점령 후 영유
난사 군도 (스프래틀리 군도)	중국, 타이완, 베트남, 필리핀, 말레이시아, 브루나이가 영유권 주장

(2) **독도** : 일본이 부당한 영유권 주장 → 대한 제국 칙령 제41호(1900), 연합국 최고 사령관 각서 [SCAPIN] 제677호 등을 볼 때 역사적으로 국제법상 명백한 대한민국 영토임

(3) 동아시아의 역사 갈등

① 일본의 역사 왜곡 : 1990년대 후반 이후 보수 성향 강화 → 식민 지배와 침략 전쟁을 미화하는 역사관을 담은 교과서 제작

② 일본군 '위안부' 문제
- 일본의 입장 : 고노 담화(1993)를 통해 사과 → 아베 정부는 정부의 강제 동원 부인, 직접 배상 등의 조치 회피
- 국제 사회의 노력 : 유엔 인권 위원회, 미국·캐나다 등의 의회에서 일본의 사과와 보상을 요구하는 결의안 채택

③ 야스쿠니 신사 참배 문제 : 제2차 세계 대전의 A급 전범 등이 합사되어 있는 신사 → 일본 보수 정치인의 참배로 주변국과 갈등

④ 동북 공정 문제 : 중국은 고조선, 부여, 고구려, 발해의 역사를 자국의 지방사로 인식

(4) **화해와 협력을 위한 노력** : 공동 역사 교재 개발, 공동 역사 연구, 민간 차원의 국제 연대 활동 등

대표 기출 확인하기

문화 대혁명 시기의 동아시아 정세

정답과 해설 43쪽

대표 기출 문제 **(가) 사건이 전개된 시기에 있었던 사실로 옳은 것만을 〈보기〉에서 있는 대로 고른 것은?** 2024학년도 수능 6월 모의평가

> 십여 년간 중국을 대혼란으로 빠뜨렸던 (가) 은/는 마오쩌둥이 일으키고 이끌었다. (가) 에 대한 그의 주요 논점은 다음과 같았다. "부르주아와 반혁명 수정주의자들이 당·정부·군대·문화계에 잠입하였고, 정부의 각 조직과 각 부서의 지도부는 마르크스주의자와 인민을 저버렸다. 우리가 권력을 되찾기 위해서는 대규모의 혁명을 수행하는 길밖에 없다."

보기

ㄱ. 신축 조약이 체결되었다.
ㄴ. 중·일 공동 성명이 발표되었다.
ㄷ. 5·18 민주화 운동이 발생하였다.

① ㄱ ② ㄴ ③ ㄱ, ㄷ ④ ㄴ, ㄷ ⑤ ㄱ, ㄴ, ㄷ

정답 | ②

풀이 | 자료에서 십여 년간 중국을 대혼란으로 빠뜨렸다는 점, 마오쩌둥이 일으키고 이끌었다는 점, 수정주의자들이 당·정부·군대·문화계에 잠입한 상황에서 권력을 되찾기 위한 혁명이라는 점 등을 통해 (가) 사건이 1966년에 시작되어 1976년에 마오쩌둥이 사망한 후 종식된 문화 대혁명임을 알 수 있다. ㄴ. 1972년 미국 대통령 닉슨이 중국을 방문해 미중 공동 성명을 발표하자, 같은 해 일본은 중국과 중일 공동 성명을 발표하였다.
ㄱ. 8개국 연합군이 의화단 운동을 진압한 후인 1901년 신축 조약이 체결되었다. ㄷ. 5·18 민주화 운동은 1980년 한국에서 신군부의 권력 장악에 대항하여 전개되었다.

닮은꼴 문제 **1** **밑줄 친 '혁명'이 전개되던 시기에 있었던 사실로 옳은 것만을 〈보기〉에서 있는 대로 고른 것은?**

[24017-0174]

> 이번 혁명이 어디까지나 합법적인 평화시위로 출발했고 또한 지금도 어디까지나 질서 있는 사후 수습을 지향하고 있다는 사실을 잊어서는 안 된다. <u>혁명</u>에 참여한 학생들이 '이승만 정부 물러나고 정·부통령 선거 다시 하자.'고 외쳤다. …… 법의 질서에 따라 정·부통령 선거를 다시 하는 것이 당연한 순서요 지혜로운 방법이다.

보기

ㄱ. 장제스가 북벌을 전개하였다.
ㄴ. 일본에서 자민당이 집권하였다.
ㄷ. 한국군이 베트남에 파병되었다.

① ㄱ ② ㄴ ③ ㄱ, ㄷ ④ ㄴ, ㄷ ⑤ ㄱ, ㄴ, ㄷ

수능 기본 문제

[24017-0175]

01 다음 자료를 활용한 탐구 활동으로 가장 적절한 것은?

> 엔화 환율이 최근 들어 급등세를 보이고 있다. 올 들어 줄곧 큰 폭의 오름세를 보이던 대미 달러 환율이 안정세로 돌아선 반면 엔화, 마르크화 등 제3국 통화에 대한 환율은 급등하고 있다. 엔화 환율은 지난 9월 27일 100엔당 403원 40전으로 사상 처음 400원 선을 돌파한 데 이어 계속 강세를 보이고 있다. 미, 일, 서독 등 선진 5개국 재무 장관들이 달러화 가치를 끌어내리는 데 공동 보조를 취하기로 합의한 지난 9월 22일 이후 두드러지게 나타나고 있는 현상이다.

① 중국이 고도성장한 원인을 살펴본다.
② 북한이 합영법을 제정한 목적을 분석한다.
③ 일본에서 거품 경제가 형성된 배경을 알아본다.
④ 베트남의 도이머이 정책이 끼친 영향을 파악한다.
⑤ 타이완의 경제가 마이너스 성장을 거듭한 시기를 조사한다.

[24017-0176]

02 밑줄 친 '신정부'에 대한 설명으로 옳은 것은?

> 우리는 지난 4년 동안 혁명과 여러 정부를 맞이해야 했던 다난한 역정을 지나왔습니다. …… 수출 상품의 구조 면에 있어서는 제조업 부문이 발전을 이루어 내어 수출 총액의 50% 이상을 공산품이 차지하고 있습니다. …… 대통령 선거를 통해 새롭게 조직된 <u>신정부</u>는 3년차에 접어든 제1차 경제 개발 5개년 계획의 보완 작업을 완료하였으며, 이와 같은 수정 보완된 계획에 의거하여, 생산 및 투자 활동을 추진할 것입니다.

① 3저 호황을 누렸다.
② 남순 강화를 단행하였다.
③ 개성에 공단 조성 사업을 추진하였다.
④ 수출 주도의 경제 발전을 도모하였다.
⑤ 토지 개혁으로 농민에게 토지를 무상 분배하였다.

[24017-0177]

03 (가) 운동에 대한 설명으로 옳은 것은?

> 펑더화이의 편지를 자세하게 읽어 보면 심각한 오류가 있다. 현재 전개되고 있는 (가) 와/과 이를 위해 조직된 인민공사에 반대하는 것은 우경이라고 할 수 있다. …… 그는 소조 회의에서 많은 말로 우경 사상을 퍼뜨리고도 부족하다고 느껴 편지를 썼다. 그의 행동은 당을 향한 공격이고, 더 나아가 이 운동을 주도하고 있는 마오쩌둥 주석을 향한 공격이다.

① 외환 위기를 초래하였다.
② 시장 경제 체제의 일부를 도입하였다.
③ 노동력을 동원하여 철강 증산을 시도하였다.
④ 미국의 원조 물자에 기반을 두고 시행되었다.
⑤ 제1차 석유 파동을 극복하기 위한 대응이었다.

[24017-0178]

04 다음 자료를 활용한 탐구 주제로 가장 적절한 것은?

> 선전 경제특구는 하나의 시험이며, 걷는 길이 올바른지 올바르지 않은지는 한번 봐야만 한다. 이는 사회주의의 새롭게 태어난 산물이다. 성공을 하는 것은 우리의 바람이지만, 성공하지 못한다면 하나의 경험이다. 사회주의의 중심 임무는 사회 생산력을 발전시키는 것이다. 따라서 사회 생산력을 발전시키는 데 외자를 이용하고 선진 기술을 도입하는 것을 포함해서 유리한 방법은 모두 채택할 것이다.

① 광무개혁의 실시
② 천리마 운동의 전개
③ 덩샤오핑의 경제 정책
④ 홍수전의 태평천국 운동
⑤ 문화 대혁명의 추진 배경

[24017-0179]

05 밑줄 친 '이 체제'가 유지된 기간에 동아시아에서 있었던 사실로 옳은 것은?

> 지난 18일 실시된 일본 총선의 결과를 평가하는 시각의 하나는 체제의 종언이라는 점이다. 일부 소수 야당이 끼어들기는 했지만, 기본적으로 자민당과 일본 사회당이 동거해 온 이 체제가 38년 만에 무너졌다는 것이다.

① 통킹만 사건이 일어났다.
② 애치슨 라인이 발표되었다.
③ 대한민국 정부가 수립되었다.
④ 극동 국제 군사 재판이 진행되었다.
⑤ 중국 국민당 정부가 타이완으로 근거지를 옮겼다.

[24017-0180]

06 밑줄 친 '혁명'이 일어난 해에 동아시아 각국에서 있었던 사실로 옳은 것은?

> 극악무도한 이승만 정권은 온갖 불법을 떡 먹듯이 하여 정치와 사회를 부패할 대로 부패하게 만들었다. …… 정부의 실정이 쌓이고 쌓임과 그 가혹한 탄압 정책에 대한 반항인 동시에 3·15 부정 선거를 규탄하기 위한 혁명을 전개하려는 것이다. 우리는 학교에서 정의를 배웠다. 그래서 실천하는 것이다.
> – ○○○의 회고 –

① 한국 – 시민들이 대통령 직선제 개헌을 요구하였다.
② 중국 – 문화 대혁명이 전개되었다.
③ 일본 – 55년 체제가 유지되었다.
④ 타이완 – 계엄령이 해제되었다.
⑤ 베트남 – 북베트남이 사이공을 점령하였다.

[24017-0181]

07 밑줄 친 '시위'가 전개되던 해에 동아시아에서 볼 수 있는 모습으로 가장 적절한 것은?

> 후야오방 전 중국 공산당 총서기의 장례식이 거행되는 22일 오전 장례식장인 인민 대회당 주변의 톈안먼 광장에 부분적인 계엄이 실시될 것이라는 보도가 나왔다. 이런 가운데 베이징의 대학생과 노동자들은 이에 관계없이 대규모 민주화 촉구 시위를 강행하는 한편, 3일간 수업 거부와 파업을 벌이기로 결정함으로써 덩샤오핑은 심각한 도전에 직면했다.

① 경찰 예비대 창설을 계획하는 일본인 관료
② 대약진 운동 시작을 홍보하는 중국 공산당원
③ 베트남 민주 공화국 수립을 선포하는 호찌민
④ 총통 선거에서 야당 후보로서 선출된 천수이볜
⑤ 직선제로 선출되어 국정을 운영하는 한국의 대통령

[24017-0182]

08 밑줄 친 '이곳'을 지도에서 옳게 고른 것은?

> 중국과 일본은 영유권 분쟁 지역인 이곳과 근처 무인도들에 자국 이름을 지어 발표하는 '작명 전쟁'을 벌이고 있다. 일본의 관련 당국은 이곳의 4개 섬을 포함해 39개 무인도에 이름을 붙였고 조만간 자국 지도상에 지명을 표기할 계획이라고 발표했다. 이곳은 일본이 실효 지배하고 있지만 중국과 타이완이 영유권을 주장해 분쟁이 이어지는 지역이다.

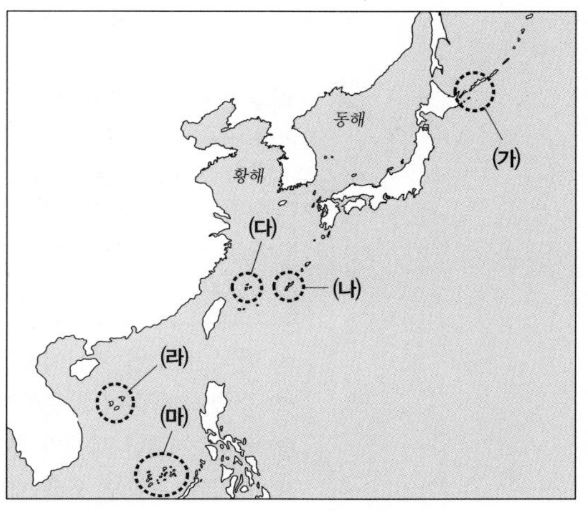

① (가) ② (나) ③ (다) ④ (라) ⑤ (마)

수능 실전 문제

[24017-0183]

1 **(가)에 들어갈 내용으로 가장 적절한 것은?**

> 미국의 달러화 강세 속에서 미국, 서독, 일본 등 G5 재무 장관이 엔화와 마르크화 평가 절상에 합의하였다. 이후 나타난 엔화 강세에 대응하기 위해 일본 정부는 일본의 금융 시장에 개입하여, 시중에 자금을 과잉 공급하였다. 여기에다 일본에서는 경기 호황과 정보화, 국제화로 도심부 상업지에 대한 수요가 급증하는 가운데 금리 인하 정책이 단행되었다. 이러한 상황으로 인해 일본에서는 [(가)]

① 거품 경제가 형성되었다.
② 베트남 전쟁 참전이 결정되었다.
③ 석유 파동으로 어려움을 겪었다.
④ 경제 개발 5개년 계획이 추진되었다.
⑤ 국제 통화 기금[IMF]의 자금이 지원되었다.

[24017-0184]

2 **밑줄 친 '이 시기'에 동아시아 각국에서 있었던 사실로 옳은 것은?**

> 한국 상품은 미국 시장에서 엔고를 배경으로 가격 경쟁력을 보유하게 되었고, 이에 따라 대미 수출이 급증하면서 경기는 빠르게 호전되었다. 3저의 현상하에서 한국 경제는 자동차, 가전제품, 기계, 철강 등 중화학 부문을 주력 산업으로 하여 <u>이 시기</u> 연 12%대의 높은 성장률을 기록하였고, 경상 수지의 흑자 폭도 계속 확대되었다.

① 한국 – 10월 유신이 선포되었다.
② 중국 – 닉슨이 방문하여 마오쩌둥과 만났다.
③ 일본 – 55년 체제가 붕괴되었다.
④ 타이완 – 일부 섬을 제외하고 계엄령 해제가 선언되었다.
⑤ 베트남 – 베트남 사회주의 공화국이 수립되었다.

[24017-0185]

3 **다음 자료를 활용한 탐구 활동으로 가장 적절한 것은?**

> • 국내외에 국유 기업 공개 양도, 선전 증권 거래소 업무 개시
> • 국제 관례에 의거하여 기업 분류, 기업 등록 등기를 심사비준제에서 승인제로 개정
> • 28개 기업을 현대 기업 제도 건립 실험점으로 선정하여 행정 주관 부문으로부터 기업 독립을 추진하고 경영자 연봉제와 종업원 주주제 실험 실시
> • 시 소속 국유 기업에 대한 전면적인 기업 제도 개조, 외국 기업에 내국인 대우 실시
>
> – 선전시 경제특구에서 시행된 정책 –

① 천리마 운동의 내용을 조사한다.
② 인민공사가 조직된 배경을 살펴본다.
③ 미일 안보 조약이 체결된 계기를 찾아본다.
④ 중국의 개혁 · 개방 정책의 사례를 알아본다.
⑤ 미중 공동 성명 발표 당시 중국의 상황을 분석한다.

[24017-0186]

4 **밑줄 친 '이 정책'에 대한 설명으로 옳은 것은?**

> 제6차 공산당 대회에서 채택된 이 정책이 추진된 이후 베트남 경제는 사회주의 지향의 시장 경제 체제로 빠르게 진행되었다. 이 정책의 기본 방향은 시장 경제 체제의 도입을 통한 국민 경제 구조 및 투자 구조의 조정, 소유 제도의 다양화, 경제 관리 메커니즘의 개혁, 국가 행정 조직의 재구축, 대외 경제 관계의 다변화 등을 들 수 있다. 과거의 경제 개혁은 사회주의 노선의 부분적인 궤도 수정인 데 비해 이 정책은 경제 운영 체계의 개혁이라 할 수 있는 것이다.

① 남순 강화를 통해 개혁을 가속화하였다.
② 6 · 25 전쟁 특수를 바탕으로 추진되었다.
③ 농업 투자를 늘려 쌀 생산의 증대를 가져왔다.
④ 북한에서 사회주의 헌법이 제정되는 배경이 되었다.
⑤ 중국의 세계 무역 기구[WTO] 가입에 영향을 받았다.

[24017-0187]

5 밑줄 친 '10년' 동안 동아시아에서 있었던 사실로 옳은 것은?

> 혁명은 상상도 못할 광란의 10년이었습니다. 마오쩌둥이 혁명을 발동할 때는 자기 나름대로의 정치적 목표가 있었습니다. …… 지금까지도 중국에서는 혁명을 부정적으로 평가하기도 합니다. 그렇지만 저는 부정하지 않습니다. 왜냐하면 그 10년 시기에는 홍위병 등의 활동으로 혼란이 있기는 했지만 그때는 중국 공산당이 볼 때 소련이 수정주의로 변하고 있었습니다. …… 그래서 마오쩌둥은 혁명을 통해 이런 상황을 바로잡고 마르크스의 공산당 정책과 사회주의 진영을 보존하자고 했던 것입니다.
> – 어느 중국인의 회고 –

① 4 · 19 혁명이 전개되었다.
② 제네바 협정이 체결되었다.
③ 경찰 예비대가 창설되었다.
④ 중일 공동 성명이 발표되었다.
⑤ 베트남 민주 공화국 수립이 선포되었다.

[24017-0188]

6 (가) 체제가 유지된 기간에 있었던 사실로 옳은 것만을 〈보기〉에서 고른 것은?

〈 (가) 시기 중의원 총선거 이후 형성된 정당별 의석률(%)〉

	28회	29회	30회	31회	32회	33회	34회	35회	36회	37회	38회	39회
자민당	63.8	64.2	63.0	57.6	61.7	57.8	50.9	50.5	56.2	50.7	59.4	55.9
일본 사회당	35.8	30.8	30.8	29.0	18.5	24.0	24.3	20.9	20.9	22.3	16.8	27.2
일본 공산당	0.2	0.6	1.1	1.0	2.9	8.1	3.7	8.0	5.7	5.3	5.3	3.1
민사당	–	3.6	4.9	6.2	6.6	4.1	5.7	7.0	6.5	7.6	5.1	2.7
공명당	–	–	–	5.1	9.7	5.9	11.0	11.4	6.7	11.5	11.1	9.0
합계	99.8	99.2	99.8	98.9	99.4	99.9	95.6	97.8	96.0	97.4	97.7	97.9

– 『개설현대일본의정치』 –

● 보기 ●

ㄱ. 애치슨 라인이 발표되었다.
ㄴ. 6월 민주 항쟁이 일어났다.
ㄷ. 일화 평화 조약이 체결되었다.
ㄹ. 중국에서 대약진 운동이 추진되었다.

① ㄱ, ㄴ　② ㄱ, ㄷ　③ ㄴ, ㄷ　④ ㄴ, ㄹ　⑤ ㄷ, ㄹ

[24017-0189]

7 **다음 상황이 나타난 시기에 동아시아에서 볼 수 있는 모습으로 가장 적절한 것은?**

> 타이완 사상 최초로 여야 정권 교체를 이뤄 낸 타이완인들은 기쁨에 들떠 거리로 쏟아져 나왔다. 곳곳에서 '펑펑' 폭죽 터지는 소리가 들렸으며 하늘은 불꽃으로 수놓아졌다. 민진당 선거 본부가 있는 민성둥루로 가는 길은 오후 4시 반쯤부터 밀려든 인파로 아예 차량 통행이 금지됐다. 6시쯤에는 20만 명이 넘는 시민들이 민진당사 앞에 마련된 연단을 완전히 에워싸 발 디딜 틈조차 없었다. 양쪽 볼에 천수이볜의 애칭인 '아볜[阿扁]'을 한 글자씩 써넣은 젊은이들이 호루라기와 나팔을 빽빽 불어 댔다.

① 베트남 공화국을 여행하는 미국인
② 대통령 직선제 개헌을 요구하는 서울 시민
③ 중화 인민 공화국의 한국 대사관에서 근무하는 직원
④ 중국 국민당의 탄압을 피해 옌안에 도착하는 중국 공산당원
⑤ 일본에 위치한 연합국 최고 사령부의 군인과 인터뷰하는 기자

[24017-0190]

8 **밑줄 친 '이 지역'을 지도에서 옳게 고른 것은?**

> 중국이 베트남과 영유권 분쟁을 벌이고 있는 <u>이 지역</u>을 국제적인 관광지로 개발하겠다고 밝히자 베트남이 중단을 요구하는 등 새해 벽두부터 양국이 마찰을 빚고 있다. 홍콩의 사우스차이나 모닝포스트는 중국 하이난성 당국이 조만간 대륙에서 조직한 여행단을 <u>이 지역</u>에 보내는 등 앞으로 이곳을 '1급 국제 관광지'로 개발할 계획이라고 보도하였다. …… 중국과 베트남은 <u>이 지역</u>을 두고 분쟁을 벌이다 1974년 11월 전쟁을 벌였으며 중국은 이후에도 계속 이곳을 영유하며 군도 일부에 군사 시설을 설치하였다.

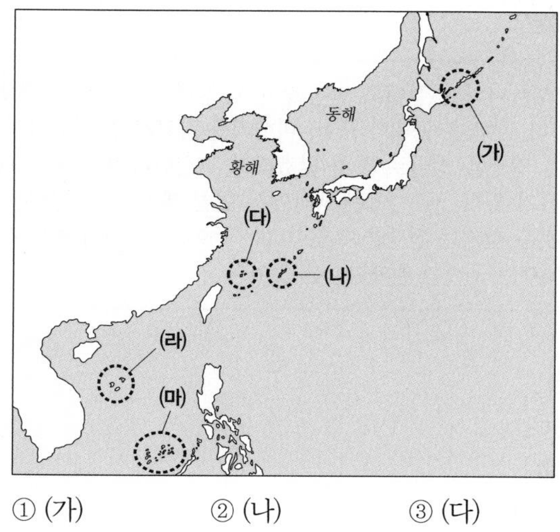

① (가) ② (나) ③ (다) ④ (라) ⑤ (마)

01
[24017-0191]

밑줄 친 '이 선언'에 대한 설명으로 옳은 것은?

> 우리는 미국, 영국, 중국의 수뇌들이 발표하고 그 후 소련이 동참한 이 선언에 명시된 조건을 수용한다. …… 우리는 이로써 현재 어디에 있건 모든 일본군과 일본 국민이 적대 행위를 즉각 중단하고, 모든 선박·항공기·군용 및 민간 재산을 보존하며, 연합국 최고 사령관이나 그의 지시에 따라 일본 정부의 여러 기관들이 부과할 수 있는 모든 요구에 응할 것을 명령한다. …… 우리는 이로써 천황, 일본 정부 및 그 후계자들이 이 선언의 조항을 성실히 이행하고, 이 선언을 실행하기 위해 연합국 최고 사령관 또는 다른 지정된 연합국 대표자가 요구하는 모든 명령에 따른 조치를 취할 것을 약속한다.

① 소련의 대일전 참전을 결의하였다.
② 제2차 국공 합작의 계기가 되었다.
③ 미국의 태평양 지역 방위선을 제시하였다.
④ 한국 등 일본의 식민지 독립을 재확인하였다.
⑤ 일본 등 5개국의 해군 군비 축소를 결정하였다.

02
[24017-0192]

밑줄 친 '헌법'에 대한 설명으로 옳은 것은?

> 세상에서 전쟁을 없애기 위해서는 모든 나라가 절대로 전쟁을 하지 않겠다고 결심할 필요가 있다. 그러나 결심만으로는 불충분하다. 수많은 군대와 군함, 비행기를 갖고서 전쟁을 하지 않겠다고 약속하는 것은 어불성설이다. 전쟁을 정말로 하지 않겠다고 결심한다면 군대는 필요 없는 것이므로 군대를 전부 없앨 필요가 있다. …… 이런 생각에서 헌법 제9조에서 전쟁을 포기하였다. 전쟁을 포기한다고 하는 것은 첫째는 전쟁을 부인한다는 뜻이고, …… 둘째는 무력 행사나 위협도 포기한다는 뜻이다. 셋째는 군비를 철폐한다는 뜻이다.

① 제국 의회 설립의 토대가 되었다.
② 대한국 국제 반포에 영향을 주었다.
③ 천황을 상징적인 존재로 규정하였다.
④ 러일 전쟁의 영향을 받아 제정되었다.
⑤ 일본을 국제 사회에 주권 국가로 복귀시켰다.

03
[24017-0193]

밑줄 친 '침략'이 끼친 영향으로 가장 적절한 것은?

> 세계는 한국에서 발생한 새롭고 과감한 공산주의의 도전에 직면하였다. 여기서 제2차 세계 대전 이후 공산주의자들이 공개적이고 도전적으로 군사력을 사용하여 <u>침략</u>하였다. 공산주의자들은 경고와 변명 없이 행동하였다. 그들은 공개적인 전투에서 탱크와 비행기로 한국의 38도선을 넘었던 것이다. 우리는 공산주의자들이 한국이나 다른 곳에서 자유롭게 행동하는 것을 한가로이 바라보고 허용할 수는 없다.
> – 트루먼 대통령의 회고 –

① 만주국이 수립되었다.
② 장제스가 북벌을 단행하였다.
③ 중화 인민 공화국이 수립되었다.
④ 메이지 정부가 징병제를 실시하였다.
⑤ 샌프란시스코 강화 조약이 체결되었다.

04
[24017-0194]

다음 자료가 발표된 당시 동아시아에서 볼 수 있는 모습으로 가장 적절한 것은?

> 우리 중국이 불편해하고 있는 타이완 관련 조항을 넣은 닉슨–사토 성명서는 일본의 책임이 아니라고 생각한다. 우리는 미일 안보 조약에 불만을 갖고 있지만, 이 조약은 지금대로 지속되는 것이 바람직하다고 여겨진다. 따라서 현재 일본과의 국교 정상화를 위한 회담에서 이를 언급할 필요가 없다. 미·일 관계는 그대로 지속되는 것이 바람직하다고 생각하고 있으며 이미 우리와 공동 성명을 발표한 미국을 곤란하게 할 의도는 없다.

① 베트남 전쟁에서 전투를 벌이는 미군
② 리튼 조사단의 일원으로 합류하는 외교관
③ 국내 진공 작전을 준비하는 한국광복군 대원
④ 총통 선거를 위해 투표소로 향하는 타이완의 대학생
⑤ 중국의 세계 무역 기구[WTO] 가입 사실을 취재하는 기자

05
[24017-0195]

다음 자료를 활용한 탐구 활동으로 가장 적절한 것은?

> 지난 9월 5개국[G5] 재무 장관 회의가 개최된 지 3개월이 지난 현재 1달러=200엔대, 2.5 마르크대에서 달러 시세가 정착되어 가고 있다고 일본 경제 신문이 24일 도쿄 외환 시장 관계자들의 말을 인용 보도하였다. G5 재무 장관 회의 이후 대달러 시세는 엔화가 20%, 마르크화가 15% 상승하였고, 12월 들어서는 시장 개입 없이 거의 안정된 수준을 유지하고 있는 것으로 나타났다. 또한 금융 관계자들은 최근 미국의 장기 금리가 9.3%대로 약 1% 떨어졌고 앞으로도 보다 떨어질 조짐이지만 일본도 금리 인하를 단행할 방침이라고 한다.

① 얄타 회담의 결정 사항을 찾아본다.
② 인민공사가 조직된 원인을 살펴본다.
③ 일화 평화 조약 체결 시기를 조사한다.
④ 도이머이 정책이 끼친 영향을 정리한다.
⑤ 일본의 주가와 부동산 가격이 폭등한 배경을 알아본다.

06
[24017-0196]

(가) 인물에 대한 설명으로 옳은 것은?

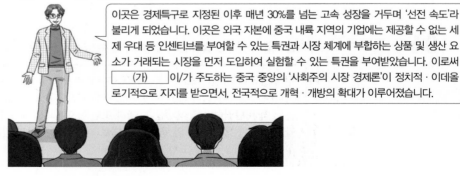

동아시아사 학술 발표회
이곳은 경제특구로 지정된 이후 매년 30%를 넘는 고속 성장을 거두며 '선전 속도'라 불리게 되었습니다. 이곳은 외국 자본에 중국 내륙 지역의 기업에는 제공할 수 없는 세제 우대 등 인센티브를 부여할 수 있는 특권과 시장 체계에 부합하는 상품 및 생산 요소가 거래되는 시장을 먼저 도입하여 실험할 수 있는 특권을 부여받았습니다. 이로써 (가) 이/가 주도하는 중국 중앙의 '사회주의 시장 경제론'이 정치적 · 이데올로기적으로 지지를 받으면서, 전국적으로 개혁 · 개방의 확대가 이루어졌습니다.

① 복수 정당제를 도입하였다.
② 신청년이란 잡지를 발행하였다.
③ 중국 (혁명) 동맹회를 조직하였다.
④ 평화적인 여야 정권 교체를 이루었다.
⑤ 남순 강화를 통해 개혁을 가속화하였다.

07
[24017-0197]

(가) 사건이 전개되던 시기에 있었던 사실로 옳은 것은?

> 중국 전역을 혼란의 소용돌이 속에 몰아넣은 홍위병이 톈안먼 광장에서 선을 보인 지 18일로 1년이 되었다. 이날 톈안먼 광장의 백만 홍위병 대회에는 마오쩌둥 주석이 홍위병의 붉은 완장을 두른 채 단상에 모습을 보였고 이를 효시로 홍위병 운동은 불타고 있는 벌판의 불길처럼 중국의 산하를 휩쓸어 홍위병 있는 곳에 소란이 있었고 싸움이 벌어졌다. …… 홍위병이 동원된 (가) 의 목표는 낡은 사상, 문화, 풍습, 습관에 대한 공격에 있었다. 그러나 이를 계획하고 조종해 온 마오쩌둥의 목표는 사실상 당내의 실권파 제거에 있었다.

① 55년 체제가 붕괴되었다.
② 닉슨 독트린이 발표되었다.
③ 통킹만 사건이 발발하였다.
④ 중국과 미국이 국교를 맺었다.
⑤ 5·18 민주화 운동이 전개되었다.

08
[24017-0198]

밑줄 친 '발표'가 이루어진 해에 있었던 사실로 옳은 것은?

> 중국 국민당은 37년간 계속되어 온 계엄령을 일부 섬을 제외한 상태로 해제하고 새로운 정당의 결성을 허용하기로 결정했다고 15일 발표하였다. 중국 국민당은 이날 최고 정책 결정 기관인 중앙 상임 위원회가 주례 회의에서 국가 보안 및 민간단체 규제 12인 위원회의 제안에 동의하는 형식으로 이같이 결정했다고 밝혔다. 중국 국민당은 "계엄령의 명백한 효율성에도 불구하고 중앙 상임 위원들은 현재 상황과 필요에 부응키 위해 개혁을 추진하기로 결정했다."라고 밝혔다.

① 6월 민주 항쟁이 일어났다.
② 톈안먼 사건이 발발하였다.
③ 파리 평화 협정이 체결되었다.
④ 일본이 타이완과 국교를 단절하였다.
⑤ 베트남 사회주의 공화국이 수립되었다.

www.ebsi.co.kr

Mini Test

연표로 이해하는 동아시아사

Mini Test 1

1
[24017-0199]

(가) 왕조에 대한 설명으로 옳은 것은?

사료로 학습하는 동아시아사

흥안 원년에 불교 부흥의 조칙을 내리고, 곧바로 유사에게 명하여 문성제와 같은 신장의 석상을 만들게 하였다. 완성된 석상의 얼굴 위와 발아래에는 각각 흑석이 있었는데, 그것은 문성제 신체의 위아래에 있는 검은 점과 모르는 사이에 일치하고 있었다.

해설 사료는 (가) 이/가 국가적 차원에서 불교 부흥 정책을 추진하였음을 보여 주고 있다. 황제의 모습을 본뜬 불상을 만들고, 윈강 석굴이나 룽먼 석굴 등 대규모 석굴 사원 조성을 시작한 (가) 은/는 부처의 권위를 빌려 황제의 통치를 정당화하였던 것으로 보인다.

① 발해를 멸망시켰다.
② 맹안·모극제를 시행하였다.
③ 고구려로부터 불교를 수용하였다.
④ 5호 16국 시대의 분열을 수습하였다.
⑤ 불경 보관을 위해 대안탑을 건립하였다.

2
[24017-0200]

(가) 국가에 대한 설명으로 옳은 것은?

이 사료는 호라즘과 금을 정복했던 (가) 이/가 고려를 통해 일본에 조공을 요구한 국서입니다. 당시 남송 정복을 위해 남송과 일본의 긴밀한 관계를 단절시키고 일본을 제국의 지배하에 두려는 목적에서 이 국서를 보낸 것으로 보입니다.

(가) 의 황제가 일본 국왕에게 국서를 보낸다. …… 고려는 짐의 동쪽 번국이다. 일본은 고려와 가깝게 지냈고 개국 이래 또한 때때로 중국과 통교하였으나 짐의 시기에 이르러서는 한 번도 사신을 보내 화친을 맺지 않았다. …… 전쟁에 이르는 것을 대체 누가 좋아하겠는가. 왕은 그 사실을 잘 헤아리도록 하라.

① 8조의 법을 마련하였다.
② 정화의 함대를 파견하였다.
③ 백등산 전투에서 승리하였다.
④ 송과 전연의 맹약을 체결하였다.
⑤ 카라코룸에서 대도로 천도하였다.

3
[24017-0201]

다음 자료에 나타난 전쟁 시기에 볼 수 있는 모습으로 가장 적절한 것은?

> 7월 26일
> 들리는 말에 중국 구원병 5만 명과 평안도 군사 1만 명이 평양성을 포위한 것이 7월 7일의 일이라 하는데, 그 성패의 소식을 아직 듣지 못했으니 민망하고 걱정된다. 또 들으니 임금의 행차는 지금 용천에 머물고 있으며, 영상과 우상 및 여러 대신들에게 명하여 세자를 받들고 강계로 가서 머물도록 해 함경도와 서로 성원하도록 하게 했다고 한다.

① 문성 공주를 맞이하는 송첸캄포
② 토목보에서 몽골에 포로로 잡힌 정통제
③ 개혁 정치를 위해 장거정을 등용하는 황제
④ 나가시노 전투에서 승리한 오다 노부나가
⑤ 수군을 이끌고 일본군에 맞서 싸우는 이순신

4
[24017-0202]

(가)에 들어갈 내용으로 가장 적절한 것은?

5단계 힌트까지 모두 보셨습니다. 이 도시는 어디일까요?

동아시아사 퀴즈

1단계	구석기 시대 인류 화석이 출토된 곳
2단계	여진족이 세운 금의 수도였던 곳
3단계	(가)
4단계	이자성의 반란군이 점령한 곳
5단계	조선에서 파견한 연행사의 최종 목적지

① 데지마가 건설된 곳
② 공행 무역이 전개된 곳
③ 헤이조쿄 건설 당시 참고한 곳
④ 영락제가 새로운 수도로 삼은 곳
⑤ 대한민국 임시 정부가 수립된 곳

5
[24017-0203]

다음 자료를 활용한 탐구 활동으로 가장 적절한 것은?

> 지금 오랑캐가 영원을 침략함에 만족하지 않고, 곧바로 황해도 평산까지 내려와 우리 영토의 서쪽을 짓밟았으며 평안도 가도의 모문룡을 공격한다고 큰소리치고 있습니다. 그러나 섬 안의 사람들은 황제의 백성이며, 섬 안의 장수들과 군사들은 황제의 명을 받은 관리입니다. 우리가 해야 할 행동은 마땅히 갑옷을 입고 나아가 최대한 빨리 그들을 구하는 것이며, 논의가 끝나기를 기다려서는 안 됩니다. 강하고 약함은 말할 필요도 없고 이해도 논할 필요가 없으며 성패도 돌아볼 것이 아닙니다. 그 행동은 의리(義理)에 따른 것이니 이보다 큰 것이 무엇이겠습니까?

① 별무반이 편성된 배경을 이해한다.
② 제1차 아편 전쟁의 전개 과정을 살펴본다.
③ 삼번의 난이 일어나게 된 원인을 파악한다.
④ 벽제관 전투에서 패한 명군의 동향을 분석한다.
⑤ 인조반정 이후 조선의 대외 정책 변화 내용을 알아본다.

6
[24017-0204]

(가) 국가에 대한 설명으로 옳은 것은?

문학 작품으로 본 동아시아사

나는 원하노니, 백만 군사를 휘몰아쳐서
가을바람에 구련성*에다 웅대한 진을 치고,
지휘하여 오랑캐들을 짓밟아 버린 뒤
노래하고 춤추며 백옥경*에 돌아오리라. ─『심양일기』─

* 구련성 : 압록강 북쪽에 위치한 성
* 백옥경 : 한성을 말함

해설 자료는 왕자 시절 선양(심양)에서 억류 생활을 경험하고 조선의 국왕이 된 인물이 지은 시이다. 이 시에는 조선의 국토를 짓밟은 (가) 의 군사를 섬멸하고 백옥경으로 표현된 한성으로 개선하여 돌아오겠다는 북벌에 대한 강한 의지가 잘 담겨 있다.

① 초량 왜관을 설치하였다.
② 다이카 개신을 단행하였다.
③ 조선에 통신사 파견을 요청하였다.
④ 타이완의 정씨 세력을 진압하였다.
⑤ 군사 행정 조직으로 천호·백호제를 운영하였다.

7
[24017-0205]

밑줄 친 '정부'가 추진한 정책으로 옳은 것은?

> 이번에 왕정복고로 조정을 새롭게 한 일을 대수사(大修使)를 통해 조선에 알리려 한다. 이는 새로운 정부의 명령에 따른 것이다. 지금의 서계(공식 외교 문서)부터는 조선이 주조해 준 도서(圖書, 도장)를 대신해 우리 조정이 만들어 주는 새로운 도서를 사용하여, 조선이 번신(藩臣)으로 우리를 대해 온 오류를 바로잡아 오랫동안 이어져 온 나라의 수치를 씻고 오로지 국체와 국위를 세우고자 한다.
> –『종중정리력』–

① 징병제를 실시하였다.
② 금릉 기기국을 설립하였다.
③ 태평천국 운동을 진압하였다.
④ 미일 화친 조약을 체결하였다.
⑤ 신식 군대인 별기군을 창설하였다.

8
[24017-0206]

(가), (나) 시기 사이에 동아시아에서 있었던 사실로 옳은 것은?

> (가) 의화단이 베이징에 입성했음에도 정부는 진압에 미온적인 태도를 보였다. 베이징에 입성한 의화단은 열강들의 공사관과 교회를 공격하였다. 이에 영국 등 8개국이 자국의 공사관을 지키기 위해 파견한 군대가 베이징에 입성하였다.
> (나) 정부가 철도 국유화 정책을 발표하자 신사층과 민중 사이에서 철도 국유화 반대 운동이 일어났다. 이러한 가운데 우창에서 혁명파가 지원하는 신군이 봉기하였다. 이들은 혁명군으로 총독아문을 점령하고 우창을 함락시켰다.

① 제국 의회가 수립되었다.
② 동학 농민 운동이 일어났다.
③ 흠정 헌법 대강이 반포되었다.
④ 천두슈 등이 신문화 운동을 주도하였다.
⑤ 김원봉 등이 조선 의용대를 창설하였다.

9
[24017-0207]

다음 조약이 체결된 시기를 연표에서 옳게 고른 것은?

> 일본은 오늘 연합국과의 평화 조약에 서명하였다. 일본은 무장이 해제되었으므로 평화 조약의 효력 발생 시 고유의 자위권을 행사하는 유효한 수단을 갖지 않는다. …… 일본은 그 방위를 위한 잠정 조치로서, 일본에 대한 무력 공격을 저지하기 위해 일본 국내 및 그 부근에 미합중국이 그 군대를 유지하는 것을 희망한다. ……
> 제1조 평화 조약 및 본 조약의 효력 발생과 동시에 미국의 육군, 공군 및 해군을 일본 국내와 그 부근에 배치할 권리를 일본은 허가하며 미국은 이를 수락한다.

	(가)	(나)	(다)	(라)	(마)	
일본, 연합국에 무조건 항복	중화 인민 공화국 수립	6·25 전쟁 발발	베트남 공화국 수립	한일 협정 체결	중일 공동 성명 발표	

① (가) ② (나) ③ (다) ④ (라) ⑤ (마)

10
[24017-0208]

다음 기사가 작성된 시기 동아시아에서 있었던 사실로 옳은 것은?

> ○○ 일 보
>
> **한국 외환 위기 국제 현안 부상**
>
> 한국의 외환 위기가 미국 주도로 국제적인 현안으로 비화되고 있다. 미국 정부는 20일 재무부, 연방 준비 제도 이사회[FRB] 고위 간부와 국제 통화 기금[IMF] 부총재를 서울에 긴급 파견했으며, 다음 주 캐나다에서 열리는 아시아·태평양 경제 협력체[APEC] 정상 회담에서도 한국의 외환 위기를 거론할 것으로 확인됐다. ……

① 한국 – 제2차 석유 파동으로 경제적 어려움이 가중되었다.
② 북한 – 외국 자본 유치를 위해 합영법을 제정하였다.
③ 중국 – 대약진 운동을 전개하였다.
④ 일본 – 주가와 부동산 가격의 폭락으로 시작된 불황이 지속되었다.
⑤ 베트남 – 도이머이 정책 도입을 발표하였다.

1 [24017-0209]

밑줄 친 '이 문화'에 해당하는 유물로 적절한 것은?

동아시아사 – 미술 창작 융합 수업

모둠 활동지

1. 활동 : 동아시아 신석기 문화를 대표하는 유물의 이미지를 활용하여 현대적인 홍보 상품 제작하기

2–1. 동아시아사 학습 내용

신석기 시대 중국 랴오허강 유역에서 발달한 이 문화를 대표하는 유물로는 '여신의 얼굴상'이 있다. 푸른 옥으로 눈을 만들어 넣은 것이 특징이다.

① 
② 
③ 
④ 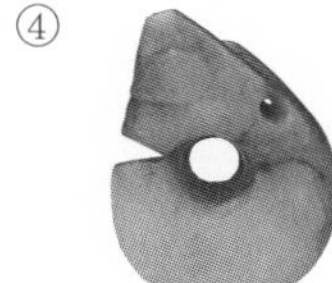
⑤ 

2 [24017-0210]

다음 자료를 활용한 탐구 주제로 가장 적절한 것은?

덴표 11년 11월 헤구리[平群]가 조정에 배알하였다. 그는 덴표 5년에 사절단의 일원으로 파견되었다. 덴표 6년 10월에 일을 마치고 돌아오는데 4척의 배가 함께 쑤저우에서 출발하여 바다로 나갔다가 세찬 바람이 갑자기 불어서 서로를 잃어버렸다. …… 덴표 10년 3월에 덩저우에서 바다로 나와 5월에 발해 경계에 이르렀다. 마침 발해왕 대흠무가 사신을 뽑아 우리 조정에 보내려고 하여 함께 출발하였다. 풍랑이 소용돌이치는 바다를 건너는데 발해의 배 한 척이 파도에 부딪혀 뒤집어졌다. 발해 대사 서요덕 등 40인이 물에 빠져 죽고 헤구리 등이 남은 무리를 이끌고 데와국에 도착하였다.

① 견당사 파견과 동아시아 교류
② 고조선 유민의 이동과 신라 건국
③ 데지마의 조성과 유럽 상인의 활동
④ 5호의 화북 지역 점령과 동진의 건국
⑤ 남북조 시대 유목 민족 문화와 한족 문화의 융합

3
[24017-0211]

(가) 국가의 대외 관계에 대한 설명으로 옳은 것은?

> 제○○호
> **동아시아사 신문**
>
> **항저우에서 더쇼우궁[德壽宮] 유적 박물관 개관**
>
> 중국 항저우에 있는 (가) 시대 궁궐인 더쇼우궁의 유적지에 새로운 박물관이 최근 문을 열었다. 창장강 이남에 위치한 항저우는 카이펑이 함락된 이후 (가)의 수도로, 정강의 변을 당했던 휘종의 아들이자 흠종의 아우인 고종이 항저우의 더쇼우궁에 거주하였다. 더쇼우궁 유적은 1980년대부터 4차례의 대규모 발굴 조사를 거쳤으며, 발굴 결과를 바탕으로 박물관이 건립되었다. 고고학 유적을 활용한 실내 전시, 디지털 전시 등을 통해 (가) 시대의 역사를 체계적으로 이해할 수 있다.

① 호라즘을 정벌하였다.
② 고구려를 멸망시켰다.
③ 금과 군신 관계를 맺었다.
④ 토번에 화번공주를 보냈다.
⑤ 두 차례에 걸쳐 일본을 공격하였다.

4
[24017-0212]

밑줄 친 '우리 나라'에 대한 설명으로 옳은 것만을 〈보기〉에서 고른 것은?

> 우리 나라 제도에 의하면, 남녀 2세 이하는 황(黃)이고, 15세 이하는 소(小)이며, 16세는 중(中)이 되고 17세는 정(丁)이 되며, 60세는 노(老)가 된다. 남편이 없으면 과부가 되고, 위독한 자나 장애가 있는 자는 정(丁)이 되지 않는다. …… 무릇 한인, 발해인은 맹안·모극의 호(戶)에 충당할 수 없다.

보기

ㄱ. 쓰시마를 정벌하였다.
ㄴ. 고유 문자를 사용하였다.
ㄷ. 쿠빌라이 칸에 의해 정복되었다.
ㄹ. 아구다가 부족을 통합하여 건국하였다.

① ㄱ, ㄴ ② ㄱ, ㄷ ③ ㄴ, ㄷ ④ ㄴ, ㄹ ⑤ ㄷ, ㄹ

5
[24017-0213]

밑줄 친 '칙명'이 내려진 국가의 통치 제도에 대한 설명으로 옳은 것은?

지난여름 해적이 공물을 약탈하였다. 또 큰 새가 다자이후 청사 등에 모여드니, 신기관 등에서 "가까운 국경에 적병의 침입이 있을 것이다."라고 하였다. 히고국은 태풍으로, 무쓰국은 지진으로 관청 건물이 손상을 입었고 백성도 죽은 자가 많았다. 이에 모든 국에 칙명을 내려 경내에 있는 여러 신들에게 예물을 바쳐 재해를 예방하도록 하였다.

① 북추밀원을 설치하였다.
② 독서삼품과를 시행하였다.
③ 전시 제도를 정례화하였다.
④ 정책을 심의하는 문하성을 두었다.
⑤ 중무성, 식부성 등 8성을 운영하였다.

6
[24017-0214]

다음 자료가 작성된 시기 동아시아 각국의 경제 상황으로 옳지 않은 것은?

진하 겸 사은 정사 이은 등이 올린 장계에 이르기를, "신 등이 작년 10월에 황제가 내린 교지를 살펴보았습니다. 심초·전여성 등을 사고전서관 부총재로 차출하였다는 내용을 보니, 그 공역(工役)이 끝나지 않았다는 것을 더욱 믿을 수 있었습니다. 삼가 생각건대 『사고전서』는 실로 『고금도서집성』에 의거하여 그 규모를 확대한 것이니, 『고금도서집성』이 바로 『사고전서』의 원본이라 할 수 있습니다. 어차피 『사고전서』를 얻지 못할 바에는 먼저 『고금도서집성』을 사오고 나서 공역이 끝나기를 기다려 『사고전서』를 구입하여 오는 것도 좋을 것 같아 관리들에게 문의하여 『고금도서집성』을 찾아냈는데 모두 5,020권에 502갑(匣)이었습니다. 그 값으로 은자(銀子) 2,150냥을 지급하였고, 지금 막 실려 오고 있습니다."라고 하였다.

① 한국 – 대동법이 실시되었다.
② 한국 – 송상과 만상 등이 무역에 종사하였다.
③ 중국 – 산시 상인과 휘저우 상인이 활약하였다.
④ 중국 – 균전제를 기반으로 조·용·조 제도가 시행되었다.
⑤ 일본 – 조카마치를 중심으로 조닌이 활동하였다.

7
[24017-0215]

밑줄 친 '이 막부' 시기 동아시아에서 볼 수 있는 모습으로 적절한 것은?

이 우표는 나가사키의 네덜란드 상관에서 의사로 활동하였던 지볼트의 탄생 200주년을 기념하여 발행된 것이다. 그는 이 막부 시기 서양 학문을 가르치는 난학 교습소인 나루타키주쿠를 나가사키에 개설하여 난학 발전에 기여하였다. 또한 네덜란드 상관장을 수행하며 쇼군을 만나기도 하였다. 서양 의학뿐만 아니라 과학과 문화 등을 일본에 전한 그의 업적을 기리며 우표가 제작되었다.

① 사서집주를 편찬하는 학자
② 도다이사 창건을 명하는 천황
③ 왕오천축국전을 저술하는 승려
④ 신청년 잡지를 읽고 있는 지식인
⑤ 분라쿠에 사용할 인형을 만드는 장인

8
[24017-0216]

(가), (나) 국가에 대한 설명으로 옳은 것은?

이달 17일에 을사조약이 강제로 체결되었다는 발표가 있자 다수의 프랑스 신문은 이에 대하여 그다지 논평을 가하지 않고 침묵의 태도를 취함. …… 이달 21일 잡지 『데바』에서는 "대한 제국이 독립국으로 있었던 기간은 (가) 와/과 (나) 사이의 균형이 유지되던 동안이었다. 그러나 전쟁으로 인해 그 균형이 무너졌고, 포츠머스 조약의 체결을 통해 (가) 이/가 한반도에 대한 (나) 의 독점적 권리를 승인하였다."라고 전함.

① (가) – 삼국 간섭을 주도하였다.
② (가) – 이와쿠라 사절단을 파견하였다.
③ (나) – 태평천국 운동을 진압하였다.
④ (나) – 베르사유 조약의 조인을 거부하였다.
⑤ (가)와 (나) – 워싱턴 회의를 통해 주력함 보유 비율을 조정하였다.

9
[24017-0217]

다음 자료를 활용한 탐구 활동으로 가장 적절한 것은?

> 전보(기밀)
>
> 발신 : 영국 주재 미국 대리 대사
> 수신 : 미국 국무 장관
>
> 영국 외교부의 스콧이 베이징으로부터 10월 3일 자 전보를 받았다고 대사관에 알렸다. 전보의 내용은 10월 3일 중국 외교부장 저우언라이가 중국 주재 인도 대사 파니카를 불러 유엔군이 38도선을 넘을 경우, 중국은 국경 너머로 군대를 파견해 북한 방어에 참여할 것이라고 통보했다는 것이다.

① 6·25 전쟁의 전개 과정을 조사한다.
② 시모노세키 조약의 내용을 분석한다.
③ 태평양 전쟁이 발발한 배경을 파악한다.
④ 제1차 세계 대전 중 일본의 활동을 살펴본다.
⑤ 중국 공산당이 대장정을 감행한 원인을 찾아본다.

10
[24017-0218]

밑줄 친 '공동 성명'에 영향을 끼친 사건으로 가장 적절한 것은?

> 9월 29일 오전 <u>공동 성명</u> 조인식이 있은 후 인공 위성 중계를 통해 일본에 생방송된 기자 회견에서 일본 외상 오히라와 관방 장관 니카이도는 1952년 체결된 일화 평화 조약은 그 효력을 상실하였으며, 타이완은 본토에 귀속되어야 한다는 포츠담 선언 제8항을 확인함으로써 일본과 타이완의 국교 단절을 확인하였다. 일본 외상은 일본과 중국 간의 비정상적이고 불행했던 시대에 종지부를 찍었다고 말하였다.

① 55년 체제가 붕괴되었다.
② 파리 평화 협정이 체결되었다.
③ 한국이 타이완과 국교를 단절하였다.
④ 베트남 사회주의 공화국이 수립되었다.
⑤ 미국 대통령 닉슨이 중국을 방문하였다.

Mini Test 3

1
[24017-0219]

다음 건의를 받아들인 황제에 대한 설명으로 옳은 것은?

> 전국에 박사관이 지닌 것 외에 『시경』, 『서경』, 제자백가의 책이 있다면 지방관으로 하여금 태우도록 하십시오. 함부로 『시경』, 『서경』을 말하는 자는 저자에 효시하고, 옛것으로 오늘날을 비판하는 자는 일족을 멸하십시오. 이를 발견하였음에도 조치를 취하지 않는 관리는 같은 죄를 물으십시오. 명령이 내려진 지 30일이 지나도록 태우지 않으면 이마에 낙인을 찍어 장성을 쌓는 곳으로 보내십시오. 없애지 않는 것으로는 의약과 점복, 나무 심는 것에 관련된 책입니다. 법령을 배우고자 하는 자가 있다면 관리를 스승으로 삼게 하도록 하십시오.

① 3성 6부제를 운영하였다.
② 다이카 개신을 단행하였다.
③ 법가 사상가를 중용하였다.
④ 좌현왕과 우현왕의 직책을 마련하였다.
⑤ 화북과 강남을 잇는 대운하를 건설하였다.

2
[24017-0220]

밑줄 친 '우리 나라'에 대한 설명으로 옳은 것은?

> 황제가 왕에게 국서를 보냈다. "짐은 천명을 받아 남방의 진(陳)을 멸망시켜 천하를 통일하였다. …… 그런데 그대는 비록 매번 <u>우리 나라</u>에 사신을 보내 조공하고 번국(藩國)을 칭하지만, 성의를 다하지 않고 있다. 그대가 우리의 책봉을 받았으면 모름지기 짐의 덕과 같이 주변국에 베풀어야 하거늘 도리어 말갈을 핍박하고 거란을 통제하였다. 여러 번국이 머리를 조아려 나의 신하가 되고자 하는데, 그대만이 다르게 행동하니 어찌 해로움이 크고 깊지 않은가? …… 또한 그대는 자주 병사를 보내 변방 사람을 살해하고, 여러 번 간계한 계획을 펼쳐 올바르지 못한 낭설을 만들었으니, 이는 신하로서의 마음가짐이 아니다."

① 왕망에 의해 멸망하였다.
② 토번에 화번공주를 보냈다.
③ 정화의 함대를 파견하였다.
④ 고구려를 여러 차례 침략하였다.
⑤ 왜의 노국왕에게 금인을 주었다.

3
[24017-0221]

다음 자료에 나타난 인구 이동을 이해하기 위한 탐구 활동으로 가장 적절한 것은?

> • 웅진 도독부를 랴오둥의 건안 고성으로 옮겼다. 일찍이 서주(徐州)와 연주(兗州) 등에 나뉘어 살고 있던 백제인들을 모두 건안으로 옮겨 살게 하였다.
> • 고구려 사람 중에 배반하는 사람들이 많아 황제의 명으로 38,200호를 강남(江南)과 회남(淮南) 및 산남(山南)과 경서(京西) 여러 주의 빈 곳으로 옮겼다.
>
> -『자치통감』-

① 효문제의 정책을 파악한다.
② 왕안석의 개혁 내용을 살펴본다.
③ 준왕이 쫓겨난 원인을 조사한다.
④ 신라의 삼국 통일 과정을 정리한다.
⑤ 장건이 서역에 파견된 이유를 알아본다.

4
[24017-0222]

(가) 유학 사상에 대한 설명으로 가장 적절한 것은?

> 옛사람의 책을 읽고 암기하여 남이 모르는 것을 아는 것이 학문이라고 하는 유학도 있습니다. 하지만 (가) 은/는 학자의 학문으로서 배우는 것이 아닙니다. 어떠한 곤란에 부딪혀도 원래의 양지를 지극히 다하면, 반드시 역경에서 벗어날 수 있다는 것이 (가) 의 요점입니다. 학자가 아니더라도 할 수 있고, 박학다식도 필요 없으며, 아무것도 모르는 사람이라도 마음만 있으면 실행할 수 있습니다.
>
> – 긴키칸[錦輝館] 대연설회 개회사 –

① 명대에 관학으로 수용되었다.
② 변법자강 운동의 사상적 기반이 되었다.
③ 거경궁리와 격물치지의 수양 방법을 강조하였다.
④ 고사기를 비롯한 고대 일본의 고전을 중시하였다.
⑤ 조선에서 정제두 등 일부 학자에 의해 연구되었다.

5
[24017-0223]

다음 자료에 나타난 시기에 볼 수 있는 모습으로 적절한 것은?

우리나라의 사절단이 책문(柵門)에 출입할 때에 의주나 송도의 상인들이 몰래 은과 인삼을 가지고 사행의 마부 가운데 뒤섞여 가서 물건을 팔아 이익을 꾀하였다. 처음에는 미미하였으나 점차 번창하여, 연경(燕京)에서 돌아올 때에 운송을 일부러 지체하는 경우도 있었다. 결국 사절단을 먼저 보내 책문을 나가게 하고서 아무 거리낌 없이, 자기들 마음대로 매매하고 본국에 돌아오기에 이르렀다.

① 일본에 감합을 발급하는 명의 관리
② 황제의 명으로 교초를 발행하는 색목인
③ 초량 왜관에 머무르고 있는 일본 사절단
④ 회취법 개발을 보고하는 단천 은광의 기술자
⑤ 송에서 동전을 대량으로 싣고 오는 일본 선박

6
[24017-0224]

밑줄 친 '조약'에 대한 내용으로 옳은 것은?

- 5년 후 나가사키 이외의 항구를 개항할 것임
- 류큐는 원경(遠境)이므로 협의할 수 없음
- 마쓰마에 역시 원격지(遠隔地)이고 세습 영주가 있어서 개항을 협의할 수 없음

이 자료는 미국이 일본에 개항을 요구하자, 이에 대해 일본 측에서 답변한 내용입니다. 하지만 이어지는 미국의 요구와 국제 정세의 변화 속에 결국 일본 정부는 미국과 조약을 체결해 시모다 등을 개항하였습니다.

① 운요호 사건의 결과 체결되었다.
② 크리스트교 선교의 자유를 인정하였다.
③ 공행 무역이 폐지되는 결과를 초래하였다.
④ 랴오둥반도가 청에 반환되는 계기가 되었다.
⑤ 페리 제독의 무력시위가 원인이 되어 체결되었다.

7
[24017-0225]

다음 자료에 나타난 민족 운동에 대한 설명으로 옳은 것은?

〈사진으로 보는 동아시아사〉

이 사진은 국치일을 맞아 톈안먼 광장에서 열린 기념 대회에 참가한 학생과 시민의 모습이다. 이들은 일제와 군벌 정부에 항의하였고, 베르사유 조약 조인 거부, 매국노 징벌 등을 요구하였다. 당시 군벌 정부는 이를 탄압하였지만, 오히려 배일 운동은 베이징·상하이를 넘어 톈진, 난징, 광저우 등 대도시는 물론이고 윈난성에서부터 헤이룽장성까지 각지로 확산되었다.

① 캉유웨이 등이 주도하였다.
② 신문화 운동의 영향을 받았다.
③ 제2차 국공 합작의 계기가 되었다.
④ 민족 유일당 운동의 영향을 받았다.
⑤ 제국 의회가 개설되는 배경이 되었다.

8
[24017-0226]

다음 문서가 작성된 시기를 연표에서 옳게 고른 것은?

11월 12일 한국 독립당은 당·군 대표로 신숙과 남대관을 지린 자위군과 호로군 연합군 총부에 파견하였다. 이들은 이달 말 목적지에 도착하여 지린 자위군 사령관 등을 만나 상의하였는데 그 형세가 심히 흡족하였다. 이 소식을 듣고 지청천 등이 친히 그곳으로 가서 한·중 연합의 구체적인 조건을 논의 결정하였다. 그 중요 내용은 다음과 같다.
(一) 한·중 양군은 어떤 열악한 환경을 막론하고 함께 장기 항전할 것을 서약한다.
(一) 중동 철로를 경계로 하여 서부 전선은 중국군이 맡고, 동부 전선은 한국 독립군이 담당한다.
(一) 한·중 양군의 전시 후방 교련은 한국 독립군의 장교가 담당하고, 한국 독립군의 소요 물품 일체를 중국군이 보급한다.

	(가)	(나)	(다)	(라)	(마)	

워싱턴 회의 개최 — 신간회 결성 — 만주 사변 발발 — 한국광복군 창설 — 과달카날 전투 — 포츠담 선언

① (가) ② (나) ③ (다) ④ (라) ⑤ (마)

9
[24017-0227]

밑줄 친 '전쟁'이 일어난 배경으로 적절한 것은?

> 우리들은 학창 시절과 황푸 군관 학교 및 혁명 군대에 있을 때 한국 동지들과 함께 지내며 그들의 용감한 희생정신을 직접 목격하였다. 그들은 중화 민족의 해방을 위해 중국의 대지 위에 피를 흘렸다. 전쟁이 시작된 이듬해에 결성된 조선 의용대는 여러 전투와 일본군을 상대로 한 작전에서 피와 땀을 흘렸고 북방 평원에서도 수많은 젊은이가 희생당하였다. 그러나 조선 혁명 문제나 나라를 되찾는 문제를 말할 때면 그들은 늘 논쟁을 벌였는데 대부분의 목표는 한국의 독립이었고, 단지 차이라면 방법이 같지 않다는 것이다.

① 루거우차오 사건이 발생하였다.
② 일본군이 진주만을 기습하였다.
③ 제1차 국공 합작이 이루어졌다.
④ 윤봉길이 상하이에서 의거를 일으켰다.
⑤ 미드웨이 해전에서 미군이 승리하였다.

10
[24017-0228]

다음 자료가 보도될 당시 동아시아의 상황으로 옳은 것은?

> 박정희 대통령은 10월 17일 민족의 살길을 찾기 위한 특별 선언을 발표하고, 우리의 모든 체제에 유신적인 일대 개혁을 시작했습니다. 특별 선언에 따라 저녁 7시를 기해 국회를 해산하고 정당과 정치 활동이 중지됩니다. 이후 10월 27일까지 정부가 헌법 개정안을 공고하고, 공고날로부터 한 달 안에 국민 투표를 거쳐 새로운 헌법이 확정됩니다.

① 한국 – 제1차 경제 개발 5개년 계획이 시행되었다.
② 중국 – 대약진 운동이 시작되었다.
③ 중국 – 선전 등지에 경제특구가 설치되었다.
④ 일본 – 55년 체제가 유지되었다.
⑤ 베트남 – 도이머이 정책이 추진되었다.

연대	주요 사건
기원전 1만 년	8000년~7500년경 중국 황허강 유역 밭농사 시작
	7000년~6000년경 중국 창장강 유역 벼농사 시작
	2000년경~1500년경 만주 · 한반도 청동기 등장
	1600년경 중국 상 성립
기원전 1000	11세기경 중국 주 건국
	770 중국 주의 동천(호경에서 뤄양으로 천도), 춘추 시대 시작★
	403 중국 전국 시대 시작(~기원전 221)★
	3세기 일본 야요이 문화 시작
	221 중국 진(秦)의 전국 시대 통일
	202 중국 한의 중국 재통일
기원전 200	200 중국 백등산 전투(한 고조가 흉노의 묵특 선우에게 패배)
	194 한국 위만이 고조선의 준왕을 내쫓고 집권
	111 중국 한 무제가 남비엣 정복
	108 한국 한 무제의 침입으로 고조선 멸망
기원후	25 중국 광무제가 후한 건국
	57 중국 후한 광무제가 왜의 노국왕에게 '한위노국왕' 금인을 줌★
	3세기경 일본 야마타이국의 히미코 여왕이 위에 조공하고 '친위왜왕' 칭호 받음
	4세기 초 중국 5호 16국 시대 시작
400	439 중국 북위의 화북 통일
500	6세기 한국 신라가 한강 유역 확보 후 중국 남북조와 직접 교류
	589 중국 수의 남북조 시대 통일

▲ 다원커우 문화의 백도

▲ 춘추 전국 시대

▲ 한위노국왕 금인

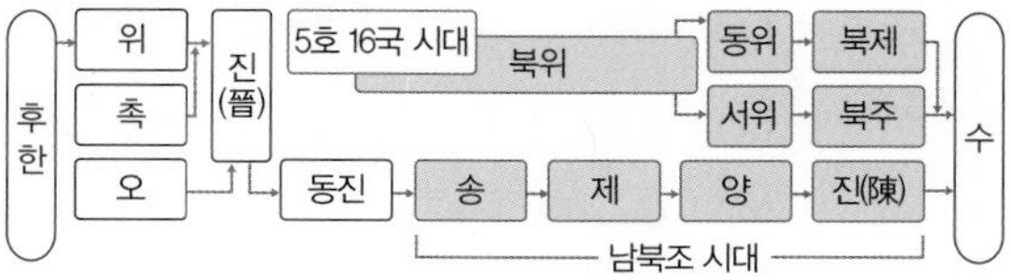

▲ 위진 남북조 시대

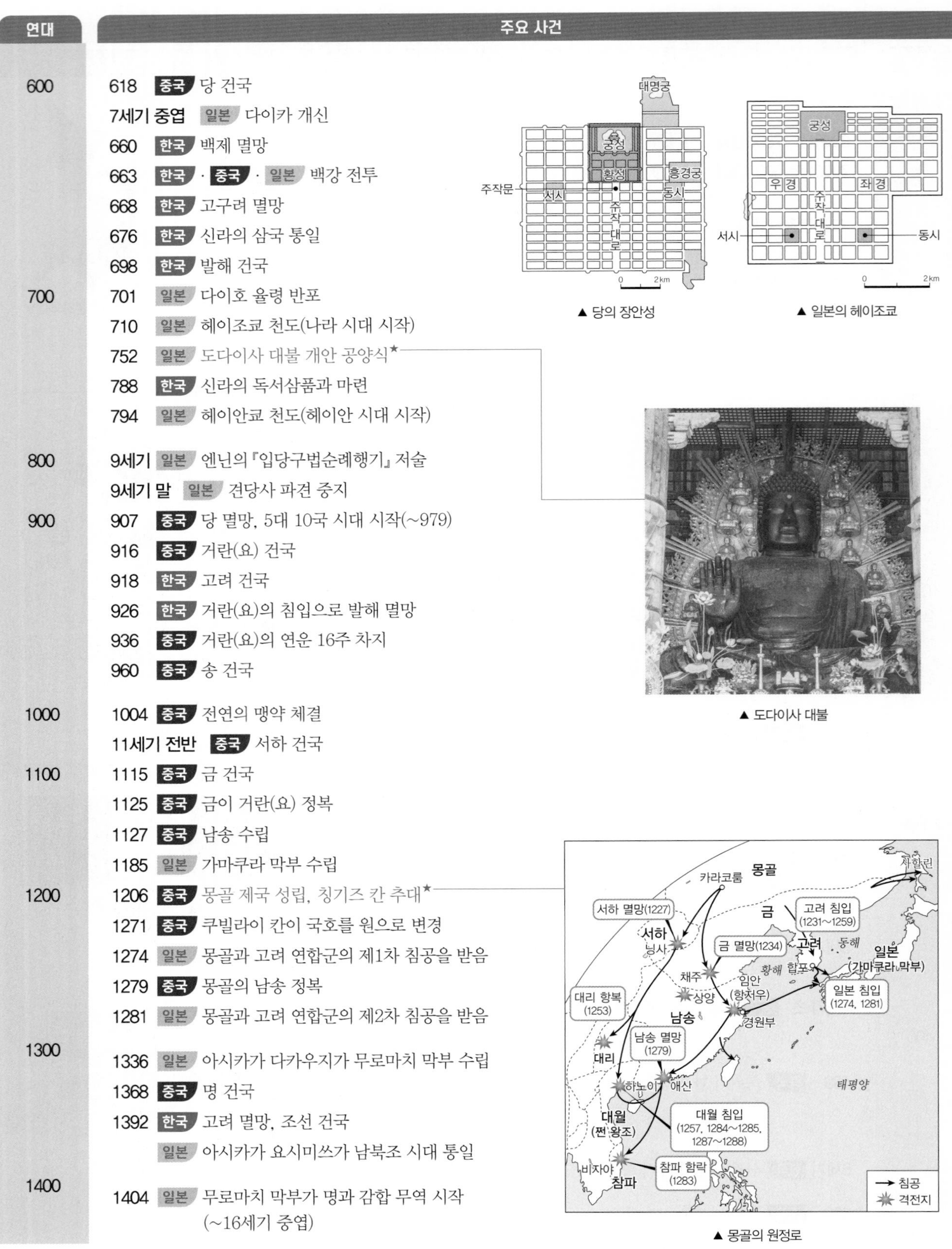

연대	주요 사건
600	618 중국 당 건국
	7세기 중엽 일본 다이카 개신
	660 한국 백제 멸망
	663 한국 · 중국 · 일본 백강 전투
	668 한국 고구려 멸망
	676 한국 신라의 삼국 통일
	698 한국 발해 건국
700	701 일본 다이호 율령 반포
	710 일본 헤이조쿄 천도(나라 시대 시작)
	752 일본 도다이사 대불 개안 공양식★
	788 한국 신라의 독서삼품과 마련
	794 일본 헤이안쿄 천도(헤이안 시대 시작)
800	9세기 일본 엔닌의 『입당구법순례행기』 저술
	9세기 말 일본 견당사 파견 중지
900	907 중국 당 멸망, 5대 10국 시대 시작(~979)
	916 중국 거란(요) 건국
	918 한국 고려 건국
	926 한국 거란(요)의 침입으로 발해 멸망
	936 중국 거란(요)의 연운 16주 차지
	960 중국 송 건국
1000	1004 중국 전연의 맹약 체결
	11세기 전반 중국 서하 건국
1100	1115 중국 금 건국
	1125 중국 금이 거란(요) 정복
	1127 중국 남송 수립
	1185 일본 가마쿠라 막부 수립
1200	1206 중국 몽골 제국 성립, 칭기즈 칸 추대★
	1271 중국 쿠빌라이 칸이 국호를 원으로 변경
	1274 일본 몽골과 고려 연합군의 제1차 침공을 받음
	1279 중국 몽골의 남송 정복
	1281 일본 몽골과 고려 연합군의 제2차 침공을 받음
1300	1336 일본 아시카가 다카우지가 무로마치 막부 수립
	1368 중국 명 건국
	1392 한국 고려 멸망, 조선 건국
	일본 아시카가 요시미쓰가 남북조 시대 통일
1400	1404 일본 무로마치 막부가 명과 감합 무역 시작(~16세기 중엽)

▲ 당의 장안성

▲ 일본의 헤이조쿄

▲ 도다이사 대불

▲ 몽골의 원정로

연대	주요 사건
	1405 중국 정화의 항해 시작(~1433), 7차례 항해★
	1426 한국 3포 개항
	1449 중국 토목보의 변 발생
	1467 일본 오닌의 난(~1477), 센고쿠 시대 시작
1500	1503 한국 회취법 개발
	1510 한국 3포 왜란
	1511 포르투갈의 믈라카 점령
	1543 일본 포르투갈 상인으로부터 조총 전래
	1550 중국 타타르부의 침략으로 명의 베이징이 포위됨
	1571 에스파냐가 마닐라에 무역 근거지를 마련하고 갈레온 무역 전개
	1575 일본 나가시노 전투
	1590 일본 도요토미 히데요시가 센고쿠 시대 통일
	1592 한국 임진왜란 발발(~1598)★
	1593 한국 벽제관 전투
1600	1600 일본 세키가하라 전투★
	1603 일본 도쿠가와 이에야스가 에도 막부 수립
	1607 한국 부산 두모포에 왜관 설치(1678 초량으로 이전)
	1609 한국 기유약조 체결
	1616 중국 후금 건국
	1622 한국 모문룡이 가도에 주둔(~1629)
	1623 한국 인조반정
	1627 한국 정묘호란
	1636 중국 후금, 국호를 청으로 변경
	한국 병자호란 발발(~1637)
	1639 일본 포르투갈 상인의 내항(무역) 금지
	1641 일본 네덜란드 상관을 나가사키의 데지마로 이전
	1644 중국 명 멸망
	1661 중국 천계령 선포(~1684 해제)
1700	18세기 초 중국 지정은제의 전국적 시행
	1757 중국 광저우의 공행을 통한 무역 허용★
	1774 일본 『해체신서』 간행
1800	1840 중국 제1차 아편 전쟁 발발(~1842)
	1842 중국 난징 조약 체결
	1851 중국 태평천국 운동(~1864)
	1854 일본 미일 화친 조약 체결

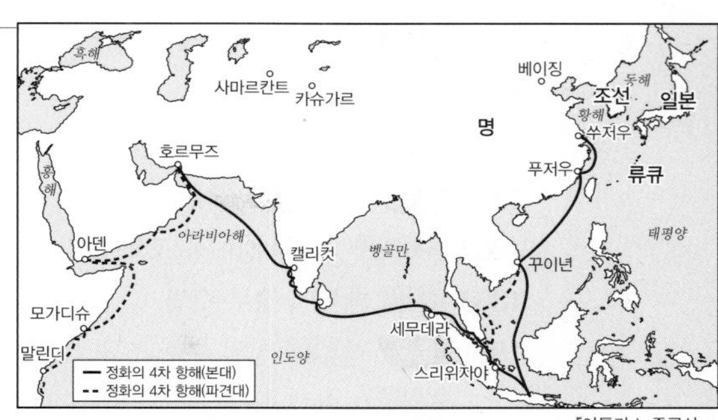

-「아틀라스 중국사」-

▲ 정화의 항해

▲ 「동래부순절도」

▲ 세키가하라 전투

▲ 광저우의 공행

연대	주요 사건
	1856 중국 제2차 아편 전쟁 발발(~1860)
	1858 중국 톈진 조약 체결
	일본 미일 수호 통상 조약 체결
	1860 중국 베이징 조약 체결
	1862 베트남 제1차 사이공 조약 체결
	1868 일본 메이지 정부 수립
	1871 중국 · 일본 청일 수호 조규 체결
	일본 이와쿠라 사절단 파견(~1873)★
	1872 중국 상하이에서 영국 상인이 신보 창간
	일본 근대 학제 제정(소학교 의무 교육 제도 도입)
	1873 일본 양력 도입
	1874 일본 민선 의원 설립 건백서 제출(자유 민권 운동 전개)
	1875 한국 운요호 사건
	1876 한국 강화도 조약 체결
	1877 일본 도쿄 대학 설립
	1879 일본 오키나와현 설치
	1882 한국 임오군란
	1884 한국 갑신정변
	1886 한국 육영 공원 설립
	1889 일본 대일본 제국 헌법 제정
	1890 일본 교육 칙어 반포, 제국 의회 구성★
	1894 한국 동학 농민 운동, 갑오개혁
	중국 · 일본 청일 전쟁 발발(~1895)
	1895 한국 교육입국 조서 발표, 을미사변, 을미개혁
	중국 · 일본 시모노세키 조약 체결★, 삼국 간섭
	1896 한국 조선의 양력 도입, 아관 파천 독립 협회 활동(~1898)
	1897 한국 대한 제국 수립 선포
	1898 중국 경사 대학당 설립, 변법자강 운동 실패, 옌푸의 『천연론』 출간
	한국 여권통문 발표
	1899 한국 대한국 국제 반포
1900	1901 중국 신축 조약 체결
	1904 일본 러일 전쟁 발발(~1905)
	1905 일본 러시아와 포츠머스 조약 체결
	한국 일본의 강압으로 을사조약 체결
	1907 일본 도쿄에서 아주 화친회 결성
	1908 중국 흠정 헌법 대강 발표
	1910 한국 안중근이 「동양 평화론」 집필, 일본에 국권 피탈(일본의 한국 강제 병합)

▲ 이와쿠라 사절단의 모습

▲ 일본의 제국 의회

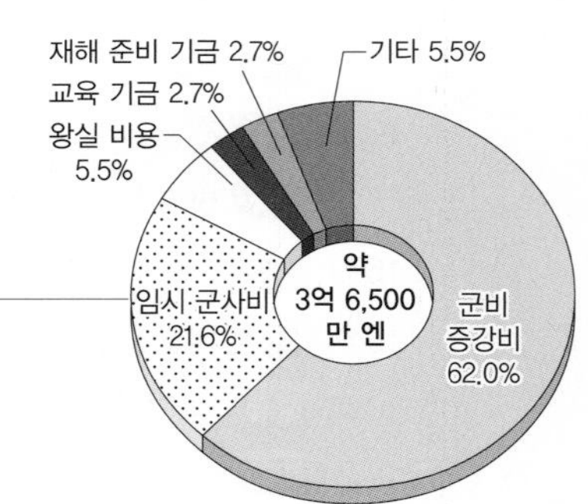

– 『신선 일본사』 B, 2015 –
▲ 청일 전쟁 배상금 사용

연대	주요 사건
	1911 **중국** 우창 신군 봉기(신해혁명 본격화)★
	1912 **중국** 중화민국 수립, 양력 도입
	1914 제1차 세계 대전 발발(~1918)
	1915 **일본** 중국에 '21개조 요구' 제시
	1919 파리 강화 회의(~1920)
	한국 3 · 1 운동, 대한민국 임시 정부 수립
	중국 5 · 4 운동, 중국 국민당 조직
1920	1920 **한국** 봉오동 전투, 청산리 전투
	1921 **중국** 중국 공산당 창당
	워싱턴 회의(~1922)
	1924 **중국** 제1차 국공 합작(~1927)
	1926 **중국** 북벌 시작(~1928)★
	1927 **한국** 신간회 결성
	중국 중국 국민당의 중국 공산당 탄압, 난징을 수도로 국민당 정부 수립
	1929 **일본** 일본 반제 동맹 조직
	1931 **일본** 만주 사변 발발
	1932 만주국 수립
	한국 이봉창 의거, 윤봉길 의거
	1933 **일본** 국제 연맹 탈퇴
	1934 **중국** 중국 공산당의 대장정 시작
	1936 **중국** 시안 사건
	1937 루거우차오 사건을 계기로 중일 전쟁 발발
	중국 제2차 국공 합작
	1938 **일본** 국가 총동원법 제정
	한국 조선 의용대 창설
	1939 제2차 세계 대전 발발(~1945)
1940	1940 **한국** 한국광복군 창설
	1941 태평양 전쟁 발발(~1945)
	1942 미드웨이 해전
	1943 과달카날 전투, 카이로 회담
	1945 얄타 회담, 포츠담 선언, 일본 항복
	베트남 베트남 민주 공화국 수립 선포
	1946 **중국** 국공 내전 본격화
	일본 도쿄 재판(~1948), 신헌법(평화 헌법) 제정
	1948 **한국** 5 · 10 총선거, 대한민국 정부 수립
	북한 조선 민주주의 인민 공화국 정부 수립
	1949 **중국** 중화 인민 공화국 수립

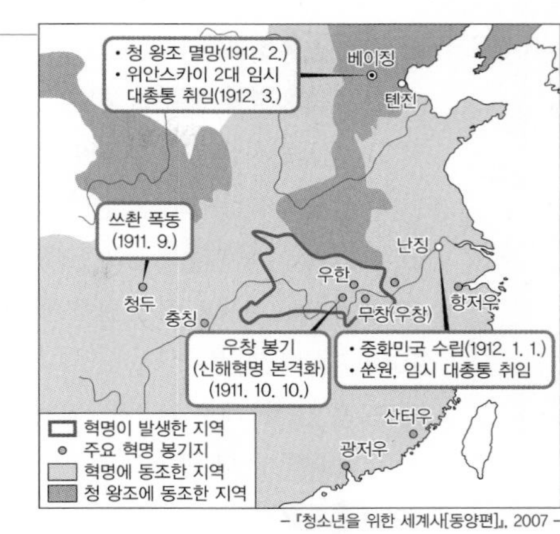

– 『청소년을 위한 세계사[동양편]』, 2007 –

▲ 신해혁명의 전개

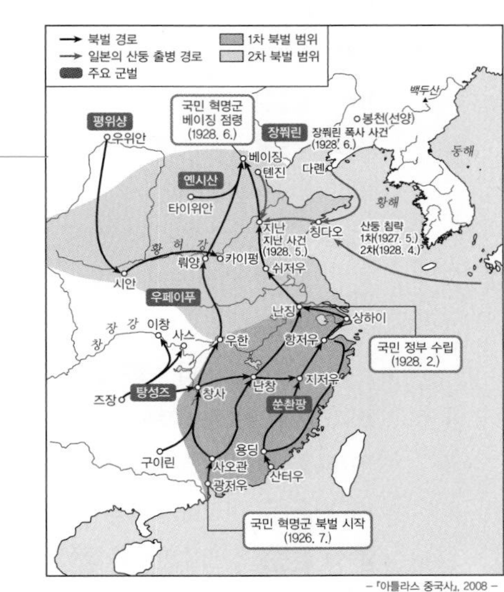

– 『아틀라스 중국사』, 2008 –

▲ 북벌의 전개

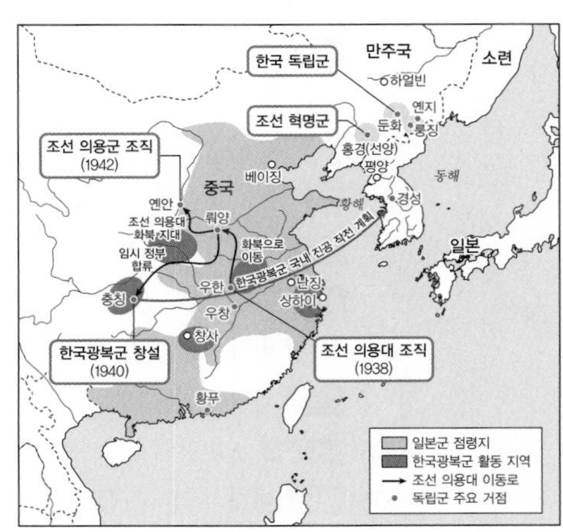

▲ 연대를 통한 항일 운동의 전개

연대	주요 사건
	1950 한국 6 · 25 전쟁 발발(~1953)★
	일본 경찰 예비대 창설
	1951 샌프란시스코 강화 조약 체결
	일본 미일 안보 조약(미일 안전 보장 조약) 체결
	1952 일본 · 타이완 일화 평화 조약 체결
	1953 6 · 25 전쟁의 정전 협정 체결
	1954 제네바 협정
	1955 베트남 베트남 공화국 수립
	일본 '55년 체제' 수립
	1958 중국 인민공사 설립
1960	1960 한국 4 · 19 혁명
	1962 한국 제1차 경제 개발 5개년 계획 실시(~1966)
	1964 베트남 통킹만 사건, 베트남 전쟁 본격화
	1965 한국 · 일본 한일 기본 조약 체결
	1966 중국 문화 대혁명(~1976)
	1969 닉슨 독트린
	1972 중국 닉슨의 중국 방문★, 미중 공동 성명, 중일 공동 성명
	한국 10월 유신 선포
	북한 사회주의 헌법 제정
	1973 베트남 파리 평화 협정 체결
	1975 베트남 북베트남 사이공 점령
	1976 베트남 베트남 사회주의 공화국 수립
	1979 중국 미국과 중국의 국교 수립
1980	1980 한국 5 · 18 민주화 운동
	1985 플라자 합의
	1986 베트남 도이머이 정책 채택
	1987 한국 6월 민주 항쟁
	타이완 일부 섬을 제외하고 계엄령 해제
	1989 중국 톈안먼 사건 발생★
	1992 중국 덩샤오핑의 남순 강화
	한국 · 중국 한국과 중국의 국교 수립
	한국 · 베트남 한국과 베트남의 국교 수립
	1993 일본 비자민당 연립 정권 성립('55년 체제' 붕괴)
	1997 한국 외환 위기 발생
2000	2000 타이완 민진당의 천수이볜 총통 당선
	2001 중국 세계 무역 기구[WTO] 가입
	2009 일본 민주당 집권으로 정권 교체(2012 자민당 재집권)

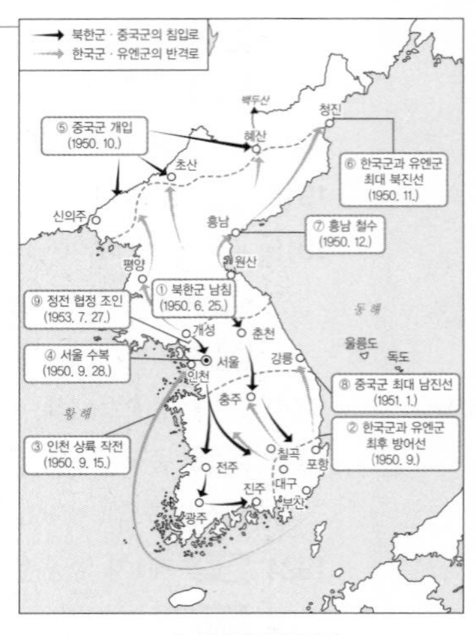

▲ 6 · 25 전쟁의 전개

▲ 중국을 방문한 닉슨 대통령

▲ 톈안먼 사건 당시 시위를 진압하려는 탱크를 막아선 시민

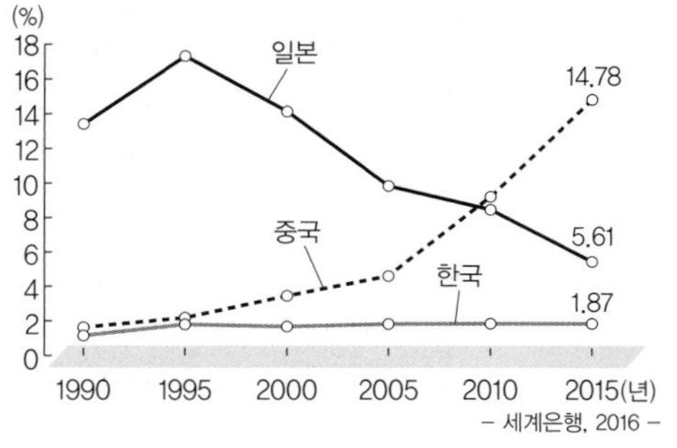

– 세계은행, 2016 –
▲ 세계 경제에서 한 · 중 · 일이 차지하는 비중 변화

EBS

문제를 사진 찍고
해설 강의 보기
Google Play | App Store

EBSi 사이트
무료 강의 제공

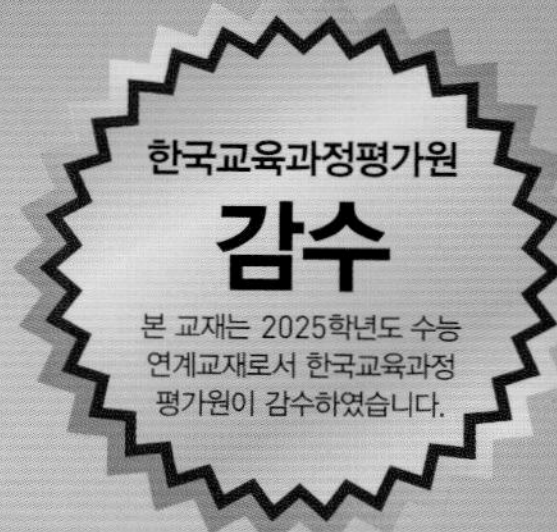
한국교육과정평가원
감수
본 교재는 2025학년도 수능
연계교재로서 한국교육과정
평가원이 감수하였습니다.

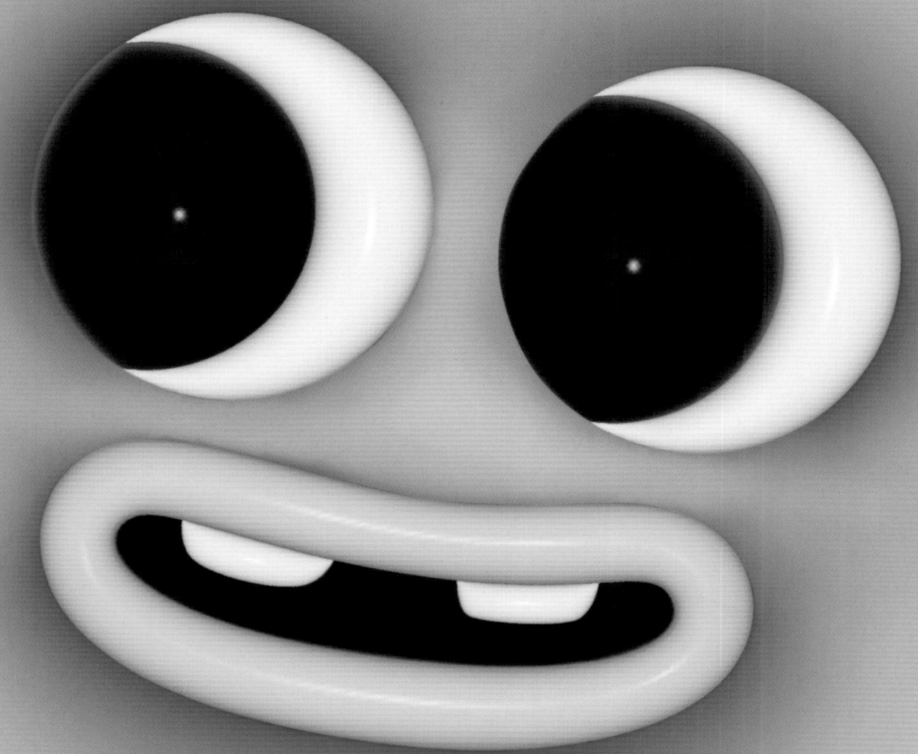

정답과 해설

수능특강

사회탐구영역
동아시아사

2025학년도 수능 연계교재

본 교재는 대학수학능력시험을 준비하는 데 도움을 드리고자 사회과 교육과정을 토대로 제작된 교재입니다.
학교에서 선생님과 함께 교과서의 기본 개념을 충분히 익힌 후 활용하시면 더 큰 학습 효과를 얻을 수 있습니다.

한눈에 보는 정답

01 동아시아 선사 문화의 전개~국가의 성립과 발전

본문 14~21쪽

닮은꼴 문제 1 ② 2 ④

수능 기본 문제 01 ④ 02 ① 03 ① 04 ⑤

수능 실전 문제 1 ⑤ 2 ① 3 ② 4 ④ 5 ③ 6 ②

Ⅰ단원 실력 플러스

01 ④ 02 ③ 03 ③ 04 ④

02 인구 이동과 정치·사회 변동

본문 25~29쪽

닮은꼴 문제 1 ④ 2 ①

수능 기본 문제 01 ③ 02 ⑤ 03 ④ 04 ⑤

수능 실전 문제 1 ③ 2 ④ 3 ③ 4 ⑤

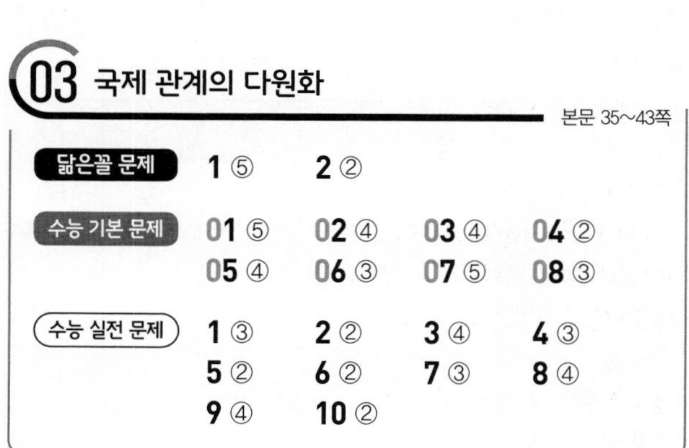

03 국제 관계의 다원화

본문 35~43쪽

닮은꼴 문제 1 ⑤ 2 ②

수능 기본 문제 01 ⑤ 02 ④ 03 ④ 04 ② 05 ④ 06 ③ 07 ⑤ 08 ③

수능 실전 문제 1 ③ 2 ② 3 ④ 4 ③ 5 ② 6 ② 7 ③ 8 ④ 9 ④ 10 ②

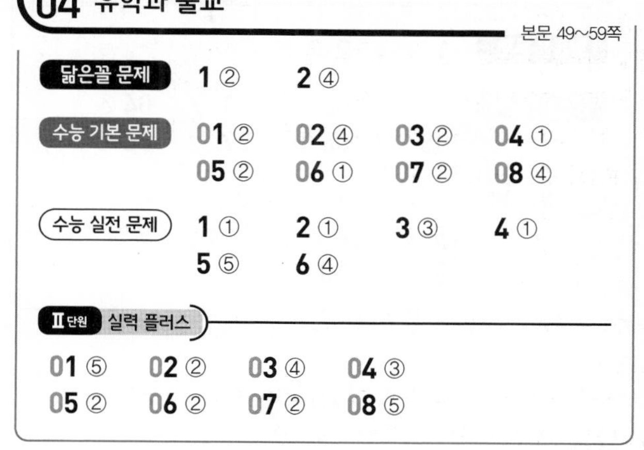

04 유학과 불교

본문 49~59쪽

닮은꼴 문제 1 ② 2 ④

수능 기본 문제 01 ② 02 ④ 03 ② 04 ① 05 ② 06 ① 07 ② 08 ④

수능 실전 문제 1 ① 2 ① 3 ③ 4 ① 5 ⑤ 6 ④

Ⅱ단원 실력 플러스

01 ⑤ 02 ② 03 ④ 04 ③ 05 ② 06 ② 07 ② 08 ⑤

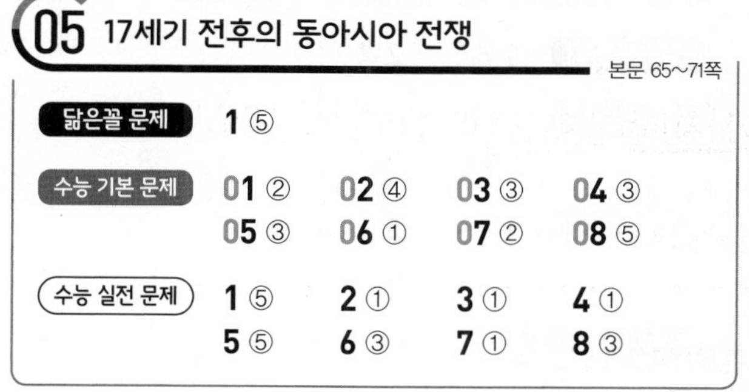

05 17세기 전후의 동아시아 전쟁

본문 65~71쪽

닮은꼴 문제 1 ⑤

수능 기본 문제 01 ② 02 ④ 03 ③ 04 ③ 05 ③ 06 ① 07 ② 08 ⑤

수능 실전 문제 1 ⑤ 2 ① 3 ① 4 ① 5 ⑤ 6 ③ 7 ① 8 ③

06 교역망의 발달과 은 유통~사회 변동과 서민 문화

본문 78~87쪽

닮은꼴 문제 1 ④

수능 기본 문제 01 ③ 02 ⑤ 03 ③ 04 ③ 05 ⑤ 06 ④ 07 ④ 08 ④

수능 실전 문제 1 ③ 2 ⑤ 3 ① 4 ⑤ 5 ② 6 ①

Ⅲ단원 실력 플러스

01 ④ 02 ④ 03 ① 04 ② 05 ⑤ 06 ① 07 ② 08 ③

07 새로운 국제 질서와 근대화 운동~서양 문물의 수용

본문 94~102쪽

닮은꼴 문제 1 ① 2 ③

수능 기본 문제 01 ⑤ 02 ⑤ 03 ② 04 ④ 05 ① 06 ⑤ 07 ⑤ 08 ③

수능 실전 문제 1 ③ 2 ⑤ 3 ⑤ 4 ⑤ 5 ③ 6 ③ 7 ① 8 ⑤ 9 ④ 10 ③

08 제국주의 침략 전쟁과 민족 운동

본문 108~119쪽

닮은꼴 문제 1 ⑤ 2 ②

수능 기본 문제 01 ① 02 ③ 03 ④ 04 ② 05 ⑤ 06 ① 07 ① 08 ③

수능 실전 문제 1 ④ 2 ② 3 ② 4 ④ 5 ③ 6 ⑤ 7 ① 8 ②

Ⅳ단원 실력 플러스

01 ④ 02 ⑤ 03 ① 04 ③ 05 ⑤ 06 ③ 07 ④ 08 ⑤

09 제2차 세계 대전 전후 처리와 냉전 체제

본문 124~130쪽

닮은꼴 문제 1 ④

수능 기본 문제 01 ① 02 ① 03 ① 04 ① 05 ③ 06 ④ 07 ② 08 ③

수능 실전 문제 1 ② 2 ④ 3 ⑤ 4 ⑤ 5 ③ 6 ③ 7 ② 8 ③

10 동아시아의 경제 성장과 정치 발전~갈등과 화해

본문 135~145쪽

닮은꼴 문제 1 ②

수능 기본 문제 01 ③ 02 ④ 03 ③ 04 ③ 05 ① 06 ③ 07 ⑤ 08 ③

수능 실전 문제 1 ① 2 ④ 3 ④ 4 ③ 5 ④ 6 ④ 7 ③ 8 ④

Ⅴ단원 실력 플러스

01 ④ 02 ③ 03 ⑤ 04 ① 05 ⑤ 06 ⑤ 07 ② 08 ①

Mini Test

본문 148~162쪽

Mini Test 1회	1	2	3	4	5
	④	⑤	⑤	④	⑤
	6	7	8	9	10
	④	①	③	③	④
Mini Test 2회	1	2	3	4	5
	④	①	③	④	⑤
	6	7	8	9	10
	④	⑤	①	①	⑤
Mini Test 3회	1	2	3	4	5
	③	④	④	⑤	③
	6	7	8	9	10
	⑤	②	③	①	④

정답과 해설

01 동아시아 선사 문화의 전개~ 국가의 성립과 발전

닮은꼴 문제 본문 14~15쪽

1 홍산 문화 이해 정답 ②

문제 분석 지도에 표시된 (가) 지역은 만주의 랴오허강 유역으로, 이곳에서는 신석기 시대에 홍산 문화가 발달하였다.

정답 찾기 ② 홍산 문화에서는 채도와 여신의 얼굴상, 용 모양 옥기 등을 남겼다.

오답 피하기 ① 황허강 중류 유역에서 발달한 양사오 문화와 황허강 하류 유역에서 발달한 다원커우 문화가 룽산 문화로 발전하였다.
③ 몽골 초원 지대에서는 청동기 시대에 사슴돌과 판석묘 등을 만들었다.
④ 미나토가와인은 구석기 시대 인류로 일본 오키나와에서 화석이 출토되었다.
⑤ 일본 열도에서는 기원전 3세기경부터 한반도 등으로부터 벼농사 기술을 비롯하여 청동기, 철기를 수용하여 야요이 문화가 성립되었다.

2 진시황제의 정책 파악 정답 ④

문제 분석 법가 사상을 바탕으로 전국 시대를 통일하였다는 점, 사상 통제를 위해 분서갱유를 단행하였다는 점 등을 통해 자료가 진시황제에 대한 것임을 알 수 있다.

정답 찾기 ④ 진시황제는 흉노를 북방으로 몰아내고 만리장성을 축조하였다.

오답 피하기 ① 왜의 노국왕이 후한 광무제에게 조공하고 '한위노국왕'이라고 새겨진 금인을 받았다.
② 한 고조는 군현제와 봉건제를 절충한 군국제를 실시하였다.
③ 한 무제는 대외 원정에 나서 남비엣을 멸망시켰다.
⑤ 흉노는 최고 통치자 선우 아래 좌현왕과 우현왕을 두었다.

수능 기본 문제 본문 16쪽

01 ④ 02 ① 03 ① 04 ⑤

01 허무두 문화 이해

문제 분석 창장강 하류 유역, 벼농사, 흑도, 홍도 등의 내용을 통해 자료는 허무두 문화에 대한 것임을 알 수 있다. 허무두 문화는 창장강 하류 유역에서 발달한 신석기 문화이다.

정답 찾기 ④ 허무두 문화의 돼지 그림 토기이다.

오답 피하기 ① 일본 열도에서 발달한 야요이 문화를 대표하는 야요이 토기이다.
② 신석기 시대 랴오허강 유역에서 발달한 홍산 문화의 토기이다.
③ 한반도 지역에서 발달한 신석기 문화를 대표하는 빗살무늬 토기이다.
⑤ 일본 열도에서 발달한 신석기 문화의 조몬 토기이다.

02 상 왕조의 이해

문제 분석 자료에 은허가 왕조 후기의 수도 유적이고 중국 청동기 시대의 대표적인 유적이라는 내용 등을 통해 (가) 왕조가 상 왕조임을 알 수 있다. 상 왕조는 청동기 문화를 바탕으로 기원전 1600년경에 성립되었다.

정답 찾기 ① 상 왕조는 국가의 중요한 일을 점친 후, 그 내용을 갑골문으로 기록하였다.

오답 피하기 ② 흉노는 최고 통치자인 선우 아래 좌현왕과 우현왕 등 여러 왕을 두었다.
③ 전국 시대의 진(秦) 등은 법가 사상가를 중용하여 부국강병을 추진하였다.
④ 위(魏)는 3세기에 일본 열도 야마타이국 히미코 여왕의 조공을 받고 여왕을 친위왜왕으로 책봉하였다.
⑤ 주 왕실이 낙읍(뤄양)으로 수도를 옮긴 이후, 한동안 춘추 5패가 정국을 주도하였다.

03 진시황제의 업적 파악

문제 분석 자료에서 6국을 병합하고 처음으로 황제가 되었다는 점 등을 통해 밑줄 친 '그'가 진시황제임을 알 수 있다. 진시황제는 전국 시대를 통일한 후 처음으로 황제 칭호를 사용하였다.

정답 찾기 ① 진시황제는 흉노를 북방으로 몰아내고 만리장성을 쌓았다.

오답 피하기 ② 고조선의 위만은 준왕을 몰아내고 집권하였다.
③ 한 무제 등이 유교를 통치 이념으로 중시하였다.
④ 한을 세운 고조 유방이 항우와 벌인 전쟁에서 승리하여 전국을 통일하였다.
⑤ 1세기에 왜의 노국왕이 후한의 광무제에게 조공하고 한위노국왕이 새겨진 금인을 받았다.

04 흉노의 특징 이해

문제 분석 자료에서 한 무제가 동으로 고조선을 정복해 군으로 삼고 서로는 주천군을 설치해 강(羌)과 통하는 길을 막았다는 점, 대월지, 대하와 교류하고 공주를 오손왕에게 시집보내 그 나라를 지원하던 여러 나라를 떼어 놓았다는 점, 북으로 영토를 확장해 성채를 구축해도 한마디도 하지 못하였다는 점 등을 통해 (가) 국가가 한의 북쪽에 있던 흉노임을 알 수 있다. 한 무제는 오랫동안 전쟁을 벌여 흉노를 고비 사막 이북으로 몰아냈고, 흉노와의 연결을 차단하기 위해 고조선을 공격해 멸망시켰다.

정답 찾기 ⑤ 흉노의 묵특 선우는 평성 백등산 전투에서 한 고조의 군대를 격파하였다.

오답 피하기 ① 진의 시황제는 분서갱유를 단행하여 사상을 통일하려 하였다.
② 고조선은 8조의 법을 제정하여 사회 질서를 유지하려 하였다.
③ 야마타이국의 히미코 여왕은 위에 조공하였고, 위는 히미코에게 친위왜왕의 칭호를 내려주었다.
④ 견융의 침입을 받은 주는 수도를 호경에서 낙읍(뤄양)으로 옮겼다.

수능 실전 문제

본문 17~19쪽

1 ⑤	2 ①	3 ②	4 ④
5 ③	6 ②		

1 양사오 문화와 다원커우 문화 이해

문제 분석 자료의 (가)는 황허강 중류 유역에서 발달한 양사오 문화의 토기(채도), (나)는 황허강 하류 유역에서 발달한 다원커우 문화의 토기(백도)이다.

정답 찾기 ⑤ 황허강 중·하류 유역에서는 신석기 문화인 양사오 문화와 다원커우 문화가 발달하였다. 이후 신석기 시대 후기에는 양사오 문화와 다원커우 문화가 룽산 문화로 계승되었다.

오답 피하기 ① 양사오 문화는 신석기 문화이다.
② 양사오 문화는 황허강 중류 유역에서 발달하였다. 창장강 하류 유역에서는 허무두 문화가 발달하였다.
③ 사슴돌과 판석묘는 몽골 초원 지대의 청동기 문화를 대표하는 문화유산이다.
④ 일본 열도에서는 기원전 3세기경부터 한반도 등으로부터 벼농사 기술, 청동기, 철기 등이 전해지면서 야요이 문화가 성립되었다.

2 한반도와 만주의 청동기 문화 이해

문제 분석 구리와 주석의 합금, 지배층의 권위를 나타내는 무기나 의식용 도구, 한반도와 만주 일대에서 출토 등의 내용을 통해 자료는 한반도와 만주 지역의 청동기 문화와 관련된 것임을 알 수 있다. 따라서 (가)에는 한반도와 만주 지역의 청동기 문화를 대표하는 문화유산이 들어가야 한다.

정답 찾기 ① 한반도와 만주 일대에서 발달한 청동기 문화를 대표하는 문화유산인 비파형 동검이다.

오답 피하기 ② 중국의 얼리터우 유적에서 발굴된 세 발 달린 청동 술잔이다.
③ 오르도스 지방에서 발견된 흉노의 금관이다.
④ 신석기 시대에 랴오허강 유역에서 발달한 훙산 문화를 대표하는 용 모양의 옥기이다.
⑤ 일본 열도에서 발달한 야요이 시대의 문화유산인 종 모양의 청동기(동탁)이다.

3 상의 특징 파악

문제 분석 은허가 수도 유적이라는 점, 거북의 배딱지에 점을 친 내용을 새겼다는 점 등을 통해 (가) 왕조가 상 왕조임을 알 수 있다. 상은 전쟁과 농사 및 제사 등 국가의 중요한 일을 점친 후, 그 내용과 결과를 갑골문으로 남겼다.

정답 찾기 ② 상은 기원전 11세기경 주에 의해 멸망하였다.

오답 피하기 ① 고조선은 전국 7웅의 하나인 연과 대립하였다.
③ 주는 견융의 침입을 받아 호경에서 낙읍(뤄양)으로 천도하였다.
④ 위는 3세기에 일본 열도의 야마타이국으로부터 조공을 받았다.
⑤ 전국 시대를 통일한 진(秦)의 국왕 영정은 처음으로 황제 칭호를 사용하였다.

4 진시황제 정책 파악

문제 분석 자료에서 6국을 병합하고 천하를 통일하였다는 점, 이사의 건의를 받아들여 옛 도가 담긴 책을 불태우고 옛 도를 가르칠 지식인을 죽였다는 점 등을 통해 (가) 황제가 진시황제임을 알 수 있다. 진시황제는 이사를 중용하여 부국강병에 성공해 전국 시대를 통일한 후, 사상을 통제하기 위해 분서갱유를 단행하였다.

정답 찾기 ④ 진시황제는 도량형과 화폐, 문자를 통일하고 도로망을 정비하였다.

오답 피하기 ① 흉노의 묵특 선우가 동호를 정복하였다.
② 한 고조는 군현제와 봉건제를 절충한 군국제를 실시하였다.
③ 한 무제는 대월지와 동맹을 체결하기 위해 장건을 파견하였다.
⑤ 왜의 노국왕은 1세기에 후한의 광무제에게 조공하고 한위노국왕이 새겨진 금인(금 도장)을 받았다.

5 백등산 전투 시기 파악

문제 분석 고조가 평성에 도착하였는데, 묵특이 고조를 백등산에서 에워쌌다는 점, 고조가 포위가 풀린 쪽으로 도망쳐 나갔다는 점 등을 통해 자료는 기원전 200년에 평성에서 벌어진 백등산 전투에 대한 것임을 알 수 있다. 한 고조가 중원을 통일한 직후 흉노의 묵특 선우가 만리장성을 넘어 한을 공격하였다. 한 고조는 직접 군대를 이끌고 흉노 공격에 나섰으나 평성 백등산에서 흉노에 포위되었다가 가까스로 빠져 나왔다. 이후 한 고조는 흉노에 비단 등의 공물을 바치는 등 굴욕스러운 조건으로 화친을 맺었다.

정답 찾기 ③ 진의 전국 시대 통일은 기원전 221년, 남비엣 멸망은 기원전 111년의 사실이다.

6 고조선의 특징 파악

문제 분석 자료에서 연나라와 패수를 경계로 하였다는 점, 위만이 준왕에게 항복하였다는 점, 준왕이 위만을 믿고 서쪽 변경을 지키게 하였다는 점 등을 통해 (가) 국가가 고조선임을 알 수 있다. 한 초기 중국에서 고조선으로 이주해 온 위만은 준왕을 몰아내고 집권하였다.

정답 찾기 ② 고조선은 8조의 법을 제정하여 사회 질서를 유지하려 하였다.

오답 피하기 ① 주는 처음에 호경을 도읍으로 삼았는데, 견융의 침입으로 낙읍(뤄양)으로 천도하였다.

③ 진은 흉노의 침공을 막기 위해 만리장성을 축조하였다.

④ 흉노는 최고 지배자인 선우 아래에 좌현왕과 우현왕을 두어 각기 좌방과 우방을 다스리게 하였다.

⑤ 위는 3세기 전반 야마타이국의 히미코 여왕이 조공하자, 히미코 여왕에게 친위왜왕의 칭호를 주었다.

I 단원 실력 플러스 본문 20~21쪽

01 ④	02 ③	03 ③	04 ④

01 야요이 문화 이해

문제 분석 자료에서 일본 열도에서 기원전 3세기경부터 한반도 등에서 벼농사 기술, 청동기, 철기 등을 수용하면서 발전하였다는 점 등을 통해 ○○○ 시대가 야요이 시대임을 알 수 있다.

정답 찾기 ④ 일본 야요이 시대에는 주술적 용도로 사용된 것으로 추정되는 종 모양 청동기(동탁) 등이 제작되었다.

오답 피하기 ① 돼지 그림 토기는 중국 창장강 하류 지역에서 발달한 신석기 문화인 허무두 문화를 대표하는 유물이다.

② 빗살무늬 토기는 한반도 지역의 신석기 문화를 대표하는 유물이다.

③ 갑골문은 상에서 전쟁, 농사, 제사 등 국가의 중요한 일을 점친 후, 그 내용을 기록한 것이다.

⑤ 여신의 얼굴상은 중국 랴오허강 유역에서 발달한 신석기 문화인 훙산 문화를 대표하는 유물이다.

02 주 왕조의 특징 이해

문제 분석 자료에서 나라가 강할 때는 천하 사람들이 복종하였고, 나라가 약할 때는 오패(五覇)가 토벌해 주므로 제후들이 순종하였다는 내용을 통해 (가) 왕조가 주 왕조임을 알 수 있다. 주가 견융의 침입으로 호경에서 낙읍(뤄양)으로 수도를 옮긴 이후 주 왕실의 힘이 약화되자, 춘추 5패가 주 왕실을 받든다는 명분을 내세워 정국을 주도하였다.

정답 찾기 ③ 주는 혈연에 기초한 종법적 봉건제를 운영하였다.

오답 피하기 ① 후한은 광무제 때 왜의 노국왕으로부터 조공을 받고 '한위노국왕'이 새겨진 금인을 보냈다.

② 진은 상앙, 이사 등의 법가 사상가를 등용하여 부국강병책을 추진하였다.

④ 고구려는 부여의 일부 세력이 남하하여 압록강 유역에서 기원전 1세기에 건국되었다.

⑤ 한은 무제 때 동중서의 건의를 받아들여 유교를 통치 이념으로 중시하였다.

03 기원전 3세기~기원전 2세기의 사실 파악

문제 분석 고조(유방)가 항우와 승부를 지었다는 내용 등을 통해 자료 (가)는 고조(유방)가 항우와 각축을 벌여 승리한 기원전 202년의 사실임을 알 수 있다. 니계상 참이 고조선왕 우거를 죽이고 항복하였다는 점, 고조선을 평정하고 4군을 설치하였다는 점 등을 통해 자료 (나)는 한 무제의 공격으로 고조선이 멸망한 기원전 108년의 사실임을 알 수 있다.

정답 찾기 ③ 한 고조는 기원전 200년 흉노와의 평성 백등산 전투에서 패배하였다. 이후 한은 매년 많은 물자를 보내는 조건으로 흉노와 화친을 맺었다.

오답 피하기 ① 외척이었던 왕망은 1세기 초에 한을 멸망시키고 신을 세운 후 토지 국유화 등 급진적 개혁을 추진하였다.

② 기원전 1세기경 부여의 일부 세력이 남하하여 압록강 유역에서 고구려를 건국하였다.

④ 일본 열도에서는 3세기경에 30여 개의 소국이 야마타이국을 중심으로 연맹체를 형성하였다.

⑤ 기원전 8세기 주는 견융의 침입을 받아 수도를 호경에서 낙읍(뤄양)으로 옮겼다.

04 흉노의 특징 파악

문제 분석 자료에서 한 무제가 북쪽에서 물리쳤다는 점, 서쪽으로 대완을 정벌하여 오른쪽 팔을 찢어 놓았다는 점, 선우는 세력이 고립되어 고비 사막 이북으로 달아났다는 점 등을 통해 (가) 국가가 흉노임을 알 수 있다.

정답 찾기 ④ 흉노는 최고 지배자인 선우 아래 좌현왕과 우현왕 등을 두어 나라를 다스렸다.

오답 피하기 ① 한 고조는 군현제와 봉건제를 절충한 군국제를 실시하였다.
② 고조선은 8조의 법을 제정하여 사회 질서를 유지하려 하였다.
③ 한 무제는 대월지와 동맹을 체결하기 위해 장건을 서역에 파견하였다.
⑤ 진시황제와 한 고조 등이 중앙에 3공 9경을 두어 통치를 담당하게 하였다.

02 인구 이동과 정치·사회 변동

닮은꼴 문제

본문 25~26쪽

1 5호의 이동 결과 파악

정답 ④

문제 분석 4세기 북방 민족의 움직임, 흉노의 유연이 봉기를 일으킨 후 그 아들 유총이 뤄양과 장안을 차례로 함락, 저족 등도 화북 지역으로 이동 등의 내용을 통해 자료가 4세기 5호가 화북 지역을 장악한 것에 대한 것임을 알 수 있다.

정답 찾기 ④ 진(晉)이 내분으로 급속히 쇠퇴하자 흉노, 갈, 선비, 저, 강 등이 4세기 초부터 화북 지역에 여러 나라를 세웠고, 화북 지역을 빼앗긴 한족은 창장강 유역에서 동진을 세웠다.

오답 피하기 ① 기원전 5세기경 주를 중심으로 한 봉건 질서가 붕괴되자, 스스로 왕을 칭하면서 통일의 주도권을 놓고 경쟁하던 전국 7웅이 대두하였다.
② 히미코 여왕이 야마타이국을 통치하던 시기는 3세기경이다.
③ 기원전 8세기 주는 견융의 공격을 받자 수도를 호경에서 낙읍(뤄양)으로 옮겼다.
⑤ 기원전 1세기경 부여족의 내부 분열로 주몽 집단이 압록강 중류의 졸본 지역으로 남하하여 고구려를 건국하였다.

2 7세기 중엽의 사실 파악

정답 ①

문제 분석 당과 신라의 군사들이 의자왕의 도성을 에워싸기 위해 사비로 진격하였다는 사실을 통해 (가)는 나당 연합군의 공격으로 백제가 멸망(660)하기 직전의 상황임을 알 수 있다. 당의 여러 장수와 병졸이 신라를 습격하고자 하여 왕이 군사를 일으켰다는 사실을 통해 (나)는 고구려 멸망(668) 직후의 상황임을 알 수 있다.

정답 찾기 ① 일본은 7세기 전반부터 견당사를 파견하여 당의 문물을 수용하였으나, 9세기 말 견당사 파견을 중지하였다.

오답 피하기 ② 대조영은 698년 발해를 건국하였다.
③ 고구려는 4세기에 낙랑군을 축출하였다.
④ 1세기에 후한의 광무제는 왜의 노국왕에게 금인을 주었다.
⑤ 한 고조 유방은 기원전 202년 항우를 몰아내고 전국을 통일하였다.

수능 기본 문제 본문 27쪽

01 ③ 02 ⑤ 03 ④ 04 ⑤

01 2~6세기 인구 이동 파악

문제 분석 자료는 2~6세기 동아시아 지역의 인구 이동에 대한 학생들의 발표 내용이다. 진이 쇠퇴하자 4세기 초부터 북방의 흉노, 갈, 선비, 저, 강의 5호는 화북 지방에서 여러 나라를 세웠다. 또한 한반도와 중국에서 일본 열도로 이주한 도왜인들은 4세기경에 야마토 정권의 성립과 발전에 기여하였다.

정답 찾기 ㄴ. 5호가 화북 지역을 차지하자 4세기 초 한족이 창장강 이남으로 이동하였다.
ㄷ. 4세기에 고구려 미천왕이 낙랑군을 축출하자, 그 유민의 일부가 한반도 남부 지역으로 이동하여 백제 발전에 기여하였다.

오답 피하기 ㄱ. 한 건국 초기의 혼란을 피해 위만 집단이 고조선으로 망명하였고, 이후 위만은 기원전 194년 준왕을 몰아내고 왕위에 올랐다.
ㄹ. 기원전 1세기경 부여족의 일부가 남하하여 압록강 유역의 졸본 지역에서 고구려를 건국하였다.

02 북위 효문제의 정책 파악

문제 분석 자료에서 북위의 황제, 한족과의 혼인 장려, 평성에서 뤄양으로 천도 등의 내용을 통해 밑줄 친 '이 황제'가 북위의 효문제임을 알 수 있다. 효문제는 재위 시기 적극적인 한화 정책을 추진하였다.

정답 찾기 ⑤ 북위의 효문제는 조정에서 선비어 사용을 금지하였다.

오답 피하기 ① 한 무제는 기원전 2세기에 대월지와 동맹을 체결하기 위해 장건을 서역에 파견하였다.
② 위만은 기원전 194년 준왕을 몰아내고 왕위에 올랐다.
③ 3세기에 야마타이국의 히미코 여왕이 위에 조공하고, 위로부터 친위왜왕의 칭호를 받았다.
④ 진시황제와 한 고조 등이 3공 9경의 관료제를 마련하였다.

03 8세기 동아시아 정세 파악

문제 분석 일본의 수도가 헤이조쿄임을 통해 지도는 8세기 동아시아 정세를 나타낸 것임을 알 수 있다. 일본이 헤이조쿄를 수도로 삼았던 시기는 나라 시대(710~794)에 해당한다. 따라서 지도의 (가)는 당, (나)는 발해, (다)는 신라, (라)는 일본에 해당한다.

정답 찾기 ㄴ. 7세기 말 대조영은 고구려 유민과 말갈족을 모아 발해를 건국하였다.
ㄹ. 일본은 7세기 전반에서 9세기까지 견당사를 파견하여 당의 선진 문물을 수용하였다.

오답 피하기 ㄱ. 중국의 남북조 시대는 6세기 후반 수 문제에 의해 통일되었고, 일본의 남북조 시대는 14세기 말 무로마치 막부의 아시카가 요시미쓰에 의해 통일되었다.
ㄷ. 흉노는 기원전 200년에 백등산 전투에서 한 고조를 포위하였다.

04 다이카 개신의 이해

문제 분석 개신의 조서를 선포, 소가씨 세력 제거, 군주 중심의 중앙 집권 체제 강화 등의 내용을 통해 자료가 7세기 중엽 일본의 다이카 개신과 관련된 것임을 알 수 있다.

정답 찾기 ⑤ 다이카 개신은 당의 율령을 참고하여 군주 중심의 중앙 집권 국가를 수립하려는 개혁이었다.

오답 피하기 ① 일본 열도에서 3세기경 야마타이국을 중심으로 연맹체가 형성되었다.
② 진시황제는 사상을 통제하기 위해 분서갱유를 단행하였다.
③ 고조선은 8조의 법을 제정하여 사회 질서를 유지하고자 하였다.
④ 왕망은 신을 건국하고 토지 국유화 등 급진적 개혁을 추진하였으나 호족 등의 반발로 실패하였다.

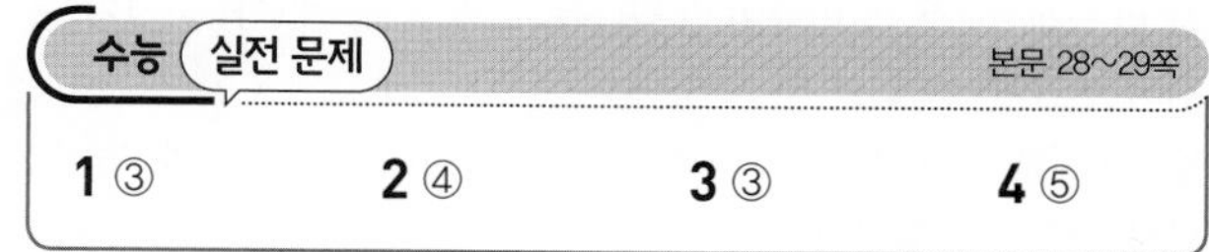

1 4세기 인구 이동 이해

문제 분석 건강(난징)에서 진 민제의 조서를 선포, 호인들이 하찮은 무리들을 거느리고 압박, 창장강 이남에 있는 사마예가 섭정 등의 내용을 통해 밑줄 친 '조서'는 건강(난징)에서 동진이 건국되는 상황을 보여 주는 것이다.

정답 찾기 ③ 진(晉)이 내분으로 급속히 쇠퇴하자 흉노, 갈, 선비, 저, 강 등이 4세기 초부터 화북 지방에 여러 나라를 세웠다(5호 16국 시대). 화북 지역을 빼앗긴 한족의 일부는 남하하여 창장강 유역에서 동진을 세웠다.

오답 피하기 ① 남북조 시대를 통일한 수는 6세기 말에서 7세기 초에 여러 차례 고구려를 침입하였으나 모두 실패하였다.
② 주가 견융의 침입으로 낙읍(뤄양)으로 수도를 옮긴 이후 춘추 5패가 정국을 주도하였다.
④ 한 고조의 군대는 기원전 200년 평성 백등산 전투에서 흉노의 묵특 선우가 이끄는 군대에게 패배하였다.
⑤ 진시황제는 흉노를 북방 초원 지대로 몰아내고 오르도스 지방을 차지하였다.

2 4~6세기의 동아시아 상황 파악

문제 분석 자료에 진이 강을 건넜다는 점, 화북 지역 사람들이 5호에 밀려 강남으로 이주한 후 강남 지방에 여러 한족 왕조가 연이어 세워졌다는 점, 진(晉), 송(宋), 제(齊), 양(梁) 등의 왕조가 존재하였다는 점 등을 통해 밑줄 친 '이 시기'는 4~6세기임을 알 수 있다. 5~6세기 중국에서는 북방 민족이 화북에 세운 북조와 한족이 강남에 세운 남조가 대립하는 남북조 시대가 전개되었다.

정답 찾기 ㄴ. 5세기 고구려는 남조의 여러 왕조와 조공·책봉 관계를 맺는 한편, 북위와도 조공·책봉 관계를 맺는 다원적 외교를 전개하였다.

ㄹ. 다이센 고분은 대표적인 전방후원분으로 5세기경에 조성되었다. 당시 일본 열도에서는 야마토 정권의 지배자들이 거대한 전방후원분을 만들어 자신들의 권력을 과시하였다.

오답 피하기 ㄱ. 신라는 당과 연합하여 7세기에 백제를 공격하여 멸망시켰다.

ㄷ. 1세기에 왜의 노국왕이 후한 광무제에게 조공하고 한위노국왕이라는 글씨가 새겨진 금인(금 도장)을 받았다.

3 북위의 특징 파악

문제 분석 북방의 언어 사용을 금지한 것, 탁발씨를 원씨로 성을 바꾸게 한 것, 선비족이 세웠다는 것 등을 통해 (가) 국가가 북위임을 알 수 있다.

정답 찾기 ③ 북위는 5세기에 5호 16국 시대의 혼란을 수습하고 화북 지역을 통일하였다.

오답 피하기 ① 흉노의 묵특 선우가 동호를 정복하였다.

② 일본 열도에서는 가야 등의 토기 제작 기술을 받아들여 스에키가 제작되었다.

④ 중국에서는 수가 6세기 후반에 남북조를 통일하였고, 일본에서는 무로마치 막부의 3대 쇼군인 아시카가 요시미쓰가 1392년 남북조의 분열을 통일하였다.

⑤ 신라가 6세기에 한강 유역을 확보하여 중국과 직접 교류하였고, 가야를 병합하였다.

4 7세기 동아시아 정세 파악

문제 분석 당의 장군이 백강에 진을 쳤다는 점, 왜 수군이 도착해 당의 수군과 대전하였다는 점, 왜가 패배하였다는 점 등을 통해 자료는 7세기 중엽의 백강 전투에 대한 것임을 알 수 있다. 백제가 나당 연합군에 멸망한 이후 백제 부흥군을 지원하기 위해 왜가 수군을 파견하여 백강 전투가 벌어졌다.

정답 찾기 ⑤ 7세기 동아시아에서는 나당 연합과 고구려, 백제, 왜가 이에 대항하는 국제 전쟁이 벌어졌다.

오답 피하기 ① 3세기 일본 열도의 야마타이국의 히미코 여왕은 위(魏)에 조공하고 친위왜왕의 칭호를 받았다.

② 5호가 4세기 초부터 화북 지방에서 세력을 확대하자, 한족이 창장강 이남 지역으로 이동하여 동진을 세웠다.

③ 5세기 고구려는 한반도의 주도권을 장악하고 중국의 남북조와 교류하였다.

④ 6세기 신라 진흥왕은 정복 활동을 통해 영토를 확장하였고, 이 과정에서 한강 유역을 확보하였다.

03 국제 관계의 다원화

닮은꼴 문제 본문 35~36쪽

1 당대 동아시아의 국제 관계 이해 정답 ⑤

문제 분석 자료에서 송첸캄포 이후 때로 토번의 침략을 받았다는 점, 토번의 사신이 수도 장안에 파견되었다는 점, 문성 공주를 토번에 시집보내 토번과 우호 관계를 돈독히 했다는 점 등을 통해 (가) 왕조는 당임을 알 수 있다.

정답 찾기 ⑤ 당은 베트남 북부 지역을 다스리기 위해 안남 도호부를 설치하였다.

오답 피하기 ① 4세기 고구려는 낙랑군을 축출하며 성장하였다.
② 외척이었던 왕망은 한을 멸망시킨 후, 신을 건국하였다.
③ 거란(요)은 유목민을 북면관제로, 농경민을 남면관제로 다스리는 이원적 통치 정책을 실시하였다.
④ 몽골 제국은 여러 차례에 걸쳐 대월의 쩐 왕조를 침략하였으나 쩐흥다오와의 전투에서 패배하였다.

2 13세기 전반 동아시아의 국제 관계 이해 정답 ②

문제 분석 자료에서 칭기즈 칸 군대를 통해 13세기 전반의 상황이라는 점을 알 수 있고, 몽골 제국과 서하, 남송과 병립하였던 국가라는 점, 결국 몽골 군대의 침략으로 멸망하였다는 점을 통해 (가) 국가는 금임을 알 수 있다.

정답 찾기 ② 금은 여진족, 거란족 등에게는 맹안·모극제를, 한족 등에게는 주현제를 실시하였다.

오답 피하기 ① 13세기 전반 몽골의 칭기즈 칸이 호라즘을 정복하였다.
③ 7세기 중엽 나당 연합이 성사된 후, 나당 연합군은 660년에 백제를 멸망시켰다.
④ 흉노는 선우 아래 좌현왕과 우현왕 등을 두어 나라를 다스렸다.
⑤ 한 고조의 군대는 기원전 200년 평성 백등산 전투에서 흉노의 묵특 선우가 이끄는 군대에게 패배하였다.

수능 기본 문제 본문 37~38쪽

01 ⑤	02 ④	03 ④	04 ②
05 ④	06 ③	07 ⑤	08 ③

01 조공·책봉의 외교 형식 이해

문제 분석 거사의 왕이 아들을 보내 공물을 바치고 황제를 알현하니 관직의 품계를 나타내는 도장과 도장 끈, 금, 비단을 주었다는 점, 백제의 전지왕을 사지절 도독백제제군사 진동장군 백제왕으로 삼았다는 점, 백제가 사신을 보내 공물을 바쳤다는 점 등을 통해 자료에 나타난 외교 형식이 조공·책봉의 외교 형식임을 알 수 있다.

정답 찾기 ㄷ. 조공·책봉 외교가 이루어지는 과정에서 사절 등을 통해 문화 교류가 이루어지기도 하였다.
ㄹ. 주변국의 군주들은 중원 왕조로부터 책봉을 받음으로써 통치의 정당성을 확보하려 하였다.

오답 피하기 ㄱ. 조공·책봉의 외교는 직접적인 지배나 실제적인 간섭을 하지 않는 형식적인 외교로 이루어졌다.
ㄴ. 수, 당 등 중원 왕조가 화친을 위해 인접 국가의 군주에게 보낸 화번공주가 해당한다. 조공·책봉 관계의 외교 형식이 결혼을 기반으로 성립된 것은 아니었다.

02 고구려의 다원적 외교 이해

문제 분석 자료에서 고구려가 서쪽으로 국경을 접하고 있다는 점, 송에 이어 제도 고구려를 책봉하였다는 점, 고구려가 공물을 바치는 등 사신과 통역관이 제와 왕래하면서 (가)에도 사신을 보냈다는 점 등을 통해 (가) 국가는 북위임을 알 수 있다. 고구려는 남북조 시대에 다원적이고 실리적인 외교를 전개하여 송, 제 등 남조와 조공·책봉 관계를 맺으면서 북위 등 북조와도 조공·책봉 관계를 맺었다.

정답 찾기 ④ 북위는 효문제 때 평성에서 뤄양으로 천도하고 조정에서 선비어 사용을 금지하는 등 한화 정책을 시행하였다.

오답 피하기 ① 중국의 남북조 시대는 수 문제에 의해 통일되었고, 일본의 남북조 시대는 무로마치 막부의 아시카가 요시미쓰에 의해 통일되었다.
② 4세기 초 (서)진이 멸망하자 황족들이 건강(난징)에서 동진을 건국하였다.
③ 흉노의 묵특 선우는 동호와 월지를 공격하여 초원 지대를 통합하였다.
⑤ 나당 연합군이 백제 부흥군과 왜의 군대에 맞서 663년 백강에서 전투를 벌여 승리하였다.

03 당의 대외 관계 이해

문제 분석 자료에서 아베노 나카마로가 유학생으로 왔다는 점, 아베노 나카마로가 과거 시험에 합격한 후 베트남 북부 지역에 설치된 도호부의 도호로 활동하였다는 점을 통해 밑줄 친 '이 나라'는 당임을 알 수 있다.

정답 찾기 ④ 당은 토번에 문성 공주, 위구르에 함안 공주를 시집보냈다. 이처럼 중원 왕조가 인접 국가의 군주에게 시집보낸 황실의 여인을 화번공주라 한다.

오답 피하기 ① 아구다는 12세기 초에 여진족을 통합하여 금을 건국하였다.
② 고구려는 4세기에 낙랑군을 축출하며 성장하였다.
③ 거란(요)은 유목민과 농경민을 분리하여 통치하는 북면관제와 남면관제를 운영하였다.
⑤ 송은 평화를 유지하기 위해서 서하와 화약을 맺고, 은, 비단, 차의 물자를 주기로 하였다.

04 거란(요)의 대외 관계 이해

문제 분석 자료에서 고려와의 국경은 강 하나에 불과하다는 점, 처음으로 고려를 침공했을 때 서희가 외교 담판을 벌인 후 이듬해부터 고려는 그 나라의 연호를 사용하였다는 점, 고려는 현종 때 두 번째로 침략해 온 그 나라를 무찌른 후 다시 중국과 통교하였다는 점 등을 통해 (가) 국가는 거란(요)임을 알 수 있다.

정답 찾기 ② 송은 연운 16주 지역을 두고 거란(요)과 여러 차례 전쟁을 벌이다가, 거란(요)에 매년 막대한 양의 세폐를 주는 조건으로 1004년 전연의 맹약을 체결하였다.

오답 피하기 ① 한 고조는 봉건제와 군현제를 절충한 군국제를 시행하였다.
③ 일본 열도에서는 야요이 문화를 기반으로 여러 소국들이 등장하였다.
④ 고조선은 전국 7웅 중 하나인 연과 대립하였다.
⑤ 진은 흉노의 침입을 막기 위해 만리장성을 축조하였다.

05 금의 대외 관계 이해

문제 분석 자료에서 거란(요)에서 무리를 거느리고 와서 투항한 자들을 각기 그 부락의 모극으로 삼았다는 점, 여러 차례 전쟁을 벌였던 거란(요)이 사신을 보내 와 화친을 구하였다는 점 등을 통해 밑줄 친 '우리 나라'는 금임을 알 수 있다.

정답 찾기 ④ 12세기 초에 건국된 금은 서하, 고려, 남송과 군신 관계를 체결하고 조공을 받았다.

오답 피하기 ① 야율아보기는 부족을 통합하여 10세기 초에 거란(요)을 건국하였다.
② 흉노의 묵특 선우는 기원전 200년 평성 백등산 전투에서 한 고조의 군대에 승리하였다.
③ 고려는 여진을 정벌하기 위해 별무반을 조직하였다. 12세기 초 고려의 윤관은 별무반을 이끌고 여진을 정벌하여 동북 지역에 9성을 쌓았다.
⑤ 11세기 전반에 탕구트족의 이원호가 세운 서하는 수도인 흥경을 중심으로 비단길을 통해 동서 무역을 전개하였다.

06 남송의 대외 관계 이해

문제 분석 자료에서 머리칼이 창장강 이남에서 어느새 희어졌다는 점, 옛 산하를 되찾으려 한다는 점, 정강 연간에 수도 변경(카이펑)이 함락되고 황제가 포로로 잡혀간 사건의 치욕을 씻으려 했던 장수의 충절을 소재로 했다는 점, 창장강 너머 북쪽의 옛 산하를 되찾으려 노력했던 시대 상황을 파악할 수 있다는 점 등을 통해 (가) 국가는 남송임을 알 수 있다.

정답 찾기 ③ 송과 연합하여 거란(요)을 공격하던 금이 거란(요)을 멸망시킨 후, 송을 공격하여 수도 변경(카이펑)을 함락하고 화북 지방을 차지하였다. 이에 송의 황실과 귀족은 남송을 건국하고 임안(항저우)을 수도로 삼아 금과 대립하다가, 12세기 전반에 금과 화의를 맺어 군신 관계를 체결하고 조공을 보냈다.

오답 피하기 ① 신라는 6세기에 가야를 병합하였다.
② 한 무제는 기원전 2세기 말에 남비엣과 고조선을 차례로 정복하고 영역을 확장하였다.
④ 일본의 가마쿠라 막부는 13세기 후반 몽골·고려 연합군의 두 차례에 걸친 침입을 물리쳤다.
⑤ 13세기에 대월의 쩐 왕조는 쩐흥다오의 활약 등으로 여러 차례 몽골의 침략을 물리쳤다.

07 칭기즈 칸의 활동 파악

문제 분석 자료에서 군사를 이끌고 호라즘 왕국을 정벌하러 가서 평정을 끝냈다는 점, 다루가치를 임명하고 감독하게 하였다는 점 등을 통해 밑줄 친 '군주'는 칭기즈 칸임을 알 수 있다.

정답 찾기 ⑤ 칭기즈 칸은 천호·백호제에 기반하여 군사력을 강화하고 대외 원정에 나섰다.

오답 피하기 ① 한을 세운 고조 유방이 항우와 벌인 전쟁에서 승리하여 중국을 재통일하였다.
② 후한 광무제는 왜의 노국왕에게 '한위노국왕'이라 새겨진 금인을 주었다.
③ 13세기 몽골 제국(원)의 쿠빌라이 칸은 몽골·고려 연합군을 조직하여 두 차례 일본 침공을 단행하였다.
④ 북위는 5세기에 5호 16국 시대의 분열을 수습하고 화북 지역을 지배하였다.

08 영락제 이해

문제 분석 자료에서 최초로 항해의 칙명을 내리신 지 10년도 안 되어 또다시 정화에게 4차 항해에 관한 칙명을 내려 선단을 이끌고 서쪽 바다의 낯선 나라들로 가서 조서를 낭독하고 재물을 하사하도록 시켰다는 점, 여러 나라들을 두루 다녔다는 점, 성스러운 교화가 이전 시대보다 훨씬 더 먼 이국들에까지 미쳤다는 점 등을 통해 (가) 인물은 명의 영락제임을 알 수 있다. 15세기 전반에 명의 영락제는 정화가 이끄는 대규모 함대를 여러 차례 동남아시아 등지로 파견하였다.

정답 찾기 ③ 명의 영락제는 자금성을 세우고 1421년에 난징에서 베이징으로 천도하였다.

오답 피하기 ① 일본 열도의 야마토 정권은 7세기 중엽 당의 율령 체제를 도입하여 중앙 집권 국가를 수립하려는 다이카 개신을 단행하였다.
② 야마타이국의 히미코는 위(魏)에 조공을 보냈고, 위는 히미코에게 친위왜왕의 칭호를 주었다.
④ 흉노는 최고 지배자인 선우 아래 좌현왕과 우현왕 등을 두어 나라를 다스렸다.
⑤ 5세기 후반 북위의 효문제는 남쪽의 제와 대립하면서 평성에서 뤄양으로 천도하였다. 그는 조정에서 선비어의 사용을 금지하고, 선비족의 성씨를 한족의 성씨로 바꾸도록 하는 등 한화 정책을 실시하였다.

수능 실전 문제

본문 39~43쪽

1 ③	**2** ②	**3** ④	**4** ③
5 ②	**6** ②	**7** ③	**8** ④
9 ④	**10** ②		

1 거란(요)의 이해

문제 분석 자료에서 북원추밀사가 북추밀원의 장관이라는 점, 초기에는 부족 사무를 맡았다가 점차 북면관제에서 최고 관청의 장관이 되었다는 점 등을 통해 (가) 국가는 거란(요)임을 알 수 있다. 거란(요)은 유목민과 농경민을 분리하여 통치하는 북면관제와 남면관제를 운영하였다.

정답 찾기 ③ 916년에 건국된 거란(요)은 발해를 공격하여 926년에 멸망시켰다.

오답 피하기 ① 한 무제는 기원전 108년에 고조선을 정복한 후 4군을 설치하였다.
② 화북 지방을 빼앗기고 창장강 이남의 강남 지방으로 내려온 한족은 강남 지방의 토착민과 협력하여 건강(난징)을 중심으로 동진을 세우고, 화북의 여러 정권과 대립하였다.
④ 일본은 당의 수도인 장안성을 참고하여 헤이조쿄를 건설하고 710년 천도하였다. 이때부터를 나라 시대(710~794)라고 부른다.
⑤ 전국 시대의 진(秦)은 상앙 등을 등용하여 법가 사상을 바탕으로 부국강병을 추진하였다.

2 5대 10국 시대 동아시아의 정세 파악

문제 분석 자료는 군주가 석경당을 황제로 삼았다는 점, 석경당은 후진의 황제 자리에 오른 후 연주, 운주 등 16주를 잘라서 주기로 약속하였다는 점, 이를 계기로 야율아보기가 세운 북방 민족의 국가가 만리장성 이남의 연운 16주를 차지하게 되었다는 점, 석경당이 제위에 오른 지 10년이 못 되어 사망하고 그의 조카 석중귀가 제위를 이어받았다는 점 등을 통해 10세기 전반의 상황임을 알 수 있다.

정답 찾기 ② 당이 멸망한 10세기 초부터 5대 10국 시대가 시작되어, 10세기 후반 송이 건국된 후 중국을 다시 통일하여 5대 10국 시대의 분열이 수습되었다. 5대 10국 시대의 혼란기에 건국된 거란(요)은 석경당이 후진을 건국할 때 원조한 대가로 10세기 전반에 연운 16주를 차지하였다.

오답 피하기 ① 일본은 630년부터 파견하였던 견당사를 헤이안 시대인 9세기 말에 중지하였다.
③ 4세기 초에 서진이 멸망한 후 한족의 일부가 창장강 이남 지역에서 동진을 세웠다.
④ 위만은 기원전 194년에 고조선의 준왕을 몰아내고 집권하였다.
⑤ 백제는 5~6세기에 남조와 조공 · 책봉 관계를 유지하였다.

3 서하의 이해

문제 분석 자료에서 왕릉이 웅장하면서도 독특한 건축 양식으로 유명하다는 점, 탕구트족이 세웠다는 점, 국호를 문헌 기록상 중국 최초의 왕조를 계승한 거대한 나라(대하)라는 뜻을 담아 정하였다는 점, 하지만 송은 자신들의 영토 서쪽에 있다는 뜻의 국호(서하)로 바꾸어 불렀다는 점, 송에 신하의 예를 취하는 대신에 송으로부터 은, 비단, 차를 제공받는 조건으로 송과 화의를 체결하였다는 점 등을 통해 밑줄 친 '이 나라'는 서하임을 알 수 있다.

정답 찾기 ④ 11세기 전반 건국된 서하는 13세기 전반에 칭기즈 칸 군대의 공격을 받아 결국 멸망하였다.

오답 피하기 ① 신라는 6세기에 가야를 병합하였다.
② 진시황제는 분서갱유를 단행하여 사상을 통일하려 하였다.
③ 당은 토번에 문성 공주를 화번공주로 보냈다.
⑤ 북위는 5세기에 5호 16국 시대의 분열을 수습하여 화북을 통일하였고, 남조의 송, 제 등과 대립하였다.

4 금의 이해

문제 분석 자료에서 적의 군대를 격파하였다는 점, 송의 사신이 국서를 가지고 왔는데 해 뜨는 동방의 땅에 성인이 탄생한 것을 축하하고 거란(요)을 멸한 후 거란(요)이 차지하고 있던 한(漢)의 땅(연운 16주 지역)을 송에 주기를 요청한다는 점 등을 통해 (가) 국가는 금임을 파악할 수 있다.

정답 찾기 ③ 금은 여진족 등을 맹안 · 모극제로, 한족 등을 주현제로 다스렸다.

오답 피하기 ① 고구려는 4세기 미천왕 때 한의 4군 중 하나인 낙랑군을 축출하였다.

② 중국의 남북조 시대는 수 문제에 의해 통일되었고, 일본의 남북조 시대는 무로마치 막부의 아시카가 요시미쓰에 의해 통일되었다.
④ 북위의 효문제는 5세기 말 평성에서 뤄양으로 천도하고 한화 정책을 실시하였다.
⑤ 백제 부흥군과 이를 원조하러 온 왜의 군대에 맞서 나당 연합군이 663년 백강 전투를 벌였는데, 나당 연합군이 승리하였다.

5 10세기 말~12세기 초 시기 사이의 상황 파악

문제 분석 (가)는 적장 소손녕을 만나고 돌아온 이듬해 서희가 군사를 거느리고 여진을 쫓아낸 후 장흥진 등에 성을 쌓았다는 점, 그 이듬해 다시 군사를 거느리고 안의진, 흥화진에 성을 쌓았다는 점, 또 이듬해에 선주, 맹주에 성을 쌓았다는 점을 통해 10세기 말 상황임을 알 수 있다. (나)는 바다를 건너온 사신으로부터 황제의 조서를 받았다는 점, 작년 황제께서 변경(카이펑)을 떠나 먼 곳으로 옮겨 가는 변란이 발생하였다는 점, 짐이 국가의 위업을 이어받아 천하의 안정을 도모하려 한다는 점, 적에게 보내는 편지를 휴대한 사신 일행을 바다 건너 개경에 보낸다는 점 등을 통해 (북)송이 멸망하고 남송이 건국된 다음 해인 12세기 초의 상황임을 알 수 있다.

정답 찾기 ② 아구다가 여진족을 통합하여 1115년에 금을 건국하였다. 송과 연합하여 거란(요)을 공격한 금이 12세기 초 거란(요)을 멸망시킨 후, 이어 송을 공격하여 수도였던 카이펑을 함락하고 화북 지방을 차지하였다. 이에 송의 황실과 귀족은 1127년 남송을 건국하고, 임안(항저우)을 수도로 삼았다.

오답 피하기 ① 왜의 노국왕이 1세기에 후한의 광무제로부터 한위노국왕이라 새겨진 금인을 받았다.
③ 당은 8세기 위구르에 함안 공주를 화번공주로 보냈다.
④ 다이센 고분은 대표적인 전방후원분으로 5세기경에 조성되었다. 당시 일본 열도에서는 야마토 정권의 지배자들이 거대한 전방후원분을 만들어 자신들의 권력을 과시하였다.
⑤ 몽골 제국은 13세기 후반 쿠빌라이 칸 때 수도를 카라코룸에서 대도로 옮기고, 국호를 원으로 바꾸었다.

6 남송의 대외 관계 이해

문제 분석 첫 번째 자료에서 조구가 임안(항저우)에서 맹세하는 문서를 보낸다는 점, 두 나라의 국경은 화이허강[淮水] 중류로써 경계를 삼는다는 점, 자손 대대로 신하의 절개를 지키겠으며 해마다 은과 비단을 공물로 바치겠다는 점, 두 번째 자료에서 너희는 창장강 이남에서 떠돌게 되었다는 점, 그대를 황제로 책봉하니 대대로 신하의 직책에 복종하며 짐의 명령을 공손히 따르도록 하라고 명령하는 점 등을 통해 (가) 국가는 남송임을 파악할 수 있다.

정답 찾기 ② 유목 민족이 세운 몽골 제국의 쿠빌라이 칸은 1279년 남송을 정복하여 중국 전역을 장악하였다.

오답 피하기 ① 야마타이국의 히미코는 3세기에 위로부터 친위왜왕의 칭호를 받았다.
③ 주는 견융의 침입을 받아 수도를 호경에서 낙읍(뤄양)으로 옮겼다.
④ 무로마치 막부의 아시카가 요시미쓰는 명에 사절을 보내 조공을 바치고 일본 국왕으로 책봉을 받았다. 이후 명과 무로마치 막부는 감합 무역을 전개하였다.
⑤ 오르도스는 몽골고원에서 중국의 화북 지역으로 통하는 교통의 요지로 중국과 유목민이 교섭 또는 공방을 벌인 핵심 지역이었다. 진(秦)은 흉노를 북방 초원 지대로 몰아내 오르도스 지방을 차지한 후 흉노의 침입에 대비하여 만리장성을 축조하였다.

7 가마쿠라 막부 시기 동아시아의 상황 이해

문제 분석 자료에서 무사 정권이 수립된 곳이라는 점, 도쿄에서 남쪽 방향으로 1시간 정도 열차를 타고 가면 도착할 수 있다는 점, 투구, 갑옷, 전투 그림 등이 유명하다는 점, 선종(禪宗) 양식의 건축, 중국의 칠기 등 다양한 중국 문화가 전래된 흔적이 남아 있다는 점, 미나모토노 요리토모가 막부를 수립하고 쇼군의 칭호를 받았다는 점 등을 통해 (가) 막부는 가마쿠라 막부임을 알 수 있다. 12세기 말 미나모토노 요리토모가 가마쿠라에 막부를 세우고 천황으로부터 쇼군(정이대장군)의 칭호를 받았다. 가마쿠라 막부는 14세기 전반에 붕괴하였다.

정답 찾기 ③ 몽골 · 고려 연합군은 13세기 후반 두 차례에 걸쳐 일본을 공격하였으나 태풍과 가마쿠라 막부의 저항 등으로 인해 실패하였다.

오답 피하기 ① 이성계는 혁명파 신진 사대부와 함께 1392년에 조선을 건국하였다.
② 일본에서 헤이안쿄는 8세기 후반에 건설되었고, 794년에 수도가 되었다.
④ 일본 열도에서는 3세기경에 30여 개의 소국이 야마타이국을 중심으로 연맹체를 형성하였다.
⑤ 신라는 6세기에 백제의 중개로 남조와 조공 · 책봉 관계를 맺었는데, 한강 유역을 장악한 후 남북조와 직접 교류하였다.

8 몽골 제국의 이해

문제 분석 자료에서 쩐흥다오가 3차례에 걸친 침략을 모두 막아 냈다는 점, 2차 침략 때 수도 탕롱이 함락되는 위기에 놓이자 「격장사」라는 글로 군대의 사기를 크게 진작시켜 전투에서 승리할 수 있었다는 점, 3차 침략 때는 바익당강에 말뚝을 박은 후 만조 때 적의 해군을 상류로 유인하고 조수 간만의 차이를 이용하여 대승을 거두었다는 점 등을 통해 (가) 국가는 몽골 제국임을 알 수 있다.

정답 찾기 ④ 몽골 제국은 지방에 행성을 설치하고 각지에 다루가치를 파견하였다.

오답 피하기 ① 흉노의 묵특 선우는 동호를 정복하고 월지를 중앙아시아 방면으로 몰아냈다.

② 조광윤이 세운 송은 5대 10국 시대의 혼란을 수습하여 10세기 후반에 중국을 다시 통일하였다.

③ 11세기 전반 탕구트족인 이원호가 건국한 서하는 수도 흥경을 중심으로 비단길을 통해 동서 무역을 전개하였다.

⑤ 12세기 초 고려의 윤관은 별무반을 이끌고 여진을 정벌하여 동북 지역에 9성을 쌓았다.

9 명의 이해

문제 분석 자료에서 군사가 대도로 들어가니 황제와 황후가 북방의 초원으로 달아났다는 점, 통교를 위해 그 나라가 수도로 삼고 있는 난징으로 사신을 파견하는 문제를 의논하도록 명령하였다는 점 등을 통해 (가) 국가는 명임을 알 수 있다. 자료는 1368년 중국의 상황을 보고받은 고려 공민왕이 관리들에게 내린 명령이다.

정답 찾기 ④ 홍건적 출신의 주원장은 1368년 명을 건국하고 난징을 수도로 삼았으며, 몽골 세력을 초원 지역으로 축출하였다.

오답 피하기 ① 고조선은 사회 질서 유지를 위해 8조의 법을 시행하였다.

② 한 무제는 흉노를 견제하기 위해 장건을 서역에 파견하였다.

③ 흉노는 최고 통치자인 선우 아래에 좌현왕과 우현왕을 두어 통치하였다.

⑤ 당은 신라와 연합하여 668년 고구려를 공격하여 멸망시켰다.

10 1394~1404년 시기 사이의 정세 파악

문제 분석 태조 이성계가 건국한 해(1392)에 승려를 막부에 보내 왜구를 금압해 달라고 요청했다는 점, 태조 3년에는 포로를 사절이 데려오기도 했다는 점, 이로부터 10년 후에는 감합 무역을 개시한 막부에서 일본 국왕의 사신 명의로 승려를 보내왔다는 점 등을 통해 밑줄 친 ㉠ 시기는 1394~1404년임을 알 수 있다.

정답 찾기 ② 일본의 무로마치 막부는 15세기 초 아시카가 요시미쓰가 명으로부터 일본 국왕으로 책봉을 받으면서 명과 국교를 수립하였고, 감합 무역을 개시하였다. 이를 계기로 무로마치 막부는 조선에 일본 국왕의 사신 명의로 국서를 보냈다.

오답 피하기 ① 위·촉·오의 삼국 시대를 통일한 진(晉)이 내분으로 급속히 쇠퇴하자 흉노, 갈, 선비, 저, 강 등이 4세기 초부터 화북 지방에 여러 나라를 세웠다. 이 시기를 5호 16국 시대라고 한다. 화북 지역을 빼앗긴 한족은 창장강 유역에서 동진을 세웠다.

③ 14세기 전반 아시카가 다카우지가 새로운 천황을 세우고 무로마치 막부를 수립하자 고다이고 천황이 요시노로 거처를 옮겨 자신의 정통성을 주장하면서부터 교토와 요시노에 각각 천황이 존재하는 남북조 시대가 시작되었다.

④ 한 고조는 기원전 200년 백등산 전투에서 흉노에 패배하였다.

⑤ 몽골 제국의 칭기즈 칸은 13세기 전반에 호라즘을 정벌하고 비단길을 장악하였다.

04 유학과 불교

닮은꼴 문제

본문 49~50쪽

1 율령의 동아시아 전파 이해

정답 ②

문제 분석 자료에서 국자감이 수도 장안에 설치되었다는 점, 신라가 이를 본받아 국학을 설치하였다는 점, 발해가 이를 본받아 주자감을 설치하였다는 점 등을 통해 (가) 국가는 당임을 알 수 있다.

정답 찾기 ② 당은 베트남 북부를 다스리기 위해 안남 도호부를 설치하였다.

오답 피하기 ① 골품제는 신라에서 운영한 신분제이다.
③ 발해의 3성 중 하나인 정당성은 그 아래 충부·인부·의부 등 유교식 명칭을 가진 6부를 두어 이를 총괄하였다.
④ 거란(요)은 유목민과 농경민을 분리하여 통치하는 북면관제와 남면관제를 운영하였다.
⑤ 일본은 행정을 총괄하는 태정관과 제사를 담당하는 신기관을 두었다.

2 주희의 이해

정답 ④

문제 분석 자료에서 정호와 정이의 사상을 계승하였다는 점, 『논어집주』, 『맹자집주』, 『대학장구』, 『중용장구』를 모아서 한 질로 만들어 판각하였다는 점, 이것이 『사서집주』인데, '사서'라는 명칭이 여기서 비롯되었다는 점, 『대학장구』는 사망 직전까지 교정을 볼 만큼 공을 들였다는 점 등을 통해 (가) 인물은 주희임을 알 수 있다.

정답 찾기 ④ 남송대의 학자인 주희는 성리학을 집대성하였고, 실천적인 수행을 통한 본성 회복을 위해 거경궁리와 격물치지를 수양 방법으로 제시하였다.

오답 피하기 ① 조선 중종 때 주세붕은 안향을 기리고 후학을 양성하기 위해 백운동 서원을 건립하였다.
② 후지와라 세이카는 임진왜란 때 일본에 포로로 잡혀 온 강항의 도움을 받아 『사서오경왜훈』을 저술하였다.
③ 명의 왕수인(왕양명)은 양명학을 집대성하였으며, 심즉리, 지행합일과 함께 마음의 본체인 양지(良知)를 지극히 다한다는 뜻의 치양지를 강조하였다.
⑤ 한 무제는 동중서의 건의를 받아들여 유교를 통치 이념으로 중시하였다.

수능 기본 문제

본문 51~52쪽

01 ②	02 ④	03 ②	04 ①
05 ②	06 ①	07 ②	08 ④

01 진(秦)의 특징 이해

문제 분석 자료에서 상앙과 이사에게 정치를 맡겨 형법이 가혹하고 조문이 엄격하여 백성들에게 해독을 끼쳤다는 점, 그래서 황제 칭호를 사용한 지 10여 년 만에 멸망했다는 점 등을 통해 (가) 국가는 진(秦)임을 알 수 있다.

정답 찾기 ② 진은 상앙, 이사 등의 법가 사상가를 등용하여 개혁을 꾀하였고, 이를 바탕으로 전국 시대를 통일하였다.

오답 피하기 ① 고조선은 사회 질서를 유지하기 위해 8조의 법을 제정하였다.
③ 주 왕조는 기원전 11세기경 상을 멸망시키고 호경을 수도로 삼았다.
④ 흉노는 최고 통치자인 선우 아래에 좌현왕과 우현왕을 두어 통치하였다.
⑤ 왕망은 (전)한을 무너뜨리고 신을 건국한 후 토지 국유화 등의 급진적인 개혁을 추진하였다.

02 한 무제의 이해

문제 분석 자료에서 태학을 일으키고, 공자의 학술에 들어 있지 않은 것은 모두 그 근원을 끊어야 치우치거나 옳지 않은 학설이 없어지며, 그런 후에야 통치 기강이 바로 설 수 있다고 동중서가 답하였다는 점, 동중서의 대답이 훌륭하다고 평가하였다는 점, 태학을 설립하였다는 점 등을 통해 (가) 황제는 한 무제임을 알 수 있다.

정답 찾기 ④ 한 무제는 남비엣을 정복하고 9군을 설치하였으며, 고조선을 정복하고 4군을 설치하였다.

오답 피하기 ① 일본은 701년 다이호 율령을 반포하여 체제를 정비하였다.
② 수 문제가 6세기 후반에 최초로 과거제를 시행하였다.
③ 당 태종은 토번의 공격을 받자 7세기 전반 화친을 위해 문성공주를 토번에 시집보냈다. 이처럼 수, 당 등 중원 왕조는 평화 유지를 위해 인접 국가에 황실의 여인을 시집보냈는데, 이를 화번공주라 한다.
⑤ 한 고조는 기원전 200년 백등산 전투에서 흉노에 패배하자 매년 많은 물자를 보내는 조건으로 화친을 맺었다.

03 일본의 통치 제도 이해

문제 분석 탄정대가 매달 세 차례 모든 관사를 순찰해서 옳지 않고 맞지 않은 것은 살펴서 바로잡으라는 점, 영을 위반하거나 직무를 게을리하는 경우가 있으면 그 내용을 기록하여 식부성으로 이송하라는 점 등을 통해 자료의 율령이 일본에서 반포된 것임을 알 수 있다.

정답 찾기 ② 일본은 행정을 담당하는 태정관을 두는 등 2관 8성의 중앙 관제를 운영하였다.

오답 피하기 ① 남추밀원은 거란(요)이 운영하였던 남면관제의 주요 기구이다.
③ 발해는 중앙 교육 기관으로 주자감을 설립하였다.
④ 몽골 제국은 지방에 행성을 설치하고 각지에 다루가치를 파견하였다.
⑤ 신라는 국학의 학생을 대상으로 독서삼품과를 실시하여 관리 선발에 참고하였다.

04 동아시아 불교의 특징 이해

문제 분석 자료에서 불교 건축물로 사찰에서 산신을 봉안했음을 보여 준다는 점, 도다이사의 하치만 신상으로 일본 신토의 신인 하치만이 불교의 보살로 표현되었다는 점을 통해 불교가 동아시아에 전파되면서 토착화하였음을 알 수 있다.

정답 찾기 ① 기원전 6세기경 인도에서 성립된 불교는 동아시아로 전파되어 토착화되는 과정에서 국가 불교로서의 성격을 지니게 되었고, 전통 사상이나 토착 신앙과 결합하기도 하였다.

오답 피하기 ② 직관적인 깨달음을 강조하는 선종은 한반도에서는 신라 말 호족의 지원을 바탕으로 유행하였고, 일본에서는 가마쿠라 막부 시기 무사 사회에서 유행하였다.
③ 주는 정치사상으로 덕치와 천명사상을 강조하였다.
④ 중생의 구제보다 개인의 해탈을 중시한 것은 상좌부 불교의 특징에 해당한다.
⑤ 『주자가례』는 주희가 지은 것을 참고하여 제자들이 다시 저술하였다고 전해지는 책이다. 사대부 집안의 예법과 의례를 정리하여 관례, 혼례, 상례, 제례로 구성된 『주자가례』가 동아시아에 보급됨에 따라 성리학적 가치관도 함께 확산되었다.

05 현장의 활동 이해

문제 분석 자료에서 『대당서역기』는 수도 장안을 출발하여 다수의 불경과 불상을 가지고 다시 장안으로 돌아오기까지 법사가 체험하고 견문한 인도 등 서역의 기후, 풍토, 물산 등에 대하여 구술한 것을 적은 기록이라는 점, 당시 변방에는 강력한 돌궐족이 위협을 가하고 있었다는 점, 당시 황제는 수가 답습한 부병제를 활용하여 중국 본토를 넘어 지배력을 확장시키고자 하였다는 점 등을 통해 밑줄 친 '이 승려'는 당의 현장임을 알 수 있다.

정답 찾기 ② 현장이 인도에서 가져온 불경과 불상 등을 보관하기 위해 당대에 대안탑이 축조되었다.

오답 피하기 ① 고구려의 승려 혜자 등이 일본에서 쇼토쿠 태자의 스승으로 활동하였다.
③ 고구려는 4세기 소수림왕 때 전진에서 불교를 수용하였다.
④ 8세기 중엽 감진은 일본에 건너가 수계하는 방식 등의 계율을 전하였다.
⑤ 의상은 당에 유학한 후 신라로 돌아와 신라 화엄종을 개창하는 등 불교 발전에 기여하였다.

06 주희의 활동 이해

문제 분석 자료에서 8세부터 시작하는 소학 교육과 15세부터 시작하는 대학 교육의 교학 체계를 생각하였다는 점, 소학–대학이라는 교육 체계를 바탕으로 사서에 주석을 다는 노력 과정에서 『대학』, 『논어』, 『맹자』, 『중용』의 순으로 이루어지는 학습 체계를 완성하였다는 점 등을 통해 (가) 인물은 주희임을 알 수 있다.

정답 찾기 ① 남송대 주희는 사서인 『대학』, 『논어』, 『맹자』, 『중용』에 주석을 단 『사서집주』를 편찬하여 성리학을 집대성하였다.

오답 피하기 ② 『오경정의』는 당대에 공영달 등이 편찬한 오경에 대한 주석서이다.
③ 한반도에서 많은 승려와 기술자 등이 일본으로 건너가 아스카 문화 발전에 기여하였다.
④ 만권당은 고려의 충선왕이 원의 수도인 대도(베이징)에 세운 독서당이다. 만권당에서 고려의 이제현 등이 원의 조맹부 등의 유학자와 교류하였다. 주희(1130~1200)는 몽골 제국이 성립하기 전에 활동하였다.
⑤ 일본의 승려 엔닌이 대표적이다. 9세기에 견당사의 일원으로 당에서 유학한 엔닌은 장보고가 설립한 적산 법화원에 머물며 장보고 세력의 도움을 받았다.

07 양명학의 이해

문제 분석 명에서 제자인 서애의 질문에 답한다는 점, 앎과 행위를 분리시킬 수 없다는 내용을 통해 자료의 밑줄 친 '선생'이 집대성한 유학 사상은 양명학임을 알 수 있다. 밑줄 친 '선생'은 왕수인(왕양명)이다.

정답 찾기 ② 양명학을 집대성한 왕수인은 심즉리와 치양지를 강조하였다.

오답 피하기 ① 일본 열도에서는 645년 소가씨를 제거한 후 당의 율령 체제를 도입하여 중앙 집권 국가를 수립하려는 다이카 개신이 단행되었다.
③ 일본의 경우 직관적 깨달음과 참선을 중시하는 선종은 가마쿠라 막부 시대 무사 사회에서 유행하였다.
④ 불교 등은 윤회 사상을 내세우고 자비를 강조하였다.
⑤ 고려 말 신진 사대부의 사상적 기반이 된 유학 사상은 성리학이다.

08 후지와라 세이카의 활동 이해

문제 분석 자료에서 통신사 일행을 만나 신유학에 대한 마음의 눈을 뜨게 되었다는 점, 학문적 발전에 결정적 계기가 된 것은 포로로 일본에 끌려온 강항과의 만남이었다는 점, 강항과 교유한 후 『사서오경왜훈』을 저술하였다는 점을 통해 (가) 인물은 후지와라 세이카임을 알 수 있다.

정답 찾기 ④ 후지와라 세이카는 하야시 라잔 등의 제자를 양성하였다. 특히 하야시 라잔은 성리학을 바탕으로 에도 막부의 각종 제도와 의례를 정비하는 데 이바지하였다.

오답 피하기 ① 쇼토쿠 태자는 바다를 건너온 고구려의 승려인 혜자를 스승으로 삼았다.
② 조선 중종 때 주세붕은 안향을 기리고 후학을 양성하기 위해 백운동 서원을 건립하였다.
③ 신라의 승려인 혜초는 인도 등지를 순례한 후 『왕오천축국전』을 저술하였다.
⑤ 명대에 성리학이 과거 합격에 치중하고 사회 모순에 적절히 대응하지 못한 상태에서 왕수인이 양명학을 집대성하였다.

수능 실전 문제

본문 53~55쪽

1 ①	2 ①	3 ③	4 ①
5 ⑤	6 ④		

1 한 무제의 활동 이해

문제 분석 자료에서 동중서의 건의를 받아들여 태학을 세우고 오경박사를 둔 뜻은 장차 그것을 통해 대업을 전해 교화가 천하에 퍼지게 하려는 데 있었다는 점을 통해 (가) 인물은 한 무제임을 알 수 있다.

정답 찾기 ① 한 무제는 기원전 2세기 후반에 대월지와 동맹을 체결하기 위해 장건을 서역에 파견하였다.

오답 피하기 ② 위만은 기원전 2세기 초에 준왕을 몰아내고 왕위에 올랐다.
③ 거란(요)은 10세기 전반에 발해를 공격하여 멸망시켰다.
④ 3세기에 일본 열도의 야마타이국으로부터 조공을 받은 위(魏)는 야마타이국의 히미코 여왕을 친위왜왕으로 책봉하였다.
⑤ 일본의 나카노오에 등은 소가씨를 제거하고 당의 율령 체제를 모방한 다이카 개신을 추진하였다.

2 일본의 제도 이해

문제 분석 관호와 노비는 매년 정월에 본사가 신분별로 각각 적 2통을 만들어 1통은 태정관에 보낸다는 점, 노비를 풀어 주어 양인으로 삼았을 경우에는 본적지를 거쳐 중무성에 문서로 통고한다는 점 등을 통해 자료의 제도가 일본에서 실시된 것임을 알 수 있다.

정답 찾기 ① 일본은 630년부터 파견하였던 견당사를 헤이안 시대인 9세기 말에 중지하였다.

오답 피하기 ② 돌궐은 한때 수·당과 겨룰 만큼 강성하였지만, 내분 등으로 쇠퇴하자 당이 돌궐을 공격하여 복속시켰다.
③ 몽골 제국의 쿠빌라이 칸은 수도를 카라코룸에서 대도로 옮기고, 국호를 원으로 바꾸었다.
④ 발해는 중앙 교육 기관으로 주자감을 설립하였다.
⑤ 한 고조의 군대는 기원전 200년 평성 백등산 전투에서 흉노의 묵특 선우에게 포위된 후 매년 많은 물자를 보내는 조건으로 화친을 맺었다.

3 북위의 불교 진흥책 파악

문제 분석 자료에서 태종이 수도인 평성과 각 지방에 불상을 세우게 하였다는 점, 5호 16국 시대의 혼란을 수습하고 화북을 통일한 세조가 항상 덕이 높은 승려를 불러 함께 담론하였다는 점 등을 통해 (가) 국가는 북위임을 알 수 있다.

정답 찾기 ③ 윈강 석굴 사원은 북위 때인 5세기 후반부터 축조되기 시작하였다. 특히 가장 큰 불상은 북위 황제가 자신의 모습을 본떠 만들게 했다고 전해진다.

오답 피하기 ① 도다이사 대불은 일본에서 나라 시대에 제작되었다.
② 고려는 13세기 몽골의 침입에 맞선 항쟁 과정에서 팔만대장경판을 제작하였다.
④ 현장이 인도에서 가져온 불경과 불상 등을 보관하기 위해 당대에 대안탑이 축조되었다.
⑤ 신라는 이차돈의 순교를 계기로 불교를 공인하였다.

4 당의 통치 제도 이해

문제 분석 원효와 더불어 들어가려다 뜻을 이루지 못하였다는 점, 약 10년 뒤 귀국하는 사신을 따라 들어갔다는 점, 화엄학을 공부하였다는 점, 수도 장안에 위치한 청선사에서 불교의 교의를 전수받았다는 점, 모국이 침공당하려 한다는 사실을 알리기 위해 서둘러 귀국하였다는 점 등을 통해 자료의 이 승려는 신라의 의상이고, (가) 국가는 당임을 알 수 있다.

정답 찾기 ① 당은 중앙 정치 기구로 정책을 심의하는 문하성을 두었다.

오답 피하기 ② 일본은 행정을 담당하는 태정관을 두는 등 2관 8성제를 운영하였다.
③ 거란(요)은 유목민과 농경민을 분리하여 통치하는 북면관제와 남면관제를 운영하였다.

④ 몽골 제국은 군사 행정 단위로 천호·백호를 편성하였다.
⑤ 송대 이후 황제가 과거의 최종 시험을 직접 주관하는 전시 제도가 정례화되었다.

5 주희의 이해

문제 분석 자료에서 『대학』, 『중용』, 『논어』, 『맹자』와 같은 사서(四書)에는 도리가 뚜렷하고 아주 분명하게 드러나 있다고 주장한 점, 사서(四書)에 주석을 달아 『사서집주』를 편찬하였다는 점, 특히 『대학』에 주석을 달아 편찬한 『대학장구』에 관하여 '평생 정력을 이 책에 모두 쏟아 부었다.'라고 언급하였다는 점을 통해 밑줄 친 '이 인물'은 주희임을 알 수 있다.

정답 찾기 ⑤ 남송대의 학자인 주희는 성리학을 집대성하였고, 실천적인 수행을 통한 본성 회복을 위해 거경궁리와 격물치지를 수양 방법으로 중시하였다.

오답 피하기 ① 후지와라 세이카는 임진왜란(1592~1598) 때 일본에 포로로 잡혀 온 강항의 도움을 받아 『사서오경왜훈』을 집필하였다.
② 당의 승려인 현장은 인도를 순례하고 돌아온 뒤 『대당서역기』를 남겼다.
③ 조선 중종 때 주세붕은 안향을 기리고 후학을 양성하기 위해 백운동 서원을 건립하였다.
④ 삼국 시대에 한반도에서 많은 승려와 기술자 등이 일본으로 건너가 아스카 문화 발전에 기여하였다.

6 하야시 라잔의 이해

문제 분석 자료에서 후지와라 세이카의 제자로 도쿠가와 이에야스 이래 쇼군 4명을 연달아 모셨다는 점, 퇴계 이황의 학설을 존중하였다는 점, 『삼덕초』를 저술하여 모든 일에는 상하 전후의 순서가 있음을 강조하여 신분 사회의 틀을 강화하는 데 이바지하였다는 점 등을 통해 밑줄 친 '이 사람'은 하야시 라잔임을 알 수 있다.

정답 찾기 ④ 후지와라 세이카의 제자로 조선의 성리학을 접한 하야시 라잔은 에도 막부의 제도와 의례 정비에 기여하였다.

오답 피하기 ① 『사서오경왜훈』을 집필한 인물은 후지와라 세이카이다.
② 고구려의 승려인 혜자는 쇼토쿠 태자의 스승이 되었다.
③ 일본의 다이호 율령은 701년에 반포되었다. 하야시 라잔은 16세기 말부터 17세기 중엽까지 활동하였다.
⑤ 신라의 승려인 혜초는 인도 등을 순례한 후 『왕오천축국전』을 저술하였다.

Ⅱ 단원 실력 플러스

본문 56~59쪽

01 ⑤	02 ②	03 ④	04 ③
05 ②	06 ②	07 ②	08 ⑤

01 북위의 이해

문제 분석 북쪽 사람들이 어떻게 글을 알겠냐고 말하는 것을 듣고 깊이 낙담하였다는 점, 짐이 백관을 정비하고 예악을 일으키려 한다는 점, 진실로 풍속을 바꾸고 싶다는 점, 수도인 이곳 뤄양에서 경들의 자손들이 아름다운 풍속을 익히고 견문을 넓히게 하려는 것이 목적이라는 점, 남쪽에서 제(齊)의 황태후가 명령을 내렸다는 점 등을 통해 (가) 국가는 북위임을 알 수 있다. 자료의 짐은 북위 효문제이다.

정답 찾기 ⑤ 북위는 5호 16국 시대의 분열을 수습하고 화북 지역을 지배하였다.

오답 피하기 ① 고구려는 4세기에 낙랑군을 축출하며 성장하였다.
② 고조선은 사회 질서 유지를 위해 8조의 법을 시행하였다.
③ 중국의 남북조 시대는 수 문제에 의해 통일되었고, 일본의 남북조 시대는 무로마치 막부의 아시카가 요시미쓰에 의해 통일되었다.
④ 발해는 초기에 당과 적대 관계였으나, 당과 조공·책봉 관계를 맺고 당의 문화를 수용하였다.

02 고려와 거란(요)의 관계 이해

문제 분석 자료에서 10여 년 전 서희 등이 했던 약속과는 달리 두 마음이 있다고 의심하여 압록강 너머 사신을 보내 6성을 달라고 요구하였다는 점, 두 번째로 침략하여 궁실을 파괴하였다는 점, 결국은 두 나라가 화친하였다는 점 등을 통해 (가) 국가는 거란(요)임을 알 수 있다. 또한 6성을 차지하고 있다는 점, 압록강을 사이에 두고 거란(요)과 대치하였다는 점, 거란(요)의 두 번째 침략으로 궁실이 파괴되었다는 점, 송에 거란(요)과 화친하였다고 말하고 지리서 등을 구하였다는 점 등을 통해 (나) 국가는 고려임을 알 수 있다. 거란(요)은 송을 공략하기에 앞서 993년 고려를 침공하였다. 고려의 서희는 소손녕과 외교 담판을 벌여 송과 관계를 끊겠다고 약속하였고, 이후 청천강에서 압록강에 이르는 강동 6주 지역을 확보하였다. 고려는 이후에도 계속된 거란의 침공을 막아 냈으나, 결국 11세기 전반에 거란(요)과 친선 관계를 맺고 그 사실을 송에 알렸다.

정답 찾기 ② 거란(요)은 석경당이 후진을 건국할 때 원조한 대가로 연운 16주를 할양받았다.

오답 피하기 ① 한 고조는 봉건제와 군현제를 절충한 군국제를 시행하였다.
③ 일본 열도의 야마토 정권은 7세기 중엽 당의 율령 체제를 도입하여 중앙 집권 국가를 수립하려는 다이카 개신을 단행하였다.

④ 왕망은 (전)한을 무너뜨리고 신을 건국한 후 토지 국유화 등의 개혁을 추진하였다.
⑤ 고려는 몽골 제국이 침략해 오자 강화도로 천도하여 장기 항전하였으나, 이후 몽골 제국에 복속하였다. 거란(요)은 금에 의해 1125년 멸망하였다.

03 11세기 중엽 동아시아의 정세 파악

문제 분석 부필이 두 왕조[송과 거란(요)]의 군주가 우호 관계를 계속 유지한 것이 거의 40년인데 하루아침에 갑자기 땅을 떼어 주기를 요구하는 것은 무엇 때문이냐고 물은 점, 북쪽 왕조[거란(요)]의 군주가 송이 맹약을 어기면서 안문을 막고 제방의 물을 늘리고 성과 해자를 수리하고 민병을 징집하는 것은 무슨 뜻이냐고 물은 점, 부필이 답하기를, 안문을 막은 것은 우리 왕조(송)의 서북방에서 수년 전에 흥경을 수도로 삼아 건국된 나라를 방비하기 위함이라는 점 등을 통해 (가) 국가는 서하임을 알 수 있다. 자료는 1004년 송과 거란(요)이 전연의 맹약을 맺은 후 약 40년이 지난 11세기 중엽의 상황이다. 자료를 통해 서하의 침략을 받은 송이 군사력을 강화하면서 서하와의 전투에 국력을 쏟고 있는 것을 틈타, 거란(요)이 겉으로는 송에 땅을 요구하면서 송으로부터 전연의 맹약보다 더 많은 것을 얻어 내려는 의도를 파악할 수 있다.
정답 찾기 ④ 11세기 전반에 건국되어 비단길의 요지를 장악한 서하는 동서 무역을 전개하였다.
오답 피하기 ① 아구다는 12세기 초 금을 건국하였다.
② 쿠빌라이는 1260년 쿠릴타이를 통해 칸의 자리에 올랐다. 이후 쿠빌라이는 수도를 카라코룸에서 대도(베이징)로 옮기고, 1271년에는 국호를 원으로 바꾸었다.
③ 거란(요)은 유목민을 북면관제로, 농경민을 남면관제로 다스리는 이원적 통치 정책을 실시하였다.
⑤ 12세기 초 고려의 윤관은 별무반을 이끌고 여진을 정벌하여 동북 지역에 9성을 쌓았다.

04 금의 이해

문제 분석 자료에서 붙잡았던 황제를 강등하여 해빈왕으로 봉한다는 조서를 내린 점, 이로써 황성(皇姓)이 야율씨(氏)인 나라[거란(요)]가 200여 년 만에 망하였다는 점, 이듬해 군대가 황허강을 건넜다는 점, 활주를 점령하고 오효민 등을 변경(카이펑)으로 들여보내 평산에 대한 공격을 맨 먼저 주창하였던 송의 동관 등을 잡아들이도록 요구한 점, 송이 사죄하자 다시 우호 관계를 맺는 것을 허락하였다는 점, 송에서 맹약의 국서를 보냈다는 점 등을 통해 (가) 국가는 금임을 알 수 있다. 송은 거란(요)을 공격하기 위해 금과 연합하였고, 금이 거란(요)을 공격하여 멸망시켰다(1125). 이후 금은 송을 공격하여 변경(카이펑)을 함락하고 황제를 포로로 잡아갔다. 이후 송의 황족은 남송을 세우고 임안(항저우)에 도읍하였다. 자료는 1125년과 1126년의 사실이다.
정답 찾기 ③ 금은 여진족 등을 맹안·모극제로, 한족 등을 주현제로 다스리는 이원적 통치 정책을 실시하였다.
오답 피하기 ① 신라는 국학의 학생을 대상으로 독서삼품과를 실시하여 관리 선발에 참고하였다.
② 일본은 2관 8성의 중앙 관제를 운영하면서, 태정관 아래 8성을 두었는데, 중무성에서는 조서 작성을, 식부성에서는 인사와 교육을 담당하였다.
④ 당은 토번의 공격을 받자 7세기 전반 화친을 위해 토번에 화번공주로 문성 공주를 시집보냈다. 당의 문성 공주 일행은 방직 기술, 불상 등을 전해 주어 토번의 문화 발전에 기여하였다.
⑤ 북위의 효문제는 조정에서 선비어 사용을 금지하는 등 적극적인 한화 정책을 시행하였다.

05 남송의 이해

문제 분석 자료에서 주희가 황제에게 직언한다는 점, 중원을 차지하고 있는 북쪽 오랑캐는 종묘를 능멸한 원수라는 점, 지금 이곳 임안(항저우)을 중심으로 우리가 마땅히 해야 할 일은 전쟁이 아니면 원수를 갚을 수 없고 수비를 하지 않으면 이길 수 없다는 사실을 분명히 하는 것이라는 점 등을 통해 중원을 차지한 북쪽 오랑캐는 금이고, 밑줄 친 '우리 나라'는 남송임을 알 수 있다.
정답 찾기 ② 몽골 제국은 쿠빌라이 칸 재위 때 남송을 멸망시켜 중국 전역을 장악하였다.
오답 피하기 ① 한 무제는 기원전 111년 남비엣(남월)을 멸망시켰다.
③ 서하는 11세기 전반 탕구트족인 이원호가 건국하였다.
④ 몽골 제국은 군사 행정 단위로 천호·백호를 편성하였다.
⑤ 남북조 시대의 남조인 송, 제 등에 해당한다. 남북조 시대 백제는 주로 남조와 지속적으로 조공·책봉 관계를 유지하였다.

06 일본의 통치 제도 이해

문제 분석 자료에서 의관이 법도에 어긋난 무리가 점점 많아지고 있는데, 탄정대와 식부성은 이와 같은 잘못을 분명히 고하여 모두에게 알리라는 점을 통해 밑줄 친 '우리 나라'는 일본임을 알 수 있다. 일본에서 탄정대는 관리 감찰, 식부성은 인사와 교육을 담당하였다.
정답 찾기 ② 일본은 중앙 관제로 행정을 담당하는 태정관과 제사를 담당하는 신기관 등을 두는 2관 8성제를 운영하였다.
오답 피하기 ① 남추밀원은 거란(요)이 운영하였던 남면관제의 주요 기구이다.
③ 당 등에 해당한다. 당은 3성 6부제를 시행하면서 중서성은 정책 입안을, 문하성은 정책 심의를, 상서성은 행정 집행을 각각 담당하였다.
④ 발해에 해당한다. 발해는 당의 3성 6부제를 기반으로 관제를 편성하였으나, 정당성 아래 좌사정과 우사정을 두어 각각 3부씩

나누어 맡게 하면서 유교에 기반하여 6부의 명칭을 정하는 등 나름의 독자성을 띠었다.
⑤ 과거에 전시 제도를 정례화한 것은 송대 이후의 사실이다. 일본에서 전시 제도는 시행되지 않았다.

07 장보고 활동 시기 동아시아의 상황 파악

문제 분석 청해진의 설치를 건의한 점, 청해진을 근거지로 하여 반란을 일으켰다는 점 등을 통해 (가) 인물은 당을 거쳐 9세기 전반 신라에서 활동한 장보고임을 알 수 있다.

정답 찾기 ② 당대에는 다양한 문화가 전파되고 상호 교류가 확대되면서 출신 지역을 떠나 활동하는 인물이 많았다. 엔닌은 9세기 전반 구법을 위해 당에 도착한 후 장보고가 세운 적산 법화원에 머무는 등 장보고 세력의 많은 도움을 받았고, 이에 대한 감사한 마음을 담아 장보고에게 편지를 쓰기도 하였다.

오답 피하기 ① 팔만대장경판은 13세기 몽골 제국이 고려를 침입하였을 때 부처의 힘으로 이를 극복하기 위해 제작되었다.
③ 북위(386~534)는 동진에 이어 등장한 남조의 송, 제, 양과 대립하였다. 특히 북위 효문제는 5세기 말에 남쪽의 제를 정벌하기 위해 군사를 일으킨 후, 이를 중단한다는 구실로 평성에서 뤄양으로 천도하였다.
④ 일본에서는 1336년부터 1392년까지 교토의 천황과 요시노의 천황이 대립하는 남북조 시대가 전개되었다.
⑤ 12세기 말 미나모토노 요리토모가 가마쿠라에 막부를 세우고 천황으로부터 쇼군(정이대장군)의 칭호를 받았다.

08 양명학의 이해

문제 분석 마음의 본체는 본성이며, 본성은 곧 이(理)라는 점(심즉리), 내 마음에서 이치를 구하는 것이 지행합일(知行合一)의 가르침이라는 점 등을 통해 자료의 유학 사상은 명대 왕수인에 의해 집대성된 양명학임을 알 수 있다.

정답 찾기 ⑤ 명대 성리학이 과거 합격을 위한 학문으로 여겨지는 경향이 강해지자, 이에 반발하여 왕수인이 양명학을 집대성하였다.

오답 피하기 ① 나라 시대는 일본이 710년 헤이조쿄로 천도한 이후 약 80여 년간을 말한다. 나라 시대에 일본은 율령을 중심으로 중앙 집권 체제를 확립하였다.
② 일본 열도의 야마토 정권의 지배자들은 다이센 고분 등 전방후원분을 축조하여 권력을 과시하였다.
③ 남송대 주희는 『사서집주』를 편찬하여 성리학을 집대성하였다.
④ 고려 말 신진 사대부는 성리학을 개혁의 사상적 기반으로 삼아 불교와 권문세족을 비판하였다.

05 17세기 전후의 동아시아 전쟁

닮은꼴 문제 본문 65쪽

1 임진왜란 기간 중에 있었던 사실 이해 정답 ⑤

문제 분석 자료에서 명군이 벽제관에서 패하였다는 점, 가토 기요마사가 한성에 와서 적의 군세가 더욱 성해져 이여송 제독이 군사를 일으킬 계획을 세우지 못하였다는 점 등을 통해 자료에 나타난 전쟁이 임진왜란(1592~1598)임을 알 수 있다.

정답 찾기 ⑤ 임진왜란 중 일본은 명과 강화 협상을 하면서 일본과 명의 무역 재개, 조선 남부 4도의 할양 등을 강화 조건으로 요구하였다.

오답 피하기 ① 조선은 15세기 전반에 왜구의 근거지로 지목된 쓰시마를 정벌하였다.
② 1449년 명의 정통제가 토목보에서 몽골 오이라트부의 공격을 받아 포로로 잡힌 토목보의 변이 발생하였다.
③ 거란(요)은 석경당이 후진을 건국할 때 원조한 대가로 936년에 연운 16주를 차지하였다.
④ 12세기 초 고려의 윤관은 별무반을 이끌고 여진을 정벌한 후 동북 지역에 9성을 축조하였다.

수능 기본 문제 본문 66~67쪽

01 ②	02 ④	03 ③	04 ③
05 ③	06 ①	07 ②	08 ⑤

01 명의 특징 이해

문제 분석 자료에서 몽골의 오이라트가 공격하였다는 점, 토목보에서 군대가 크게 궤멸하고 황제가 적에게 포로로 잡혀갔다는 점 등을 통해 (가) 왕조는 명임을 알 수 있다.

정답 찾기 ② 명은 임진왜란 당시 조선에 지원군을 파병하였고, 수세에 몰렸던 조선이 전세를 역전하는 데 도움을 주었다.

오답 피하기 ① 금은 여진족, 거란족 등을 맹안·모극제로, 한족 등을 주현제로 다스리는 이원적 통치 체제를 운영하였다.
③ 조광윤이 건국한 송은 10세기 후반 중국을 통일하여 5대 10국 시대의 혼란을 수습하였다.
④ 후금과 청은 군사 행정 조직으로 팔기제를 운영하였다.
⑤ 왜의 노국왕은 후한의 광무제에게 조공을 바치고 한위노국왕이라 새겨진 금 도장을 받았다.

02 16세기 중엽 동아시아 각국의 상황 이해

문제 분석 자료에서 포르투갈 상인에게 일본 다네가시마의 다이묘가 불을 뿜는 신기한 막대기(조총)를 구입하였다는 내용을 통해 자료에 나타난 시기는 포르투갈 상인으로부터 조총이 일본에 처음 전래된 16세기 중엽임을 알 수 있다.

정답 찾기 ④ 15세기 후반 오닌의 난 발생 이후 무로마치 막부의 권위가 하락하면서 각 지역의 다이묘들이 패권을 놓고 다투는 센고쿠 시대가 전개되었고, 1590년 도요토미 히데요시가 센고쿠 시대를 통일하였다.

오답 피하기 ① 임진왜란이 끝난 이후 에도 막부의 요청으로 조선은 일본과 국교를 재개하였고, 이후 1609년 기유약조를 체결하였다.
② 누르하치는 임진왜란으로 조선과 명의 국력이 약화된 틈을 타 여진의 여러 부족을 통합하여 1616년 후금을 건국하였다.
③ 송은 거란(요)과 여러 차례 전쟁을 벌이다가 거란(요)에 매년 막대한 양의 세폐를 주는 조건으로 1004년 전연의 맹약을 체결하였다.
⑤ 다이호 율령은 701년에 반포되었다.

03 도요토미 히데요시의 정책 파악

문제 분석 자료에서 중국이 조공을 허락하지 않은 것에 앙심을 품고 랴오둥을 침범하기 위해 우리나라(조선)에 길을 빌려 달라고 요구하고, 고니시 유키나가와 가토 기요마사 등의 장수를 보내 침입해 왔다는 내용을 통해 (가) 인물은 도요토미 히데요시임을 알 수 있다.

정답 찾기 ③ 도요토미 히데요시는 농민들의 무기를 몰수하고 무사로의 신분 이동을 금지하여 병농 분리를 확립하였다.

오답 피하기 ① 한 무제는 고조선을 공격하여 기원전 108년 정복하였다.
② 중국에서는 수 문제가 남북조 시대를 통일하였고, 일본에서는 무로마치 막부의 아시카가 요시미쓰가 남북조 시대를 통일하였다.
④ 12세기 말 미나모토노 요리토모는 가마쿠라에 막부를 수립하였다.
⑤ 12세기 초 고려의 윤관은 별무반을 이끌고 여진을 정벌한 후 동북 지역에 9성을 축조하였다.

04 임진왜란의 전개 과정 이해

문제 분석 자료에서 명의 군사가 칠성문을 깨뜨리고 들어가 적을 죽이고 있으니 평양성을 수복한 듯하다는 내용을 통해 임진왜란(1592~1598) 중 조·명 연합군의 평양성 탈환과 관련된 자료임을 알 수 있다.

정답 찾기 ③ 임진왜란 당시 벽제관 전투에서 패배한 명은 일본에 강화 협상을 제안하였고, 일본이 이를 받아들여 강화 협상이 본격화되었다.

오답 피하기 ① 조선에서는 병자호란(1636~1637) 이후 명과의 의리를 지키고 청에 당한 치욕을 씻자는 인식하에 북벌론이 대두되었다.
② 명대 정화의 항해는 1405년부터 1433년까지 7차례에 걸쳐 추진되었다.
④ 아시카가 다카우지는 1336년 무로마치 막부를 수립하였다.
⑤ 1575년에 벌어진 나가시노 전투에서 오다 노부나가는 조총 부대를 활용하여 다케다 가쓰요리의 기마 군단을 물리치고 승리를 거두었다.

05 정묘호란의 배경 파악

문제 분석 자료에서 조선이 후금의 공격을 받았다는 점, 조선 국왕이 섬(강화도)으로 피했다는 점, 모문룡의 군대도 다른 섬(가도) 안에 주둔하여 구원할 수 없는 형세였다는 점 등을 통해 자료에 나타난 전쟁이 정묘호란임을 알 수 있다.

정답 찾기 ③ 중립 외교 정책 등을 구실로 1623년 인조반정을 일으켜 광해군을 폐위시키고 인조를 옹립한 서인 세력은 정권의 정통성을 인정받기 위해 가도에 주둔 중인 모문룡에 대한 지원을 강화하는 등 친명배금의 외교 노선을 내세웠다. 그러자 후금의 홍타이지는 이에 반발하여 1627년 정묘호란을 일으켰다.

오답 피하기 ① 쿠빌라이 칸은 13세기 후반 카라코룸에서 대도로 천도하고, 국호를 원으로 변경하였다.
② 한 무제는 기원전 2세기에 흉노에 대항하기 위해 대월지에 장건을 파견하여 동맹을 맺고자 하였다.
④ 17세기 후반 청의 강희제는 반청 세력인 타이완의 정씨 세력을 진압하였다.
⑤ 홍타이지가 황제를 칭하고 국호를 청으로 바꾸면서 조선에 군신 관계를 요구하였다. 조선이 이를 거부하자 청이 1636년 병자호란을 일으켰다.

06 병자호란 시기에 있었던 사실 파악

문제 분석 자료에서 전쟁이 끝난 후 도르곤이 청군을 거두어 돌아가면서 세자(소현 세자)와 봉림 대군을 데리고 갔다는 내용을 통해 밑줄 친 '전쟁'이 병자호란(1636~1637)임을 알 수 있다.

정답 찾기 ① 1636년에 병자호란이 일어나자 인조는 남한산성으로 들어가 항전하였다.

오답 피하기 ② 누르하치가 1616년 후금을 건국한 후 명의 랴오둥 지역을 공격하자 명은 후금과의 전쟁에 조선이 원군을 파병할 것을 요구하였고, 광해군은 강홍립을 도원수로 삼아 원군을 파병하였다.
③ 임진왜란 당시 이여송이 이끄는 명군이 벽제관 전투에서 일본군에 패배하였다.

④ 금은 연운 16주 지역의 회복을 위해 노력하던 송과 연합하여 거란(요)을 공격하였고, 결국 금의 공격으로 1125년 거란(요)이 멸망하였다.
⑤ 오닌의 난은 15세기 후반 무로마치 막부 쇼군의 후계자 계승 문제를 둘러싸고 일어난 사건이다.

07 청의 특징 파악

문제 분석 자료에서 이자성이 황성에 들어와 황제라고 자칭하였다는 점을 통해 명이 멸망한 것을 알 수 있고, 이후 (가)의 구왕이 황성에 들어왔다는 내용을 통해 (가) 국가는 청임을 알 수 있다.

정답 찾기 ② 청의 강희제는 오삼계 등이 일으킨 삼번의 난(1673~1681)을 진압하였다.

오답 피하기 ① 고려 후기, 조선 초기에 왜구의 침략을 근절하기 위한 강경책의 일환으로 쓰시마 정벌이 이루어졌다.
③ 몽골은 서하를 공격하여 정복하였다.
④ 북위의 효문제는 수도를 평성에서 뤄양으로 옮기고, 한화 정책을 추진하였다.
⑤ 1274년, 1281년 두 차례에 걸쳐 몽골과 고려 연합군이 일본을 공격하였으나, 가마쿠라 막부는 이를 격퇴하였다.

08 통신사의 활동 이해

문제 분석 자료에서 창경궁에서 에도까지 가는 사절단의 경로를 통해 밑줄 친 '사절단'은 조선에서 에도 막부에 파견된 통신사임을 알 수 있다.

정답 찾기 ⑤ 통신사는 일본의 요청에 따라 조선에서 파견한 사절단으로, 통신사행원 중에는 문사와 의원, 화원 등 문화 교류를 담당하는 인원이 다수 포함되어 조선과 일본 사이에 학술과 문물의 교류를 촉진하였다.

오답 피하기 ① 조선은 일본과는 조공·책봉 관계를 맺지 않았지만, 명·청과는 조공·책봉 관계를 맺고 사절단을 파견하였다.
② 일본은 7세기 전반부터 견당사를 파견하여 당의 문물을 수용하였는데, 이는 7세기 중엽 당의 율령 체제를 도입하여 중앙 집권 국가를 수립하려는 다이카 개신이 단행되는 배경이 되었다.
③ 연행사는 '연경(베이징)에 보낸 사신'이라는 뜻으로 일반적으로 조선 후기에 청에 파견된 사절단을 가리킨다.
④ 야마토 정권 시대에는 도왜인의 영향으로 아스카 문화가 발달하였다.

수능 실전 문제

본문 68~71쪽

1 ⑤	2 ①	3 ①	4 ①
5 ⑤	6 ③	7 ①	8 ③

1 북로남왜에 대한 명의 대응 파악

문제 분석 첫 번째 자료는 왜구가 침입하자 척계광 등의 장수가 왜구를 격파한 내용이며, 두 번째 자료는 몽골 타타르부의 침략을 막기 위해 명의 황제가 타타르부의 알탄을 순의왕에 봉하고 호시를 통해 교역을 허용하는 내용이다.

정답 찾기 ⑤ 15세기 이래 몽골은 명을 지속적으로 압박하였고, 16세기 무렵 왜구들이 명의 동남 해안을 빈번히 침입하여 약탈을 자행하였다. 이러한 북로남왜로 인한 혼란을 수습하고자 명은 왜구를 격퇴하고, 몽골과 강화하여 혼란을 수습하려 하였다. 또한 16세기 후반에는 장거정을 등용하여 국정을 쇄신하고 재정을 안정시키기 위해 개혁을 추진하였다.

오답 피하기 ① 발해, 신라, 일본 등은 당과의 교류를 통해 당의 문물을 수용하였다.
② 960년에 송을 건국한 조광윤은 절도사의 권한을 대폭 축소하고 문치주의를 내세우면서 황제권의 강화를 추구하였다.
③ 거란(요), 금 등은 고유 관습을 유지하기 위해 고유 문자를 사용하고 이원적 통치 체제를 실시하였다.
④ 선비족이 세운 북위는 5세기에 5호 16국 시대의 분열을 극복하고 화북 지역을 통일하였다.

2 임진왜란 기간 중에 있었던 사실 이해

문제 분석 자료에서 도요토미 히데요시가 군대를 보내 조선과의 전쟁을 시작하였다는 내용을 통해 밑줄 친 '전쟁'은 임진왜란임을 알 수 있다. 임진왜란은 1592년 발발하여 도요토미 히데요시가 사망한 1598년에 종결되었다.

정답 찾기 ① 임진왜란 중 일본은 명과 강화 협상을 하면서 일본과 명의 무역 재개, 조선 남부 4도의 할양 등을 강화 조건으로 내세웠다.

오답 피하기 ② 한 고조(유방)는 기원전 200년 치러진 평성 백등산 전투에서 흉노 군대에 포위되었다가 가까스로 빠져나왔다.
③ 아구다는 여진족을 통합하여 1115년 금을 건국하였다.
④ 1636년 병자호란이 발발하자 인조는 남한산성으로 피신하여 항전하였으나, 이듬해 청에 항복하였다.
⑤ 1575년에 벌어진 나가시노 전투에서 오다 노부나가는 조총 부대를 활용하여 다케다 가쓰요리의 기마 군단을 물리치고 승리를 거두었다. 이후 오다 노부나가는 센고쿠 시대의 주도권을 잡았고, 그의 사후 뒤를 이은 도요토미 히데요시가 1590년에 센고쿠 시대를 통일하였다.

3 광해군의 중립 외교 정책 이해

문제 분석 자료에서 임금께서 명 조정의 원병 독촉을 어기기 어려워 억지로 출사시켰다는 점, 강홍립에게 비밀리에 명령을 내려 오랑캐와 통하게 하였다는 점, 사르후 전투에서 강홍립이 투항하였다는 점 등을 통해 자료가 광해군의 중립 외교 정책과 관련된 것임을 알 수 있다.

정답 찾기 ① 명으로부터 후금과의 전투에 지원군을 보낼 것을 요청받은 광해군은 강홍립을 도원수로 삼아 조선군을 파병하였다. 광해군은 명과 후금 사이에서 중립 외교 정책을 펴 강홍립에게 상황을 보아 행동하도록 명령을 내렸다. 강홍립은 사르후 전투에서 패하자 후금에 투항하였다.

오답 피하기 ② 북로남왜로 인해 명이 어려움을 겪는 가운데 16세기 후반 등용된 장거정은 명의 국정을 쇄신하고 재정을 안정시키기 위해 개혁을 추진하였다.
③ 무로마치 막부의 쇼군 계승을 둘러싸고 다이묘들이 대립하면서 오닌의 난(1467~1477)이 발생하였다. 이를 계기로 각지의 다이묘들이 각축을 벌이는 센고쿠 시대가 시작되었다.
④ 강희제는 삼번의 난을 진압하고 타이완의 정씨 세력까지 제압하였다. 건륭제는 티베트, 신장, 몽골까지 포함하는 영토를 확보하였다.
⑤ 수, 당 등 중원 왕조는 화친 정책의 하나로 인접 국가의 군주에게 화번공주를 보냈다. 대표적 사례로는 수가 돌궐에 보낸 의성 공주, 당이 토번에 보낸 문성 공주, 위구르에 보낸 함안 공주 등이 있다.

4 조선과 후금의 특징 파악

문제 분석 자료에서 두 나라가 화친하는데 (가)는 명을 섬길 것이 아니라 명과의 교통을 끊고, 압록강 건너 이웃 나라인 (나)와 형제의 나라가 되어야 한다는 내용을 통해 (가) 국가는 조선, (나) 국가는 후금임을 알 수 있다.

정답 찾기 ① 임진왜란이 끝난 후 조선은 에도 막부의 요청에 따라 1609년 쓰시마 도주와 기유약조를 체결하였다.

오답 피하기 ② 청의 강희제는 17세기 후반 반청 운동을 전개한 타이완의 정씨 세력을 진압하였다.
③ 16세기 중엽 포르투갈 상인을 통해 일본에 조총이 처음 전래되었다.
④ 15세기 전반 명의 영락제는 수도를 난징에서 베이징으로 옮겼다.
⑤ 13세기 후반 몽골과 고려 연합군은 두 차례에 걸쳐 일본 원정을 단행하였으나, 태풍과 가마쿠라 막부의 저항 등으로 인해 실패하였다.

5 병자호란의 전개 과정 이해

문제 분석 자료는 뜻밖의 화가 거듭 닥칠 줄을 깨닫지 못한 나머지 외로이 남한산성에서 포위당한 채 겨울을 보내며 새해를 맞게 되었다는 점, 내가 하루의 치욕을 참지 못하고 필부의 의리만을 지켰다면 이씨(李氏)의 나라는 여기에서 끊어졌을 것이라는 점 등을 통해 병자호란 당시 조선 국왕이 청 황제에게 항복한 이후에 작성한 것임을 알 수 있다.

정답 찾기 ⑤ 후금의 홍타이지는 황제를 칭하며 국호를 청으로 바꾸고 조선에 군신 관계를 요구하였는데, 조선이 받아들이지 않자 병자호란을 일으켰다. 인조는 남한산성에서 청에 대항하였으나, 결국 삼전도에서 청의 홍타이지에게 항복하였다. 조선은 명과 국교를 단절하였고, 인조의 두 아들인 소현 세자와 봉림 대군이 청에 인질로 끌려가게 되었다.

오답 피하기 ① 청의 강희제가 한족 번왕의 번을 철폐하라고 명하자 이에 반발한 오삼계 등이 삼번의 난(1673~1681)을 일으켰다.
② 임진왜란의 전개 과정 중 평양성 탈환에 성공한 명군이 벽제관에서 일본군과 싸우다 패전하였고, 이후 명과 일본 사이에 강화 협상이 본격화되었다.
③ 15세기 초 일본의 아시카가 요시미쓰가 명에 사절단을 보내 조공을 바치자 명은 그를 일본 국왕에 책봉하였다.
④ 미나모토노 요리토모는 12세기 말 가마쿠라에 막부를 수립하였다.

6 병자호란 이후 동아시아의 상황 이해

문제 분석 자료에서 안추원이 병자년 병란 당시 강화도로 들어가 피란하다가 이듬해 강화도가 청군에 함락될 당시 붙잡혔다는 내용과 포로로 붙잡혀 간 후 27년 만에 조선으로 돌아왔다는 내용을 통해 밑줄 친 ㉠ 기간은 1637~1664년임을 알 수 있다.

정답 찾기 ③ 에도 막부는 1603년에 수립되어 메이지 정부가 수립되는 19세기 후반까지 유지되었다.

오답 피하기 ① 1592년 임진왜란이 일어나 일본군이 북상하자 조선의 국왕 선조는 의주로 피란을 떠났다.
② 15세기 후반 무로마치 막부 쇼군의 후계자 선정을 둘러싸고 오닌의 난이 일어났다. 오닌의 난으로 무로마치 막부의 권위가 추락하는 상황에서 다이묘들이 각지에서 세력을 키워 패권 쟁탈전을 벌인 센고쿠 시대는 도요토미 히데요시가 통일할 때까지 100년 넘게 전개되었다.
④ 13세기 몽골이 3차에 걸쳐 대월을 침략하였으나, 대월의 쩐흥다오가 군대를 이끌고 항전하여 이를 격퇴하였다.
⑤ 광해군을 몰아내고 왕위에 오른 인조는 친명배금 정책을 추진하면서 후금과 갈등을 빚었고, 그 결과 1627년 후금이 조선을 침략하였다(정묘호란).

7 명 멸망과 조선 중화주의의 확산 이해

문제 분석 자료에서 이자성이 이끄는 무리가 황성을 공격하여 황제와 황후가 죽고 태자와 황자들도 붙잡혔다는 내용을 통해 명이 멸망한 상황임을 알 수 있다.

정답 찾기 ① 1644년 이자성이 이끄는 농민군이 베이징을 점령하면서 명이 멸망하였다. 이후 조선에서는 조선이 유일한 중화라는 '조선 중화주의'가 확산되었다.

오답 피하기 ② 임진왜란 초 선조가 한성을 떠나 피란하였고 명에 지원군을 요청하였다. 조·명 연합군은 평양성을 탈환하여 전세를 역전시켰다.

③ 1623년 조선에서는 서인 세력이 광해군을 폐위시키고 인조를 옹립한 인조반정이 일어났다.

④ 임진왜란으로 조선과 명의 국력이 약화되자 누르하치가 세력을 키워 여진족을 통합하여 1616년 후금을 건국하였다.

⑤ 무로마치 막부의 3대 쇼군인 아시카가 요시미쓰는 1392년 교토와 요시노의 천황이 대립했던 남북조의 혼란을 수습하고 지배권을 강화하였다.

8 통신사와 연행사의 활동 이해

문제 분석 첫 번째 자료에서 17세기 후반 아라이 하쿠세키가 조선의 부산포에서 바다를 건너온 사절단과 만나 시를 주고받으며 이름을 알린 후 막부의 관리로 등용되었다는 점에서 (가) 사절단은 통신사임을 알 수 있다. 두 번째 자료에서 홍대용이 일행으로 참가하여 베이징의 천주당을 방문하여 흠천감정 유송령 등을 만났다는 내용을 통해 (나) 사절단은 조선 후기에 파견된 연행사임을 알 수 있다.

정답 찾기 ③ 조선은 병자호란 이후 청과 조공·책봉 관계를 맺고 연행사를 파견하였다.

오답 피하기 ① 일본 열도에서는 기원전 3세기부터 기원후 3세기 사이에 한반도 등지로부터 벼농사 기술, 청동기와 철기가 수용되며 야요이 문화가 발달하였다.

② 명의 영락제 등의 명령으로 1405년부터 1433년까지 7차례 항해에 나선 정화의 함대는 동남아시아, 인도를 지나 아라비아반도와 아프리카 동부 해안까지 진출하였다.

④ 조선 후기에 파견된 통신사는 조선 국왕의 외교 문서를 에도 막부의 쇼군에게 전달하는 임무를 맡았다.

⑤ 7세기 중엽 당의 율령 체제를 도입하여 중앙 집권 국가를 수립하려는 다이카 개신이 단행되었다. 다이카 개신의 단행에는 7세기 전반부터 파견된 견당사의 영향이 있었다.

06 교역망의 발달과 은 유통~사회 변동과 서민 문화

닮은꼴 문제

본문 78쪽

1 류큐의 특징 파악

정답 ④

문제 분석 첫 번째 자료의 해상 무역을 업으로 삼고 있으며, 일본과 남만의 상인이 슈리성과 해변 포구에 모인다는 내용과 두 번째 자료의 명, 일본, 조선을 넘어 동남아시아까지 무역을 전개하고 나하가 당시 동아시아에서 중요한 교역 시장 중 하나라는 내용을 통해 밑줄 친 '이 나라'는 류큐임을 알 수 있다.

정답 찾기 ④ 류큐는 15~16세기 초 명의 해금 정책으로 중계 무역의 거점으로 성장하였다. 그러나 16세기 후반 명의 해금 정책이 완화되어 중국 상인이 동남아시아 등지로 나가 교역하고, 포르투갈 등 서양 상인이 활동하면서 류큐의 중계 무역이 쇠퇴하였다.

오답 피하기 ① 영국은 18세기 말 매카트니 사절단을 청에 파견하여 건륭제에게 무역 확대를 요구하였으나 실패하였다.

② 청은 18세기 중엽 서양과의 대외 무역을 광저우로 제한하고 상인 조합인 공행이 대외 무역을 담당하도록 하였다.

③ 조선은 책문에서 개시와 후시를 통해 청과 교역하였다.

⑤ 17세기 중엽 에도 막부는 크리스트교 확산에 위협을 느끼고 데지마에서 포르투갈 상인을 추방하였다.

수능 기본 문제

본문 79~80쪽

01 ③	02 ⑤	03 ③	04 ③
05 ⑤	06 ④	07 ④	08 ④

01 명의 해금령과 왜구의 활동 이해

문제 분석 첫 번째 자료에서 홍무제가 해금령을 내린 이후 연해에 도적이 성행하고 있다는 내용과 두 번째 자료에서 영락제 시기 황태자의 책봉을 경축하는 일본의 사절이 왔을 때, 아시카가 요시미쓰에게 중국 해안가에 사는 백성을 노략질하는 쓰시마 등 여러 섬의 도적들을 붙잡게 하였다는 내용을 통해 두 자료가 명의 해안을 침략한 왜구와 관련되어 있음을 알 수 있다.

정답 찾기 ③ 명의 해금 정책으로 민간의 교역이 어려워지자 15~16세기 명의 상인들과 명의 물품을 구하려는 일본 상인 등이 왜구로 가장하여 명의 해안을 침탈하는 등 왜구의 침입이 전에 비해 점차 늘어났다. 결국 16세기 후반 명은 해금 정책을 완화하여 왜구의 침탈을 완화하고자 하였다.

오답 피하기 ① 한 무제는 대월지와 동맹을 맺어 흉노에 대항하고자 장건을 서역에 파견하였다.
② 일본은 당의 선진 문물을 수용하기 위해 7세기부터 9세기까지 견당사를 파견하였다.
④ 11세기 후반 거란(요), 서하의 압박 등으로 송의 재정이 악화될 당시 등용된 왕안석은 재정 수입을 늘리고 국방력을 강화하기 위해 신법을 시행하였다.
⑤ 조카마치는 군사적 방어 목적으로 무사들을 거주하게 한 도시로 조성되었으나, 에도 시대에 다이묘와 무사에게 필요한 물품을 공급하기 위해 상인과 수공업자들이 모여들면서 상공업의 중심지로 성장하였다.

02 포르투갈의 특징 이해

문제 분석 자료에서 만자국이라 불린 믈라카 왕국을 명대에 멸망시켰다는 내용을 통해 (가) 국가는 포르투갈임을 알 수 있다.
정답 찾기 ⑤ 포르투갈은 1557년에 명으로부터 마카오 거주권을 인정받은 후 그곳을 교역의 거점으로 삼아 중계 무역을 전개하였다.
오답 피하기 ① 조선은 왜관을 설치해 제한된 범위 내에서 일본인의 교역을 허락하였다.
② 청이 천계령을 해제한 후 청과 일본의 무역이 증가함에 따라 일본에서는 은의 해외 유출 문제가 심각해졌다. 이에 에도 막부는 신패를 발급하여 청 상인의 나가사키 입항을 제한하였다.
③ 에스파냐는 16세기 후반 마닐라를 건설하고 이곳을 거점으로 아메리카 대륙의 은과 중국산 물품을 교환하는 갈레온 무역을 전개하였다.
④ 17세기 네덜란드 상인들은 바타비아를 무역의 거점으로 삼아 일본에 진출하였다.

03 천계령이 내려진 시기 동아시아 상황 파악

문제 분석 자료에서 타이완을 점령한 정성공이 근래 사망하였다는 소식이 전해졌다는 점, 강희제가 보낸 사행단이 류큐로 가는 도중 여전히 활동 중인 정씨 세력의 적선과 전투를 벌였다는 점 등을 통해 밑줄 친 '명령'이 내려진 시기는 타이완의 반청 세력이 진압되기 이전 상황임을 알 수 있다.
정답 찾기 ③ 청의 강희제는 정성공 등이 중국 동남부 연해를 근거지로 반청 운동을 전개하자, 1661년 푸젠·광둥성 등 연해 지역 주민들의 거주지를 내륙으로 이주시키는 천계령을 실시하였다. 천계령은 반청 운동을 전개한 타이완의 정씨 세력이 진압된 이후 이듬해인 1684년 해제되었다.
오답 피하기 ① 15세기 조선은 3포를 개방하여 제한된 범위 내에서 무역을 허용하였다. 조선은 3포에 거주하는 일본인들에 대한 통제를 강화하였는데, 이에 반발한 일본인들이 1510년 3포 왜란을 일으키자 이후 일본과의 교역을 축소하였다.
② 9세기에 장보고는 신라 정부에 건의하여 청해진을 설치하고 이를 거점으로 해상 교역을 주도하였다.
④ 명이 15~16세기 북로남왜에 시달리며 어려움을 겪는 상황에서 16세기 후반 등용된 장거정은 국정을 쇄신하고 재정을 안정시키기 위해 일조편법을 전국적으로 시행하는 등 개혁을 추진하였다.
⑤ 일본이 명으로부터 감합을 발부받아 무역을 전개한 것은 15세기 초부터 16세기 중엽까지이다.

04 동아시아의 은 유통 이해

문제 분석 자료에서 유서종이 연철(납)을 불려서 만들었을 뿐만 아니라 그 방법을 왜인에게 전습하였다는 점, 조선에서 개발된 정련법을 도입하여 이와미 광산에서 생산량이 비약적으로 증가하였다는 점 등을 통해 (가)가 은임을 알 수 있다.
정답 찾기 ③ 명대에는 일조편법, 청대에는 지정은제가 실시되어 은이 세금 납부의 수단으로 이용되었다.
오답 피하기 ① 가마쿠라 막부 시기 일본은 송의 동전을 대량으로 수입하였다.
② 1543년 포르투갈 상인이 일본에 조총을 처음 전해 주었다.
④ 임진왜란 당시 조선의 이삼평 등 도공들이 일본에 끌려갔고, 그들에 의해 일본의 도자기 기술이 발달하며 도자기가 본격적으로 생산되었다.
⑤ 초량 왜관을 통해 일본으로 수출된 주요 물품으로는 인삼 등이 있다. 조선은 일본에 인삼을 수출하고 그 대금으로 은을 받았다.

05 산시 상인의 활동 이해

문제 분석 자료에서 명대 소금 운송·판매권을 얻은 산시성 인근 지역의 상인들이 원거리 무역을 주도하고 전국 각지에서 활약하며 유력한 상인 집단으로 변모하였다는 내용을 통해 밑줄 친 '이들'은 산시 상인임을 알 수 있다.
정답 찾기 ⑤ 명·청대의 대표적인 상인이었던 산시 상인은 대도시를 연결하는 유통망을 확보하면서 원거리 무역에 종사하는 한편, 중요 지역에 회관을 세워 거점으로 삼았다.
오답 피하기 ① 조선에서는 17세기 대동법 시행을 계기로 공인이 성장하였다.
② 조선 후기에 활동한 경강상인은 한강을 근거지로 황해안과 남해안을 오가며 쌀·소금 등을 판매하여 부를 축적하였다.
③ 조선 후기 개성의 송상은 일종의 지점인 송방을 주요 지역에 설치하여 그 지방의 생산물을 사들이거나 다른 지방의 생산품을 판매하였다.
④ 에도 막부는 크리스트교 선교 문제를 이유로 포르투갈 상인을 추방하였다.

06 에도 막부 시기 동아시아 각국의 문화 이해

문제 분석 자료에서 가부키 배우들이 극장 주변에서 조닌과 섞여 살고 있다는 내용을 통해 밑줄 친 '막부'는 에도 막부임을 알 수 있다. 일본의 에도 막부 시기는 중국의 명 말부터 청대, 한국의 조선 후기에 해당한다.

정답 찾기 ④ 윈강 석굴은 북위 때인 5세기 후반부터 조성되기 시작하였다.

오답 피하기 ① 조선 후기에 「춘향가」, 「흥부가」 등의 판소리가 널리 유행하였다.
② 조선 후기에 유행한 서민 문화인 탈춤은 양반의 위선적인 모습을 비판하고 사회의 부정과 비리를 풍자하여 서민들 사이에서 인기가 높았다.
③ 청대에 베이징 일대에서는 노래와 춤, 무술과 곡예의 예술적 기교를 갖춘 경극이 유행하였다.
⑤ 에도 시대에 유행한 우키요에는 인물, 풍속 등을 그린 풍속화로 주로 목판화로 대량 제작되어 서민들에게 판매되었다.

07 공양학의 특징 이해

문제 분석 자료에서 19세기 청대 고증학이 현실의 문제를 해결하는 데 어려움이 있었던 상황에서 새로운 개혁 사상으로 대두한 유학 사상이라는 내용을 통해 (가) 학문은 공양학임을 알 수 있다.

정답 찾기 ④ 공양학은 『춘추』의 해설서 중 『춘추공양전』을 정통으로 삼았으며, 청 말에 발전하여 정치 개혁의 사상적 근거를 제공하였고 변법자강 운동에 영향을 주었다.

오답 피하기 ① 청대 『사고전서』와 같은 대규모 서적 편찬 사업은 고증학이 발전하는 데 영향을 주었다.
② 후지와라 세이카는 임진왜란 때 일본에 포로로 잡혀 온 조선의 유학자 강항과 교유하였고, 『사서오경왜훈』을 저술하는 등 일본의 성리학 발전에 기여하였다.
③ 『주자가례』와 『소학』이 보급되면서 동아시아에 성리학적 가치관이 확산되었는데, 조선에서도 유교 윤리와 관혼상제의 의례 등이 지방까지 전파되었다.
⑤ 명대 왕수인(왕양명)은 심즉리, 치양지, 지행합일 등을 주장하며 양명학을 집대성하였다.

08 난학의 특징 이해

문제 분석 자료에서 해부를 해체로 번역하였다는 점, 난학이라는 새로운 이름을 제창하였다는 점, 신체 내부를 보는 책(해부서)이 새로운 번역의 기점이 되었다는 점 등을 통해 이 자료가 『해체신서』 발간과 관련된 내용임을 알 수 있다.

정답 찾기 ④ 18세기 후반 스기타 겐파쿠 등의 주도로 서양 의학 서적을 번역한 『해체신서』가 간행되었고, 이를 계기로 일본에서 난학이 본격적으로 발전하였다.

오답 피하기 ① 임진왜란 당시 활동했던 항왜, 일본에 포로로 끌려가 일본 도자기 기술 발달에 영향을 준 도공들, 병자호란 이후 청에 끌려갔다가 베이징에서 서양 선교사 아담 샬을 만나 서양 문물을 가지고 귀국한 소현 세자 등이 전쟁을 통한 인적 교류와 문화 전파의 대표적 사례이다.
② 춘추 전국 시대에는 능력을 중시하는 풍조에 따라 유가, 법가, 도가 등 제자백가가 등장하여 활동하였다.
③ 남송대 주희가 집대성한 성리학은 가마쿠라 막부 시대 후기 일본에 전래되어 승려들 사이에서 연구되었다.
⑤ 일본의 고학은 이기론과 같은 관념론보다 실용적 학문을 중시하고, 성리학을 극복하기 위한 논리로 공자·맹자 시기 유학으로의 복귀를 주장하였다.

수능 실전 문제

본문 81~83쪽

1 ③	2 ⑤	3 ①	4 ⑤
5 ②	6 ①		

1 명의 특징 파악

문제 분석 자료에서 15세기 류큐 왕국이 조공을 하고 구매한 (가)의 비단과 자기 등을 일본과 동남아시아에 공급하고 동남아시아의 산물과 일본의 물품을 (가)에 공급하는 중계 무역을 하였다는 점, 16세기 (가)의 해금 정책이 느슨해지면서 류큐 왕국의 중계 무역이 쇠퇴하였다는 점 등을 통해 (가) 왕조는 명임을 알 수 있다.

정답 찾기 ③ 감합은 명이 주변국에 발행한 무역 허가증이다. 명은 일련번호가 붙은 감합부의 반쪽을 보관하고 나머지 반쪽을 조공국에 보내 조공 사절단이 지정된 교역항으로 들어왔을 때 이를 맞춰 보며 공식 사절임을 확인하였다.

오답 피하기 ① 신라의 장보고는 9세기 청해진을 설치하여 해적을 소탕하고 당-신라-일본을 잇는 교역로를 장악해 해상 무역을 주도하였다.
② 조선은 17세기 후반 초량 왜관을 설치해 인삼 등을 일본에 수출하였다.
④ 청이 17세기 말 천계령을 해제한 이후 나가사키에 건너온 청 상인과의 교역으로 인해 일본의 은 유출이 증가하자, 에도 막부는 18세기 전반부터 무역 허가증인 신패를 발급하여 청 상인의 무역량을 규제하였다.
⑤ 18세기 중엽 청은 서양과의 대외 무역을 광저우로 제한하고 이곳의 상인 조합인 공행이 대외 무역을 담당하게 하였다.

2 에스파냐의 특징 이해

문제 분석 자료에서 장군 레가스피가 선교사와 함께 멕시코를 출발하여 루손섬에 식민지의 기반을 구축하고 이 지역의 명칭을 필리핀으로 정하였다는 점과 이후 마닐라를 건설하고 총독을 두어 식민 지배를 시작하였다는 점 등을 통해 밑줄 친 '이 나라'는 에스파냐임을 알 수 있다.

정답 찾기 ⑤ 에스파냐는 16세기 후반 필리핀에 마닐라를 건설하였다. 이후 이곳을 거점으로 대포를 갖춘 대형 범선인 갈레온선을 이용하여 태평양을 왕래하며 아메리카 대륙의 은과 중국산 물품을 교환하는 무역을 전개하였다.

오답 피하기 ① 17세기 무렵 네덜란드는 자와섬의 바타비아를 무역 거점으로 삼았다.
② 일본에서는 16세기 전반에 조선으로부터 회취법(연은 분리법)이 전래되고, 이와미 광산의 개발이 본격화되면서 은 생산량이 급증하였다.
③ 조선은 책문이나 중강에서 개시와 후시를 통해 청과 교역하였다.
④ 영국은 18세기 말 청에 매카트니 사절단을 파견하여 무역의 확대를 요구하였다.

3 아담 샬의 활동 이해

문제 분석 자료에서 청 사람들이 베이징에 들어오면서 (가)에게 역법을 개정하게 하였으며, 시헌력을 제작하였다는 내용을 통해 (가) 인물은 아담 샬임을 알 수 있다.

정답 찾기 ① 아담 샬은 17세기 초 명에 들어와 역법, 대포 제조법 등의 서양 과학 기술을 전파하였다. 또 청대에 역법을 시헌력으로 개정하는 작업을 주도하였다. 그는 병자호란 이후 청에 인질로 끌려온 소현 세자와 교유하며 서양 문물을 전하였다.

오답 피하기 ② 후지와라 세이카는 임진왜란 때 일본으로 끌려간 강항과 교유하며 도움을 받아 『사서오경왜훈』을 집필하였고, 하야시 라잔 등의 제자를 길렀다.
③ 청대에 활동한 카스틸리오네는 원명원의 서양식 건물을 설계하는 데 도움을 주었고 서양 화법을 전하였다.
④ 마테오 리치는 명의 관리인 서광계와 함께 유클리드의 기하학 서적을 번역하여 『기하원본』을 간행하였다.
⑤ 벨테브레이(박연), 하멜 등은 일본을 향하던 중 조선에 표착하여 서양 문물을 전하였다.

4 타이완의 반청 세력 진압 이후 동아시아 상황 파악

문제 분석 자료에서 강희제가 타이완의 반청 세력을 진압한 이듬해(1684) 푸젠성, 광둥성 등에서 주민들의 연해 이주를 허용하였다는 내용을 통해 천계령이 해제되었음을 알 수 있고, 이로부터 5년 후에 실시한 강남 순행이라는 내용을 통해 밑줄 친 '순행'은 1689년의 일임을 알 수 있다.

정답 찾기 ⑤ 청이 타이완의 반청 세력을 진압한 이듬해에 천계령을 해제하자 청 상인들이 일본의 나가사키 등지로 나아가 무역 활동을 전개하였다.

오답 피하기 ① 1510년 부산포, 제포, 염포 등 3포에 거주하던 일본인들이 쓰시마 도주의 지원을 받아 난을 일으켰다(3포 왜란).
② 에도 막부는 포르투갈 상인을 수용하기 위해 나가사키에 인공섬인 데지마를 건설하였다. 그러나 크리스트교 포교 문제로 1639년 포르투갈인을 데지마에서 추방하였다.
③ 예수회 선교사인 마테오 리치는 16세기 말 명에 들어와 크리스트교 교리 문답서인 『천주실의』를 저술하였다.
④ 임진왜란 이후 조선은 일본과 국교를 재개하고, 에도 막부의 요청으로 1609년 쓰시마 도주와 기유약조를 체결하였다.

5 조선 후기 동아시아 각국의 문화 이해

문제 분석 자료에서 풍속화가 김홍도가 그린 「벼 타작」이라는 그림처럼 서민의 일상적인 모습을 담아낸 풍속화가 만들어져 유행하였다는 점, 서민들의 취향과 의식을 반영한 민화도 많이 제작되었다는 점 등을 통해 밑줄 친 '이 시기'는 조선 후기임을 알 수 있다. 조선 후기는 일본의 에도 막부 시기, 중국의 명 말부터 청대에 해당한다.

정답 찾기 ② 명·청 시기에 세시 풍속의 하나로 정월에 민가의 문이나 실내에 장식으로 붙이는 그림인 연화가 유행하였다.

오답 피하기 ① 성리학을 본격적으로 고려에 소개한 안향을 기리기 위해 1543년 주세붕이 백운동 서원을 건립하였다.
③ 룽먼 석굴은 북위 때인 5세기 말부터 조성되기 시작하였다.
④ 도다이사는 8세기 일본 쇼무 천황의 명으로 창건되었다.
⑤ 일본 신석기 시대에 조몬 토기가 제작되었다.

6 난학의 특징 이해

문제 분석 자료에서 네덜란드인들이 처음 온 것이 수백 년이 지났다는 점, 스기타 겐파쿠 등이 의술과 관련된 책을 번역하였다는 점 등을 통해 밑줄 친 '이 학문'은 난학임을 알 수 있다.

정답 찾기 ① 에도 막부는 네덜란드 상인에게 17세기 전반부터 나가사키의 데지마를 개방하여 교역을 허용하였다. 네덜란드와 교류하면서 서양의 의학, 어학 등을 수용하였는데 이를 난학이라 불렀다. 18세기 후반 스기타 겐파쿠 등이 서양의 해부학 서적을 번역한 『해체신서』를 간행하였는데, 이를 계기로 일본에서 난학이 본격적으로 발전하였다.

오답 피하기 ② 공양학은 『춘추』의 해설서 중 『춘추공양전』을 정통으로 삼았으며, 변법자강 운동에 영향을 주었다.

③ 조선에서는 정제두 등 일부 소론 학자들에 의해 양명학이 본격적으로 연구되었다.
④ 청대 『사고전서』, 『고금도서집성』 등의 대규모 편찬 사업은 고증학의 발달에 영향을 주었다.
⑤ 하야시 라잔은 성리학에 기반하여 에도 막부의 제도와 의례를 정비하였다.

Ⅲ단원 실력 플러스 본문 84~87쪽

01 ④	02 ④	03 ①	04 ②
05 ⑤	06 ①	07 ②	08 ③

01 광해군에 대한 사실 이해

문제 분석 자료에서 후금과 대립하던 명의 원군 요청에 강홍립을 도원수로 삼아 파병하였지만 후금과의 사르후 전투에서 패배하였다는 내용을 통해 (가) 국왕이 광해군임을 알 수 있다.

정답 찾기 ④ 서인 세력은 광해군의 명과 후금 사이에서 중립을 지키려는 외교 정책 등을 구실로 1623년에 인조반정을 일으켜 광해군을 폐위시켰다.

오답 피하기 ① 조선의 인조는 병자호란 당시 남한산성으로 피신하여 청에 항전하였으나, 삼전도로 나와 청의 황제 홍타이지에게 항복하였다.
② 세키가하라 전투에서 승리한 도쿠가와 이에야스는 17세기 초 에도 막부를 수립하였다.
③ 오다 노부나가의 뒤를 이어 집권한 도요토미 히데요시는 16세기 말 일본의 센고쿠 시대를 통일하였다.
⑤ 한 고조의 군대는 기원전 200년 평성 백등산 전투에서 흉노의 묵특 선우의 군대에게 포위당해 패배하였다.

02 정묘호란의 이해

문제 분석 자료에서 모문룡이 오랑캐가 조선을 침략한 소식을 언급하지 않았고, 조선이 침략을 당하여 국왕과 신하들이 바다 가운데 있는 섬으로 옮겨 갔다는 내용을 통해 밑줄 친 '침략'이 정묘호란임을 알 수 있다. 정묘호란 당시 인조는 신하들과 함께 강화도로 피란을 갔다.

정답 찾기 ④ 후금의 홍타이지는 조선의 친명배금 정책과 가도에 주둔한 모문룡에 대한 조선의 원조 확대 등에 반발하여 1627년 정묘호란을 일으켰다. 명의 위협 등을 의식한 후금이 조선과 형제의 맹약을 맺고 철수하면서 정묘호란은 2개월 만에 끝났다.

오답 피하기 ① 북로남왜로 인해 명의 국력이 약해진 상황에서 16세기 후반 등용된 장거정은 국정을 쇄신하고 재정을 안정시키기 위해 개혁을 추진하였다.
② 5대 10국 시대의 혼란을 수습한 송은 연운 16주 지역을 두고 거란(요)과 여러 차례 전쟁을 벌이다가, 거란(요)에 매년 막대한 양의 세폐를 주는 조건으로 1004년 전연의 맹약을 체결하였다.
③ 병자호란의 결과 조선은 청과 조공·책봉 관계를 맺었고, 명과의 국교를 단절하게 되었다.
⑤ 임진왜란 중 일본은 명과 강화 협상을 하면서 명의 공주를 천황의 후궁으로 보낼 것, 조선의 남부 4도를 넘길 것, 명과의 무역 재개 등을 강화 조건으로 내세웠다.

03 홍타이지의 칭제와 명 멸망 시기 사이 이해

문제 분석 자료 (가)에서 후금의 도읍에 있을 적에 그들이 제 분수에 넘치는 호칭을 칭하였다는 점, 받은 국서에 '대청 황제'라 쓰여 있었다는 점 등을 통해 (가) 시기는 1636년임을 알 수 있다. 자료 (나)에서 이자성이 도망친 후 베이징에 군대를 이끌고 입성하였다는 내용을 통해 (나) 시기는 청이 베이징을 점령한 1644년임을 알 수 있다.

정답 찾기 ① 후금의 홍타이지가 황제를 칭하며 국호를 청으로 바꾸면서 조선에 군신 관계를 요구하였다. 조선이 이를 거부하자 홍타이지는 군대를 이끌고 조선을 침략하였다(병자호란). 인조는 남한산성에서 청에 항전하였으나, 결국 삼전도에서 청의 홍타이지에게 항복 의식을 치렀다.

오답 피하기 ② 16세기 말 일어난 임진왜란 중 이여송이 이끄는 명군이 벽제관 전투에서 일본군에게 패배하였다.
③ 명이 멸망한 이후 청이 중국을 장악하는 과정 중 여러 지역에서 반청 운동이 전개되었다. 청의 강희제는 해상권을 장악하고 반청 운동을 전개하던 정씨 세력과 연해 세력의 접촉을 차단하기 위해 1661년 천계령을 내렸다.
④ 일본은 당의 율령을 모방하여 701년 다이호 율령을 반포하고 체제를 정비하였다.
⑤ 가마쿠라 막부는 13세기 후반 두 차례에 걸쳐 몽골과 고려 연합군의 공격을 받았으나 이를 물리쳤다.

04 연행사의 활동 이해

문제 분석 자료에서 사절단 일행을 따라온 상인들이 물품을 가지고 와 책문 주변에서 교역을 한다는 점, 사절단 일행이 베이징에서 가져오는 물건에 세금을 매기지 않는다는 점 등을 통해 밑줄 친 '사절단'은 조선 후기 청에 파견된 연행사임을 알 수 있다.

정답 찾기 ② 1636년에 발발한 병자호란의 결과로 조선은 청과 조공·책봉 관계를 맺었고, 이후 조선은 청에 연행사를 파견하였다.

오답 피하기 ① 일본은 당의 문물을 받아들이기 위해 당의 수도 장안 등을 목적지로 하여 견당사를 파견하였다.
③ 통신사는 일본의 요청에 따라 조선에서 파견한 사절단으로 에도 막부의 쇼군에게 국왕의 외교 문서를 전달하였다.

④ 아시카가 요시미쓰가 명에 사신을 보내 조공을 바치자 명은 그를 일본 국왕으로 책봉하는 사절단을 일본에 보내 정식으로 국교를 수립하였다.
⑤ 명은 15세기 전반 7차례에 걸쳐 동남아시아 등지로 정화의 함대를 파견하였다. 그 결과 동남아시아 등지의 일부 국가가 명에 조공하기도 하였다.

05 네덜란드의 특징 이해

문제 분석 첫 번째 자료에서 조선에서는 자신들과 같은 나라 사람인 박연(벨테브레이)을 통해 심문을 받았다는 점, 두 번째 자료에서 아시아 무역의 중심지로 삼은 바타비아에 요새화된 항구 도시를 건설하였다는 점 등을 통해 (가) 국가는 네덜란드임을 알 수 있다.

정답 찾기 ⑤ 에도 막부는 17세기 중엽 나가사키의 데지마에 상관을 두고 네덜란드 상인에게만 무역을 허용하였다. 에도 막부 시기 네덜란드와 교류하면서 나가사키를 통해 들어온 서양 학문을 바탕으로 난학이 발전하였다.

오답 피하기 ① 에스파냐는 16세기 후반 마닐라를 거점으로 갈레온 무역을 통해 아메리카 대륙에서 생산된 은과 중국의 비단, 도자기 등과 같은 상품을 교환하였다.
② 영국은 18세기 말 매카트니 사절단을 청에 파견하여 건륭제에게 무역 확대 등을 요구하였으나 거절당하였다.
③ 포르투갈은 16세기 중엽 명으로부터 마카오 거주권을 인정받은 후 그곳을 교역의 거점으로 삼아 중계 무역을 전개하였다.
④ 임진왜란 이후 중단되었던 조선과 일본의 무역은 일본의 요청으로 왜관이 다시 설치되면서 재개되었다.

06 마테오 리치의 활동 파악

문제 분석 자료에서 저술한 책 중에 『천주실의』가 있다는 내용을 통해 (가) 인물은 마테오 리치임을 알 수 있다.

정답 찾기 ① 명 말에 활동한 예수회 선교사 마테오 리치는 세계 지도인 「곤여만국전도」를 제작하였고, 서광계와 함께 유클리드의 기하학을 소개한 『기하원본』을 간행하였다.

오답 피하기 ② 에도 막부 시대에 국학파는 일본의 고전 연구에 치중하였는데, 모토오리 노리나가는 『고사기』를 연구하여 『고사기전』을 저술하는 등 국학을 정립하였다.
③ 카스틸리오네는 청의 황실 정원인 원명원의 서양식 건물을 설계하는 데 참여하였다.
④ 18세기 후반 스기타 겐파쿠 등은 서양의 해부학 책을 일본어로 번역한 의학서인 『해체신서』를 간행하였다.
⑤ 마르코 폴로는 이탈리아 베네치아의 상인으로 원을 방문한 후 돌아가 『동방견문록』이라는 여행기를 남겼다.

07 청 왕조 시기 동아시아의 경제 상황 이해

문제 분석 자료에서 오삼계가 군사를 모아 반란을 일으켰다는 내용을 보고한 것을 통해 (가) 왕조는 청임을 알 수 있다.

정답 찾기 ② 조선이 3포를 개방하여 일본과 교역한 시기는 15세기 초부터 16세기 초 사이 시기이다.

오답 피하기 ① 대동법은 임진왜란 이후 17세기 초에 조선에서 처음 시행되었고, 지주층의 반발에도 점차 전국적으로 확대 시행되었다.
③ 명·청대 중국의 강남 지역에서는 중소 상공업 도시인 시진이 크게 성장하였다.
④ 명·청대의 대표적인 상인이었던 산시 상인은 대도시를 연결하는 유통망을 확보하면서 동향인을 중심으로 원거리 무역에 종사하는 한편, 중요 지역에 회관을 세워 거점으로 삼았다.
⑤ 에도 막부 시기 오사카와 에도, 교토 등이 대도시로 발달하였다.

08 에도 막부 시기 동아시아의 문화 상황 이해

문제 분석 자료에서 호소에라 불리는 우키요에를 사용하였고, 호소에는 목판화로 제작된 것이 많았다는 내용을 통해 (가) 막부 시기는 에도 막부 시기임을 알 수 있다. 일본의 에도 막부 시기는 중국의 명 말부터 청대, 한국의 조선 후기에 해당한다.

정답 찾기 ㄱ. 조선 후기에 서민 문화로 「춘향가」, 「흥부가」, 「심청가」 등 판소리 공연이 성행하였다.
ㄷ. 가부키는 에도 시대에 유행한 대중 연극으로 조닌 문화를 대표한다.

오답 피하기 ㄴ. 윈강 석굴과 룽먼 석굴은 북위 때인 5세기 후반부터 조성되기 시작하였다.

07 새로운 국제 질서와 근대화 운동~서양 문물의 수용

닮은꼴 문제

본문 94~95쪽

1 난징 조약의 이해

정답 ①

문제 분석 자료에서 영국에 홍콩섬을 할양하였다는 내용 등을 통해 밑줄 친 '이 조약'이 난징 조약임을 알 수 있다. 제1차 아편 전쟁에서 승리한 영국은 청과 1842년 난징 조약을 체결하였다. 난징 조약은 홍콩 할양과 공행 무역 폐지 등을 명시하였다.

정답 찾기 ㄱ. 1842년 체결된 난징 조약에 따라 상하이 등 5개 항구가 개항되었다.

오답 피하기 ㄴ. 제2차 아편 전쟁의 결과 톈진 조약(1858)과 베이징 조약(1860)이 체결되었다. 이에 따라 청은 항구를 추가로 개항하고 크리스트교 선교의 자유를 인정하였으며, 서양 외교관의 베이징 주재를 허용하였다.

ㄷ. 미국 페리 함대의 무력시위 결과 1854년에 미일 화친 조약이 체결되었다.

2 메이지 정부의 활동 이해

정답 ③

문제 분석 자료에서 막부가 무너지고 천황 중심의 새로운 정부가 들어섰다는 점, 폐번치현을 단행하였다는 점 등을 통해 밑줄 친 '정부'가 메이지 정부임을 알 수 있다. 메이지 정부는 1868년에 수립되었다.

정답 찾기 ③ 일본의 메이지 정부는 청과 대등한 입장에서 1871년에 청일 수호 조규를 체결하였다.

오답 피하기 ① 1899년 대한 제국 정부는 황제가 육·해군 통수권과 입법권·행정권·외교권을 가진다는 내용의 대한국 국제를 반포하였다.

② 홍수전 등이 주도한 태평천국 운동은 1851년부터 1864년까지 전개되었다. 청의 증국번, 이홍장 등은 태평천국 운동을 진압하는 데 앞장섰다.

④ 청 말기인 1908년에 입헌 군주제적인 요소를 받아들인 흠정 헌법 대강이 반포되었다.

⑤ 1858년 에도 막부는 미국과 미일 수호 통상 조약을 체결하였다.

수능 기본 문제

본문 96~97쪽

01 ⑤	02 ⑤	03 ②	04 ④
05 ①	06 ⑤	07 ⑤	08 ③

01 제1차 아편 전쟁의 결과 파악

문제 분석 자료에서 영국이 군대를 청으로 보냈다는 점, 임칙서의 아편 단속을 빌미로 시작되었다는 점 등을 통해 밑줄 친 '이 전쟁'은 제1차 아편 전쟁임을 알 수 있다. 제1차 아편 전쟁은 1840년에 발발하여 1842년까지 이어졌다.

정답 찾기 ⑤ 제1차 아편 전쟁의 결과 체결된 난징 조약으로 청은 상하이 등 5개 항구를 개항하였다.

오답 피하기 ① 청은 1661년부터 천계령을 실시하여 타이완의 정씨 세력을 정복한 후 1684년 천계령을 해제하였다.

② 15세기 후반 무로마치 막부 쇼군의 후계자 선정을 둘러싸고 오닌의 난이 일어났다. 오닌의 난으로 무로마치 막부의 권위가 추락하는 상황에서 다이묘들이 각지에서 세력을 키워 패권 쟁탈전을 벌인 센고쿠 시대가 100년 넘게 전개되었다. 도요토미 히데요시는 센고쿠 시대의 분열을 통일하였다.

③ 영국은 18세기 말 매카트니 사절단을 청에 파견하여 무역 확대를 요구하였으나 실패하였다.

④ 프랑스는 크리스트교 박해를 구실로 베트남에 군대를 파견하였고, 1862년 베트남과 체결한 제1차 사이공 조약에는 크리스트교 선교의 자유, 다낭 등 3개 항구의 개항 등이 명시되어 있다.

02 미일 화친 조약 이해

문제 분석 자료에서 하코다테와 시모다가 개항되었다는 점, 일본이 미국에 제한적 무역을 허용하고 최혜국 대우를 인정하였다는 점 등을 통해 밑줄 친 '이 조약'이 미일 화친 조약임을 알 수 있다.

정답 찾기 ⑤ 에도 막부는 미국 페리 함대의 무력시위에 굴복하여 1854년 미일 화친 조약을 체결하였다.

오답 피하기 ① 영사 재판권 조항을 포함한 조약은 미일 수호 통상 조약, 강화도 조약 등이 대표적이다.

② 난징 조약, 제1차 사이공 조약 등에는 영토의 할양 등이 규정되어 있다.

③ 에도 막부가 무너지고 1868년 메이지 정부가 수립되었다. 메이지 정부는 청과 대등한 입장에서 1871년에 청일 수호 조규를 체결하였다.

④ 제1차 사이공 조약 등에는 크리스트교 선교의 자유 등이 규정되어 있다.

03 양무운동의 내용 이해

문제 분석 자료에서 강남 기기제조총국의 부속 기관에서 서양 군사 서적을 번역하였다는 점, 전개 과정에서 금릉 기기국이 설립되었다는 점 등을 통해 (가) 운동이 양무운동임을 알 수 있다.

정답 찾기 ② 아편 전쟁과 태평천국 운동 진압 과정에서 서양 무기의 우수성을 절감한 증국번, 이홍장 등 한인 관료층은 중체서용을 기치로 내세워 자강을 이루려는 양무운동을 전개하였다. 하지만 청일 전쟁의 패배로 그 한계가 드러났다.

오답 피하기 ① 을미사변 이후 조선 정부는 일본의 요구에 따라 을미개혁을 단행하였다.
③ 조선은 임진왜란이 끝난 이후 1607년 회답겸쇄환사를 보내 일본과 국교를 재개하고, 일본의 요청으로 1609년 기유약조를 쓰시마 도주와 체결하였다.
④ 고종은 1899년에 대한국 국제를 반포하여 대한 제국이 전제 군주정 국가임을 대내외에 널리 알렸다.
⑤ 1911년 후베이성 우창에서 혁명파의 이념에 영향을 받은 신군의 봉기로 신해혁명이 본격화되었다.

04 조선의 개화 정책 이해

문제 분석 자료에서 조선에서 신식 군대와의 차별 대우에 불만을 품은 구식 군인들의 주도로 일어났다는 점, 청이 군대를 동원하여 진압하였다는 점, 고종의 아버지인 흥선 대원군을 청으로 납치하였다는 점 등을 통해 밑줄 친 '군란'은 임오군란임을 알 수 있다.

정답 찾기 ④ 1882년에 일어난 임오군란 이후 청의 내정 간섭이 심해지는 상황에서 김옥균 등 급진 개화파는 일본의 메이지 유신을 모델로 1884년에 갑신정변을 일으켜 개혁을 단행하였으나, 3일 만에 실패하였다.

오답 피하기 ① 일본은 1875년 운요호 사건을 일으켜 이듬해 조선과 강화도 조약을 체결하였다.
② 에도 막부는 1858년에 미일 수호 통상 조약을 체결하였다.
③ 강희제 때에 오삼계 등이 청에 맞서 삼번의 난(1673~1681)을 일으켰다.
⑤ 에도 막부 말기에 반막부 세력은 막부가 천황의 허락 없이 미국 등 서양 열강과 통상 조약을 체결한 것을 문제 삼아 존왕양이를 내세우며 막부에 저항하였다.

05 변법자강 운동의 이해

문제 분석 자료에서 캉유웨이가 쓴 글이라는 점, 갑오년 전쟁에서 패배한 후 중국인들이 패배에 대한 대책을 연구하였다는 점, 서구의 정치 체제를 긍정적으로 평가하고 있다는 점 등을 통해 변법자강 운동과 관련된 주제가 적절하다는 것을 알 수 있다.

정답 찾기 ① 중국에서는 청일 전쟁의 패배로 양무운동의 한계가 드러났고, 일본의 메이지 유신을 따라 개혁을 하자는 주장이 힘을 얻었다. 그 결과 캉유웨이와 량치차오 등은 일본의 메이지 유신을 모방하여 변법자강 운동을 전개하였다. 변법자강 운동은 정치 개혁을 추구하였으나 보수파의 반격으로 실패하였다.

오답 피하기 ② 조선에서는 고종 즉위 이후 실권을 장악한 흥선 대원군이 강력한 통상 수교 거부 정책을 펼쳤다. 이에 프랑스와 미국이 조선을 침략하기도 하였는데, 이는 통상 수교 거부 정책을 강화하는 계기가 되었다.
③ 조선으로부터 16세기 전반에 회취법(연은 분리법)이 일본으로 전래되었다. 이를 계기로 이와미 광산 개발이 본격화되면서 은 생산량이 급증하였다.
④ 에도 막부 시대에 쇼군이 지방의 다이묘를 통제하기 위해 산킨코타이 제도를 시행하면서 다이묘 행렬이 왕래하던 도로가 정비되고 상업, 숙박업 등이 발달하였다.
⑤ 명 말 선교사로 중국에 들어온 마테오 리치는 「곤여만국전도」를 제작하였다. 「곤여만국전도」는 이후 조선과 일본으로도 전해졌다. 「곤여만국전도」는 당시 중국 중심의 세계관을 갖고 있던 동아시아의 지식인들에게 충격을 주었다.

06 사회 진화론의 수용 이해

문제 분석 자료에서 가토 히로유키의 주장이라는 점, 인간 사회에 약육강식의 원리를 적용하였다는 점, 서구의 개화한 나라라고 표현한 점, 일본은 개화가 미진한 나라라고 표현한 점 등을 통해 밑줄 친 '이 이론'이 사회 진화론임을 알 수 있다.

정답 찾기 ⑤ 청의 옌푸는 19세기 말 『천연론』을 출간하여 사회 진화론을 본격적으로 소개하였다.

오답 피하기 ① 양명학을 집대성한 왕수인(왕양명)은 치양지와 지행합일을 강조하였다.
② 일본은 당의 율령을 모방하여 701년 다이호 율령을 반포하였다.
③ 남송대 주희는 『사서집주』를 편찬하여 성리학을 집대성하였다.
④ 일본에서는 조선의 학자 강항과 후지와라 세이카가 교유하면서 본격적으로 성리학이 발전하였다. 후지와라 세이카의 제자인 하야시 라잔은 에도 막부의 제도와 의례 정비 등에 기여하였다.

07 근대 지식의 확산과 동아시아 사회 모습 이해

문제 분석 첫 번째 자료는 모든 사건을 남김없이 게재하겠다는 신보 창간호의 기사 일부이다. 신보는 영국 상인에 의해 1872년에 상하이에서 창간되었다. 두 번째 자료는 어린아이들이 남녀 함께 소학교에 다니게 하는 것이 부모의 책임이라고 명시한 학제 서문의 일부이다. 일본은 1872년에 근대 학제를 발표하고 소학교 의무 교육 제도를 도입하였다.

정답 찾기 ⑤ 일본에서는 1872년 도쿄와 요코하마 사이에 철도가 개통되었다.

오답 피하기 ① 독립신문은 1896년 서재필의 주도로 창간되었다.
② 러시아 공사관에서 경운궁으로 돌아온 고종은 1897년 대한 제국 수립을 선포하였다.
③ 조선은 1895년에 고종이 교육입국 조서를 반포하여 교육을 강조하였고, 이를 계기로 근대 학제가 도입되었다.
④ 청 말기인 1908년에 입헌 군주제적인 요소를 받아들인 흠정 헌법 대강이 반포되었다.

08 상하이의 특징 이해

문제 분석 자료에서 난징 조약으로 개항되었다는 점, 대한민국 임시 정부 청사가 있었다는 점, 미국과 프랑스의 조계가 있었다는 점, 황푸강과 인접한 와이탄에 근대 서양식 건축물이 있다는 점 등을 통해 (가) 도시가 상하이임을 알 수 있다.

정답 찾기 ③ 1872년 영국 상인이 상하이에서 신보를 창간하였다. 신보는 흥미로운 소식을 신속하게 보도하였고, 중국 지식인들의 글을 많이 실어 인기가 많았다.

오답 피하기 ① 에도 막부는 나가사키에 인공 섬인 데지마를 건설하고, 포르투갈 상인과 교역하다가 크리스트교 선교 문제로 그들을 추방하였다. 이후 네덜란드 상관을 이곳으로 옮겨 네덜란드 상인들과 교역하였다.
② 여권통문은 대한 제국 서울의 여성들이 여학교 설립을 청원한 글이다.
④ 에도 막부 시기 일본을 방문한 조선 통신사의 최종 목적지는 대부분 쇼군이 있는 에도였다.
⑤ 에스파냐는 16세기 후반 마닐라를 거점으로 갈레온 무역을 통해 아메리카 대륙에서 생산된 은과 중국 상품을 교환하였다.

수능 실전 문제

본문 98~102쪽

1 ③	2 ⑤	3 ⑤	4 ⑤
5 ③	6 ③	7 ①	8 ⑤
9 ④	10 ③		

1 제1차 아편 전쟁의 배경 이해

문제 분석 자료에서 황제가 아편의 해로움을 막고 은 유출로 인한 재정 악화를 개선하기 위해 조치를 내렸다는 점, 임칙서가 광저우에서 아편 단속을 하였다는 점 등을 통해 제1차 아편 전쟁에 대한 것임을 알 수 있다.

정답 찾기 ③ 청 정부가 광저우에 임칙서를 보내 아편을 몰수하고 단속을 강화하자, 영국이 이를 빌미로 1840년에 제1차 아편 전쟁을 일으켰다.

오답 피하기 ① 임진왜란이 끝난 이후 국교 재개를 원하는 에도 막부의 요청으로 조선은 일본과 국교를 재개하고 1609년 기유약조를 체결하였다.
② 후금의 홍타이지가 황제를 칭하며 국호를 청으로 바꾸면서 조선에 군신 관계를 요구하였다. 조선이 이를 거부하자 홍타이지는 1636년 군대를 이끌고 조선을 침략하여 병자호란을 일으켰다.
④ 조·명 연합군은 임진왜란 초기인 1593년에 평양성을 탈환함으로써 전세를 역전시킬 수 있는 계기를 마련하였다.
⑤ 아시카가 다카우지는 1336년에 무로마치 막부를 수립하였다.

2 미일 수호 통상 조약의 내용 파악

문제 분석 자료에서 작년에 요코하마가 개항되었다는 점, 외국과의 무역이 진행되었다는 점 등을 통해 미일 수호 통상 조약이 체결된 이후 일본에서 내려진 조치임을 알 수 있다.

정답 찾기 ⑤ 1858년 미일 수호 통상 조약을 계기로 요코하마, 나가사키 등이 추가로 개항되었다. 이후 요코하마에 외국인 거류지가 만들어지고 외국 상선이 드나들었다.

오답 피하기 ① 조선 정부가 개화 정책을 추진하자 이에 대한 불만이 높아지는 상황에서 1882년 구식 군인들이 별기군과의 차별 대우에 반발하여 봉기하였다(임오군란).
② 육영 공원은 조선 정부가 1886년에 설립한 근대적 관립 학교이다.
③ 일본은 1875년 운요호 사건을 일으키고, 이를 구실로 조선에 개항을 강요하였다.
④ 의화단 운동은 8개국 연합군에 의해 진압되었고, 그 결과 1901년에 외국 군대의 베이징 주둔 허용 등을 규정한 신축 조약이 체결되었다.

3 태평천국 운동의 이해

문제 분석 자료에서 청에서 일어난 소란의 주도자가 홍씨 성을 가지고 있다는 점, 변발을 금지하고 명 왕조의 구제도를 회복하려고 한다는 점, 홍수전 등의 주도로 청 왕조 타도, 남녀평등, 토지 균분 등을 주장하며 일어났다는 점 등을 통해 태평천국 운동에 대한 것임을 알 수 있다. 따라서 (가)에는 태평천국 운동의 진압과 관련된 상황이 들어가는 것이 적절하다.

정답 찾기 ⑤ 태평천국 운동은 서양의 개입과 증국번, 이홍장 등의 한인 관료, 신사층에 의해 진압되었다.

오답 피하기 ① 임진왜란 당시 수군 및 의병의 활약과 조·명 연합군의 평양성 탈환으로 전세가 역전되었다.
② 청일 전쟁을 계기로 조선에서는 일본의 지원을 받은 개화 세력이 1894년 갑오개혁을 추진하였다.
③ 13세기 몽골 제국의 쿠빌라이 칸은 몽골·고려 연합군을 조직하여 두 차례에 걸쳐 일본 침공을 단행하였다.

④ 에도 막부 시기에는 네덜란드 상인들이 나가사키 데지마를 중심으로 활동하였으며, 조카마치를 중심으로 조닌층이 성장하였다.

4 메이지 정부의 정책 이해

문제 분석 자료에서 태정관의 포고문이라는 점, 사농공상의 신분 차이를 없애고 무사와 농민을 일체화하였다는 점, 전국의 사민 남성으로 20세가 된 자는 모두 병적에 편입해야 한다는 점 등을 통해 이 자료는 메이지 정부가 발표한 징병제 포고문임을 알 수 있다. 1868년에 수립된 메이지 정부는 징병제 실시, 서양식 공장 설립, 소학교 설립 등의 근대적 개혁을 실시하였다.

정답 찾기 ㄷ. 1871년에 메이지 정부는 만국 공법을 근거로 청과 대등한 관계를 규정한 청일 수호 조규를 체결하였다.

ㄹ. 메이지 정부는 기존의 번을 폐지하고 현을 설치하여 관리를 파견하였다.

오답 피하기 ㄱ. 1853년과 1854년에 내항한 미국 페리 함대의 무력시위에 굴복하여 에도 막부는 미일 화친 조약을 체결하였다.

ㄴ. 19세기 중엽부터 청에서는 증국번, 이홍장 등의 주도로 양무 운동이 전개되었고, 그 과정에서 난징에 금릉 기기국이 설립되었다.

5 갑오·을미개혁 시기 파악

문제 분석 자료에서 김옥균, 박영효 등에 의해 갑신년 변란이 일어난 지 10년 후가 작년이라는 점, 작년에 왕궁에서 변란이 있었다는 점, 모든 정부가 내각의 전권으로 일변하여 군주는 다만 내각의 상소에 따라 재가를 하지 않을 수 없게 되었다는 점 등을 통해 글이 작성된 시기는 1895년임을 알 수 있다.

정답 찾기 ③ 조선에서는 1894년 갑오개혁이 단행되어 신분제가 폐지되었으며, 1895년 을미개혁 과정에서 단발령이 시행되었다. 일본에서 교육 칙어는 1890년에 반포되었으며, 대한 제국은 1897년에 수립되었다.

6 대일본 제국 헌법 제정 시기의 동아시아 사회 모습 이해

문제 분석 자료에서 제국 의회 구성의 근거가 되었다는 점, 자유 민권 운동의 영향으로 제정되었다는 점 등을 통해 밑줄 친 '이 헌법'이 대일본 제국 헌법임을 알 수 있다. 메이지 정부는 자유 민권 운동이 일어나자 이를 탄압하면서도 입헌제 국가의 제도적 기반을 마련하기 위해 1889년 대일본 제국 헌법을 제정하였다.

정답 찾기 ③ 일본은 1872년에 근대 학제를 발표하고 소학교의 의무 교육 제도를 도입하였다.

오답 피하기 ① 몽골 제국은 지방에 행성을 설치하고 다루가치를 파견하였다.

② 홍수전 등은 청 왕조 타도를 구호로 내세우면서 1851년 태평천국을 수립하였고, 1853년 난징을 점령하였다. 태평천국 운동은 1864년 진압되었다.

④ 조선 정부는 갑오개혁을 추진하면서 근대 교육의 기반을 마련하기 위해 1895년에 교육입국 조서를 발표하였다.

⑤ 메이지 정부는 1871~1873년에 불평등 조약 개정을 위한 예비 교섭과 서양의 문물 시찰을 위해 이와쿠라 사절단을 파견하였다.

7 신해혁명의 전개 과정 이해

문제 분석 자료에서 중화민국이 공화제를 채택하였다는 점, 중화민국이 수립되었다는 점 등을 통해 밑줄 친 '이 혁명'이 신해혁명임을 알 수 있다. 신해혁명으로 1912년 중화민국이 수립되었고, 쑨원이 위안스카이와 타협한 결과 청 황제가 퇴위하여 청이 멸망하였다.

정답 찾기 ① 청 왕조 타도와 공화국 수립을 목표로 한 혁명 사상이 확산되는 가운데 1911년 우창 신군의 봉기를 계기로 신해혁명이 본격화되었다.

오답 피하기 ② 일본이 명성 황후를 시해한 을미사변은 1895년 한성에서 일어났다.

③ 강희제 때에 오삼계 등이 청에 맞서 삼번의 난(1673~1681)을 일으켰다.

④ 1619년 사르후 전투에서 명과 조선군은 패배하였고, 강홍립은 후금에 투항하였다.

⑤ 요코하마에서는 1870년대 초반에 일본어로 된 최초의 일간지인 요코하마 마이니치 신문이 창간되었다.

8 만국 공법의 파악

문제 분석 자료에서 강대국도 함부로 포학을 부릴 수 없는 것이 만국의 공법이라는 점, 천하만국도 필시 공의가 있을 것이라는 점 등을 통해 만국 공법과 관련된 것임을 알 수 있다. 조선과 대한 제국은 만국 공법을 일본의 침략을 비판하고 주권 수호를 위한 외교 활동의 근거로 활용하기도 하였다.

정답 찾기 ⑤ 청은 만국 공법을 서양과의 교섭에 활용하였다.

오답 피하기 ① 한 고조는 기원전 200년 백등산 전투에서 흉노에 패배하자 매년 많은 물자를 보내는 조건으로 화친을 맺었다.

② 수, 당 등 중원 왕조는 화친 정책의 하나로 인접 국가의 군주에게 화번공주를 보냈다.

③ 인조반정(1623)으로 정권을 잡은 서인 세력은 친명배금 정책을 추진하면서 후금과 갈등을 빚었고, 이는 정묘호란(1627)이 일어나는 배경이 되었다.

④ 에도 막부는 나가사키에 인공 섬인 데지마를 건설하고, 포르투갈 상인과 교역하다가 크리스트교 선교 문제로 그들을 추방하였다.

9 일본 개항장의 위치 파악

문제 분석 자료에서 하코다테 개항과 함께 명시되었다는 점, 이곳과 하코다테 외에 가나가와, 나가사키, 니가타, 효고 등의 개항을 명시하였다는 점 등을 통해 밑줄 친 '이곳'은 시모다임을 알 수 있다. 첫 번째 자료는 미일 화친 조약, 두 번째 자료는 미일 수호 통상 조약이다.

정답 찾기 ④ 일본은 1854년 미국과 미일 화친 조약을 체결하여 시모다와 하코다테를 개항하였다. 시모다는 에도와 가까운 이즈 반도에 위치해 있다.

오답 피하기 ① 인천, ② 상하이, ③ 나가사키, ⑤ 하코다테이다.

10 근대적 생활 방식의 확산 이해

문제 분석 자료에서 열차의 출발과 도착 시각이 나와 있는 점, 승차를 원하면 10분 전까지 표를 사야 한다는 점, 출발 시간을 지키기 위한 안내가 있다는 점 등을 통해 철도 부설과 근대적 시간 관념의 확산과 관련된 것임을 알 수 있다.

정답 찾기 ③ 정해진 시간표에 따라 운행되는 철도는 근대적 시간관념이 확산되는 데 기여하였다.

오답 피하기 ① 근대 신문은 세상 소식을 전하고 국민을 계몽하여 여론을 주도하였다. 각국 정부는 발행 허가제, 사전 검열제 등으로 신문을 통제하고 관리하였다.

② 16세기 중엽 포르투갈 상인을 통해 일본에 조총이 전래된 후 다이묘의 패권 다툼에 변화가 나타났다. 오다 노부나가는 조총 부대를 이용하여 1575년의 나가시노 전투에서 승리하고 센고쿠 시대의 주도권을 장악하였다.

④ 1898년 대한 제국에서 서울의 여성들이 여권통문을 발표하고, 여학교 설립을 청원하였다.

⑤ 1896년 창립된 독립 협회는 민중 계몽 운동을 벌이면서 만민 공동회를 개최하여 열강의 이권 침탈을 비판하였으며, 의회 개설 운동을 전개하였다.

08 제국주의 침략 전쟁과 민족 운동

닮은꼴 문제

본문 108~109쪽

1 청일 전쟁 당시의 사실 파악

정답 ⑤

문제 분석 자료에서 일본군이 조선군을 물리치고 경복궁을 점령했다는 것, 풍도 해전에서 적의 증원군을 차단하고 성환·아산 일대에서 승리를 거두었다는 사실을 통해 밑줄 친 '전쟁'이 청일 전쟁(1894~1895)임을 알 수 있다.

정답 찾기 ⑤ 1894년 동학 농민 운동 당시 청·일 양국 군대가 조선에 들어왔다. 이 소식을 접한 농민군은 정부군과 휴전하고 전주 화약을 맺고 해산하였다. 이후 조선 정부가 청과 일본 군대의 철수를 요구하였지만, 일본군은 조선의 철병 요구를 무시하고 경복궁을 점령하였으며, 풍도 앞바다에서 청군을 공격하면서 청일 전쟁을 일으켰다.

오답 피하기 ① 홍수전 등이 일으킨 태평천국 운동은 1864년에 진압되었다.

② 일본이 1931년 만주 사변을 일으키자, 중국이 이를 국제 연맹에 제소하였다. 이에 리튼을 대표로 하는 조사단이 파견되었다.

③ 러일 전쟁(1904~1905) 당시 일본군은 동해에서 러시아의 발트 함대를 상대로 승리를 거두었다.

④ 의화단 운동은 8개국 연합군에 의해 진압되었고, 그 결과 1901년에 청은 열강과 신축 조약을 체결하였다.

2 한국광복군의 활동 이해

정답 ②

문제 분석 자료에서 전략 정보국의 계획에 따라 한반도에서 일본군의 교란에 성공한다면 도움이 될 것이라는 점, 임시 정부 산하의 군대라는 사실을 통해 (가) 군대는 한국광복군임을 알 수 있다.

정답 찾기 ㄴ. 중일 전쟁이 발발하자 김원봉은 1938년에 중국 관내에서 조선 의용대를 창설하여 중국군과 함께 항일전을 전개하였다. 조선 의용대의 일부 병력은 화북 지방으로 이동하여 1942년 조선 의용군으로 개편되었고, 나머지 병력은 한국광복군에 합류하였다.

오답 피하기 ㄱ. 조선 의용대는 한커우에서 창설되었다. 한국광복군의 창설 지역은 충칭이다.

ㄷ. 1920년 김좌진 등이 이끄는 독립군 연합 부대는 청산리 일대에서 일본군을 물리쳤다.

수능 기본 문제 본문 110~111쪽

01 ①	02 ③	03 ④	04 ②
05 ⑤	06 ①	07 ①	08 ③

01 동학 농민 운동 시기의 사실 이해

문제 분석 자료에서 갑신년 사건으로 맺어진 조약에 장래 조선에 사건이 있어 청병 파견을 요청하면 먼저 문서로 서로 알려야 한다는 것, 조선에 변란이 일어나 전주가 함락되고 우리에게 군대 파병을 청하고 있다는 내용을 통해 밑줄 친 '변란'이 1894년 발발한 동학 농민 운동임을 알 수 있다.

정답 찾기 ① 1894년 동학 농민 운동 당시 청·일 양국 군대가 조선에 들어왔다. 일본군은 조선의 철병 요구를 무시하고 경복궁을 점령하였으며, 풍도 앞바다에서 청군을 공격하여 청일 전쟁을 일으켰다.

오답 피하기 ② 1911년 우창 신군의 봉기를 계기로 신해혁명이 본격화되어 1912년 공화 정체의 중화민국이 수립되었다.
③ 일본에서는 개항 과정에서 막부에 대한 불만이 고조되는 가운데 하급 무사들을 중심으로 막부 타도 운동이 전개되어 에도 막부가 붕괴되고 1868년 메이지 정부가 수립되었다.
④ 1871년 청과 일본은 상호 대등한 입장에서 청일 수호 조규를 체결하였다.
⑤ 1889년 대일본 제국 헌법이 제정되었다.

02 의화단 운동의 결과 이해

문제 분석 자료에서 산둥반도에서 대대적으로 일어났으며, 러시아가 봉기 진압을 명분으로 대군을 파견할 것이라는 내용을 통해 밑줄 친 '봉기'가 의화단 운동임을 알 수 있다.

정답 찾기 ③ 부청멸양을 내세우며 일어난 의화단 운동은 8개국 연합군에 의해 진압되었고, 그 결과 1901년에 청은 열강과 신축 조약을 체결하였다.

오답 피하기 ① 청 정부가 추진한 철도 국유화에 대한 반대 투쟁이 전국 각지에서 일어나는 가운데 1911년 우창에서 중국 혁명파를 지지하는 군대가 봉기하여 신해혁명이 본격화되었다. 신해혁명으로 수립된 중화민국에서는 공화제를 채택하였다.
② 1842년 난징 조약의 체결로 공행 무역이 폐지되었다.
④ 홍수전 등이 주도한 태평천국 운동은 남녀평등, 토지 균분 등의 주장을 내세워 많은 농민의 지지를 얻었다.
⑤ 막부 타도 운동 이후 에도 막부가 무너지고 1868년 메이지 정부가 수립되었다.

03 러일 전쟁의 영향 파악

문제 분석 자료에서 한국에 대한 보호권을 확립하는 것은 이미 정부에서 결정한 것이며, 영국과 미국이 동의하였고 전쟁의 결과로 발표된 포츠머스 조약의 조문에 비추어 볼 때 한국이 일본의 보호국이라는 것은 피할 수 없음이라는 내용을 통해 밑줄 친 '전쟁'이 러일 전쟁임을 알 수 있다.

정답 찾기 ④ 뤼순과 다롄은 전략적 요충지로 청일 전쟁, 러일 전쟁의 주요 전투 지역이었다. 결국 일본은 포츠머스 조약으로 뤼순과 다롄의 조차권을 획득하였다. 이후 일본은 제1차 세계 대전 당시 독일의 조차지였던 칭다오 일대를 점령한 후, 뤼순과 다롄의 조차 기한을 99년으로 연장할 것 등을 담은 '21개조 요구'를 1915년 중국에 제출하였다.

오답 피하기 ① 청일 전쟁의 패배로 양무운동의 한계가 드러났고, 일본의 메이지 유신을 본보기로 삼아 개혁을 하자는 주장이 힘을 얻었다. 그 결과 캉유웨이와 량치차오 등은 일본의 메이지 유신을 모방하여 변법자강 운동을 전개하였다.
② 청일 전쟁의 결과 체결한 시모노세키 조약으로 청은 일본에 타이완을 할양하였다.
③ 제2차 아편 전쟁의 결과 톈진 조약(1858)과 베이징 조약(1860)이 체결되어, 청은 서양 외교관의 베이징 주재를 허용하였다.
⑤ 1863년부터 1873년까지 집권한 흥선 대원군은 통상 수교 거부 정책을 시행하였다.

04 5·4 운동의 배경 이해

문제 분석 자료에서 파리 강화 회의가 열렸고 칭다오를 돌려주고 중국과 일본 사이의 불평등 조약까지 취소하는 것이 공리이고 정의라는 내용을 통해 선언문이 파리 강화 회의의 결정과 관련이 있음을 알 수 있다.

정답 찾기 ② 파리 강화 회의에서 열강이 칭다오 등 산둥반도에 대한 일본의 이권을 인정하자 베이징의 대학생들을 중심으로 '21개조 요구' 철폐 등을 주장한 5·4 운동이 전개되었다.

오답 피하기 ① 홍수전은 태평천국 운동을 주도하였다.
③ 중국에서 의화단 운동 이후 민중의 개혁 요구가 강해지자, 청 정부는 신정을 실시하여 신식 군대 편성, 과거제 폐지 등 근대적 개혁을 추진하였다.
④ 의열단은 1919년 김원봉 등을 중심으로 만주에서 조직되었다.
⑤ 국제 연맹이 리튼 조사단의 보고서를 토대로 일본의 만주 침략을 규탄하고 일본군의 철수를 요구하자, 일본은 국제 연맹을 탈퇴하였다.

05 쑨원의 활동 이해

문제 분석 자료에서 중화민국은 혁명군을 갖지 못하였기에 본인이 임시 대총통에서 물러난 이후 군벌이나 관료의 손에 놀아난 것이라는 내용을 통해 연설을 한 인물이 쑨원임을 알 수 있다.

정답 찾기 ⑤ 쑨원의 중국 국민당은 군벌 타도의 필요성을 공감하며 1924년 소련의 지원 아래 중국 공산당과 제1차 국공 합작을 이루었다.

오답 피하기 ① 이홍장 등이 양무운동을 추진하였다.
② 1931년 일본이 만주 사변을 일으키자 중국은 일본을 국제 연맹에 제소하였고, 국제 연맹은 만주 사변의 실상을 파악하기 위해 리튼을 대표로 하는 조사단을 파견하였다. 쑨원은 1925년에 사망하였다.
③ 중일 전쟁 발발 이후 김원봉 등이 중심이 되어 중국 국민당의 지원을 받아 조선 의용대를 창설하였다.
④ 러일 전쟁 이후 청에서는 입헌파가 입헌 군주제를 요구하였고 청 정부도 이를 수용하여 1908년 흠정 헌법 대강을 반포하였다.

06 만주 사변의 영향 이해

문제 분석 자료에서 한국의 궁핍한 농민들이 만주로 들어갔지만, 얼마 전 일본 관동군이 전쟁을 도발한 후 만주를 점령하자 탈출하여 포항까지 왔다는 내용을 통해 신문 기사가 만주 사변에 따른 한국인의 피해를 다루고 있음을 알 수 있다.

정답 찾기 ① 1931년 일본 관동군은 남만주 철도 일부를 폭파한 후 이를 중국군의 소행으로 몰아 만주 사변을 일으켰다.

오답 피하기 ② 1894년 동학 농민 운동 당시 청·일 양국 군대가 조선에 들어왔다. 일본군은 조선의 철병 요구를 무시하고 경복궁을 점령하였으며, 풍도 앞바다에서 청군을 공격하면서 청일 전쟁을 일으켰다.
③ 1851년 홍수전의 주도 아래 시작된 태평천국 운동에서는 청 왕조 타도, 남녀평등, 토지 균분 등이 제기되었다.
④ 1942년 발발한 미드웨이 해전은 태평양 전쟁의 주요 전투 중 하나이다.
⑤ 장제스는 1926년 국민 혁명군을 이끌고 북벌을 시작하여 1928년 베이징을 점령하였다.

07 중일 전쟁 중의 사실 파악

문제 분석 자료에서 일본군의 약탈과 방화 등으로 난징시가 큰 피해를 입었다는 내용을 통해 중일 전쟁에 관한 내용임을 알 수 있다. 1937년 루거우차오 사건을 빌미로 일본이 중국을 침략하면서 중일 전쟁이 시작되었다. 전쟁 초기 일본은 상하이, 난징 등 주요 도시를 점령하였는데, 난징을 점령하면서 수십만의 중국인을 학살하는 난징 대학살을 일으켰다.

정답 찾기 ① 중일 전쟁이 발발하자 중국 국민당과 중국 공산당은 제2차 국공 합작을 체결하여 일본에 맞섰다.

오답 피하기 ② 일본의 하와이 진주만 기습으로 1941년 태평양 전쟁이 시작되었다.
③ 청일 전쟁의 결과 체결한 시모노세키 조약으로 일본은 랴오둥 반도를 차지하였으나 삼국 간섭으로 청에 반환하였다.
④ 의화단 운동 진압 과정에서 러시아가 만주로 진출하였다.
⑤ 1904년 발발한 러일 전쟁은 1905년 미국이 중재한 포츠머스 조약의 체결로 종결되었다.

08 한국광복군의 활동 이해

문제 분석 자료에서 대한민국 임시 정부가 창설한 부대이며 미국 전략 정보국[OSS]의 지원을 받아 국내 진공 작전을 준비한다는 등의 내용을 통해 (가) 군사 조직이 한국광복군임을 알 수 있다.

정답 찾기 ③ 대한민국 임시 정부는 중국 국민당 정부의 지원을 받아 1940년 한국광복군을 창설하였다.

오답 피하기 ① 아주 화친회는 도쿄에서 결성되었다.
② 중국 국민당의 장쉐량은 시안 사건을 일으켜 내전 중지와 항일을 촉구하였다.
④ 조선 의용대의 일부는 조선 의용군으로 편성되었다.
⑤ 무정부주의자들이 연대하여 반전·반제 운동을 벌였던 단체로는 동방 무정부주의자 연맹 등이 있다.

수능 실전 문제

본문 112~115쪽

1 ④	2 ②	3 ②	4 ④
5 ③	6 ⑤	7 ①	8 ②

1 청일 전쟁 중의 사실 파악

문제 분석 자료에서 조선의 아산 부근 풍도 앞바다에서 청의 운송선이 일본 군함의 공격으로 손상됨으로써 전쟁이 시작되었다는 내용의 문서를 청이 일본에 보냈다는 사실을 통해 밑줄 친 '전쟁'이 청일 전쟁(1894~1895)임을 알 수 있다.

정답 찾기 ④ 1894년 동학 농민 운동 당시 청·일 양국 군대가 조선에 들어왔다. 일본군은 조선의 철병 요구를 무시하고 경복궁을 점령하였으며, 풍도 앞바다에서 청군을 공격하면서 청일 전쟁을 일으켰다.

오답 피하기 ① 제2차 아편 전쟁의 결과 톈진 조약(1858)과 베이징 조약(1860)이 체결되어, 청은 항구를 추가로 개항하고 크리스트교 포교의 자유를 인정하였으며, 서양 외교관의 베이징 주재를 허용하였다.
② 아주 화친회는 반제국주의를 목표로 1907년 도쿄에서 결성되었다.
③ 1851년 시작된 태평천국 운동은 1864년에 진압되었다.
⑤ 일본의 메이지 정부는 1889년에 대일본 제국 헌법을 제정해 반포하였다.

2 삼국 간섭의 배경 이해

문제 분석 자료에서 강화 조건을 살펴본 프랑스 정부가 일본에 랴오둥반도를 청에 돌려주기를 권고하는 내용을 통해 자료가 삼국 간섭에 관련된 것임을 알 수 있다.

정답 찾기 ② 청일 전쟁에서 승리한 일본이 1895년 청과 시모노세키 조약을 체결하여 랴오둥반도를 획득하자, 러시아가 삼국 간섭을 주도하여 일본이 랴오둥반도를 청에 반환하도록 하였다.

오답 피하기 ① 제1차 국공 합작의 영향을 받아 한국에서는 1927년 좌우 합작 단체인 신간회가 창립되었다.
③ 러일 전쟁 결과 1905년 포츠머스 조약이 체결되었다. 이 조약으로 일본은 뤼순과 다롄의 조차권과 남만주 철도에 대한 이권 등을 획득하였다.
④ 의화단 운동 당시 8개국 연합군이 베이징을 점령하였다.
⑤ 국제 연맹이 리튼 조사단의 보고서를 토대로 만주에서 일본군의 철수를 요구하자, 일본은 1933년 국제 연맹을 탈퇴하였다.

3 러일 전쟁의 결과 파악

문제 분석 자료에서 전쟁으로 얻은 다롄의 조차권과 남만주 철도 경영권을 이용해 경제 발전을 도모해야 한다고 의견을 밝혔다는 내용을 통해 밑줄 친 '전쟁'이 러일 전쟁임을 알 수 있다.

정답 찾기 ② 러일 전쟁에서 우위를 점한 일본은 미국의 중재로 1905년에 러시아와 포츠머스 조약을 체결하였다. 이 조약을 통해 일본은 뤼순과 다롄의 조차권과 남만주 철도에 대한 이권 등을 러시아로부터 획득하였다.

오답 피하기 ① 임칙서의 아편 단속이 빌미가 되어 제1차 아편 전쟁이 발발하였다.
③ 일본의 하와이 진주만 기습으로 태평양 전쟁이 시작되었다.
④ 제2차 아편 전쟁의 결과 체결된 톈진 조약과 베이징 조약에 따라 서양 외교관의 베이징 주재가 허용되었다.
⑤ 중일 전쟁 발발 이후 대한민국 임시 정부는 중국 국민당 정부의 지원을 받아 1940년 한국광복군을 창설하였다.

4 파리 강화 회의 시기의 사실 파악

문제 분석 자료에서 일본의 강요 아래 1910년 8월 22일 승인한 조약을 무효화해 줄 것을 청원하는 내용과 윌슨 대통령의 14개조 평화 원칙을 적용하여 개최되었다는 내용을 통해 밑줄 친 '회의'가 파리 강화 회의(1919~1920)임을 알 수 있다.

정답 찾기 ④ 파리 강화 회의에서 열강은 승전국으로 참여한 일본이 산둥반도에 대한 권리를 독일로부터 넘겨받는 것을 승인하였다. 이 소식이 알려지자 1919년 중국에서는 5·4 운동이 전개되었다.

오답 피하기 ① 김원봉 등은 중국 국민당의 지원을 받아 1938년 조선 의용대를 창설하였다.
② 1929년 일본에서 일본 반제 동맹이 결성되었다.
③ 청일 전쟁의 결과 1895년 시모노세키 조약이 체결되었다.
⑤ 1934년 중국 공산당은 중국 국민당의 탄압을 피해 대장정을 시작하였다.

5 5·4 운동의 배경 이해

문제 분석 자료에서 1989년으로부터 70년 전의 운동이라는 점, 신문화 운동의 영향을 받아 군벌에 맞서 시작하였다는 내용을 통해 밑줄 친 '운동'이 1919년에 있었던 5·4 운동임을 알 수 있다.

정답 찾기 ③ 파리 강화 회의에서 열강이 산둥반도에 대한 일본의 이권을 인정하자 베이징의 대학생들을 중심으로 '21개조 요구' 철폐와 일본이 산둥반도 이권을 차지하는 것에 반대하는 5·4 운동이 전개되었다.

오답 피하기 ① 의화단은 청 왕조를 도와 서양 세력을 몰아내자는 부청멸양을 구호로 내세웠다.
② 청일 전쟁 패배 후 청의 캉유웨이와 량치차오 등은 청의 낡은 제도가 패배의 원인이라고 파악하고 변법자강 운동을 전개하였다.
④ 홍수전이 주도한 태평천국 운동에서는 청 왕조 타도, 남녀평등, 토지 균분 등이 제기되었다.
⑤ 조선 정부는 갑오개혁을 추진하면서 근대 교육의 기반을 마련하기 위해 1895년에 교육입국 조서를 발표하였다.

6 만주 사변 이후 한·중 연합 작전 이해

문제 분석 자료에서 조선 혁명군이 활동하고 있으며, 그들의 활동을 중국에서 적극적으로 지원하는 내용을 통해 자료의 내용이 만주 사변 이후 한·중 연합 작전에 관한 것임을 알 수 있다.

정답 찾기 ⑤ 만주 사변이 일어나면서 중국인들의 반일 감정이 고조되자, 한국 독립군과 조선 혁명군은 각각 1930년대 전반 한·중 연합 작전을 전개하였다.

오답 피하기 ① 일본은 러시아를 견제하기 위해 1902년 제1차 영일 동맹을 체결하였고, 이후 동맹을 더욱 강화해 나갔다.
② 워싱턴 회의는 중국 문제 등을 둘러싼 열강의 이해관계를 조정하기 위해 개최되었다. 그 결과 열강은 중국의 주권과 영토 보전을 결정하고 열강의 중국 진출에 상호 균등한 기회를 보장하였다.
③ 베르사유 조약은 제1차 세계 대전의 전후 처리를 논의하기 위해 열린 파리 강화 회의의 결과 체결되었다.
④ 1937년 일본이 루거우차오 사건을 계기로 중일 전쟁을 일으키자 중국 국민당과 중국 공산당은 제2차 국공 합작을 통해 항일 전쟁을 전개하였다.

7 중일 전쟁 중의 사실 파악

문제 분석 자료에서 루거우차오 사건을 계기로 일본군의 공격이 체계적으로 이루어졌고, 이를 계기로 일어난 전쟁이라는 내용을 통해 밑줄 친 '전쟁'이 중일 전쟁임을 알 수 있다.

정답 찾기 ① 중일 전쟁 발발 이듬해인 1938년에 일본은 전쟁에 필요한 인적·물적 자원을 수탈하기 위해 국가 총동원법을 제정하였다.

오답 피하기 ② 쑨원은 군벌 타도를 위해 소련의 지원을 받아들여 중국 공산당과 제휴를 하는 제1차 국공 합작을 단행하였다(1924).
③ 1911년 우창에서 신군이 봉기하면서 신해혁명이 본격화되었다.
④ 동방 무정부주의자 연맹은 1920년대 후반 한·중·일 등의 무정부주의자들이 조직하였다.
⑤ 1936년 만주 지역에서는 한국과 중국의 사회주의 세력이 연대하여 동북 항일 연군을 결성하고 항일 무장 투쟁을 전개하였다.

8 윤봉길 의거 당시의 사실 파악

문제 분석 자료에서 중국이 국제 연맹에 도움을 애걸하였지만 성과를 얻지 못하였고, 반면 한국인이 의연히 일어나 훙커우 공원에서 폭탄을 투척한 사실을 높이 평가하고 있는 내용을 통해 신문 기사가 1932년 윤봉길 의거를 다루고 있음을 알 수 있다.

정답 찾기 ② 조선 혁명군과 한국 독립군 모두 만주 사변 이후인 1930년대 전반에 중국 세력과 연대하여 항일 무장 투쟁을 전개하였다.

오답 피하기 ① 미드웨이 해전은 태평양 전쟁의 주요 전투 중 하나로 1942년에 발발하였다.
③ 중일 전쟁이 발발하자 김원봉은 중국 국민당의 지원을 받아 1938년 중국 한커우(우한)에서 조선 의용대를 창설하여 중국군과 함께 항일전을 전개하였다.
④ 독립군 연합 부대는 1920년 청산리 일대에서 일본군과 싸워 승리를 거두었다.
⑤ 1937년 시작된 중일 전쟁에서 중국군의 포로가 된 일본군 중 일부가 일본 병사(일본군) 반전 동맹을 결성하여 일본군 병사를 향해 투항과 전선 이탈을 호소하였다.

Ⅳ단원 실력 플러스

본문 116~119쪽

01 ④	02 ⑤	03 ①	04 ③
05 ⑤	06 ③	07 ④	08 ⑤

01 동아시아에서 미국의 활동 이해

문제 분석 자료에서 증기선에 필요한 석탄과 물자 등을 보충할 수 있도록 요청하고 있으며, 페리 제독과 함대를 보냈다는 내용을 통해 편지를 보낸 국가가 미국임을 알 수 있다.

정답 찾기 ④ 1905년 미국의 중재로 포츠머스 조약이 체결되어 러일 전쟁이 종결되었다. 이 조약을 통해 일본은 뤼순과 다롄의 조차권과 남만주 철도에 대한 이권 등을 러시아로부터 획득하였다.

오답 피하기 ① 삼국 간섭은 러시아, 프랑스, 독일이 참여하였다.
② 일본이 1931년에 일으킨 만주 사변에 대해 국제 연맹이 리튼 조사단의 보고서를 토대로 일본군의 철수를 요구하자, 일본은 1933년 국제 연맹을 탈퇴하였다.
③ 영국은 제1차 아편 전쟁에서 승리하였다.
⑤ 독일은 중국으로부터 칭다오 일대를 조차하였고, 제1차 세계 대전 중에 일본이 산둥반도의 칭다오 일대를 점령한 후 독일의 산둥반도 이권을 일본에 양도할 것 등을 담은 '21개조 요구'를 중국 정부에 제출하였다.

02 메이지 정부의 정책 이해

문제 분석 자료에서 군대만 홀로 강하게 되는 것은 있을 수 없는 일이며 국력을 양성해야 한다는 사료의 내용과, 이 사료가 사절단을 이끌고 미국과 유럽을 돌아본 이와쿠라 도모미의 주장이라는 내용을 통해 밑줄 친 '신정부'가 1868년 수립된 메이지 정부임을 알 수 있다.

정답 찾기 ⑤ 1871년에 청과 일본은 대등한 입장에서 청일 수호 조규를 체결하였다.

오답 피하기 ① 조선에서 열강의 이권 침탈이 심해지는 상황에서 서재필과 같은 개화 지식인들은 독립신문을 발행하였다.
② 청 정부는 의화단 운동 이후 신정을 추진하면서 1908년에 입헌파의 주장을 받아들여 흠정 헌법 대강을 반포하였다.
③ 1858년 에도 막부는 미국과 미일 수호 통상 조약을 체결하였다.
④ 청의 양무운동은 제도와 사상은 중국의 것을 토대로 하고, 서양의 과학 기술을 수용하자는 중체서용의 방식으로 전개되었다.

03 대일본 제국 헌법 제정의 배경 이해

문제 분석 자료에서 메이지 23년부터 제국 의회를 소집하여 의회 개회와 함께 헌법이 유효하도록 한다는 내용을 통해 밑줄 친 '이 헌법'이 대일본 제국 헌법임을 알 수 있다.

정답 찾기 ① 일본의 자유 민권 운동은 서양식 의회 설치와 헌법 제정을 요구하면서 전국 각지에서 전개되었다. 메이지 정부는 자유 민권 운동을 탄압하면서도 서구식 정치 제도의 필요성은 인정하였다. 그에 따라 대일본 제국 헌법을 제정하여 입헌제 국가의 제도적 기반을 마련하였다.

오답 피하기 ② 19세기 중엽부터 청에서는 증국번, 이홍장 등이 중국의 전통 체제는 유지하면서 서구의 과학 기술을 들여오기 위한 양무운동을 전개하였다.
③ 성리학자인 하야시 라잔은 에도 막부의 제도와 의례를 정비하였다.

④ 1911년 우창 신군의 봉기를 계기로 신해혁명이 본격화되어 1912년 쑨원을 임시 대총통으로 하는 공화 정체의 중화민국이 수립되었다.
⑤ 1882년 조선의 구식 군인들이 별기군과의 차별 대우에 반발하여 임오군란을 일으켰다.

04 동학 농민 운동 시기의 사실 파악

문제 분석 자료에서 조선에 변란이 발생하여 청과 일본이 모두 조선에 들어왔으며 청이 조선에 내정 간섭을 시도하는 일본을 비판하고 있다는 사실을 통해 자료의 서신은 동학 농민 운동 당시 청과 일본 양국 군대가 조선에 파병된 시기에 작성된 것임을 알 수 있다.

정답 찾기 ③ 1894년 발발한 동학 농민 운동으로 청과 일본 양국 군대가 조선에 파병되었다. 이후 일본의 도발로 청일 전쟁이 발발하였고, 1895년 시모노세키 조약으로 종결되었다.

05 워싱턴 회의 시기의 사실 파악

문제 분석 자료에서 주력함 할당 톤수로 각 해군 세력비를 공평하게 표준화한다는 내용과 미국 대통령의 훈령에 기초하여 영국, 일본 등에 해군 군비 제한을 제안한다는 내용을 통해 밑줄 친 '회의'가 해군 군비 감축을 다룬 워싱턴 회의(1921~1922)임을 알 수 있다.

정답 찾기 ⑤ 1919년 9월 상하이에서 대한민국 임시 정부가 수립되었고 민주 공화제를 표방한 임시 헌법이 제정되었다. 대한민국 임시 정부는 1932년까지 상하이에 있었다.

오답 피하기 ① 프랑스와 베트남은 1862년에 제1차 사이공 조약을 체결하였다.
② 이타가키 다이스케 등이 1874년 민선 의원 설립 건백서를 작성하였고, 이를 계기로 일본에서 자유 민권 운동이 본격화되었다.
③ 제1차 세계 대전에 참전한 일본은 칭다오 일대를 점령하고, 산둥반도의 독일 이권 양도, 뤼순과 다롄의 조차 기한 연장 등의 내용을 담은 '21개조 요구'를 중국에 제출하였다(1915).
④ 일본은 1938년 국가의 인적 · 물적 자원을 동원할 수 있는 국가 총동원법을 제정하여 일본과 타이완 및 한반도 등지에서 실시하였다.

06 제2차 국공 합작 이해

문제 분석 자료에서 일본이 무력으로 화베이 일대를 공격했으며, 중국 공산당의 홍군 장병들이 현재 국민당 장제스의 영도 아래 적과 싸우고 있다는 내용을 통해 문서가 중일 전쟁 이후 제2차 국공 합작 시기에 작성된 것임을 알 수 있다.

정답 찾기 ③ 1937년 베이징 인근의 루거우차오에서 중국과 일본의 군사적 충돌이 발생하였다(루거우차오 사건). 이를 계기로 일본이 중국을 전면적으로 침략하면서 중일 전쟁이 발발하였다.

오답 피하기 ① 쑨원이 1925년 사망한 후 실권을 장악한 장제스가 1926년 국민 혁명군을 이끌고 군벌 타도를 위한 북벌에 나섰다. 이후 국민 혁명군은 난징을 수도로 국민당 정부를 수립하였다.
② 조선 혁명군과 한국 독립군 모두 만주 사변 이후인 1930년대에 중국 세력과 연대하여 항일 무장 투쟁을 전개하였다.
④ 한국의 독립군 연합 부대는 1920년 봉오동 전투에서 일본군을 상대로 승리를 거두었다.
⑤ 중국의 베이징 정부는 5 · 4 운동을 통해 분출된 민중의 요구에 굴복하여 베르사유 조약의 조인을 거부하였다.

07 태평양 전쟁 시기의 사실 파악

문제 분석 자료에서 미국이 미드웨이 해전에서 승리하고, 카이로에서 장제스, 루스벨트, 처칠이 회의를 열었다는 내용을 통해 밑줄 친 '전쟁'이 태평양 전쟁임을 알 수 있다.

정답 찾기 ④ 대한민국 임시 정부 산하의 군사 조직인 한국광복군은 태평양 전쟁 중에 미국의 지원을 받아 국내 진공 작전을 준비하였으나, 일본의 갑작스런 항복으로 실행에 옮기지는 못하였다.

오답 피하기 ① 국민 혁명 과정에서 중국 공산당과 노동자의 세력이 급성장하였다. 이에 자본가의 지원을 받던 장제스는 1927년 상하이에서 쿠데타를 일으켜 이들을 탄압하였고, 이후 제1차 국공 합작이 결렬되었다.
② 일본은 1875년 운요호 사건을 일으켜 이듬해 조선과 강화도 조약을 체결하였다.
③ 안중근은 1909년 하얼빈에서 이토 히로부미를 사살하고, 뤼순 감옥에 갇혀 지낼 때 동아시아 평화를 위한 한 · 중 · 일의 상호 협력을 주장한 「동양 평화론」을 저술하였다.
⑤ 1928년 장제스의 국민 혁명군이 베이징을 점령함으로써 국민 혁명(북벌)은 마무리되었다.

08 조선 의용대의 활동 이해

문제 분석 자료에서 김원봉 등이 중심이 되어 조직하였으며, 중국의 지원을 받고 있다는 내용을 통해 (가) 군사 조직이 조선 의용대임을 알 수 있다.

정답 찾기 ⑤ 조선 의용대 일부가 화북 지역으로 이동해 조선 의용군으로 편성되어 대일 항전을 계속하였다.

오답 피하기 ① 서양 열강과 일본은 8개국 연합군을 결성하여 의화단 운동을 진압하였다.
② 간도 지역의 독립군 부대는 봉오동과 청산리에서 일본군에 맞서 큰 승리를 거두었다(1920).
③ 한국광복군은 인도 · 미얀마 전선에서 영국군과 연합 작전을 전개하였다.
④ 만주 지역의 한국 독립군과 조선 혁명군은 만주 사변을 계기로 각각 한 · 중 연합 작전을 전개하였다.

09 제2차 세계 대전 전후 처리와 냉전 체제

닮은꼴 문제 본문 124쪽

1 베트남 전쟁 시기 동아시아 정세 파악 정답 ④

문제 분석 자료는 닉슨이 대통령이라는 점, 4개월 후에 닉슨이 중국을 방문할 것이라는 점, 공동 성명이 승인될 것이라는 점 등을 통해 미국의 닉슨 대통령이 중국을 방문(1972)하기 직전의 상황에 대한 것임을 알 수 있다.

정답 찾기 ④ 베트남 전쟁은 1964년 통킹만 사건을 계기로 미국이 개입하면서 본격화되었고, 미중 공동 성명 발표 이후인 1975년에 종결되었다.

오답 피하기 ① 일본이 만주 사변을 일으키자 중국은 일본을 국제 연맹에 제소하였고, 국제 연맹은 진상을 조사하기 위해 리튼 조사단을 파견하였다. 이후 국제 연맹은 리튼 조사단의 조사를 바탕으로 만주에서 일본군의 철수를 요구하였다. 그러나 일본은 이를 무시하고 국제 연맹을 탈퇴하였다.
② 1987년 전두환 정부가 대통령 간선제 방식을 고수하자 국민들은 대대적인 민주화 시위(6월 민주 항쟁)를 전개하였다. 결국 정부는 국민들의 요구를 수용하였고, 같은 해에 대통령 직선제 개헌이 이루어졌다.
③ 중국 국민당과 중국 공산당은 군벌 타도의 필요성을 공감하며 1924년 소련의 지원 아래 제1차 국공 합작을 이루었다.
⑤ 1992년 한국은 중국과 국교를 수립하였다. 그 결과 한국과 타이완의 국교는 단절되었다.

수능 기본 문제 본문 125~126쪽

01 ①	02 ①	03 ①	04 ①
05 ③	06 ④	07 ②	08 ③

01 포츠담 선언 이해

문제 분석 자료에서 독일이 항복한 이후 전황이 더욱 악화되고 있는 상황이라는 점, 천황이 종전의 길을 모색하고 있다는 점, 소련 참전의 정보를 접한 날 연합국 대표들이 항복을 촉구한 사항에 대해 수락을 결의하였다는 점 등을 통해 밑줄 친 '선언'이 포츠담 선언임을 알 수 있다.

정답 찾기 ① 연합국 대표들은 1945년 7월 포츠담 선언을 통해 카이로 선언의 이행을 재확인하고 일본의 무조건 항복을 촉구하였다.

오답 피하기 ② 파리 강화 회의에서 일본의 산둥반도에 대한 이권이 인정되자 이에 반발하여 5·4 운동이 전개되었다.
③ 미국은 1973년 파리 평화 협정을 체결하여 미군이 베트남에서 철수하는 것에 공식 합의하였다.
④ 청일 전쟁에서 승리한 일본은 1895년 청과 시모노세키 조약을 체결하여 타이완을 할양받았다.
⑤ 국제 연맹이 리튼 조사단의 보고서를 토대로 일본의 만주 침략을 규탄하고 일본군의 철수를 요구하자, 일본은 국제 연맹을 탈퇴하였다.

02 극동 국제 군사 재판(도쿄 재판) 이해

문제 분석 자료에서 도조 히데키 등 전쟁 범죄자에 극형 언도 요구, 일본의 침략 행위 언급 등을 통해 밑줄 친 '이 재판'이 극동 국제 군사 재판(도쿄 재판)임을 알 수 있다. 주요 전쟁 범죄자 처벌을 위한 극동 국제 군사 재판은 1946년부터 1948년까지 개최되었다.

정답 찾기 ① 극동 국제 군사 재판은 전쟁 책임을 일본 군부 등에 물어 천황을 재판에 회부하지 않았다.

오답 피하기 ② 1973년 베트남 전쟁 논의를 위해 파리 평화 회담이 개최되어 파리 평화 협정이 체결되었다. 이후 미군이 베트남에서 전면 철수하였다.
③ 일본의 자유 민권 운동은 서양식 의회 설치와 헌법 제정을 요구하면서 각지에서 전개되었다. 메이지 정부는 자유 민권 운동을 탄압하면서도 서구식 정치 제도의 필요성은 인정하였다. 그에 따라 대일본 제국 헌법을 제정하여 입헌제 국가의 제도적 기반을 마련하였다.
④ 워싱턴 회의는 일본 등 5개국의 해군 군비를 축소하고 중국 문제 등을 둘러싼 열강의 이해관계를 조정할 목적에서 미국의 주도로 1921~1922년에 개최되었다. 이 회의에서 해군 군비 축소, 일본의 산둥반도에 대한 이권을 중국에 반환, 중국의 주권 존중과 영토 보전이 결정되었다. 이 회의에 따라 새로운 국제 질서인 워싱턴 체제가 형성되었다.
⑤ 1950년 북한의 전면 남침으로 6·25 전쟁이 발발하자, 미군 주도의 유엔군이 참전하였다.

03 일본 신헌법(평화 헌법)의 특징 이해

문제 분석 자료에서 연합국 최고 사령부의 초안을 기초로 만들어졌다는 점, 일본 우파가 개정하려 했다는 점 등을 통해 1946년에 제정된 일본의 신헌법(평화 헌법)에 대한 내용임을 알 수 있다.

정답 찾기 ① 일본의 신헌법은 천황을 상징적 존재로 규정하였으며 일본의 군사력 보유를 금지하였다.

오답 피하기 ② 1889년 메이지 정부가 제정한 대일본 제국 헌법에 따라 이듬해인 1890년 제국 의회가 설립되었다.

③ 고종은 대일본 제국 헌법이 반포된 이후인 1899년에 대한국 국제를 반포하여 대한 제국이 전제 군주정 국가임을 대내외에 널리 알렸다.
④ 중화민국 수립 후 위안스카이가 제정의 부활을 시도하는 등 공화제가 유명무실해지자 천두슈 등은 이를 비판하면서 잡지 『신청년』을 펴내 서양 과학과 민주주의의 수용을 주장하는 신문화 운동을 전개하였다.
⑤ 안중근은 1909년 하얼빈에서 이토 히로부미를 사살하고, 뤼순 감옥에 갇혀 있을 때 동아시아 평화를 위한 한 · 중 · 일의 상호 협력을 주장한 「동양 평화론」을 집필하였다.

04 샌프란시스코 강화 조약 이해

문제 분석 자료에서 일본 국민에게 주권 회복, 일본을 국제 공동체에 회원국으로 복귀시킬 것 등의 내용을 통해 밑줄 친 '이 조약'이 샌프란시스코 강화 조약임을 알 수 있다.

정답 찾기 ① 6 · 25 전쟁 중이던 1951년 9월 샌프란시스코 강화 조약의 체결을 계기로 일본은 주권을 회복할 수 있었다.

오답 피하기 ② 미일 수호 통상 조약, 강화도 조약 등에 영사 재판권 조항이 포함되었다.
③ 1972년 미국 대통령 닉슨이 중국을 방문해 미중 공동 성명을 발표하자, 같은 해 일본은 중국과 중일 공동 성명을 발표하였다.
④ 청일 전쟁에서 승리한 일본이 1895년 시모노세키 조약을 체결하여 랴오둥반도를 차지하자, 러시아가 프랑스, 독일과 함께 삼국 간섭에 나섰다.
⑤ 러일 전쟁의 강화 조약인 포츠머스 조약을 통해 일본은 러시아로부터 한반도에서의 우월한 지위를 인정받고, 러시아의 조차지인 뤼순과 다롄의 조차권을 확보하였다. 또한 남만주의 철도에 관한 이권을 확보하였으며, 북위 50도 이남의 사할린섬을 차지하였다.

05 국공 내전 중의 사실 파악

문제 분석 자료에서 일본군을 무장 해제시킨 이후라는 점, 중국에서 일어났다는 점, 공산주의 세력이 주도권을 잡고 있다고 평가된다는 점, 장제스의 군대가 남쪽으로 밀려났다는 점 등을 통해 밑줄 친 '내전'이 국공 내전임을 알 수 있다. 국공 내전은 1946년부터 본격화되었고 국공 내전의 과정에서 1949년 중국 본토에 중화 인민 공화국이 수립되었다.

정답 찾기 ③ 1948년 8월 15일 이승만을 초대 대통령으로 하는 대한민국 정부가 수립되었다.

오답 피하기 ① 국제 연맹은 일본의 만주 침략을 조사하고자 1932년 만주에 리튼 조사단을 파견하였다.
② 중일 전쟁을 일으킨 일본은 1938년 국가 총동원법을 제정하여 전쟁 물자를 동원하고자 하였다. 이에 한반도 등지에서는 쌀과 금속이 공출되었다.
④ 러일 전쟁(1904~1905) 당시 일본군이 동해에서 러시아의 발트 함대를 격파하였다.
⑤ 1945년 2월에 열린 얄타 회담에서 연합국 대표들은 소련의 대일전 참전을 결정하였고, 소련은 일본의 항복 직전인 1945년 8월 대일전에 참전하였다.

06 6 · 25 전쟁 중의 동아시아 상황 파악

문제 분석 자료에서 북한군과의 싸움, 중국군의 북한 투입 등의 내용을 통해 밑줄 친 '전쟁'이 6 · 25 전쟁(1950~1953)임을 알 수 있다.

정답 찾기 ④ 6 · 25 전쟁이 발발하고 일본에 주둔한 미군이 한국으로 파병되자, 일본에서 경찰 예비대가 창설되었다. 경찰 예비대는 1954년 자위대로 확대 개편되었다.

오답 피하기 ① 장제스는 1926년 국민 혁명군을 이끌고 군벌 타도를 위한 북벌에 나섰다. 1928년 장제스의 국민 혁명군이 베이징을 점령한 이후 북벌이 마무리되었다.
② 1937년 일본이 루거우차오 사건을 계기로 중일 전쟁을 일으키자 중국 국민당과 중국 공산당은 제2차 국공 합작을 결성하여 항일 전쟁을 전개하였다.
③ 1868년에 수립된 메이지 정부는 폐번치현, 징병제 실시, 서양식 공장 설립, 소학교 설립 등의 근대적 개혁을 실시하였다.
⑤ 1950년 1월 미국의 애치슨 국무 장관이 태평양 지역 방위선인 애치슨 라인을 발표하였다. 이후 6 · 25 전쟁이 발발하였다.

07 베트남 · 프랑스 전쟁의 결과 이해

문제 분석 자료에서 프랑스군이 하노이 교외 일대를 공격 중이며 공화국 군대의 탄약고를 폭파하였다는 점 등의 내용을 통해 해당 전쟁이 베트남 · 프랑스 전쟁에 대한 것임을 알 수 있다.

정답 찾기 ② 베트남 · 프랑스 전쟁의 결과 1954년 맺은 제네바 협정으로 베트남은 북위 17도선을 경계로 하여 남과 북이 분단되었다.

오답 피하기 ① 1945년 2월에 제2차 세계 대전의 전후 처리를 위해 개최된 얄타 회담에서 독일 처리 문제, 소련의 대일전 참전 등이 결정되었다.
③ 한국과 중국은 냉전 체제가 붕괴된 이후인 1992년 국교를 수립하였다.
④ 일본의 패망 이후 호찌민이 1945년 베트남 민주 공화국 수립을 선포하였다.
⑤ 제1차 국공 합작의 결렬 이후 중국 국민당의 중국 공산당에 대한 탄압이 거세어지자 마오쩌둥 등은 루이진을 포기하고 1934년 대장정을 단행하였다.

08 일본과 타이완의 국교 단절 배경 이해

문제 분석 자료에서 타이완 정부가 일본과의 외교 단절 선언, 외교 단절에 관해 일본 정부의 책임이 언급된 점 등을 통해 밑줄 친 '선언'이 1972년에 있었던 타이완과 일본의 국교 단절에 대한 것임을 알 수 있다.

정답 찾기 ③ 1972년에 발표된 중일 공동 성명을 통해 일본은 중화 인민 공화국을 중국의 유일한 합법 정부로 인정하였다. 그 결과 일본과 타이완의 국교는 단절되었다.

오답 피하기 ① 1931년 일본군은 남만주 철도 일부를 폭파한 후 이를 중국군의 소행으로 몰아 만주 사변을 일으켰다.
② 1951년 미일 안보 조약을 체결하여 일본은 미국과 군사 동맹을 맺었다.
④ 청일 전쟁에서 승리한 일본은 1895년 청과 시모노세키 조약을 체결하여 타이완을 할양받았다.
⑤ 닉슨 대통령이 중국을 방문하고 미중 공동 성명이 발표되었다(1972). 이후 1979년에 미중 수교가 이루어지면서 미국과 타이완의 국교가 단절되었다.

수능 실전 문제

본문 127~130쪽

1 ②	2 ④	3 ⑤	4 ⑤
5 ③	6 ③	7 ②	8 ③

1 카이로 선언 시기 파악

문제 분석 자료는 적당한 시기에 한국을 독립시킬 것을 미국의 루스벨트, 영국의 처칠, 중국의 장제스가 서명했다는 내용 등을 통해 카이로 선언에 대한 것임을 알 수 있다.

정답 찾기 ② 카이로 선언은 제2차 세계 대전 중인 1943년에 연합국 측의 미국, 영국, 중국이 발표한 것으로, 일본 점령지의 반환을 요구하고 한국의 독립을 결정하였다. 1942년 발발한 미드웨이 해전은 태평양 전쟁의 주요 전투 중 하나로, 여기에서 미군이 승리함으로써 전세가 연합군에 유리하게 전환되었다. 미국은 1945년 8월 일본의 히로시마와 나가사키에 원자 폭탄을 투하하였다.

2 일본 신헌법(평화 헌법) 제정 당시의 상황 이해

문제 분석 자료에서 국민이 권력을 소유, 포츠담 선언 수락에 기초하고 있다는 점, 국민 주권에 기초하여 제정된 것이라는 점 등을 통해 (가) 헌법이 1946년에 제정된 일본의 신헌법(평화 헌법)임을 알 수 있다.

정답 찾기 ④ 1945년 일본 패망 이후 38도선을 경계로 남한에 미군이 진주하였다. 대한민국 정부 수립 이후 미군은 한반도에서 철수를 본격화하였다.

오답 피하기 ① 한국 정부는 미국의 요청에 따라 1960년대 중엽부터 한국군을 베트남 전쟁에 파병하였다.
② 1950년 6월 북한군의 남침으로 6·25 전쟁이 일어났고, 1953년 정전 협정이 조인되었다.
③ 1937년 루거우차오 사건을 빌미로 일본군이 중일 전쟁을 일으켰고, 중국은 이에 맞서 제2차 국공 합작을 이루어 항일전을 지속하였다.
⑤ 1955년 베트남 공화국이 수립되자, 이에 대항하여 1960년 남베트남 민족 해방 전선이 결성되었다.

3 샌프란시스코 강화 회의 이해

문제 분석 자료에서 일본의 재무장이 헌법상 부인되어 있는 시기라는 점, 주권 회복의 내용을 담았다는 점 등을 통해 밑줄 친 '이 회의'가 샌프란시스코 강화 회의라는 것을 알 수 있다.

정답 찾기 ⑤ 1951년 샌프란시스코 강화 회의의 결과 샌프란시스코 강화 조약이 체결되었다. 이를 통해 일본은 주권 국가로 복귀하였으나, 강화 조약 체결 과정에 한국과 중국 등 일부 피해국은 참여하지 못하였다. 한편 샌프란시스코 강화 조약 체결 직후 같은 날 미국과 일본은 미일 안보 조약을 체결하였다.

오답 피하기 ① 청일 전쟁에서 승리한 일본은 1895년 청과 시모노세키 조약을 체결하여 랴오둥반도와 타이완 등을 할양받았다. 하지만 러시아가 주도한 삼국 간섭으로 일본은 랴오둥반도를 다시 청에 돌려주었다.
② 연합국 대표들은 1945년 7월 포츠담 선언을 통해 카이로 선언의 이행과 일본의 무조건 항복을 요구하였다.
③ 포츠담 선언에 따라 1946년부터 일본의 전범을 처벌하기 위해 극동 국제 군사 재판(도쿄 재판)이 개최되었다.
④ 미국은 1973년 파리 평화 협정을 체결하여 미군이 베트남에서 철수하는 것에 공식 합의하였다.

4 국공 내전 이해

문제 분석 자료에서 장제스 총통, 중국 동남부로 진출하고 있는 공산주의 세력, 공산주의 세력의 충칭 점령, 난징 및 광저우에서 공산주의 세력을 환영 등의 내용을 통해 밑줄 친 '내전'이 국공 내전임을 알 수 있다.

정답 찾기 ⑤ 국공 내전에서 전세를 역전시키고 중국 본토의 대부분을 장악한 중국 공산당의 마오쩌둥은 1949년 중화 인민 공화국 수립을 선포하였다.

오답 피하기 ① 북벌 과정에서 중국 국민당과 중국 공산당은 갈등을 빚게 되었고, 1927년 장제스가 중국 공산당을 탄압한 후 제1차 국공 합작이 결렬되었다.

② 청일 전쟁의 결과 시모노세키 조약이 체결되었다.
③ 천두슈 등이 전개한 신문화 운동은 1919년에 일어난 5·4 운동에 영향을 주었다.
④ 1937년 루거우차오 사건을 배경으로 중일 전쟁이 본격화되었다.

5 경찰 예비대 창설 시기의 상황 이해

문제 분석 자료에서 연합국 최고 사령부 맥아더 원수가 경찰력의 수를 증가할 것을 허용, 경찰 예비대 창설 등의 내용을 통해 밑줄 친 '최근'이 6·25 전쟁이 전개되고 있던 1950년임을 알 수 있다.

정답 찾기 ③ 일본의 패망 이후 장제스가 이끄는 중국 국민당은 중국 공산당과 국공 내전을 벌였다. 중국 공산당은 중국 본토 대부분을 장악하고 중화 인민 공화국을 수립하였으며, 중국 국민당 정부는 타이완으로 이동하였다(1949). 이후 중국 국민당 정부는 중화 인민 공화국의 공격에 대비하였다.

오답 피하기 ① 미국은 1951년 샌프란시스코 강화 조약이 체결된 날에 미일 안보 조약(미일 안전 보장 조약)을 맺어 일본과 군사 동맹 관계를 구축하였다.
② 국제 연맹이 리튼 조사단의 보고서를 토대로 만주에서 일본군의 철수를 요구하자, 일본은 1933년 국제 연맹을 탈퇴하였다.
④ 동방 무정부주의자 연맹은 1920년대 후반 한·중·일 등의 무정부주의자가 참여하여 결성되었다.
⑤ 1975년 북베트남이 사이공을 함락하면서 베트남 전쟁이 종결되었다. 이듬해 베트남 사회주의 공화국이 수립되었다.

6 6·25 전쟁 시기의 상황 파악

문제 분석 자료는 중국군이 압록강에서 청천강에 이르는 지역에서 전투하고 있다는 점, 중국군이 유엔군에 대항하여 싸우고 있다는 점 등을 통해 6·25 전쟁(1950~1953)에 대한 것임을 알 수 있다.

정답 찾기 ③ 6·25 전쟁이 전개되던 1952년 일본은 타이완(중화민국)과 일화 평화 조약을 체결하여 국교를 수립하였다.

오답 피하기 ① 1964년 일어난 통킹만 사건을 빌미로 미국이 베트남 전쟁에 본격적으로 개입하였다. 후에 통킹만 사건은 미국에 의해 조작되었음이 밝혀졌다.
② 1965년 한일 기본 조약이 체결되면서 한국과 일본이 국교를 수립하였다.
④ 중일 전쟁이 발발하자 김원봉은 중국 국민당의 지원을 받아 1938년 중국 관내인 한커우(우한)에서 조선 의용대를 창설하여 중국군과 함께 항일전을 전개하였다.
⑤ 워싱턴 회의(1921~1922)에서는 중국 문제 등을 둘러싼 열강의 이해관계를 조정하고, 영국, 미국, 일본, 프랑스, 이탈리아 등 5개국의 해군 군비 축소를 결정하였다.

7 베트남 전쟁 이해

문제 분석 자료에서 제네바 협정 체결 이후라는 점, 남베트남에서 미국의 정치적 권위가 확립되고 군대가 주둔하게 되어 민족적 저항이 일어나 본격적으로 전개된 전쟁이라는 점 등을 통해 밑줄 친 '전쟁'이 베트남 전쟁임을 알 수 있다.

정답 찾기 ② 미국은 1964년 통킹만 사건을 빌미로 베트남 전쟁에 본격적으로 개입하였으며, 1973년 파리 평화 협정을 체결하여 베트남에서 미군의 전면 철수에 합의하였다.

오답 피하기 ① 중국 공산당은 중국 국민당의 탄압을 피해 1934년 대장정을 감행하여, 루이진에서 옌안까지 이동하였다.
③ 일본은 1941년 하와이 진주만의 미국 태평양 함대를 기습 공격하였고, 이로 인해 태평양 전쟁이 발발하였다.
④ 국제 연맹은 일본의 만주 침략을 조사하고자 1932년 만주에 리튼 조사단을 파견하였다. 이에 리튼 조사단은 만주국이 일본인을 위한 도구라고 명시한 내용 등을 포함한 보고서를 제출하였다.
⑤ 중국 국민당의 주도로 북벌이 전개되자 일본은 자국의 이권을 지킨다는 명분으로 여러 차례 산둥 출병을 감행하였다.

8 닉슨의 중국 방문이 끼친 영향 파악

문제 분석 자료는 중국과 미국의 관계 정상화를 향한 진전을 희망하고 있다는 점, 닉슨 대통령이 중국을 방문한 이후에 도출된 것이라는 점 등을 통해 1972년에 발표된 미중 공동 성명임을 알 수 있다.

정답 찾기 ③ 베트남 전쟁은 1964년 통킹만 사건을 구실로 미군의 참전이 본격화되었으며 1973년 파리 평화 협정의 체결로 미군이 전면 철수를 합의한 이후, 1975년 북베트남이 사이공을 점령하면서 종결되었다.

오답 피하기 ① 1945년 2월에 개최된 얄타 회담에서 전후 독일 처리 문제, 소련의 대일전 참전 등이 결정되었다.
② 미국은 동아시아 안보 체제 강화를 위한 한·일 협력의 필요성을 느꼈고, 한국은 경제 개발을 위해 일본의 자본과 기술이 필요하였으며, 일본은 수출 시장 확대를 위해 한국과의 교역이 필요하였다. 이를 배경으로 한국과 일본은 1965년 국교를 수립하였다.
④ 태평양 전쟁 시기 일본은 대동아 공영권을 내세우며 침략을 정당화하였다. 대동아 공영권은 일본이 저지른 침략 전쟁을 아시아의 모든 민족이 서양 세력의 지배로부터 벗어나 함께 번영하기 위한 것이라고 강조한 것이지만, 실상은 전쟁 과정에서 필요한 자원을 확보하기 위한 논리에 불과하였다.
⑤ 국공 내전 과정에서 중국 본토 대부분을 장악한 중국 공산당이 1949년 중화 인민 공화국을 수립하였고, 중국 국민당 정부는 타이완으로 근거지를 옮겼다.

10 동아시아의 경제 성장과 정치 발전~갈등과 화해

닮은꼴 문제

본문 135쪽

1 4·19 혁명 시기의 동아시아 정세 파악

정답 ②

문제 분석 자료에서 합법적인 평화시위로 출발했다는 점, 학생들이 이승만 정부 물러나고 정·부통령 선거 다시 하자고 외쳤다는 점 등을 통해 밑줄 친 '혁명'이 1960년에 전개된 4·19 혁명임을 알 수 있다.

정답 찾기 ㄴ. 1955년 일본 사회당의 좌·우파가 통합하자 보수 정당인 자유당과 일본 민주당이 자민당(자유민주당)으로 통합하고 집권하여 '55년 체제'가 성립되었다. 일본에서 '55년 체제'는 1993년 비자민당 연립 내각이 구성됨으로써 붕괴되었다.

오답 피하기 ㄱ. 1926년 장제스는 국민 혁명군을 이끌고 군벌 타도를 위한 북벌에 나섰다. 그 결과 1928년 장제스의 국민 혁명군이 베이징을 점령한 이후 북벌이 마무리되었다.

ㄷ. 한국 정부는 미국의 요청에 따라 1960년대 중반부터 베트남 전쟁에 파병하였다.

수능 기본 문제

본문 136~137쪽

01 ③	02 ④	03 ③	04 ③
05 ①	06 ③	07 ⑤	08 ③

01 일본의 거품 경제 형성 배경 이해

문제 분석 자료는 엔화 환율의 급등, 미국·일본·서독 등 5개국 재무 장관 합의 이후의 현상이라는 점 등을 통해 플라자 합의 이후의 상황임을 알 수 있다.

정답 찾기 ③ 일본 정부는 플라자 합의 이후 엔고 현상이 지속되자 금리 인하 정책을 추진하였다. 이에 따라 낮은 이자로 대출을 받은 일본 국민이 주식과 부동산 등에 투자하면서 주가가 치솟고 부동산 가격이 폭등하는 등 경기가 과열되는 거품 경제가 형성되었다.

오답 피하기 ① 마오쩌둥 사후 덩샤오핑이 추진한 개혁·개방 정책은 중국이 고도성장하는 원동력이 되었다. 그 결과 중국은 2010년에 세계 2위의 경제 대국으로 성장하였다.

② 북한은 1980년대 중반 합영법을 제정하여 외국 자본을 유치하고자 하였다.

④ 베트남에서는 1980년대 후반부터 도이머이 정책을 추진하면서 농업에 투자를 집중하였다. 그 결과 쌀 생산이 크게 늘어나 세계적인 쌀 수출국으로 성장하였다.

⑤ 타이완은 2000년대 들어서면서 마이너스 경제 성장률을 기록하는 등 경제 침체를 겪기도 하였다.

02 한국의 박정희 정부 경제 정책 이해

문제 분석 자료에서 4년 동안 혁명과 여러 정부가 있었다는 점, 제1차 경제 개발 5개년 계획의 보완을 완료하였다는 점, 대통령 선거를 통해 새롭게 조직되었다는 점 등을 통해 밑줄 친 '신정부'가 한국의 박정희 정부(1963~1979)임을 알 수 있다.

정답 찾기 ④ 한국의 박정희 정부는 제1차 경제 개발 5개년 계획을 실시하여 수출 주도의 경제 성장 정책을 추진하였다.

오답 피하기 ① 한국은 1980년대 후반 저유가·저달러·저금리의 3저 호황에 힘입어 높은 경제 성장률을 기록하였다.

② 중국의 덩샤오핑은 1992년 남순 강화를 통해 지속적인 개혁·개방 정책의 추진을 강조하였다.

③ 개성 공단은 2000년대 남북한이 경제 교류를 추진하는 과정에서 건설되었다.

⑤ 중국, 북한 등 사회주의 국가들은 정부 수립 전후 토지 개혁을 통해 농민에게 토지를 무상 분배하였다.

03 대약진 운동 이해

문제 분석 자료에서 인민공사가 조직되었다는 점, 마오쩌둥이 주도하고 있다는 점 등을 통해 (가) 운동이 대약진 운동임을 알 수 있다.

정답 찾기 ③ 중국은 1958년부터 대약진 운동을 추진하면서 농업과 공업 분야에서의 대규모 증산 추진을 목표로 삼아 인민공사를 조직하여 농업을 집단화하고, 철강 생산에 노동력을 동원하였다.

오답 피하기 ① 한국에서는 1997년 외환 위기가 발생하여 국제 통화 기금[IMF]의 자금을 지원받았다.

② 중국의 덩샤오핑은 마오쩌둥 사후 시장 경제 체제의 일부 도입 등을 내세우며 개혁·개방 정책을 추진하였고, 베트남은 도이머이 정책을 채택하여 시장 경제 체제 일부를 도입하였다.

④ 한국, 타이완에서는 1950년대에 미국의 원조 물자에 기반을 둔 소비재 산업이 발달하였다.

⑤ 제1차 석유 파동은 1970년대 전반에 일어났다. 일본의 경우 기술 개발과 경영의 합리화로 이를 극복하였다.

04 덩샤오핑의 개혁·개방 정책 이해

문제 분석 자료는 선전 경제특구, 사회주의의 새롭게 태어난 산물, 사회 생산력을 발전시키기 위해 외자를 이용하고 선진 기술 도입 등의 내용을 통해 덩샤오핑이 주도한 개혁·개방 정책에 대한 것임을 알 수 있다.

정답 찾기 ③ 마오쩌둥 사후 덩샤오핑의 주도로 개혁·개방 정책이 추진되었다. 이에 따라 사기업의 설립이 허용되었고 경제특구가 설치되어 외국 자본의 중국에 대한 투자가 증가하였다.

오답 피하기 ① 고종은 1897년 황제로 즉위하고 대한 제국을 수립하였다. 또한 광무개혁을 통해 근대 국가를 건설하려고 노력하였다.
② 북한에서는 자본·물자·기술 등이 부족해지자 1950년대 후반 천리마 운동을 시작하여 경제 발전을 꾀하였다.
④ 홍수전 등이 주도한 태평천국 운동은 남녀평등, 토지 균분 등의 주장을 내세워 많은 농민의 지지를 얻었으나 10여 년 만에 진압되었다.
⑤ 대약진 운동은 집단화에 따른 농민의 불만, 근로 의욕 감소, 자연재해 등으로 실패하였고 마오쩌둥의 정치적 입지가 약화되었다. 이에 마오쩌둥은 1966년 문화 대혁명을 일으켜 반대파를 제거하고 권력을 장악하였다.

05 '55년 체제' 시기의 동아시아 상황 파악

문제 분석 자료에서 일본 총선의 결과 자민당과 일본 사회당이 동거해 온 체제가 38년 만에 무너졌다는 점 등을 통해 밑줄 친 '이 체제'가 일본의 '55년 체제'임을 알 수 있다. 1955년에 성립된 '55년 체제'는 1993년 비자민당 연립 정권이 수립되면서 붕괴되었다.

정답 찾기 ① 1964년 일어난 통킹만 사건을 빌미로 미국이 베트남 전쟁에 본격적으로 개입하였다.

오답 피하기 ② 애치슨 라인은 미국의 국무 장관 애치슨이 발표한 미국의 태평양 지역 방위선으로, 6·25 전쟁 발발 이전인 1950년 1월에 발표되었다.
③ 대한민국 정부는 1948년 8월 15일 수립되었다.
④ 극동 국제 군사 재판(도쿄 재판)은 1946~1948년에 걸쳐 일본의 주요 전쟁 범죄자들을 처벌하기 위해 진행되었다.
⑤ 국공 내전의 과정에서 중국 본토 대부분을 장악한 중국 공산당이 1949년 중화 인민 공화국을 수립하였고, 중국 국민당 정부는 타이완으로 근거지를 옮겼다.

06 4·19 혁명 시기의 동아시아 정세 파악

문제 분석 자료에서 이승만 정권을 비판하고 있다는 점, 3·15 부정 선거를 규탄한다는 점 등을 통해 밑줄 친 '혁명'이 4·19 혁명(1960)임을 알 수 있다.

정답 찾기 ③ 일본에서는 1955년 '55년 체제'가 성립되어 1993년 비자민당 연립 내각이 수립될 때까지 자민당이 장기 집권하였다.

오답 피하기 ① 한국에서는 1987년 6월 민주 항쟁 당시 시민들이 대통령 직선제 개헌을 요구하였다.
② 중국에서 문화 대혁명은 1966년에 시작되어 1976년에 마오쩌둥이 사망한 후 종식되었다.
④ 지속적인 민주화 운동의 결과 타이완에서는 일부 섬을 제외하고 1987년 계엄령이 해제되었고, 이후 복수 정당제가 도입되었다.
⑤ 파리 평화 협정으로 미군이 전면 철수한 후 1975년 북베트남이 사이공을 점령하면서 베트남 전쟁이 종결되었고, 1976년 베트남 사회주의 공화국이 수립되었다.

07 톈안먼 사건 이해

문제 분석 자료에서 후야오방의 장례식 거행, 톈안먼 광장에 계엄 실시, 베이징의 대학생과 노동자들의 민주화 촉구, 덩샤오핑 등의 내용을 통해 밑줄 친 '시위'가 1989년에 일어난 톈안먼 사건임을 알 수 있다. 중국에서는 1989년 정치적 민주화를 요구하는 톈안먼 사건이 일어났다.

정답 찾기 ⑤ 1987년 한국에서 6월 민주 항쟁으로 대통령 직선제 개헌이 이루어졌다. 이후 한국에서는 현재까지 직선제를 통해 대통령을 선출하고 있다.

오답 피하기 ① 6·25 전쟁이 발발하자 일본에서는 1950년 8월에 경찰 예비대가 창설되었다.
② 중국은 농업과 공업 분야에서의 대규모 증산 추진을 목표로 1958년부터 대약진 운동을 추진하였다.
③ 일본의 패망 이후 호찌민이 1945년 베트남 민주 공화국 수립을 선포하였다.
④ 천수이볜은 2000년 총통으로 당선되어 타이완에서 최초로 평화적인 여야 정권 교체를 이루었다.

08 동아시아의 영토 분쟁 이해

문제 분석 자료에서 중국과 일본의 영유권 분쟁 지역이라는 점, 일본의 관련 당국이 자국 지도상에 지명을 표기할 계획이라는 점, 일본이 실효 지배하고 있는 점, 중국과 타이완이 영유권을 주장하고 있다는 점을 통해 밑줄 친 '이곳'이 센카쿠 열도(댜오위다오)임을 알 수 있다.

정답 찾기 ③ 일본과 중국, 타이완이 영토 분쟁을 벌이고 있는 센카쿠 열도(댜오위다오)이다.

오답 피하기 ① 일본이 러시아와 영토 분쟁을 벌이고 있는 남쿠릴 열도의 4개 섬(북방 도서)이다.
② 일본의 영토인 오키나와현이다.
④ 베트남과 중국 등이 갈등을 벌이고 있는 시사 군도(파라셀 군도)이다.
⑤ 중국, 베트남, 필리핀 등이 영유권 분쟁을 벌이고 있는 난사 군도(스프래틀리 군도)이다.

수능 실전 문제 본문 138~141쪽

1 ①	2 ④	3 ④	4 ③
5 ④	6 ④	7 ③	8 ④

1 일본의 거품 경제 형성 배경 파악

문제 분석 자료에서 미국의 달러화 강세 속에서 미국, 일본, 서독 등 G5 재무 장관 합의 이후 나타난 엔화 강세에 대응하기 위해 일본 정부가 금융 시장에 개입하였다는 점, 금리 인하 정책이 단행되었다는 점 등을 통해 (가)에는 일본의 거품 경제에 대한 내용이 들어가야 함을 알 수 있다.

정답 찾기 ① 1985년 미국의 주도로 일본, 서독 등 G5의 재무 장관 등이 미국 달러화 강세를 완화하기 위해 일본 엔화와 서독 마르크화의 평가 절상을 합의하였다(플라자 합의). 플라자 합의로 엔화의 가치가 상승하자 일본 정부는 수출 기업을 보호하기 위해 금리를 대폭 낮추었다. 이에 일본 국민이 낮은 이자로 대출을 받아 주식과 부동산 등에 투자하면서 주가와 부동산 가격이 폭등하는 등 경기가 과열되어 거품 경제가 형성되었다.

오답 피하기 ② 베트남 전쟁은 1964년 통킹만 사건을 구실로 미군의 참전이 본격화되었으며 1973년 파리 평화 협정의 체결로 미군이 전면 철수한 후, 1975년 북베트남이 사이공을 점령하면서 종결되었다. 한편 한국 정부는 미국의 요청에 따라 1960년대 중엽 한국군을 베트남 전쟁에 참전시켰다.
③ 일본, 한국 등은 1970년대 두 차례의 석유 파동을 겪었다.
④ 한국은 1962년부터 제1차 경제 개발 5개년 계획을 시작하여 수출 주도형 경제 성장 정책을 추진하였다.
⑤ 한국은 1997년 외환 위기가 발생하여 국제 통화 기금[IMF]으로부터 긴급 구제 금융 지원을 받았다.

2 한국의 3저 호황 당시 동아시아 상황 이해

문제 분석 자료에서 미국 시장의 엔고를 배경으로 가격 경쟁력 보유, 대미 수출 급증, 3저의 현상, 연 12%대의 높은 성장률 등을 토대로 밑줄 친 '이 시기'가 1980년대 후반임을 알 수 있다. 1980년대 후반 저유가·저달러·저금리의 3저 호황으로 한국은 높은 경제 성장률을 기록하였다.

정답 찾기 ④ 1987년 타이완에서는 일부 섬을 제외하고 계엄령이 해제되었다.

오답 피하기 ① 박정희 정부는 1972년 국회를 해산하고 이른바 10월 유신을 선포하였다. 그리고 헌법을 개정하여 모든 권력을 대통령에게 집중시킨 유신 헌법을 공포하였다.
② 1972년에 미국의 닉슨 대통령은 중국을 방문하여 마오쩌둥과 만나 회담하였다.
③ 1993년 비자민당 연립 정권이 구성되어 '55년 체제'가 붕괴되었다.
⑤ 파리 평화 협정으로 미군이 전면 철수에 합의한 이후 1975년 북베트남이 사이공을 점령하면서 베트남 전쟁은 종결되었고, 1976년 베트남 사회주의 공화국이 수립되었다.

3 중국의 개혁·개방 정책 이해

문제 분석 자료는 국유 기업 양도, 증권 거래소 업무 개시, 기업 등록의 승인제, 경영자 연봉제와 종업원 주주제 실험, 선전 경제 특구 등의 내용을 통해 중국의 개혁·개방 정책에 대한 것임을 알 수 있다. 덩샤오핑은 선전 등지에 경제특구를 설치하여 외국 자본과 기술을 유치하는 개방 정책을 전개하였다.

정답 찾기 ④ 덩샤오핑은 마오쩌둥이 사망(1976)한 후 4개 부문 현대화, 시장 경제 체제의 일부 도입 등을 내세우며 개혁·개방 정책을 추진하였다.

오답 피하기 ① 북한에서는 1950년대 후반 천리마 운동을 시작하여 대중 동원을 통한 경제 발전을 꾀하였다.
② 대약진 운동 시기 중국에서는 인민공사를 조직하여 농업의 집단화를 시도하였다.
③ 국공 내전과 6·25 전쟁을 거치면서 미국은 일본의 전략적 역할에 주목하였다. 6·25 전쟁 발발 후 미국의 주도하에 1951년 9월 샌프란시스코 강화 조약을 맺어 일본을 주권 국가로 국제 사회에 복귀시키는 계기를 마련하였다. 그리고 같은 날에 미일 안보 조약이 체결되었다.
⑤ 1972년 닉슨 대통령이 미국 대통령 중에 처음으로 중국을 방문하여 미중 공동 성명을 발표하였다. 당시 중국은 마오쩌둥이 문화 대혁명을 전개하고 있었다.

4 도이머이 정책 이해

문제 분석 자료에서 베트남의 제6차 공산당 대회, 사회주의 지향의 시장 경제 체제로 빠르게 진행, 투자 구조의 조정, 소유 제도의 다양화, 대외 경제 관계의 다변화, 경제 운영 체계의 개혁 등의 내용을 통해 밑줄 친 '이 정책'이 베트남의 도이머이 정책임을 알 수 있다.

정답 찾기 ③ 베트남 정부는 1986년에 개혁·개방을 표방하는 도이머이 정책을 채택한 이후 시장 경제 체제의 일부를 도입하였다. 정부는 농민의 생산 의욕을 고취하고자 개인 농가에 농지를 대여하고 농업세를 낮추었으며, 농업 부문에 집중 투자하였다. 이후 베트남은 세계적인 쌀 수출국으로 성장하였다.

오답 피하기 ① 마오쩌둥 사후 덩샤오핑은 개혁·개방 정책을 추진하였으며, 1992년 남순 강화를 계기로 개혁·개방 정책이 가속화되었다.

② 6·25 전쟁이 진행되는 동안 일본은 미국의 군수 물자 공급 기지 역할을 하며 전쟁 특수를 누렸다.
④ 북한은 1972년에 사회주의 헌법을 공포하였다.
⑤ 중국은 2001년 세계 무역 기구[WTO]에 가입하였다.

5 문화 대혁명 시기 동아시아 상황 이해

문제 분석 자료에서 마오쩌둥이 혁명 발동, 홍위병의 활동으로 혼란이 있었다는 내용을 통해 밑줄 친 '10년'이 문화 대혁명이 전개되던 1966~1976년임을 알 수 있다.

정답 찾기 ④ 1972년 미국 대통령 닉슨이 중국을 방문해 미중 공동 성명을 발표하자, 같은 해 일본은 중국과 중일 공동 성명을 발표하였다.

오답 피하기 ① 한국에서는 1960년 이승만 정권에 대항하여 4·19 혁명이 일어나 이승만 대통령이 물러나게 되었다.
② 베트남·프랑스 전쟁을 종결짓기 위해 1954년 제네바 협정이 체결되어 베트남을 북위 17도선을 경계로 하여 남과 북으로 분할하되, 2년 내의 총선거를 시행하기로 결정하였다.
③ 6·25 전쟁이 발발하자 일본에서는 1950년 8월에 경찰 예비대가 창설되었다.
⑤ 일본의 패망 이후 호찌민이 1945년 베트남 민주 공화국 수립을 선포하였다.

6 '55년 체제' 시기의 동아시아 상황 파악

문제 분석 자료에서 오랜 기간 동안 중의원 총선거 정당별 의석률에서 자민당이 50% 이상을 유지하였고, 일본 사회당이 그 다음의 비율을 유지하고 있다는 점 등을 통해 (가) 체제가 일본의 '55년 체제'임을 알 수 있다. 일본에서는 1955년 자민당과 일본 사회당의 양당 체제 속에 자민당이 집권하는 '55년 체제'가 성립하였다. '55년 체제'는 1993년 비자민당 연립 정권이 수립되면서 붕괴되었다.

정답 찾기 ㄴ. 1987년 한국에서 일어난 6월 민주 항쟁의 결과 대통령 직선제를 포함한 새로운 헌법이 제정되었다.
ㄹ. 중국은 농업과 공업 분야에서의 대규모 증산 추진을 목표로 1958년부터 대약진 운동을 추진하였다.

오답 피하기 ㄱ. 1950년 1월 미국의 애치슨 국무 장관이 태평양 지역 방위선인 애치슨 라인을 발표하였다.
ㄷ. 일본은 1952년 타이완과 일화 평화 조약을 체결하였다.

7 타이완의 정치 변화 이해

문제 분석 자료에서 타이완에서 최초로 여야 정권 교체가 이루어졌다는 점, 민진당의 천수이볜을 축하하고 있다는 점 등을 통해 해당 시기가 2000년의 상황임을 알 수 있다. 타이완에서는 일부 섬을 제외하고 계엄령이 해제(1987)된 이후 복수 정당제(다당제)와 총통 직선제가 도입되었다. 이후 2000년에 민진당(민주진보당) 후보인 천수이볜이 총통으로 당선되면서 타이완에서 처음으로 여야 정권 교체가 이루어졌다.

정답 찾기 ③ 한국과 중화 인민 공화국은 1992년 국교를 수립하였다.

오답 피하기 ① 베트남 공화국은 1955년에 수립되어 1975년 사이공이 함락되면서 붕괴하였다.
② 한국에서는 1987년에 대통령 직선제 개헌을 요구하는 6월 민주 항쟁이 전개되었다.
④ 중국 국민당이 중국 공산당을 지속적으로 공격해 오자 중국 공산당은 중국 국민당의 공세를 피해 1934년 대장정을 단행하였다.
⑤ 일본은 태평양 전쟁에서 항복한 후 연합국 최고 사령부[SCAP/GHQ]의 지배를 받았다. 1951년 샌프란시스코 강화 조약이 체결되고, 그 이듬해 일본이 주권을 회복하면서 연합국 최고 사령부는 폐지되었다.

8 동아시아의 영토 분쟁 이해

문제 분석 자료에서 중국이 베트남과 영유권 분쟁을 벌이는 지역이라는 점, 중국 하이난성 당국이 여행단을 보내 관광지로 개발할 계획, 중국이 군도 일부에 군사 시설을 설치하였다는 점 등을 통해 밑줄 친 '이 지역'이 시사 군도(파라셀 군도)임을 알 수 있다.

정답 찾기 ④ 시사 군도(파라셀 군도)는 베트남과 중국이 일정 지역을 관리하였으나 1974년 중국이 무력으로 전 지역을 점령한 후 영유하고 있다.

오답 피하기 ① 일본이 러시아와 영토 분쟁을 벌이고 있는 남쿠릴 열도의 4개 섬(북방 도서)이다.
② 일본의 영토인 오키나와현이다.
③ 일본과 중국, 타이완이 영토 분쟁을 벌이고 있는 센카쿠 열도(댜오위다오)이다.
⑤ 중국, 베트남, 필리핀 등이 영유권 분쟁을 벌이고 있는 난사 군도(스프래틀리 군도)이다.

V단원 실력 플러스

본문 142~145쪽

01 ④	02 ③	03 ⑤	04 ①
05 ⑤	06 ⑤	07 ②	08 ①

01 포츠담 선언 이해

문제 분석 자료에서 미국, 영국, 중국의 수뇌들이 발표하고 소련이 동참한 선언문이라는 점, 일본군과 일본 국민이 적대 행위를 중단한다는 점, 연합국 최고 사령관 등의 요구에 응할 것을 명령하는 내용 등을 통해 밑줄 친 '이 선언'이 일본의 무조건 항복을 촉구하였던 포츠담 선언임을 알 수 있다.

정답 찾기 ④ 연합국 대표들은 1945년 7월 포츠담 선언을 통해 한국의 독립 등 카이로 선언의 이행과 일본의 무조건 항복을 촉구하였다.

오답 피하기 ① 1945년 2월에 개최된 얄타 회담에서 전후 독일 처리 문제, 소련의 대일전 참전 등이 결정되었다.
② 1937년 중일 전쟁이 발발하자 중국 국민당과 중국 공산당은 제2차 국공 합작을 단행하였다.
③ 1950년 1월 미국 국무 장관 애치슨이 미국의 태평양 지역 방위선을 발표하였다.
⑤ 워싱턴 회의(1921~1922)에서 중국 문제 등을 둘러싼 열강의 이해관계를 조정하고, 일본 등 5개국 해군 군비 축소를 결정하였다.

02 일본 신헌법(평화 헌법)의 특징 이해

문제 분석 자료에서 전쟁을 없애기 위해 군대를 전부 없앨 필요가 있고, 제9조에 전쟁 포기 내용이 있다는 점 등을 통해 밑줄 친 '헌법'이 1946년에 제정된 일본의 신헌법(평화 헌법)임을 알 수 있다.

정답 찾기 ③ 일본의 신헌법은 천황을 상징적인 존재로 규정하였으며 일본의 군사력 보유를 금지하였다.

오답 피하기 ① 일본에서는 1870년대부터 서양식 의회 제도 도입과 헌법 제정을 요구하는 자유 민권 운동이 전개되었다. 메이지 정부는 자유 민권 운동을 탄압하면서도 정부 주도로 1889년 대일본 제국 헌법을 제정하였고, 이듬해 제국 의회를 열었다.
② 대한국 국제는 1899년에 제정되었다.
④ 러일 전쟁 이후 청에서는 입헌 운동이 고조되어 1908년 흠정 헌법 대강이 발표되었다.
⑤ 국공 내전과 6·25 전쟁을 거치면서 미국은 일본의 전략적 역할에 주목하였다. 6·25 전쟁 발발 후 미국의 주도하에 1951년 9월 샌프란시스코 강화 조약을 맺어 일본을 주권 국가로 국제 사회에 복귀시키는 계기를 마련하였다.

03 6·25 전쟁의 영향 파악

문제 분석 자료에서 한국에서 일어난 사건이라는 점, 제2차 세계 대전 이후 공산주의자들이 군사력을 사용한 사건이라는 점, 한국의 38도선을 넘었다는 점, 트루먼 대통령의 회고라는 점 등을 통해 밑줄 친 '침략'이 6·25 전쟁임을 알 수 있다.

정답 찾기 ⑤ 국공 내전의 과정에서 1949년 중화 인민 공화국이 수립되고, 1950년 6·25 전쟁이 벌어지자 미국은 일본의 전략적 역할에 주목하여 일본의 국제 사회 복귀를 서둘렀다. 6·25 전쟁에 중국군이 참전한 이후, 미국의 주도하에 일본과 연합국이 1951년 9월 샌프란시스코 강화 조약을 체결하였다. 이 조약에는 일본의 주권 승인 조항이 포함되어 있어, 이후 일본은 주권 국가로 국제 사회에 복귀할 수 있었다.

오답 피하기 ① 1931년 일본은 관동군의 주도로 만주 사변을 일으켜 만주를 점령하고 이듬해 청의 마지막 황제였던 푸이를 집정으로 내세워 만주국을 수립하였다.
② 1926년 장제스는 국민 혁명군을 이끌고 군벌 타도를 위한 북벌에 나섰다. 1928년 장제스의 국민 혁명군이 베이징을 점령한 이후 북벌이 마무리되었다.
③ 국공 내전의 과정에서 중국 공산당이 중국 본토를 대부분 장악하였고, 1949년 마오쩌둥이 중화 인민 공화국의 수립을 선포하였다.
④ 메이지 정부는 기존의 번을 폐지하고 현을 설치하여 관리를 파견하고, 1873년 징병제를 실시하여 군사력을 정비하였다. 또한 사민평등을 주장하며 봉건적 신분제 폐지를 추구하였다.

04 중일 공동 성명 당시 동아시아 상황 이해

문제 분석 자료는 타이완 관련 조항을 넣은 성명서에 대해 중국은 불편해하고 있지만 일본의 책임을 부정하고 있고, 중국이 미일 안보 조약에 불만을 갖고 있지만 일본과 국교 정상화를 추진하고 있다는 내용 등을 통해 중일 공동 성명(1972)이 발표되기 직전에 발표된 것임을 알 수 있다.

정답 찾기 ① 미국은 1964년 통킹만 사건을 빌미로 베트남 전쟁에 본격적으로 개입하였으며, 1973년 파리 평화 협정을 체결하여 베트남에서 미군의 전면 철수에 합의하였다.

오답 피하기 ② 국제 연맹은 일본의 만주 침략을 조사하고자 1932년 만주에 리튼 조사단을 파견하였다.
③ 한국광복군은 인도·미얀마 전선에서 영국군과 연합 작전을 전개하였으며, 1945년에는 미국 전략 정보국[OSS]과 연합하여 국내 진공 작전을 계획하기도 하였다.
④ 타이완에서는 일부 섬을 제외하고 계엄령이 해제(1987)된 이후 총통 직선제와 복수 정당제(다당제)가 도입되었다.
⑤ 중국은 2001년 세계 무역 기구[WTO]에 가입하였다.

05 일본의 거품 경제 형성 배경 이해

문제 분석 자료는 달러 시세가 정착되어 가고 있다는 점, 엔화 가치가 상승하였다는 점, 일본이 금리 인하를 단행할 방침이라는 점 등을 통해 일본의 거품 경제가 형성되는 배경임을 알 수 있다.

정답 찾기 ⑤ 일본 정부는 플라자 합의 이후 엔고 현상이 지속되자 금리 인하 정책을 추진하였다. 이에 따라 낮은 이자로 대출이 가능하게 되어 일본의 주가와 부동산 가격이 폭등하면서 거품 경제가 형성되었다.

오답 피하기 ① 1945년 2월에 개최된 얄타 회담에서 전후 독일 처리 문제, 소련의 대일전 참전 등이 결정되었다.

② 중국은 1958년부터 대약진 운동을 추진하면서 농업과 공업 분야에서의 대규모 증산 추진을 목표로 삼아 인민공사를 조직하여 농업을 집단화하고, 철강 생산에 노동력을 동원하였다.
③ 일본과 타이완이 일화 평화 조약을 체결하여 국교를 수립한 것은 1952년의 사실이다.
④ 베트남에서는 1980년대 후반부터 도이머이 정책을 추진하면서 농업에 투자를 집중하였다. 그 결과 쌀 생산이 크게 늘어나 세계적인 쌀 수출국으로 성장하였다.

06 덩샤오핑의 활동 파악

문제 분석 자료에서 고속 성장을 거두고 있는 지역이 외국 자본에 중국 내륙 지역의 기업에는 제공할 수 없는 세제 우대를 부여하였다는 점, 상품 및 생산 요소가 거래되는 시장을 도입하였다는 점, 사회주의 시장 경제론을 주도하였다는 점, 개혁·개방의 확대가 이루어지고 있다는 점 등을 통해 (가) 인물은 덩샤오핑임을 알 수 있다.

정답 찾기 ⑤ 덩샤오핑은 1992년 남순 강화를 통해 지속적인 개혁·개방 정책의 추진을 강조하였다.

오답 피하기 ① 타이완에서 복수 정당제는 계엄령이 해제(1987)된 이후 도입되었다.
② 천두슈 등의 지식인들은 『신청년』을 발행하여 유교 문화를 비판하고 서양 과학과 민주주의의 수용을 주장하는 신문화 운동을 전개하였다.
③ 쑨원은 1905년 일본 도쿄에서 중국 (혁명) 동맹회를 조직하였다.
④ 한국에서는 1997년 김대중 대통령 당선으로, 타이완에서는 2000년 천수이볜 총통 당선으로 최초의 평화적인 여야 정권 교체가 이루어졌다.

07 문화 대혁명 시기의 동아시아 상황 이해

문제 분석 자료에서 홍위병이 톈안먼 광장에서 선을 보인 지 1년이 되었다는 점, 홍위병 대회에 마오쩌둥 주석이 단상에 있다는 점, 당내의 실권파 제거 등의 내용을 통해 (가) 사건이 문화 대혁명임을 알 수 있다. 마오쩌둥은 자신의 권력 기반을 강화하기 위해 1966년 문화 대혁명을 일으켰다. 그는 자본주의 사상과 문화에 대한 투쟁을 주장하면서 자신을 추종하는 홍위병을 조직하여 내부의 반대파를 제거하였다. 그러나 문화 대혁명은 안팎의 갈등과 저항을 초래하면서 중국 사회에 엄청난 여파를 남기고 마오쩌둥이 사망한 1976년에 끝났다.

정답 찾기 ② 베트남 전쟁이 장기화되자 미국의 닉슨 대통령은 1969년 아시아 문제에 미국의 군사적 개입을 최소화하겠다는 내용의 닉슨 독트린을 발표하였다.

오답 피하기 ① 일본에서는 1955년 자민당과 일본 사회당의 양당 체제 속에 자민당이 집권하는 '55년 체제'가 성립되었다. '55년 체제'는 1993년 비자민당 연립 정권이 수립되면서 붕괴되었다.
③ 통킹만 사건은 1964년 북베트남이 베트남의 통킹만에서 미국 군함을 공격하였다고 미국이 발표한 사건으로, 후일 조작된 것으로 밝혀졌다.
④ 1972년 2월 미국 대통령 닉슨이 중국을 방문하고 미중 공동 성명을 발표한 후, 1979년 미국과 중국이 국교를 수립하였다.
⑤ 한국의 5·18 민주화 운동은 신군부의 권력 장악에 대항하여 1980년에 일어났다.

08 동아시아의 정치 변화 이해

문제 분석 자료에서 중국 국민당이 37년간 계속되어 온 계엄령을 일부 섬을 제외하고 해제하였다는 점, 새로운 정당의 결성을 허용하였다는 점 등을 통해 밑줄 친 '발표'는 1987년에 있었던 사실임을 알 수 있다. 타이완에서는 일부 섬을 제외하고 계엄령이 해제(1987)된 이후 복수 정당제(다당제)와 총통 직선제가 도입되었다.

정답 찾기 ① 6월 민주 항쟁은 1987년 한국에서 대통령 직선제를 요구한 민주화 운동이다. 그 결과 대통령 직선제 개헌이 이루어졌다.

오답 피하기 ② 중국에서는 1989년 정치적 민주화를 요구하는 톈안먼 사건이 일어났다. 톈안먼 사건이 일어나자 중국 정부는 군대를 동원하여 무력 진압하였다.
③ 파리 평화 협정은 1973년 1월 미국과 북베트남 등이 체결한 것으로 베트남 전쟁에서 미군의 전면 철수를 확인한 협정이다.
④ 1972년 중일 공동 성명으로 중국과 일본이 국교를 수립하였고, 일본은 타이완과 국교를 단절하였다.
⑤ 파리 평화 협정으로 미군이 전면 철수한 후 1975년 북베트남이 사이공을 점령하면서 베트남 전쟁은 종결되었고, 1976년 베트남 사회주의 공화국이 수립되었다.

Mini Test 1

본문 148~152쪽

1 ④	2 ⑤	3 ⑤	4 ④
5 ⑤	6 ④	7 ①	8 ③
9 ③	10 ④		

1 북위의 특징 이해

문제 분석 자료에서 문성제, 황제의 모습을 본뜬 불상 제작, 윈강 석굴과 룽먼 석굴 조성 시작 등의 내용을 통해 (가) 왕조가 북위임을 알 수 있다. 북위는 윈강 석굴과 룽먼 석굴 등 대규모 석굴 사원을 조성하였다.

정답 찾기 ④ 5세기에 북위는 5호 16국 시대의 분열을 수습하고 화북 지역을 지배하였다.

오답 피하기 ① 거란(요)은 926년 발해를 멸망시켰다.
② 금은 맹안·모극제로 여진족 등을, 주현제로 한족 등을 통치하였다.
③ 신라는 고구려로부터 불교를 수용하였다.
⑤ 당은 현장이 인도에서 가져온 불경과 불상 등을 보관하기 위해 대안탑을 건립하였다.

2 몽골 제국의 특징 이해

문제 분석 자료에서 호라즘과 금을 정복하였다는 점, 황제가 일본 국왕에게 국서를 보낸다는 점, 고려가 번국이라는 점, 짐의 시기에 이르러서는 일본이 한 번도 사신을 보내 화친을 맺지 않았다는 점 등을 통해 (가) 국가가 몽골 제국임을 알 수 있다.

정답 찾기 ⑤ 몽골 제국은 쿠빌라이 칸 때 수도를 카라코룸에서 대도로 옮겼다.

오답 피하기 ① 고조선은 8조의 법을 제정하여 사회 질서를 유지하려 하였다.
② 명의 영락제 등은 정화를 파견하여 조공 질서의 확대를 도모하였다.
③ 흉노는 기원전 200년 백등산 전투에서 한에 승리하였다.
④ 거란(요)은 송으로부터 매년 막대한 양의 세폐를 받는 조건으로 전연의 맹약을 체결하였다.

3 임진왜란 시기의 사실 파악

문제 분석 자료에서 중국 구원병과 평안도 군사가 평양성을 포위하였다는 점, 임금의 행차가 용천에 머물고 있다는 점 등을 통해 자료가 작성된 시기가 임진왜란 시기임을 알 수 있다. 임진왜란은 1592년 일본군의 조선 침략으로 발발하여 1598년 일본군이 조선에서 철수하면서 끝났다.

정답 찾기 ⑤ 임진왜란 때 이순신이 지휘하는 조선 수군은 남해안에서 일본 수군에 연전연승하면서 큰 타격을 주었다.

오답 피하기 ① 7세기 전반 당은 토번과 화친을 맺기 위해 문성 공주를 송첸캄포에게 시집보냈다.
② 1449년 명의 황제가 토목보에서 몽골의 포로로 잡힌 토목보의 변이 일어났다.
③ 북로남왜에 시달리던 명은 임진왜란이 발발하기 이전에 장거정을 등용해 개혁을 단행하였다.
④ 1575년 오다 노부나가는 나가시노 전투에서 다케다 가쓰요리의 기마 군단을 물리치고 승리하였다.

4 베이징의 역사 파악

문제 분석 자료에서 구석기 시대 인류 화석의 출토, 금의 수도, 이자성의 반란군이 점령한 곳, 연행사의 최종 목적지 등의 내용을 통해 퀴즈의 정답에 해당하는 도시가 중국의 베이징임을 알 수 있다. 따라서 (가)에는 베이징과 관련된 사실이 들어가야 한다.

정답 찾기 ④ 명의 영락제는 베이징에 자금성을 세우고 난징에서 베이징으로 수도를 옮겼다.

오답 피하기 ① 에도 막부는 17세기에 나가사키에 인공 섬인 데지마를 조성하였다.
② 청은 18세기 중엽 광저우의 공행을 통해 서양 상인과의 제한적인 무역을 허용하였다.
③ 일본은 8세기에 당의 장안성을 참고하여 나라에 헤이조쿄를 건설하였다.
⑤ 1919년 3·1 운동을 계기로 외교 활동이 유리한 상하이에 대한민국 임시 정부가 수립되었다.

5 인조반정 이후 동아시아 국제 정세 파악

문제 분석 오랑캐가 영원을 침략함에 만족하지 않고, 곧바로 황해도 평산까지 내려와 우리 영토의 서쪽을 짓밟았다는 점, 평안도 가도의 모문룡을 공격한다고 한다는 점 등을 통해 정묘호란 직후의 상황임을 알 수 있다. 후금의 랴오둥 공격 당시 조선으로 쫓겨 온 명의 장수 모문룡은 1622년부터 1629년까지 평안도 철산 앞바다의 가도에 주둔하며 조선에 지원을 요청하였다. 자료는 이러한 상황에서 후금의 목표가 된 명의 모문룡 군대를 적극적으로 지원하는 것이 의리에 맞는 행동임을 강조하는 주장을 담고 있다.

정답 찾기 ⑤ 인조반정 이후 조선은 친명배금 정책을 추진하였고, 평안도 앞바다의 가도에 주둔하고 있던 명의 장수 모문룡에 대한 지원을 확대하였다. 이에 후금이 반발하여 조선을 침략한 정묘호란이 일어났고, 그 결과 후금이 조선과 형제의 맹약을 맺고 철수하였다.

오답 피하기 ① 고려 숙종 때에 여진족에게 대항하기 위해 윤관의 건의로 별무반을 편성하였다.

② 청의 아편 단속을 빌미로 영국이 청을 침략하면서 제1차 아편 전쟁이 발발하였다. 전쟁은 영국의 승리로 끝나게 되었고, 영국과 청은 난징 조약을 체결하였다.
③ 17세기 후반 오삼계 등이 청의 강희제에 맞서 삼번의 난을 일으켰다.
④ 임진왜란 당시 벽제관 전투에서 명군이 패배한 이후, 명의 제의로 명과 일본의 강화 협상이 본격화되었다.

6 청의 특징 파악

문제 분석 자료에서 왕자 시절 선양(심양)에서 억류 생활을 경험하였다는 점, (가)의 군사가 조선의 국토를 짓밟았다는 점, 제시된 시에 북벌에 대한 강한 의지가 담겨 있다는 점 등을 통해 자료의 시가 효종이 쓴 시이고, (가) 국가가 청임을 알 수 있다. 병자호란 이후 청에 인질로 끌려갔다 돌아와 인조의 뒤를 이어 왕위에 오른 효종은 청 정벌을 위한 북벌을 계획하였으나 실천에 옮기지는 못하였다.

정답 찾기 ④ 17세기 후반 청의 강희제는 반청 세력인 타이완의 정씨 세력을 진압하였다.

오답 피하기 ① 조선은 두모포 왜관을 이전해 17세기 후반에 부산 지역에 초량 왜관을 설치하고 일본과 교역하였다.
② 일본에서는 7세기 중엽에 소가씨가 제거된 후 당의 율령을 참고하여 중앙 집권 국가를 수립하려는 다이카 개신이 단행되었다.
③ 통신사는 일본의 요청으로 조선이 파견한 사절단이다.
⑤ 몽골 제국의 칭기즈 칸은 천호·백호제를 정비하여 군사력을 강화하였다.

7 메이지 정부의 개혁 내용 파악

문제 분석 자료에서 왕정복고로 조정을 새롭게 한 일을 조선에 알리려 한다는 점, 서계에 조선이 주조해 준 도서(도장) 대신에 자신들이 만든 도서를 사용한다는 점 등을 통해 밑줄 친 '정부'가 일본의 메이지 정부임을 알 수 있다. 일본에서는 에도 막부가 무너지고 1868년 천황 중심의 메이지 정부가 수립되었다.

정답 찾기 ① 메이지 정부는 폐번치현, 징병제 실시, 소학교 설립 등 내정 개혁을 추진하였다.

오답 피하기 ② 청은 양무운동을 전개하면서 금릉 기기국 등 군수 공장을 설립하였다.
③ 청의 증국번, 이홍장 등이 한인 의용군을 조직하여 태평천국 운동을 진압하였다.
④ 일본의 에도 막부는 1853년 내항한 미국 페리 함대의 무력시위에 굴복하여 이듬해에 미일 화친 조약을 체결하였다.
⑤ 강화도 조약 체결 이후 조선은 개화 정책을 추진하면서 1881년 신식 군대인 별기군을 창설하였다.

8 의화단 운동과 신해혁명 시기 사이의 사실 파악

문제 분석 (가)는 의화단이 베이징에 입성, 정부의 미온적 진압 태도, 영국 등 8개국이 베이징에 군대를 파견 등의 내용을 통해 의화단 운동이 전개되던 상황임을 알 수 있다. 의화단은 8개국 연합군에 의해 진압되었고, 이후 청 정부는 1901년 열강과 신축 조약을 체결해 배상금을 지불하고 외국 군대의 베이징 주둔을 허용하였다. (나)는 정부의 철도 국유화 정책에 반대, 혁명파가 지원하는 신군이 봉기, 우창을 함락 등의 내용을 통해 1911년 우창 신군의 봉기로 본격화된 신해혁명의 상황임을 알 수 있다.

정답 찾기 ③ 의화단 운동 실패 이후 청 정부는 신정을 추진하면서 1908년 입헌 군주제를 도입하고 군주의 권리를 명문화한 흠정 헌법 대강을 반포하였다.

오답 피하기 ① 일본 메이지 정부는 1889년 대일본 제국 헌법을 반포하고, 1890년에 치러진 중의원 선거를 통해 제국 의회를 수립하였다.
② 조선에서는 1894년 정치와 사회 개혁을 요구하는 동학 농민 운동이 일어났다.
④ 중화민국 수립 후 위안스카이가 독재 권력을 강화하자, 천두슈 등이 이를 비판하면서 신문화 운동을 전개하였다.
⑤ 김원봉 등은 중국 국민당 정부의 지원을 받아 1938년 조선 의용대를 창설하였다.

9 미일 안보 조약 체결 시기 파악

문제 분석 자료에서 일본이 오늘 연합국과의 평화 조약에 서명하였다는 점, 미국의 육군, 공군 및 해군을 일본 국내와 그 부근에 배치할 권리를 일본이 허가한다는 내용 등을 통해 자료의 조약이 미일 안보 조약임을 알 수 있다. 1951년 샌프란시스코 강화 조약 체결 직후 미일 안보 조약이 체결되어 미국과 일본의 군사 동맹 관계가 구축되었다.

정답 찾기 ③ 미일 안보 조약은 1951년 샌프란시스코 강화 조약과 같은 날 체결되었다. 6·25 전쟁 발발은 1950년, 베트남 공화국 수립은 1955년의 사실이다.

10 한국의 외환 위기 당시 동아시아 상황 파악

문제 분석 한국의 외환 위기가 국제적 현안으로 비화, 국제 통화 기금[IMF] 부총재를 서울에 긴급 파견 등의 내용을 통해 자료의 기사가 1997년 한국에서 외환 위기가 발생할 무렵에 작성된 것임을 알 수 있다. 한국에서는 경상 수지 적자 누적과 외채의 증가 등을 배경으로 1997년 외환 위기가 발생하여 국제 통화 기금[IMF]의 자금 지원을 받았다.

정답 찾기 ④ 일본에서는 1990년대 주가와 부동산 가격이 폭락하면서 거품 경제가 붕괴하여 장기 불황에 빠지게 되었다.

오답 피하기 ① 제2차 석유 파동은 이란 혁명 등이 원인이 되어 1970년대 말에 일어났다.
② 북한에서는 1980년대 중반 외국 자본의 유치를 위해 합영법을 제정하였다.
③ 1958년 시작된 대약진 운동이 실패하자 정치적 위기에 몰린 마오쩌둥은 1966년 문화 대혁명을 일으켰다.
⑤ 베트남에서는 1986년 개혁·개방 정책인 도이머이 정책 도입을 발표하였다.

Mini Test 2

본문 153~157쪽

1 ④	**2** ①	**3** ③	**4** ④
5 ⑤	**6** ④	**7** ⑤	**8** ①
9 ①	**10** ⑤		

1 홍산 문화의 이해

문제 분석 자료에서 중국 랴오허강 유역에서 발달한 신석기 문화라는 점, 푸른 옥으로 눈을 만들어 넣은 것이 특징인 '여신의 얼굴상'이 대표 유물이라는 점 등을 통해 밑줄 친 '이 문화'가 홍산 문화임을 알 수 있다.

정답 찾기 ④ 홍산 문화 유적지에서 출토된 용 모양 옥기이다.

오답 피하기 ① 일본 열도의 신석기 문화를 대표하는 조몬 토기이다.
② 중국 황허강 하류 지역에서 발달한 다원커우 문화의 세 발 달린 토기이다.
③ 중국 창장강 하류 지역에서 발달한 신석기 문화인 허무두 문화의 돼지 그림 토기이다.
⑤ 일본 열도에서 발달한 야요이 문화의 유물인 종 모양의 청동기(동탁)이다.

2 견당사의 활동 파악

문제 분석 자료에서 사절단의 일원으로 파견되었다는 점, 쑤저우에서 출발하였다는 점, 발해 출신의 남은 무리와 함께 데와국에 도착하였다는 점 등을 통해 견당사의 파견과 귀국에 관련된 내용임을 알 수 있다.

정답 찾기 ① 일본은 7세기 전반부터 9세기까지 견당사를 파견하여 당의 문물을 수용하였다. 당대에는 국제적이고 개방적인 분위기 속에서 동아시아 각국의 교류가 활발하였다.

오답 피하기 ② 한 무제의 공격을 받아 고조선이 멸망한 이후 고조선 유민의 일부가 한반도 남쪽으로 이동하여 신라의 건국에 영향을 주었다.
③ 에도 막부는 포르투갈인을 수용하기 위해 나가사키에 인공 섬인 데지마를 건설하였다. 그러나 크리스트교의 확산에 위협을 느낀 에도 막부는 17세기 전반 포르투갈인들을 추방하고, 네덜란드 상관을 데지마로 옮겼다.
④ 진(晉)이 왕실의 내분으로 급격히 쇠퇴하자, 5호가 화북 지역을 점령하고 흉노 세력이 진을 멸망시켰다. 이에 한족의 일부가 4세기 초 창장강 이남 지역에서 동진을 건국하였다.
⑤ 남북조 시대 유목민의 문화와 한족의 문화가 서로 영향을 받으며 호한 융합이 확산되었다. 북위 효문제의 한화 정책이 대표적이다.

3 남송의 이해

문제 분석 자료에서 카이펑이 함락된 이후 항저우가 수도였다는 점, 정강의 변을 당했던 휘종의 아들이자 흠종의 아우인 고종이 더쇼우궁에 머물렀다는 점 등을 통해 (가) 국가는 남송임을 알 수 있다. 송과 연합하여 거란(요)을 공격하던 금이 거란(요)을 멸망시킨 후, 송을 공격하여 수도였던 카이펑을 함락하고 화북 지방을 차지하였다. 이에 송의 황실과 귀족은 남송을 건국하고 임안(항저우)을 수도로 삼았다.

정답 찾기 ③ 남송은 금과 대립하다가 12세기 중엽에 화이허강을 두 나라의 경계로 삼고 남송의 황제가 금의 황제에게 신하의 예를 취하며, 매년 막대한 양의 은과 비단을 바친다는 내용의 강화 조약을 체결하였다.

오답 피하기 ① 몽골 제국의 칭기즈 칸은 13세기에 호라즘을 정벌하고 비단길을 장악하였다.
② 나당 연합군은 고구려를 멸망시켰다.
④ 당은 화친을 위해 토번에 문성 공주를 화번공주로 보냈다.
⑤ 몽골·고려 연합군은 두 차례에 걸쳐 일본을 공격하였으나 태풍과 가마쿠라 막부의 저항 등으로 인해 실패하였다.

4 금의 특징 이해

문제 분석 자료에서 한인과 발해인은 맹안·모극의 호에 충당할 수 없다는 점을 통해 밑줄 친 '우리 나라'는 금임을 알 수 있다. 금은 여진족, 거란족 등을 맹안·모극제로, 한족 등을 주현제로 다스리는 이원적 통치 체제를 실시하였다. 금은 1234년 오고타이(우구데이) 칸에 의해 정복되었다.

정답 찾기 ㄴ. 금은 고유의 풍속과 문화를 유지하고자 고유 문자를 만들어 사용하였다.
ㄹ. 1115년 아구다가 여진족을 통합하여 금을 건국하였다.

오답 피하기 ㄱ. 조선 세종 등은 왜구의 침략을 근절하기 위한 강경책의 일환으로 쓰시마를 정벌하였다.
ㄷ. 남송은 몽골 제국의 쿠빌라이 칸 시기에 멸망하였다.

5 일본의 통치 제도 파악

문제 분석 자료에서 다자이후 청사가 언급된 점, 신기관이 있다는 점, 모든 국에 칙명을 내렸다는 점 등을 통해 밑줄 친 '칙명'이 내려진 국가는 일본임을 알 수 있다. 일본은 제사를 담당하는 신기관 등을 두었다.

정답 찾기 ⑤ 일본은 조서 작성을 담당하는 중무성, 인사와 교육 등을 담당하는 식부성 등 8성을 운영하였다.

오답 피하기 ① 거란(요)은 유목민을 북면관제로, 농경민을 남면관제로 다스리는 이원적 통치 정책을 실시하였다. 북면관의 최고 권력 기관으로 북추밀원을, 남면관의 최고 권력 기관으로 남추밀원을 두었다.
② 신라는 독서삼품과를 시행하여 인재 선발에 참고하였다.
③ 송대 이후 황제가 과거의 최종 시험을 직접 주관하는 전시 제도가 정례화되었다.
④ 당은 중앙 정치 기구로 정책을 심의하는 문하성을 두었다.

6 18세기 동아시아 경제 상황 파악

문제 분석 자료에서 『사고전서』가 제작되고 있다는 점 등을 통해 자료가 작성된 시기는 청대임을 알 수 있다. 18세기 청의 건륭제는 『사고전서』를 편찬하는 등 대규모 편찬 사업을 전개하였다.

정답 찾기 ④ 북위에 이어 수·당대에는 백성에게 일정량의 토지를 지급하는 균전제를 실시하면서 토지를 지급받은 백성에게 조·용·조를 납부하게 하였다.

오답 피하기 ① 대동법은 17세기 초에 시행되기 시작하여 조선 후기 상품 화폐 경제의 발전을 촉진시켰다.
② 조선 후기에는 상업의 발달로 인해 송상, 만상 등의 사상이 성장하였다.
③ 명·청대 중국에서는 산시 상인과 휘저우 상인이 전국을 무대로 활동하며 부를 축적하였다.
⑤ 에도 막부 시기 일본에서는 각 번의 중심지인 조카마치를 중심으로 조닌층이 성장하였다.

7 에도 막부 시기 동아시아 사회 모습 이해

문제 분석 자료에서 나가사키의 네덜란드 상관에서 의사로 활동하였다는 점, 난학 발전에 기여하였다는 점 등을 통해 밑줄 친 '이 막부'는 에도 막부임을 알 수 있다. 일본은 17세기 이후 네덜란드와 교류하면서 서양의 의학 기술 등을 수용하였으며, 이 과정에서 난학이 발전하였다.

정답 찾기 ⑤ 에도 막부 시기 일본에서는 인형을 이용한 분라쿠가 인기를 끌었다.

오답 피하기 ① 남송대 주희(1130~1200)는 『사서집주』를 편찬하여 성리학을 집대성하였다.
② 도다이사는 8세기 일본 쇼무 천황의 명으로 창건되었다.
③ 신라의 승려인 혜초는 인도 등지를 순례하고 『왕오천축국전』을 저술하였다.
④ 중화민국 수립 후 천두슈 등의 지식인이 잡지 『신청년』을 발행하는 등 서양 과학과 민주주의를 앞세운 신문화 운동을 전개하였다.

8 러일 전쟁의 영향 파악

문제 분석 자료에서 을사조약이 강제로 체결되었다는 점, 대한제국이 독립국으로 있었던 기간은 (가)와 (나)의 균형이 유지되던 동안이었다는 점, 포츠머스 조약의 체결로 (가)가 한반도에 대한 (나)의 독점적 권리를 승인하였다는 점 등을 통해 (가) 국가는 러시아, (나) 국가는 일본임을 알 수 있다. 러일 전쟁에서 우세해진 일본은 1905년 러시아와 포츠머스 조약을 체결하여 한반도에서의 독점적 지위를 인정받았다. 포츠머스 조약 체결 2개월여 후에 일본은 을사조약 체결을 강요하여 대한 제국의 외교권을 박탈하였다.

정답 찾기 ① 청일 전쟁에서 승리한 일본이 1895년 청과 시모노세키 조약을 체결하여 랴오둥반도를 할양받자, 러시아는 삼국 간섭을 주도하여 일본이 랴오둥반도를 청에 반환하도록 하였다.

오답 피하기 ② 일본은 1871~1873년에 불평등 조약 개정을 위한 예비 교섭과 서양의 문물 시찰을 위해 이와쿠라 사절단을 파견하였다.

③ 태평천국 운동은 서양 세력과 증국번, 이홍장 등의 한인 관료, 신사층 등에 의해 진압되었다.

④ 중국의 베이징 정부는 5·4 운동을 통해 분출된 민중의 요구에 굴복하여 베르사유 조약의 조인을 거부하였다.

⑤ 워싱턴 회의(1921~1922)에서는 중국 문제 등을 둘러싼 열강의 이해관계를 조정하고, 영국, 미국, 일본, 프랑스, 이탈리아 등 5개국의 해군 군비 축소를 결정하였다.

9 6·25 전쟁의 전개 과정 이해

문제 분석 자료에서 유엔군이 38도선을 넘을 경우 중국이 군대를 파견해 북한 방어에 참여할 것이라고 통보했다는 점 등을 통해 6·25 전쟁의 전개 과정과 관련된 것임을 알 수 있다.

정답 찾기 ① 1950년에 발발한 6·25 전쟁에서 미국의 주도로 조직된 유엔군이 참전하여 한국군과 함께 1953년 정전 협정이 체결될 때까지 북한군, 중국군과 교전하였다.

오답 피하기 ② 청일 전쟁에서 승리한 일본은 청과 시모노세키 조약을 체결하여 랴오둥반도와 타이완 등을 할양받았다. 하지만 러시아가 주도한 삼국 간섭으로 랴오둥반도를 청에 반환하였다.

③ 일본은 1941년 하와이 진주만의 미국 태평양 함대를 기습 공격하였고, 이로 인해 태평양 전쟁이 발발하였다.

④ 제1차 세계 대전에 참전한 일본은 독일이 차지하였던 칭다오 일대를 점령한 후 이권 확보를 위해 1915년 중국에 '21개조 요구'를 제출하였다.

⑤ 제1차 국공 합작의 결렬 이후 중국 국민당의 중국 공산당에 대한 탄압이 거세어지자 중국 공산당은 근거지인 루이진을 포기하고 1934년 대장정을 감행하였다.

10 중일 공동 성명 발표 시기의 국제 정세 이해

문제 분석 자료에서 공동 성명 조인식 후 방송된 기자 회견에서 일화 평화 조약의 효력이 상실되었음을 확인하였다는 점, 일본과 중국 간의 비정상적인 시대에 종지부를 찍었다는 점 등을 통해 밑줄 친 '공동 성명'이 중일 공동 성명임을 알 수 있다. 일본은 1972년 중일 공동 성명을 발표하여 중국을 유일한 합법 정부로 인정하였다.

정답 찾기 ⑤ 1972년 미국 대통령 닉슨이 중국을 방문해 미중 공동 성명을 발표하자, 같은 해 일본은 중국과 중일 공동 성명을 발표하였다.

오답 피하기 ① 1993년 '55년 체제'가 붕괴되고 호소카와 모리히로를 총리로 하는 비자민당 연립 내각이 수립되었다.

② 1973년 미군이 베트남에서 철수하는 것에 합의하는 내용의 파리 평화 협정이 체결되었다.

③ 1992년 한국은 중국과 수교하고 타이완과 국교를 단절하였다.

④ 1975년 북베트남이 사이공을 함락하면서 베트남 전쟁이 종결되었고 이듬해 베트남 사회주의 공화국이 수립되었다.

Mini Test 3

본문 158~162쪽

1 ③	2 ④	3 ④	4 ⑤
5 ③	6 ⑤	7 ②	8 ③
9 ①	10 ④		

1 진시황제의 정책 이해

문제 분석 자료에서 『시경』, 『서경』, 제자백가의 책을 모두 태워야 한다는 것을 통해 분서갱유의 분서와 관련된 내용임을 알 수 있다. 자료는 이사의 건의로 이를 받아들인 황제는 진시황제이다.

정답 찾기 ③ 진왕 영정은 이사 등의 법가 사상가를 등용하여 부국강병책을 추진하였다. 그 결과 진은 6국을 병합하여 전국 시대를 통일하고, 시황제의 칭호를 사용하였다.

오답 피하기 ① 3성 6부제는 당과 발해 등에서 운영되었다. 진은 3공 9경의 관료제를 운영하였다.
② 7세기 중엽 일본에서는 군주 중심의 중앙 집권 체제를 지향하는 다이카 개신이 단행되었다.
④ 흉노는 최고 지도자 선우 아래에 좌현왕과 우현왕을 두었다.
⑤ 수는 화북과 강남을 잇는 대운하를 건설하였다.

2 수의 특징 파악

문제 분석 자료에서 황제가 천명을 받아 진(陳)을 멸망시켜 천하를 통일하였다는 내용을 통해 밑줄 친 '우리 나라'가 진(陳)을 멸망시키고 남북조 시대를 통일한 수임을 알 수 있다.

정답 찾기 ④ 남북조 시대를 통일한 수는 여러 차례 고구려를 침략하였다.

오답 피하기 ① 외척 출신 왕망은 한을 멸망시키고, 신을 건국하였다.
② 당은 화친을 위해 토번에 문성 공주를 화번공주로 보냈다.
③ 명의 영락제 등은 정화의 함대를 파견하였고, 그 결과 동남아시아 등지의 일부 국가가 명에 조공하기도 하였다.
⑤ 1세기에 왜의 노국왕이 후한 광무제에게 조공하고 한위노국왕이라는 글씨가 새겨진 금인(금 도장)을 받았다.

3 백제와 고구려의 멸망 이후 인구 이동 이해

문제 분석 자료에서 웅진 도독부를 랴오둥으로 옮기고 백제인들을 모두 건안 고성으로 옮겨 살게 하였다는 것과 고구려 사람들을 강남과 회남 및 산남과 경서 등으로 옮겼다는 내용을 통해 나당 연합군에 의해 백제·고구려 멸망 이후 유민들의 이동과 관련된 내용임을 알 수 있다.

정답 찾기 ④ 7세기 중엽에 나당 연합이 성사된 후 나당 연합군은 660년에 백제를, 668년에 고구려를 각각 멸망시켰다. 이후 나당 전쟁을 거쳐 신라의 삼국 통일이 완수되었다(676).

오답 피하기 ① 북위의 효문제는 평성에서 뤄양으로 천도하고 적극적인 한화 정책을 시행하였다.
② 왕안석은 11세기 후반 송의 재정 부족과 군사력 약화를 해결하기 위해 신법을 실시하여 부국강병을 꾀하였다.
③ 고조선의 준왕은 한 건국 초기의 혼란을 피해 고조선으로 망명하였던 위만에 의해 쫓겨났다.
⑤ 한의 무제는 흉노 견제를 목적으로 대월지와 동맹을 맺기 위해 장건을 서역에 파견하였다.

4 양명학의 특징 파악

문제 분석 자료에서 원래의 양지를 지극히 다하면 역경에서 벗어날 수 있고, 마음만 있으면 실행할 수 있다는 내용을 통해 (가) 유학 사상이 양명학임을 알 수 있다.

정답 찾기 ⑤ 명대 왕수인이 집대성한 양명학은 조선을 비롯한 주변 국가에 확산되었는데, 조선에서는 17세기 정제두 등 소론 학자들에 의해 본격적으로 연구되기 시작하였다.

오답 피하기 ① 성리학은 원대에 이어 명대에도 관학으로 수용되었다.
② 공양학 등은 변법자강 운동의 사상적 기반이 되었다.
③ 성리학은 거경궁리와 격물치지의 수양 방법을 강조하였다.
④ 에도 막부 시기 일본에서 발달한 국학은 『고사기』를 비롯한 고대 일본의 고전을 중시하였다.

5 17~19세기 동아시아의 경제 상황 이해

문제 분석 자료에서 우리나라 사절단이 책문에 출입할 때 의주나 송도의 상인들이 몰래 은과 인삼을 팔아 이익을 꾀한다는 내용을 통해 17~19세기 조선이 청과 교류하는 경제 상황임을 알 수 있다.

정답 찾기 ③ 17~19세기 조선은 일본과 초량 왜관을 통해 교역하였다.

오답 피하기 ① 무로마치 막부는 15세기 초부터 16세기 중엽까지 명과 감합 무역을 전개하였다.
② 교초는 12세기 이후 금, 몽골 제국 등에서 발행하였다.
④ 16세기 초 조선의 단천 은광에서 회취법(연은 분리법)이 개발되어 은 제련에 활용되었다.
⑤ 일본의 가마쿠라 막부는 송의 동전을 대량으로 수입하여 사용하였다.

6 미일 화친 조약의 내용 이해

문제 분석 자료에서 이어지는 미국의 요구와 국제 정세의 변화 속에 결국 일본 정부가 조약을 체결해 시모다 등을 개항하였다는 내용을 통해 밑줄 친 '조약'이 미일 화친 조약임을 알 수 있다.

정답 찾기 ⑤ 미국은 페리 함대를 보내 무력시위를 전개하였고, 이후 미일 화친 조약을 체결하였다.

오답 피하기 ① 1875년 일어난 운요호 사건의 결과 강화도 조약이 체결되었다.
② 크리스트교 선교의 자유를 인정하는 내용을 담은 조약으로는 톈진 · 베이징 조약, 제1차 사이공 조약 등이 있다.
③ 제1차 아편 전쟁의 결과 영국과 청이 체결한 난징 조약으로 공행 무역 제도가 폐지되었다.
④ 일본이 시모노세키 조약을 통해 랴오둥반도를 할양받자 러시아의 주도로 독일, 프랑스가 삼국 간섭을 일으켜 랴오둥반도를 청에 반환하도록 하였다.

7 5 · 4 운동의 배경 이해

문제 분석 자료에서 톈안먼 광장에서 학생과 시민이 일제와 군벌 정부에 항의하였고 베르사유 조약의 조인 거부 등을 요구하였다는 내용을 통해 자료에 나타난 민족 운동이 5 · 4 운동임을 알 수 있다.

정답 찾기 ② 천두슈 등이 전개한 신문화 운동은 1919년에 일어난 5 · 4 운동에 영향을 주었다.

오답 피하기 ① 캉유웨이 등의 주도로 변법자강 운동이 전개되었다.
③ 중일 전쟁이 발발하자 중국 국민당과 중국 공산당은 제2차 국공 합작을 결성하였다.
④ 민족 유일당 운동으로 신간회 등이 결성되었다.
⑤ 메이지 정부는 자유 민권 운동을 탄압하였으나, 서구식 정치 제도의 필요성은 인정하였다. 이에 정부 주도로 1889년 대일본 제국 헌법을 제정하였고, 이듬해인 1890년 제국 의회를 열었다.

8 1930년대 한 · 중 연합 작전의 배경 이해

문제 분석 자료에서 한국 독립당이 중국군과 한 · 중 연합의 구체적인 조건을 논의하였고, 전선의 한 부분을 한국 독립군이 담당한다는 내용을 통해 자료의 문서가 작성된 시기가 만주 사변 이후 한 · 중 연합 작전이 전개되던 시기임을 알 수 있다.

정답 찾기 ③ 1931년 만주 사변이 일어나면서 중국인들의 반일 감정이 고조되자, 한국 독립군과 조선 혁명군은 1930년대 전반 한 · 중 연합 작전을 각각 전개하였다. 한국광복군 창설은 1940년의 사실이다.

9 중일 전쟁의 배경 이해

문제 분석 자료에서 전쟁이 시작된 이듬해에 조선 의용대가 결성되어 여러 전투와 일본군을 상대로 한 작전에서 피와 땀을 흘렸다는 내용을 통해 밑줄 친 '전쟁'이 중일 전쟁임을 알 수 있다.

정답 찾기 ① 1937년 베이징 근처의 루거우차오에서 중국과 일본의 군대가 충돌하였다. 일본은 이를 구실로 중국 본토를 침략하여 중일 전쟁을 일으켰다.

오답 피하기 ② 일본이 1941년 하와이 진주만을 기습 공격하면서 태평양 전쟁이 발발하였다.
③ 1924년 제국주의 및 군벌 타도를 목표로 중국 국민당과 중국 공산당 사이에 제1차 국공 합작이 이루어졌다.
④ 만주 사변에 이어 1932년 상하이를 점령한 일본이 훙커우 공원에서 기념식을 열자 윤봉길은 식장에 폭탄을 던져 일제의 주요 장성과 고관들을 처단하였다. 윤봉길의 의열 투쟁은 중국 국민당이 대한민국 임시 정부를 적극적으로 지원하는 계기가 되었다.
⑤ 미드웨이 해전은 태평양 전쟁의 주요 전투 중 하나로 1942년에 발발하였다.

10 10월 유신 선포 시기의 동아시아 상황 이해

문제 분석 자료에서 박정희 대통령이 10월 17일 특별 선언을 발표하고 유신적인 일대 개혁을 시작한다는 내용을 통해 보도가 1972년 발표된 10월 유신 선포에 대한 것임을 알 수 있다.

정답 찾기 ④ 일본에서 1955년 자유민주당(자민당)의 집권 아래 일본 사회당과의 양당 체제로 성립된 '55년 체제'는 1993년에 비자민당 연립 정권이 수립되면서 붕괴되었다.

오답 피하기 ① 한국은 1962년부터 경제 개발 5개년 계획을 추진하여 국내의 값싼 노동력을 활용하여 수출을 늘리고자 하였다.
② 중국은 농업과 공업 분야에서의 대규모 증산을 목표로 삼아 1958년부터 1960년대 초까지 대약진 운동을 전개하였다.
③ 1970년대 후반 덩샤오핑의 주도로 개혁 · 개방 정책이 추진되었다. 이에 따라 사기업의 설립이 허용되었고 선전 등지에 경제특구가 설치되었다.
⑤ 베트남은 1986년 시장 경제 체제를 일부 도입하는 도이머이 정책을 채택하였고, 1988년부터 본격적으로 추진하였다.

인용 사진 출처

©국립중앙박물관 빗살무늬 토기(9, 16, 20쪽) / 비파형 동검(10, 17쪽) / 김홍도의 「벼 타작」(83쪽) / 『충렬록』 내 「의류사적도」(84쪽)

©Album / Alamy Stock Photo 야요이 토기(10, 16쪽)

©Imaginechina Limited / Alamy Stock Photo 갑골문(11, 20쪽)

©김문환 흉노 금관(12, 17쪽)

©문화재청 석촌동 고분(22쪽) / 석굴암 본존불(46쪽) / 성황사 산신각(51쪽)

©Saigen Jiro 스에키(23쪽)

©Laurie Strachan / Alamy Stock Photo 쩐흥다오 동상(42쪽)

©DEA PICTURE LIBRARY/agefotostock 하치만 신상(51쪽)

©뉴스뱅크 한국광복군(111쪽) / 톈안먼 사건(168쪽)

©육군박물관 「동래부순절도」(165쪽)